ein Ullstein Buch

ein Ullstein Buch
Nr. 20302
im Verlag Ullstein GmbH,
Frankfurt/M – Berlin – Wien
Titel der Originalausgabe:
The Pride and the Anguish
Aus dem Englischen
von Walter Klemm

Ungekürzte Ausgabe

Umschlagentwurf: Hansbernd Lindemann
unter Verwendung einer
Farbillustration von Chris Mayger

Printed in Germany 1983
Gesamtherstellung:
Elsnerdruck GmbH, Berlin
ISBN 3 548 20302 X

Februar 1983

CIP-Kurztitelaufnahme
der Deutschen Bibliothek

Kent, Alexander:
Kanonenboot: Roman / Alexander Kent.
[Aus d. Engl. von Walter Klemm]. –
Ungekürzte Ausg. – Frankfurt/M; Berlin;
Wien: Ullstein, 1983.
(Ullstein-Buch; Nr. 20302)
Einheitssacht.: The pride and the
anguish ‹dt.›
ISBN 3-548-20302-7
NE: GT

Vom selben Autor
in der Reihe der
Ullstein Bücher:

Die Feuertaufe (3363)
Klar Schiff zum Gefecht (3376)
Die Entscheidung (3402)
Zerfetzte Flaggen (3441)
Bruderkampf (3452)
Der Piratenfürst (3436)
Strandwölfe (3495)
Fieber an Bord (3522)
Nahkampf der Giganten (3558)
Feind in Sicht (20006)
Der Stolz der Flotte (20014)
Eine letzte Breitseite (20022)
Galeeren in der Ostsee (20072)
Kanonenfutter (20144)

Alexander Kent

Kanonenboot

Roman

ein Ullstein Buch

Inhalt

Vorbemerkung

Die japanische Invasion und die Blitzniederlage von Singapur – dem »Gibraltar des Fernen Ostens« – waren eine Katastrophe und eine Schmach. Aber wie bei den meisten militärischen Zusammenbrüchen gab es auch hier zahlreiche Fälle ruhmreicher Tapferkeit. Wenn man den Blick zurückschweifen läßt zu diesen tragischen Tagen, dann ist es vielleicht bezeichnend, daß der Mut und die verzweifelte Entschlossenheit Einzelner die feige Unfähigkeit und den törichten Optimismus vieler überstrahlt.

Heute zeigt sich die wahre Bedeutung dieser Niederlage, denn mit dem Fall Singapurs zerbrach ein wichtiges, altes und geachtetes Bindeglied zwischen West und Ost. Es wurde bis heute nicht und wird vielleicht niemals mehr wiederhergestellt.

Die Gründe für die raschen Erfolge der Japaner sind häufig dargelegt worden. Einmal waren es der unbegründete Glaube, daß der Feind bestimmt nicht durch den malaiischen Dschungel, sondern nur über See angreifen würde, zum anderen das unerschütterliche Vertrauen auf die See- und Luftstreitkräfte, die jedoch infolge schwerer Verluste, anderweitiger Verpflichtungen und kurzsichtiger Planung nicht zur Verfügung standen, als sie am dringendsten gebraucht wurden.

Aber es gab auch andere Gründe – Gründe persönlicher Natur –, für die keine rasche Lösung zu finden war. Während das ferne Europa bereits zwei Jahre Kriegsqualen erduldet hatte, behielt Singapur seine antiquierte, der Wirklichkeit entrückte Kolonialhaltung bei, in der die Trennung nach Rassen und Bevölkerungsschichten keineswegs die Ausnahme, sondern vielmehr die Regel bildete. Wert und Tapferkeit der kämpfenden Truppe wurden erst erkannt und berücksichtigt, als es zu spät war.

Mit dem militärischen Zusammenbruch verfiel auch die Moral, weil Not und Gefahr, genauso wie Überfluß, niemals ungleich verteilt werden dürfen.

A. K.

1 Das Flaggschiff

Die Mittagssonne brannte erbarmungslos auf die ausgedehnte Reede von Singapur herab, so daß sich die Reihen der dort vor Anker liegenden Kriegsschiffe wie auf die glitzernde Wasserfläche geheftete Modelle ausnahmen. Zwischen den grauen Schiffsrümpfen war ein ständiges, scheinbar zielloses Kommen und Gehen kleinerer, fremdartiger Fahrzeuge. Sampans* und größere, verwitterte Dschunken erinnerten an eine andere Lebensform jenseits der dunstverhangenen grünen Hügel und hinter den leuchtenden weißen Gebäuden, die das Ufer säumten.

Das langsam fahrende Taxi knirschte, als der Fahrer in den ersten Gang zurückschaltete, dann kletterte es mühsam die steile Straße hinauf, die von der Anlegebrücke nach oben führte. Seine Räder wirbelten gelbe Staubwolken über die ständig wechselnde Prozession von Malaien, Chinesen und Indern, die nur widerwillig Platz machten, um das klapprige Fahrzeug vorbeizulassen. Sofort nach dem Passieren schloß sich die Menschenmenge wieder zusammen zu einer schier endlosen, menschlichen Schlange.

Der Sikh** am Steuer fuhr an die Seite und hielt abrupt an. »Hier ist es, Sir.« Gleichmütig starrte er auf das rechteckige weiße Gebäude mit dem Marineposten vor dem Eingang und dem zierlichen malaiischen Polizisten daneben, dann griff er nach hinten, um seinem Fahrgast die Tür zu öffnen.

Oberleutnant z. See Ralph Trewin zuckte zusammen, als er beim Aussteigen die glühende Sonne auf seinen Schultern spürte. Ihm war, als träte er in einen Backofen. Der Marineposten beobachtete ihn kritisch, und unter den forschenden Blicken des Mannes fühlte Trewin sich auf einmal unsauber und zerknittert. Noch immer trug er dieselbe Uniform, in der er in Liverpool an Bord des großen Truppentransporters gegangen war. Dies schien das Gefühl der Unwirklichkeit noch zu verstärken, so als sei die Khakiuniform ein Teil des Englands, das er hinter sich gelassen hatte, des Englands von 1941, grau und trist, aber grimmig geeint am Ende eines langen Sommers der Katastrophen und Niederlagen.

Er wandte sich um, hielt die Hand über die Augen und blickte hinunter auf die flimmernde Reede, wo ein paar stämmige

* Sampan = chinesischer Bootstyp
** Sikh = Angehöriger einer kriegerischen nordindischen Religionsgemeinschaft

Schlepper denselben Transporter bereits wieder ins Fahrwasser bugsierten, klar zum Auslaufen zur nächsten Überfahrt. Hier draußen im Sonnenschein, umgeben vom farbigen Leben einer anderen Welt, erschien ihm das Schiff – ein alter Shaw Savill Liner – fremdartig wie eine Erinnerung an den Krieg, den Trewin gerade hinter sich gelassen hatte. Der Tarnanstrich, voller Rost- und Mennigestreifen, zeugte von hartem Einsatz. Trewin beobachtete, wie er zwischen zwei vor Anker liegenden Kreuzern hindurchgeschleppt wurde, dann strich er ihn aus seinen Gedanken. Diese Episode war abgeschlossen, die langen Wochen im Konvoi, wo jede Schraubenumdrehung ihn weiter und weiter wegtrug von Leben und Tod, wie er sie kennengelernt hatte. Selbst die Anlaufhäfen wirkten jetzt schon vage und undeutlich. Zunächst die Fahrt durch die Biskaya mit ihren steilen Brechern und dem nervenzerfetzenden Krachen eines Torpedos mitten in der Nacht, als ein Nachzügler einem der sie beschattenden U-Boote zum Opfer fiel. Dann Gibraltar und ein Tag der Zerstreuung, der seltsame Anblick erleuchteter Läden und überfüllter Straßen, in denen aber kaum eine Frau zu sehen war. Weiter und weiter ging es; Schiffe stießen zum Konvoi oder verließen ihn wie geschäftige Handelsreisende. Freetown, wo die arg mitgenommenen kleinen Korvetten das Geleit an schlanke Zerstörer übergaben. Simonstown, und nach einer durchzechten Nacht weiter über die ungeheure Weite und Leere des Indischen Ozeans nach Trincomalee, wo nochmals eine größere Menge Soldaten eingeschifft wurde für den Bestimmungshafen Singapur.

Trewin bezahlte den Fahrer und wandte sich dann ab, während das Taxi hügelabwärts knatterte und sich unter lautem Hupen den Weg durch die Menge bahnte.

Trewin erwiderte den Gruß des Marinepostens und trat durch das Eingangstor in den Garten. Auf dem gepflegten Rasen stand ein Hinweisschild mit der Aufschrift KONTERADMIRAL, OSTKÜSTENPATROUILLE, daneben ein kleineres Schild TENNISTURNIER HEUTE ABEND.

Über einen Kiesweg ging er weiter. Die Uniform klebte ihm am Körper wie eine zweite Haut, seine Kehle war ausgedörrt und verlangte nach einem Drink. Noch immer wußte er nicht, was er hier sollte. Zusammen mit einer Gruppe anderen seemännischen Personals hatte er England verlassen, seine Order war knapp und klar: das Kommando über ein bewaffnetes Patrouillenboot zu übernehmen. Es war eins von mehreren Booten, die nach Singapur geschickt wurden, um bei der Bekämpfung von Saboteuren und Waffenschmugglern zu helfen und deren Infiltration zu verhindern. Aber unmittelbar nach dem Eintreffen des Transporters hatte sich ein etwas gehetzt wirkender Oberleutnant vom Marinehauptquartier Trewins bemächtigt und ihn statt dessen hierher beordert.

Als er den Offizier nach weiteren Einzelheiten ausquetschte, hatte der unwillig hervorgestoßen: »Ihr Patrouillenboot ist hier nie angekommen, auch keins von den anderen. Das Schiff, das sie hierher bringen sollte, wurde zwei Tage nach dem Auslaufen aus dem englischen Verladehafen torpediert.« Dann hatte er vage lächelnd hinzugefügt: »Seltsamerweise kamen die dazugehörigen Motoren hier rechtzeitig mit einem anderen Schiff an.« Dann war er kopfschüttelnd und wortlos gegangen.

Eine Marineordonnanz trat aus dem Schatten hervor und fragte: »Sie sind Mr. Trewin, Sir?« Sein Blick blieb an der Wellenlinie der Goldstreifen* auf Trewins Ärmel hängen, und seine Lippen kräuselten sich ein wenig. »Hier entlang, bitte, Sir.«

Trewin folgte ihm durch einen langen kühlen Korridor, vorbei an Diensträumen, die zum größten Teil verlassen zu sein schienen. Er hatte den etwas verächtlichen Gesichtsausdruck des Marinesoldaten bemerkt, und ihm ging auf, wie wenig Reservisten es hier in Singapur gab. Wie der Krieg selbst, so schienen auch diese weit entfernt zu sein.

Der Soldat öffnete eine Tür und sagte kurz: »Warten Sie hier bitte.«

Trewin trat ans Fenster des kleinen Vorraums und blickte hinunter auf den gepflegten Rasen. Er sah kleinere Gruppen von Marineoffizieren in weißer Uniform aus dem Hauptgebäude kommen und weggehen, als hätte sie ein bestimmtes Signal aus ihren verborgenen Diensträumen vertrieben.

Eine weitere Tür ging auf, und ein großer, gebräunter Oberleutnant in makellosem Weiß winkte mit einem Papier. »Hier herein, bitte.« Er wartete, bis Trewin ihm in den großen Raum gefolgt war, und sagte dann ungeduldig: »Sie sind ein bißchen spät dran,

* Abzeichen der Reserveoffiziere

Trewin, daher will ich es kurz machen.« Er blätterte noch einige Papiere durch und fügte hinzu: »Sie wissen natürlich von der Änderung Ihrer Kommandierung?«

»Nur was ich auf dem Transporter erfahren habe. Heißt das, daß ich nach England zurückgehe?«

Der Offizier starrte ihn an. »Um Gottes willen, nein!« Dann warf er einen Blick auf seine Armbanduhr. »Sie sind zu uns versetzt worden. Eine Menge unserer Leute wurden auf Schiffe abkommandiert, jetzt sind wir selbst ein wenig knapp.« Er musterte Trewins zerknitterte Uniform. »Ich denke, Sie werden sich hier schon einleben.« Dabei überreichte er Trewin einen versiegelten Umschlag. »Sie haben sich sofort an Bord der *Porcupine** zu melden. Es steht alles in dem Umschlag.« Dann griff er unter seinen Schreibtisch und holte einen Tennisschläger hervor. »Jetzt muß ich aber weg. Ich will mich vorher noch einschlagen.«

Trewin blieb stehen und fühlte den Ärger hinter seinen Augen pulsieren wie eine alte Wunde. »Was ist die *Porcupine*? Und als was soll ich dort an Bord?«

Der Oberleutnant blickte ihn wütend an. »Sie sollen als Erster Wachoffizier einsteigen.« An der Tür blieb er noch einmal stehen und sagte: »Als Reservist sollten Sie froh sein über den Job!«

Trewin hatte seinen Regenmantel über der Schulter getragen, jetzt ließ er ihn absichtlich über seinen Arm fallen. Er sah, wie der Blick des Offiziers auf das Band des Distinguished Service Cross** fiel, das unter dem Regenmantel verborgen gewesen war, und sagte ruhig: »Vielen Dank für die Auskunft. Und jetzt lassen Sie sich nicht mehr länger von Ihrem – äh – Dienst abhalten.« Dann ging er an dem Oberleutnant vorbei und trat hinaus ins Sonnenlicht.

Die Ordonnanz wartete auf ihn. »Ich habe einen Wagen angehalten, Sir, der wird Sie direkt zum Flaggschiff hinunterbringen.«

Behutsam wandte Trewin sich ihm zu. »Zum Flaggschiff?«

Der Soldat nickte feierlich. »O ja, Sir. Die *Porcupine* ist das Flaggschiff des Geschwaders.«

Trewin litt noch unter der Unhöflichkeit des Oberleutnants und seiner eigenen billigen Rache. »Oh, das ist etwas anderes!«

Er wartete, während der Marinesoldat den Fahrer des Wagens

* dtsch. »Stachelschwein«

** eine Tapferkeitsauszeichnung

holte, und betrachtete sich dabei in dem großen Spiegel neben dem Eingang. Selbst wenn er eine makellose weiße Uniform anhätte, überlegte er, könnte er sich nicht mit der Eleganz des anderen Offiziers messen. Etwas Rebellisches, ja sogar Wildes steckte in ihm, empfand er vage. Die grauen Augen, die ihn aus dem Spiegel anstarrten, blickten ruhig und sicher, aber da war noch etwas anderes. Verletzte Eitelkeit vielleicht?

Er war groß und wohlproportioniert, aber der gute Eindruck, den die kräftigen Schultern und die ungezwungene Haltung hervorriefen, wurde sofort wieder verdorben durch das dunkle, nicht zu bändigende Haar, das sich um den Mützenrand ringelte.

Nervös bewegte er die linke Schulter und versuchte herauszufinden, ob der stechende Schmerz wirklich von seiner Verwundung oder lediglich von der Erinnerung daran herrührte. Sofort verbannte er diese aus seinen Gedanken. Das alles lag hinter ihm, war Vergangenheit. Dies hier war die Gegenwart.

Er sah den Fahrer vom Eingangstor hereinblicken. »Zur *Porcupine*, Sir?«

Trewin warf sich den Regenmantel über die Schulter und hob seinen Koffer auf. Dann nickte er entschlossen. »Zur *Porcupine*«, sagte er.

Die kleine Hafenbarkasse nahm lässig ihren Weg durch den dichten Verkehr von Eingeborenenbooten und Dienstfahrzeugen. Eine trotzige blaue Rauchfahne quoll aus ihrem Schornstein. Trewin, der einzige Passagier, stand im Cockpit, die Arme auf das Segeltuchdach gestützt, die Mütze zum Schutz gegen das flimmernde Sonnenlicht tief über die Augen gezogen, und musterte die Reihe der vor Anker liegenden Schiffe, die sie passierten. Wie anders sie doch aussahen als diejenigen, die er gerade zurückgelassen hatte! Schmuck, elegant, sauber und in makellosem Anstrich machten sie alle den Eindruck, als lägen sie bereit zur Inspektion durch den Kommandierenden Admiral. Straffgespannte Sonnensegel beschatteten die Achterdecks, und mehr als einmal sah er ein erhobenes Fernglas, mit dem man die langsame Barkasse beobachtete.

Wieder einmal mußte er an sein letztes Schiff denken. Im Grunde konnte man es gar nicht als Schiff bezeichnen: ein mit einem Dreipfünder und ein paar Maschinengewehren bewaffnetes

Motorboot mit einer sechzehnköpfigen Besatzung, das war alles. Aber es war sein eigenes Kommando, und sie hatten zusammen Einiges mitgemacht. Er sah jetzt, seit er den nötigen Abstand gewonnen hatte, alles sehr viel klarer als damals. Eines war sicher: Seine Zeit als Kommandant von *ML 99* war das einzig Positive, das er während seiner achtundzwanzig Lebensjahre bisher geleistet hatte.

Sie waren eine fröhliche, unbekümmerte Gemeinschaft gewesen, trotz der wildgewordenen Welt rings um sie her. Sie bekamen die unterschiedlichsten Aufgaben zugewiesen, sei es Geleitschutz, sei es Beförderung von Proviant oder sonstiger Ausrüstung, sei es die Abwehr von Luftangriffen oder der offene Kampf mit feindlichen Schnellbooten im Kanal. Sie hatten das Elend und den Schmerz der Evakuierung von Dünkirchen mitgemacht, und als sie für einige Zeit in Harwich stationiert gewesen waren, hatte er gelernt, seinen Weg zwischen den unbeleuchteten Sandbänken hindurch zu »fühlen«, bis er es mit verbundenen Augen gekonnt hätte. Dann, als England allein stand gegen ein siegreiches Deutschland, war er ins Mittelmeer beordert worden, wo er mit seiner Besatzung dasselbe Bild der Rückzüge und des blinden Optimismus der höheren Stäbe beobachten mußte, von Vorgesetzten, die sich noch immer an die Dogmen ihrer Friedensausbildung klammerten. Nach Griechenland ging es, um bei einem weiteren Rückzug mitzuwirken. Wieder galt es, keuchende, verbitterte Soldaten unter ständigen Luftangriffen aus dem Wasser zu ziehen; ihre Blicke hingen voller Erleichterung und Bewegung an dem narbenbedeckten Motorboot, das trotz aller Bomben, Granaten und Maschinengewehrsalven wacker ausharrte, bis auch der letzte Schwimmer geborgen war. Das Heer hatte sich nach Kreta zurückgezogen, und hier endete das Kriegsglück von *ML 99*.

Trewins Boot legte als eins der letzten ab, völlig überfüllt mit geflüchteten Truppen. Durch die dauernde Überbeanspruchung und die fehlende Wartung waren die Motoren in denkbar schlechter Verfassung und streikten plötzlich. Verzweifelt arbeitete das Maschinenpersonal in dem winzigen Motorenraum, während Trewin und die übrige Besatzung den klaren Himmel absuchten und warteten. Dann, mit einem Male, waren sie da.

Sieben Jagdbomber hatte er gezählt, aber es mochten auch

mehr gewesen sein. Wie Raubmöwen waren sie auf das bewegungslose Fahrzeug herabgestoßen, die Luft zerriß unter dem Krachen der Bomben, dem harten Knattern der Maschinengewehre. Das Boot fing Feuer und kenterte kurz danach.

Elf Stunden trieb er im Meer, über Wasser gehalten von seiner Schwimmweste und einem fanatischen Überlebenswillen. Es war wie ein böser Traum, an dem er jedoch so wenig beteiligt zu sein schien, als ginge es um jemand anderen. Er hörte seine Leute schreien, hörte sie ertrinken, er spürte den entsetzlichen Schmerz in seiner Schulter, die wohl nur noch rohes Fleisch war. Sie hatte am meisten abbekommen, als er, eingehüllt in brennendes Öl wie eine menschliche Fackel, über Bord geschleudert worden war. Als endlich ein Minensucher sie auffischte, waren nur noch sechs von ihnen am Leben. Die anderen blieben, wo sie waren, hingen schwankend in ihren Schwimmwesten oder trieben mit dem Gesicht nach unten im Wasser zwischen verkohlten Holzstücken.

Vielleicht war das wirklich der wahre Grund, weswegen man ihn nach Singapur versetzt hatte. Möglicherweise hatte er im Hospital etwas geäußert oder getan, was ihn zum weiteren Kämpfen untauglich erscheinen ließ? Mit plötzlichem Ärger starrte er auf die vor Anker liegenden Kriegsschiffe. Sie erinnerten ihn an den arroganten Oberleutnant im Marinehauptquartier, den er soeben verlassen hatte. Geschniegelt, aber nicht im geringsten kampferprobt. Was, zum Teufel, wußten sie schon vom Krieg?

Die Hafenbarkasse stampfte um einen großen Transporter herum und näherte sich nun der malaiischen Küstenlinie. In der Ferne sah er den großen Damm, der das Festland mit der Insel Singapur verbindet, und querab den üppigen Baumbestand von Johore Bahru*. Verwundert blickte er sich um. Die letzten der großen Schiffe waren zurückgeblieben, und nichts lag jetzt vor ihnen als eine Reihe kleiner, veralteter Flußkanonenboote. Trewin erinnerte sich, daß er in der Vergangenheit schon Abbildungen dieser Boote gesehen hatte, in jenen Tagen, als diese kleinen Schiffe auf den viele Meilen langen chinesischen Wasserstraßen und auf den großen, schiffbaren Flüssen die Flagge zeigten und für Ordnung sorgten. Seit die Japaner in China verrückt spielten und das Land

* Johore Bahru liegt Singapur gegenüber auf dem malaiischen Festland

verwüsteten, waren die meisten dieser Kanonenboote natürlich abgezogen und nach Hongkong oder Singapur verlegt worden. Ein paar hatten es sogar geschafft, bis ins Mittelmeer zu gelangen, wo sie das seltsame Gemisch von Fahrzeugen verstärkten, das den Nachschub und die Flankendeckung der Wüstenarmeen übernommen hatte.

Hier im grellen Sonnenlicht, unter ihren Sonnensegeln, wirkten sie wie eine Reihe von Hausbooten auf der Themse oder wie die alten Mississippidampfer. Fünf von ihnen lagen nebeneinander vor Anker, das größte am dichtesten zum Damm hin.

Trewin beugte sich zu dem Bootssteurer hinunter, einem bärtigen Seemann mit tätowierten Armen. »Wo fahren wir jetzt hin?«

Der Barkassenführer zeigte grinsend seine starken Zähne. »Dort, das ist sie, Sir!« Er hob den Arm und drehte das Messingrad mit einer Hand weiter. »An der Spitze der Kolonne.« Er brüllte ein Kommando, und die Barkasse ging mit der Fahrt herunter. »Das Kanonenboot *Porcupine*!« Dann grinste er noch breiter. »Flaggschiff der Ostküstenpatrouille!«

Trewin starrte gespannt auf das Schiff, dem sie sich näherten. Jetzt konnte er auf dem flachen Heck bereits den in goldenen Lettern angebrachten Namen lesen, unter der bewegungslos herabhängenden Flagge, die sich in dem klaren Wasser spiegelte. Die *Porcupine* war etwa zweihundert Fuß* lang, und da sie für den Dienst in flachen Gewässern konstruiert war, befand sich der größte Teil der Unterkünfte oberhalb des Hauptdecks. Zunächst war da die eckige, nüchterne Brücke und daran anschließend die Kabinensektion. Sie bedeckte fast die gesamte Länge des Schiffes. Der einzige, hohe und dünne Schornstein sowie die beiden spitz zulaufenden Masten verstärkten noch den ersten Eindruck vergangenen Glanzes. Selbst ihr grauer Anstrich konnte das nicht bemänteln. Die Farbe war nicht diese hastig aufgepinselte, trübe Schicht, wie Trewin sie aus den heimischen Gewässern kannte, sondern sie glänzte wie poliertes Glas, sodaß er sein eigenes Spiegelbild sah, als die Barkasse jetzt an dem frisch lackierten Fallreep anlegte.

Der Barkassenführer sagte: »Schmuckes kleines Schiff, Sir, nicht wahr? Würde selbst gern einsteigen.« Plötzlich knurrte er

* zweihundert Fuß = 61 m

den chinesischen Bootsgast im Bug an, und als die Barkasse sich leise gegen das Fallreep legte, fügte er hinzu: »Ich glaube, die Disziplin an Bord ist ziemlich streng, Sir.« Er blickte Trewin offen an und wandte seinen Blick dann den wellenförmigen Ärmelstreifen auf Trewins Uniformrock zu. »Wenn Sie mir diese Freiheit gestatten, Sir.«

Trewin nickte. »Danke. Ich werde es mir merken.«

Er stieg das kurze Fallreep hinauf, grüßte die Flagge und trat dann auf das schattige Seitendeck.

Ein blutjunger Leutnant in Hemd und Shorts salutierte und sagte: »Oberleutnant Trewin, Sir?«

»Ja. Soviel ich weiß, soll ich als I.W.O.* einsteigen ...«

Der junge Offizier warf einen raschen Blick auf die träge ablegende Barkase und seufzte erleichtert, als sie endlich vom Fallreep freikam. »O ja, Sie wurden uns avisiert, Sir. Ihr Vorgänger ist schon gegangen, fürchte ich.« Nur mühsam schien er seine Gedanken von der plumpen Barkasse und ihrer noch immer währenden Bedrohung der sauberen Bordwand losreißen zu können. Schließlich sagte er: »Willkommen an Bord! Ich bin Hammond. Colin Hammond.«

Er hatte eine seltsam abgehackte Art zu sprechen, aber Trewin rechnete es seiner Nervosität zu. Hammond hatte ein offenes, freundliches Gesicht, einen ziemlich sensiblen Mund und schien etwa zwanzig Jahre alt zu sein.

Trewin sah sich langsam um, bemerkte das fleckenlose Deck, das sauber aufgeschossene Tauwerk, die allgemeine Ordnung und Perfektion. Man spürte förmlich die an Bord herrschende Disziplin. Wie eine Millionärsyacht, dachte er.

»Und was sind Ihre Aufgaben hier, Sub**?

Hammond schob sein Teleskop zusammen und nahm es unter den Arm. »Ich machte hier draußen einen Dolmetscherkursus, also schickte man mich bei Kriegsbeginn an Bord. Als Prisenoffizier und als Kuli für alles.« Er lächelte, wodurch er plötzlich ein wenig hilflos wirkte. »Soll ich Sie erst einmal herumführen, Number One, oder möchten Sie lieber in Ihre Kammer gehen?«

Trewin stutzte. Es war seltsam, als Number One angeredet zu werden, nachdem man schon ein eigenes Kommando gehabt

* Erster Wachoffizier – Number One
** Sublieutnant = Leutnant zur See

hatte. »Eine kurze Besichtigung wäre mir lieber.«

Sie gingen über das Backbordseitendeck, und Hammond sagte: »Der Kommandant ist an Land, aber er hat Befehl gegeben, daß Sie sich bei seiner Rückkehr für ihn bereithalten sollen.« Rasch fügte er hinzu: »Was macht England, Sir?«

Trewin sah ihn von der Seite an. Hammond hätte genausogut nach dem Nordpol fragen können. Vielleicht lag es an der »uneinnehmbaren Festung« Singapur, daß die Leute hier wirklichkeitsfremd wurden.

»Es kämpft«, sagte er lakonisch.

Sie gingen weiter bis zur Back und blieben neben einem Vierzollgeschütz stehen. Hammond schien zu zögern. Schließlich sagte er vorsichtig: »Dies ist Geschütz A. Wir haben noch einen weiteren Vierzöller achtern auf dem Batteriedeck.« Er zeigte an der Brücke vorbei. »Das ist dort hinter der Brücke.« Er sah Trewins Lächeln und wurde rot. »Entschuldigen Sie, Number One, aber ich versuche nicht, den alten Soldaten zu spielen.«

Trewin nickte. »Ist in Ordnung, Sub. Erzählen Sie weiter, sonst denke ich noch, ich träume.«

Hammond führte ihn eine Leiter hinauf durch das ruhige, sehr ordentliche Steuerhaus und weiter zur offenen Brücke. Von hier konnte Trewin das Aufbaudeck – das »Batteriedeck« – sehen und das andere Geschütz. Auch ein paar Oerlikons* standen hinter dem Schornstein und eine plumpe, nicht zu erkennende Form unter einem Segeltuchbezug.

Hammond sah Trewins Blick und sagte hastig: »Eine Drei-Komma-sieben-Haubitze. Sie soll Granaten von oben in Küstenpositionen schleudern, glaube ich«, fügte er unbeholfen hinzu. »Obgleich das vor meiner Zeit war.«

»Vor jedermanns Zeit, denke ich.« Trewin spürte die Sonnenhitze auf seinem Nacken und ging rasch über das offene Deck, bis er zu dem abgeplatteten Heck hinunterblicken konnte.

»Außer den Offizieren haben wir sechzig Mann Besatzung«, sagte der Leutnant. »Halb britisch, halb chinesisch. Die Chinesen sind hauptsächlich Maschinenpersonal und Matrosen.«

Trewin starrte ihn an. »Aber was ist denn unser Auftrag?«

»Oh, Patrouillenfahrten.« Es klang etwas vage. »Wir fahren die

* Zweizentimeter-Maschinengewehre Schweizer Fabrikation.

Ostküste von Malaya hinauf. Dreihundert Meilen. Zwei Tage hin und zwei Tage zurück. Wir können weit flußaufwärts fahren und so die Dinge im Auge behalten.«

Er erklärte nicht, was die »Dinge« waren, und auch Trewin verfolgte das Thema nicht weiter. Für den Anfang sollte es genügen, entschied er.

Die *Porcupine* war ein Stück Vergangenheit. Als er noch einmal über ihre saubere, beinahe geleckte Erscheinung blickte, hatte er wieder das alarmierende Gefühl, das ihn seit Dünkirchen und Kreta nicht mehr verlassen hatte.

Sie stiegen zum Hauptdeck hinunter, und er sah die Schiffsglocke, die von einem wundervoll polierten Delphin herabhing. Sie trug die Inschrift: »H. M. S. *Porcupine*, 1937.« Das Schiff war also noch gar nicht so alt. Lediglich die Rolle, die es hier spielte, ließ es so überholt erscheinen. Als habe man hier noch nichts davon gehört, daß die Deutschen in Polen einmarschiert waren und daß daraufhin ein Krieg ausgebrochen war.

Trewin blickte nach achtern zu den anderen Kanonenbooten. »Sind sie alle gleich?«

Hammond hob die Schultern. »Die meisten von ihnen sind natürlich älter. *Prawn*[1] und *Shrike*[2] wurden während des ersten Weltkrieges gebaut, *Squalus*[3] und *Grayling*[4] 1924, und *Beaver*[5] ist unser Schwesterschiff.«

Trewin wandte sich ab. Selbst ihre Namen waren sonderbar.

»Dies hier ist die Messe, Number One.« Hammond stieß eine leichte Rohrgeflechttür auf, und sie betraten einen großen, rechtwinkligen Raum, unmittelbar unter der Brücke gelegen. Er war in dunklem Holz getäfelt und, verglichen mit der Messe auf *ML 99*, geradezu luxuriös.

Auch hier herrschte das auf allen Kleinschiffen übliche Durcheinander der verschiedensten Möbel. An den Seiten waren die unvermeidlichen Zeitschriftenregale, und unter dem an einem Schott angebrachten Schiffswappen befand sich ein Gewehrständer. Natürlich stellte das Wappen ein Stachelschwein dar, darunter stand in Goldbuchstaben das Motto: *»Noli me tangere.«*

Trewin atmete langsam aus. »Rühr mich nicht an«, übersetzte er aus dem Lateinischen.

1 = Steingarnele, 2 = Würger, 3 = Dornhai, 4 = Äsche, 5 = Biber

Hammond blickte ihn an und fragte: »Möchten Sie jetzt Lunch? Ich bin allein an Bord und habe schon gegessen.«

Langsam, als spräche er zu sich selbst, wiederholte Trewin, in Gedanken versunken: »Rühr mich nicht an!« Dann sagte er müde: »Nein, danke. Ich möchte lediglich duschen und endlich meine Kleider wechseln.«

Hammond drückte auf einen Klingelknopf, und ein verhutzelter Chinese mit einem dünnen Ziegenbart erschien in der Pantrytür.

Hammond sagte beiläufig: »Das ist Ching, unser *Makeelearn**. Er kann Ihnen gleich Ihre Kammer zeigen. Er wird Sie auch mit besserem Tropenzeug ausstaffieren, als Sie es in England bekommen.«

Trewin hatte plötzlich London vor Augen, die verzweifelte Heiterkeit einer Stadt im Bombenhagel, das Gewirr der schmalen Scheinwerferkegel. »Das ist sehr beruhigend, Sub.« Er blickte an dem chinesischen Steward vorbei, der keine Miene verzog. »Wer sind übrigens die anderen Offiziere?«

Hammond schien erleichtert, das Thema wechseln zu können. »Da ist Oberleutnant Mallory, der Navigationsoffizier, ein Australier.« Wieder wirkte Hammond etwas unsicher. »Er ist Reserveoffizier, war vorher bei der Handelsmarine.« Eilig fuhr er dann fort: »Und Mr. Tweedie, der Artillerieoffizier. Der ist bereits seit seiner Kindheit in der Marine.«

Trewin konnte ihn sich vorstellen. Laut sagte er: »Danke für die Führung, Sub. Ich gehe allein in meine Kammer.«

Als Ching die Tür wieder geschlossen hatte, stand Trewin ein paar Minuten vor dem Bullauge und starrte hinüber zu den anderen Kanonenbooten, ohne sie jedoch tatsächlich zu betrachten. Er glaubte, den klagenden Sirenenton des Transporters zu hören, und stellte sich vor, wie dieser bereits wieder nach England, in die Wirklichkeit, zurückfuhr.

Dann setzte er sich auf die sauber bezogene Koje und nahm die kleine, gemütliche Kabine in Augenschein. Seine Sachen waren ausgepackt und verstaut, sein Bademantel hing hinter der Tür, als hätte er dort schon immer gehangen. Mit beinahe grimmiger Entschlossenheit warf er die Kleidung ab und starrte auf sein Bild im

* Mann für alles

großen Wandspiegel.

»Willkommen auf dem Flaggschiff!« Er hörte das Rauschen des Wassers im Baderaum nebenan und stellte sich den alten Chinesen vor, der dort auf ihn wartete, um ihm zu helfen. Trewins Mundwinkel verzogen sich zu einem traurigen Lächeln. *Rühr mich nicht an!* Das hatte ihm gerade noch gefehlt!

Trewin kehrte vom Duschen zurück und stellte sich tief durchatmend unter den Deckenventilator. Zu seinem Erstaunen stellte er fest, daß Ching während seiner kurzen Abwesenheit wieder in der Kabine gewesen war und ein frisches Hemd und Shorts auf der Koje ausgebreitet hatte. Seine weißen Schuhe standen auf einem kleinen Teppich darunter, genau ausgerichtet im Winkel von fünfundvierzig Grad.

Kräftig frottierte er sein störrisches, widerborstiges Haar und spürte, wie sich sein ganzer Körper allmählich entspannte. Schließlich ließ er das Handtuch auf den Boden fallen, riß eine Schublade auf und wickelte sorgfältig eine Flasche Whisky aus. Sie war noch nicht angebrochen, und er hatte beabsichtigt, diese Kostbarkeit, die er sich auf dem Transporter besorgt hatte, aufzuheben, um damit sein neues Kommando zu feiern. Jetzt lächelte er grimmig und goß sich eine gehörige Portion in ein Glas, das auf der hübschen Kommode stand. Es war unwahrscheinlich, daß er in absehbarer Zeit wieder ein eigenes Kommando bekäme, dachte er grimmig. Vielleicht überhaupt nicht mehr. So würde er also jetzt für sich allein trinken.

Der Whisky brannte wie Feuer in seinem leeren Magen, aber trotzdem kippte er das Glas in einem Zug herunter.

Es klopfte an der Tür, und ohne zu überlegen rief er: »Herein!«

Leutnant Hammond stieg über das Süll* und blieb mit einem Ruck stehen; sein Gesicht lief rot an, als er den neuen Ersten Wachoffizier nackt unter dem Deckenventilator stehen sah, ein offensichtlich gerade geleertes Glas in der Hand.

Trewin war so an die Enge auf seiner kleinen *ML 99* mit der sich zwangsläufig daraus ergebenden Formlosigkeit gewöhnt, daß es ein paar Sekunden dauerte, bis er die Verwirrung des jungen Mannes bemerkte. Dann grinste er und griff nach seinem Bade-

* hohe Schwelle an Bord, die das Eindringen von Wasser verhindert

mantel. Als er ihn sich über die Schulter warf, sah er Hammonds entsetzten Blick im Spiegel und fühlte, wie sich sein Magen vor Scham zusammenzog.

Hammond platzte heraus: »Mein Gott, Number One, Ihr Rükken!« Hilflos hob er die Schultern. »Um Gottes willen, was ist Ihnen da passiert?«

Trewin wandte sich ab. »Vergessen Sie's!« Ärgerlich goß er sich noch einen Whisky ein und spürte, daß Hammonds Blick jeder seiner Bewegungen folgte. »Was wollten Sie mir sagen?«

Hammond riß sich zusammen. »Wir haben soeben ein Signal bekommen. Kommandantenboot legt von Land ab, wird also in zehn Minuten hier sein.« Hilflos fuhr er sich mit den Fingern durch das blonde Haar. »Der Kommandant wird Sie am Fallreep sehen wollen.«

»All right.« Trewin hielt den Atem an, als er den unverdünnten Whisky in seinem Magen spürte, und wünschte, Hammond würde endlich gehen. Ein unachtsamer Augenblick, und es war alles genau wieder so wie vor dem Duschen. Das angenehme Gefühl der Entspannung war verflogen.

Endlich hörte er das Schließen der Tür und Hammonds sich entfernende Schritte auf dem Seitendeck. Bedächtig zog er Hemd und Shorts an und setzte sich dann schwer auf den Kojenrand. Würde er sich denn ewig seines entstellten Körpers schämen? Wie lange sollte dieser lächerliche Zustand noch anhalten? Wo es doch so unendlich viel Wichtigeres gab, um das man sich sorgen oder an das man denken mußte. Mit einem Stirnrunzeln ergriff er seine Mütze und ging an Deck.

Auf dem Weg zum Fallreep stellte er fest, daß das gesamte Schiff zum Leben erwacht zu sein schien, seit er vor zwei Stunden an Bord gekommen war. Es mutete ihn seltsam an, chinesische Gesichter unter britischen Mützen zu sehen und das ungewohnte Geschnatter ihrer Stimmen zu hören.

Auch britische Unteroffiziere und Mannschaftsdienstgrade waren da, gesund und braungebrannt, die ihn beobachteten und, während er vorbeiging, seinen Blick aufzufangen suchten. Trewin ignorierte sie. Es würde noch genügend Zeit sein, die Männer hinter den Gesichtern kennenzulernen. Viel Zeit, wenn er Hammonds skizzenhafter Beschreibung ihrer hiesigen Aufgaben Glauben schenkte. An der Ostküste Malayas auf und ab zu tuckern, hin und zurück, hin und zurück. Mein Gott, dachte er wütend, was könnten sie zu Haus mit all diesen Männern anfangen – oder im Mittelmeer!

Er fand Hammond neben dem Fallreep, sein Glas auf ein sich rasch näherndes Motorboot gerichtet. »Hier kommt er«, rief der Leutnant. Dann blickte er einen großen, bärtigen Seemann an. »Die Fallreepsgasten*, Jardine!« Zu Trewin gewandt, fügte er rasch hinzu: »Der Kommandant möchte immer die Fallreepsgasten angetreten sehen, wenn er an Bord kommt.« Seine Stimme klang nervös.

Trewin trat beiseite, als die Bootsmannsmaaten die Trillerpfeifen mit den Lippen anfeuchteten, während sich ein kleiner chinesischer Matrose weiße Handschuhe überzog und bewegungslos am Fuß der Treppe Aufstellung bezog. Trewin war völlig verwirrt. Das Ganze kam ihm vor wie eine Begrüßungszeremonie auf dem Achterdeck eines Schlachtschiffes und nicht eines winzigen Kanonenboots.

Er beobachtete, wie das schnelle Motorboot mit einem scharfen Bogen aufdrehte und dann elegant zum Fallreep jagte. Ein Bootshaken blitzte in der Sonne, und als die Schraube rückwärtslief kam das Boot so exakt zum Stehen, daß das Cockpit genau neben dem Fuß der Treppe lag.

Trewin merkte, daß Hammond ihn erwartungsvoll anblickte, und hob grüßend die Hand an die Mütze. Die Fallreepsgasten standen still, und während die Pfeifen ihren Salut trillerten, stieg der Kommandant der *Porcupine* mit raschen, elastischen Schritten an Deck.

Fregattenkapitän Greville Corbett war von zierlichem Wuchs und unglaublich elegant. Von Kopf bis Fuß in makelloses Weiß gekleidet, trug er eine Reihe funkelnder Orden und einen Säbel, den er wie einen Zeigestock mit dem Griff gegen die Hüfte preßte. Es war schwierig, sein Alter zu schätzen, und im Schatten des goldbetreßten Mützenschirms erschien das Gesicht vollkommen ausdruckslos. Aber Trewins Aufmerksamkeit wurde sofort auf Corbetts Augen gelenkt. Sie waren blau, jedoch nicht von der Farbe der See oder des Himmels, sondern hell und blaß wie zwei polierte Steine. Im Augenblick bewegten sie sich rasch über die

* eine Art Ehrenwache

stillstehende Gruppe hinweg, als seien sie selbständige Lebewesen und vollkommen unabhängig von dem gepflegten, strengen Rahmen des Gesichts, in dem sie sich befanden.

Der Kommandant sprach ihn an und sagte: »Sie müssen Oberleutnant Trewin sein.« Weder wartete er eine Antwort ab, noch machte er eine Pause, sondern fuhr sofort in scharfem Ton fort: »Das vordere Sonnensegel ist lose, Hammond!« Die Augen ruhten kurz auf des jungen Leutnants Gesicht. »Außerdem ist da ein Schmutzfleck außenbords unter Geschütz A.« Die Säbelscheide klopfte energisch auf das Deck. »Ich dulde nicht, daß die eingeborenen Seeleute ihren Abfall über Bord werfen! Sorgen Sie sofort für Abhilfe!«

Hammond salutierte und stotterte: »Jawohl, Sir! Ich habe dem Oberbootsmannsmaat noch gesagt, er solle das Sonnensegel durchsetzen lassen . . .«

Corbetts Mund öffnete und schloß sich knapp beim Sprechen. »Sie sind der Offizier vom Dienst, nicht der Oberbootsmannsmaat! Versuchen Sie also nicht, die Schuld auf andere abzuwälzen!« Er sah zu, wie der unglückselige Hammond davoneilte, und sagte dann ruhig: »Kommen Sie mit, Trewin.«

Trewin folgte ihm über das Seitendeck und die Treppe zur Brücke hinauf. Von hinten sah er, daß Corbetts Haar unter der Mütze grau schimmerte, aber Figur und Bewegungen waren so gelenkig wie die des jungen Hammond.

Corbett schritt rasch durch den leeren Kartenraum und stieß die Tür zu seiner dahinterliegenden Tageskabine auf. Ohne ein Wort öffnete er die Ordensschnalle und legte sie auf den Schreibtisch, dann nahm er den Säbel ab. Hiernach drückte er auf einen Klingelknopf und starrte unverwandt auf die andere Tür.

Wie durch Zauberei erschien dort ein kleiner Chinese, und Trewin kam der verrückte Gedanke, daß er sein ganzes Leben hinter dieser Tür verbrachte und auf das Klingelzeichen wartete.

Der Kommandant nahm die Mütze ab und gab sie dem Steward. »Kaffee«, sagte er, kein weiteres Wort.

Trewin starrte auf Corbetts wohlgeformten Hinterkopf und fühlte sich plötzlich unfrisch und unbehaglich trotz der Dusche und des frischen Hemdes. Dann zuckte er zusammen, als er feststellte, daß Corbetts blasse Augen ihn im Spiegel beobachteten.

»Wenn Sie mein Erster Wachoffizier sein wollen«, sagte der

Kommandant, »dann müssen Sie damit anfangen, alle Nachlässigkeit im Keim zu ersticken.« Damit wandte er sich ab, das gebräunte Gesicht ruhig und entspannt. »Ich war gerade beim Admiral. Ich kann hier nicht immer auf alles aufpassen.«

Kaffee wurde gebracht und wortlos eingeschenkt. Als der Steward gegangen war, setzte sich Corbett an den Schreibtisch und öffnete eine Mappe mit Funksprüchen. »Ich will diese hier rasch durchsehen, um auf dem laufenden zu bleiben. Setzen Sie sich, und trinken Sie Ihren Kaffee.«

Trewin setzte sich. Einen Augenblick beobachtete er noch Corbetts geneigten Kopf, während dieser langsam den Papierstapel durchblätterte, dann wandte er seine Aufmerksamkeit dem Inneren der Kabine zu, um weitere Eindrücke von diesem ungewöhnlichen Mann zu gewinnen.

Es war in der Tat eine sehr geräumige Kabine. Sie lag hoch oben auf dem Aufbau, dennoch war es hier schattig und kühl. Möbel und sonstige Einrichtung waren in bester Ordnung. In der Nähe von Trewins Stuhl stand ein Bücherbord voll wertvoller, ledergebundener Bücher. Die meisten schienen Lebensbeschreibungen berühmter Admirale zu sein, von Rodney, Nelson und vielen anderen, auch einige altmodische Bücher über astronomische Navigation waren dabei.

Auf dem Schreibtisch sah er die eingerahmten Fotografien einer ernsten Frau mit blondem Haar und eines kleinen Jungen, der eine Gummiente in den Händen hielt. Die Frau, so schien es Trewin, sah viel jünger aus als Corbett. Ohne die Mütze wirkte er weit weniger forsch, und Trewin schätzte sein Alter jetzt auf etwa fünfundvierzig Jahre. Wieso war er erst Fregattenkapitän? Das war seltsam, besonders in dieser Zeit, da zu Hause jeder aktive Offizier mit geradezu phantastischer Geschwindigkeit befördert wurde, da mehr und mehr halbausgebildete Reserveoffiziere in die Marine strömten, um die immer größer werdende Zahl der Schiffe zu besetzen und die ständig wachsenden Verluste auszugleichen.

Corbett klappte geräuschvoll den Ordner zu. »Verdammte Narren!« Er nahm seinen Kaffee und sagte beiläufig: »Sie werden hier draußen manches anders finden als in England, Trewin.« Sein Blick heftete sich auf Trewins Schulterklappen. »Sie werden doppelt hart arbeiten müssen, um aufzuschließen. Dies ist ein erstklassiges Geschwader, und ich will, daß es so bleibt.«

Er ließ das Thema fallen und lehnte sich in seinem Sessel zurück. Dann fuhr er fort: »Ich höre, Sie waren Journalist, bevor Sie zur Marine kamen?«

Trewin dachte an das schäbige Büro mit seinem Stab von fünf Reportern. »Das stimmt, Sir.« Was sonst hätte er sagen sollen? Es war lediglich ein weiterer Meilenstein gewesen auf seiner Suche nach sich selbst.

»Aber Sie sind in Dorset geboren?« Corbett neigte den Kopf auf eine Seite. »Warum haben Sie dann in London gearbeitet?«

Trewin starrte ihn verwundert an. »Ich hatte Lust dazu, Sir.«

»Gut.« Corbett schürzte die Lippen. »Sie werden sich vielleicht wundern, warum ich solchen Wert auf die Herkunft meiner Offiziere lege? Nun, wie ich schon sagte, dies ist ein erstklassiges Geschwader, und jetzt, da wir mit einem Zustrom von Reserveoffizieren rechnen müssen, ist es notwendig, über gewisse Dinge Erkundigungen einzuholen.« Er zeigte die Andeutung eines Lächelns. »Vor diesem Krieg konnte man einen Offizier nach Rang und Fähigkeiten einschätzen, nichts sonst war nötig.« Er hob die Schultern. »Jetzt ist man dessen nicht mehr so sicher.« Er ignorierte Trewins wachsenden Ärger und fuhr in kühlem Ton fort: »Sie sind verheiratet?«

»Meine Frau ist tot, Sir.« Trewin fühlte wieder den in ihm aufsteigenden Schmerz bei diesen Worten. »Sie starb bei einem Bombenangriff.« Er wandte den Blick von Corbetts blassen Augen ab. »Es ist nicht ganz so ruhig in London wie hier.«

Corbett schob ein paar Papiere hin und her. »Es ist unsere Aufgabe, dafür zu sorgen, daß es hier so ruhig bleibt, wie Sie es ausdrücken.« Dann fügte er hinzu: »Das mit Ihrer Frau tut mir leid.« Hätte Trewin aufgepaßt, so hätte er gesehen, wie Corbetts Blick mit einem traurigen Ausdruck zu der Fotografie auf dem Schreibtisch wanderte.

Schließlich fuhr er in forschem Ton fort: »Nun, auf alle Fälle waren Sie schon vor dem Krieg in der R.N.V.R.* und scheinen auch einige Kampferfahrung zu haben. Wenn Sie also hart an sich arbeiten, sehe ich keinen Grund, warum Sie Ihre Stellung nicht erfolgreich ausfüllen sollten.«

* Royal Naval Voluntary Reserve

Trewin blickte ihn mit ausdruckslosem Gesicht an. Dann erwiderte er ruhig: »An Bord dieses Schiffes sind sechzig Mann Besatzung, Sir, und dreihundert Meilen Küste sind zu kontrollieren. Ich denke, das wird mir nicht schwerfallen.«

Corbett musterte ihn ein paar Sekunden lang, als denke er über irgendetwas nach. »Ich halte nie etwas für selbstverständlich, Trewin. Die Zeit wird erweisen, was ich von jedem Mann an Bord zu halten habe.«

Trewin stand auf. »Ist das alles, Sir?«

Corbett schien zu überlegen. »Im Augenblick ja. Wir laufen morgen früh um 0700 Uhr aus. Bis dahin werden Sie sich hoffentlich mit meinen ständigen Befehlen vertraut gemacht und die Abschnittsleiter kennengelernt haben. Morgen früh werden Sie das Schiff rausbringen.« Er lächelte ein wenig. »Um das nötige Gefühl dafür zu bekommen.« Dann wartete er, bis Trewin an der Tür war. »Eins noch, Trewin. Wenn ich am Nachmittag an Bord komme, möchte ich nicht, daß das ganze Fallreep nach Whisky riecht. Wir haben eine Besatzung, die zur Hälfte aus eingeborenen Seeleuten besteht. Denken Sie künftig daran!« Er blickte auf seinen Schreibtisch hinunter. »Jetzt können Sie gehen.«

Trewin konnte sich nicht mehr daran erinnern, wie er in seine Kabine gekommen war. Er fand sich vor demselben Wandspiegel stehen, seine Augen loderten vor Zorn. Laut sagte er: »Dieser verdammte, eingebildete Laffe!« Dann öffnete er energisch die Schublade und holte die angebrochene Flasche heraus.

2 Eine Spielzeugflotte

Oberleutnant z. S. Ralph Trewin stieg zur offenen Brücke hinauf und blickte nach oben zum Wimpel im Masttopp. Das Tuch hing schlaff herab, und obwohl es noch früh am Morgen war, glaubte Trewin doch zu spüren, daß es wiederum ein glühendheißer Tag werden würde. Er trat nach vorn zum Brückenkleid und blickte hinunter zur breiten Back des Schiffes. Eine leichte Dampfwolke hing über dem Gangspill, und er sah die mit dem Ankerhieven beschäftigten Leute eifrig beim Abspritzen der Kette. Der junge Hammond stand ganz vorn am Bug neben dem Göschstock. Es herrschte die beim Auslaufen eines Schiffes übliche Erregung, fand er. Sie verließ einen nie, ganz gleich, welches Schiff es gerade war. Er schluckte und spürte dabei den Geschmack von Kaffee und einem hastig eingenommenen Frühstück.

Nur ein einziger Offizier außer ihm war in der Messe gewesen: Mr. Archibald Tweedie, der Artillerist, ein Deckoffizier. Er war klein, stämmig und untersetzt, mit ziegelroter Gesichtsfarbe. Trewin schien er der typische, steinharte Deckoffizier zu sein, der sich von unten durch alle Ränge hochgearbeitet hatte, bis er schließlich sein Ziel, den schmalen Goldstreifen*, erreicht hatte. Trewin wußte aus Erfahrung, daß solche Männer sich über die schnelle Bestallung der Kriegsoffiziere der Reserve ärgerten. Anfangs hatte er hierfür Verständnis aufgebracht, aber mit der Zeit empfand er diese Haltung als ausgesprochen lästig und unangenehm. Tweedie, so schien es, war keine Ausnahme. Während des Frühstücks war er die ganze Zeit förmlich und zurückhaltend geblieben und hatte ohne Unterbrechung in einem Stapel kürzlich angekommener Briefe gelesen, der neben seinem Teller lag. Trewin hatte gesehen, daß die große, spinnenartige Handschrift, die jede Seite bedeckte, nur Raum für wenig Worte ließ, aber Tweedie las jeden Brief so langsam und sorgfältig, als studiere er die Bibel.

Hammond hatte Trewin vorher erzählt, daß der Artillerieoffizier Raten für einen Bungalow in Southsea bezahlte, in den er sich nach seiner Pensionierung zurückziehen wollte; aber der Krieg hatte ihm einen Strich durch die Rechnung gemacht. Kaum waren die ersten Schüsse gefallen, erfolgte seine Versetzung. Jetzt verließ er sich anscheinend darauf, daß seine Frau ihn in ihren Briefen eingehend informierte, nicht über ihr eigenes Wohlergehen, sondern über die Fortschritte beim Hausbau und beim Anlegen des Gartens.

Er hatte einen schmalen, verkniffenen Mund, und Trewin vermutete, daß er magenleidend sei. Wenn das Schiff im Hafen lag und er keine Wache hatte, verschwand Tweedie spurlos von der Bildfläche. Niemand wußte, wohin er ging, und niemand so schien es, war daran interessiert.

Trewin vergaß den mürrischen Artillerieoffizier, als es aus einem Sprachrohr ertönte: »Dampf an Ankerspill, Sir!«

Er kannte die Stimme des leitenden E.R.A.** Nimmo, den er

* Abzeichen der Deckoffiziere (Unteroffiziersrang)
** engine room artificer = leitender Maschinist

am Abend bei der Besichtigung des Maschinenraums kennengelernt hatte. Auf der *Porcupine* war keine Ingenieursstelle vorgesehen, aber Nimmos breites, sachkundig wirkendes Gesicht schien Trewin die Gewähr dafür zu bieten, daß die Maschinenanlage des Schiffes in den besten Händen war.

»Sehr gut, Chief.« Er wandte sich um, als ein Lautsprecher plärrte: »Seegefechtsposten auf Station! Klar zum Auslaufen!«

Er öffnete den obersten Hemdknopf und fühlte sich plötzlich wieder angespannt. Alles war mit einem Mal wieder neu für ihn, anders als gewohnt. Er hörte das Getrappel zahlreicher Füße auf Leitern und Seitendecks und sah die weißgekleideten Seeleute unter der Brücke vorbeihetzen, als ginge es um ihr Leben. Andere erschienen auf der Brücke, und unten im Steuerhaus hörte er C.P.O.* Unwin, den Gefechtsrudergänger, der das Rad durchprobierte und in strengem Ton mit einem der Männer an den Maschinentelegrafen sprach.

Hinter sich hörte Trewin Schritte, und als er sich umwandte, stand er einem langen, schlaksigen Oberleutnant gegenüber, der eine zusammengerollte Seekarte unter dem linken Arm trug. Seine Schulterstücke ließen erkennen, daß er Reserveoffizier war, und bevor Trewin sprechen konnte, sagte er leichthin: »Ich bin Ted Mallory, der Navigationsoffizier.« Dabei streckte er seine freie Hand aus und hob eine Augenbraue. »Wie fühlen Sie sich?«

Trewin grinste. Mallory war der Menschentyp, den man entweder auf den ersten Blick mochte oder ablehnte. Er hatte dunkle, ruhige Augen und scharfe Linien um den Mund, was ihm den Anschein eines ständigen spöttischen Lächelns verlieh. Sein tief gebräuntes Gesicht war mit winzigen Pockennarben bedeckt, offenbar Folgen einer Jugendakne.

»Freut mich, Sie kennenzulernen.« Trewin blickte hinüber zum Nachbarboot. Es hatte ebenfalls Dampf auf, und er sah die weißen Mützen der Offiziere über dem Brückenkleid. »Wir fahren also zu zweit?«

Mallory klammerte die Karte am Kartentisch fest und legte Dreieck, Parallellineal und Stechzirkel darauf. »Klar, das tun wir oft.« Er lächelte. »Eine richtige Spielzeugflotte ist das!« Dann blickte er auf die Uhr und wurde ernst. »Ich war bis heute morgen

* chief petty officer = Oberbootsmann (als Dienstgrad, nicht als Dienststellung)

an Land, sonst hätte ich noch ein ruhiges Wort mit Ihnen gesprochen.« Er zog eine Grimasse und fügte hinzu: »Sie scheinen ein netter Kerl zu sein, also will ich Sie lieber warnen.« Seine Worte begleitete er mit einer weitausholenden Handbewegung. »Sie wissen es wahrscheinlich nicht, aber die Schraubentunnel auf diesem Boot liegen ganz außen. Knapp innerhalb des Rumpfes.«

Trewin nickte langsam. »Der Chief erwähnte es.«

Mallory blickte ihn bewundernd an. »Sie haben Ihre Hausaufgaben gemacht! Trotzdem, was Sie nicht wissen können, ist, daß Sie bei halber Fahrt sehr wenig Ruder brauchen. Das Boot hat einen extrem flachen Boden und fährt auch über nasses Gras. Es schwingt herum wie ein Terrier, wenn Sie hart Ruder legen.«

Trewin nickte. »Besten Dank. Ich werde es mir hinter die Ohren schreiben. Ich soll den Dampfer heute morgen rausbringen und hätte das Manöver vermutlich vermasselt.«

»Bestimmt hätten Sie das.« Mallory machte ein finsteres Gesicht und rieb sich die Augen. »Das hätte ihm Freude gemacht!« sagte er bitter.

»Dem Kommandanten?«

»Wem sonst?« Mallory senkte die Stimme, als ein Brückenposten vorbeihastete. »Er hat sie nicht alle beisammen, wie Sie sicherlich schon bemerkt haben.«

Trewin wußte nicht, was er sagen sollte. Rings herum und unten an Deck spürte er, wie das Schiff zum Leben erwachte, aber im Ton des Australiers war etwas, das ihn zum Zuhören zwang.

Mallory hob die Schultern. »Sie sind jetzt der I.W.O., somit können Sie natürlich nichts sagen.« Er berührte Trewin am Arm. »Und ich will Ihnen auch nichts in den Kopf setzen. Nein, Sie müssen selbst die Augen aufhalten.« Er grinste und atmete geräuschvoll aus. »Nun, das war's. Ich nehme an, daß Sie auf sich selbst aufpassen können nach dem, was ich von Ihnen gehört habe.« Dabei blickte er bedeutungsvoll zu dem offenen Niedergang hinüber, der zu den Räumen des Kommandanten führte. »Abgesehen von Seiner Lordschaft sind Sie der einzige an Bord, der schon Kriegserfahrung hat!«

Trewin erwiderte langsam: »Ich hätte gedacht, daß Sie logischerweise zum I.W.O. anstanden?«

»Ich?« Mallory grinste noch breiter. »Ich war Schiffsoffizier auf einem verdammten Fleischfrachter. Wir fuhren von Australien nach England und zurück, das war äußerst gemütlich. Aber ich bin Australier, und wir wollen uns doch darüber im klaren sein, daß es in dieser Marine zu viele hochgestochene Idioten gibt, die einem gewöhnlichen Aussie wie mir das Vorwärtskommen vermasseln. Das soll natürlich keine Respektlosigkeit Ihnen gegenüber sein!«

»Hab' ich auch nicht so aufgefaßt«, sagte Trewin lächelnd. Nachdenklich fuhr Mallory fort: »Der Skipper denkt, daß alle Aussies eine Kreuzung sind zwischen Waldläufer und Schwachkopf. Er möchte jeden in eine Kategorie einstufen, Sie täten also gut daran, sich einstufen zu lassen, wenn Sie heil und ganz bleiben wollen.«

Einer der Ausgucksposten murmelte: »Der Kommandant, Sir.« Seine Worte waren an Mallory gerichtet.

Der Australier zwinkerte und blickte hinunter auf seine Karte. »Es geht also los.«

Fregattenkapitän Corbett trat mit raschen, lebhaften Schritten auf die frischgescheuerten Grätings und blickte hinunter auf die Back.

Trewin salutierte und meldete: »Schiff klar zum Auslaufen, Sir.« Er sah, wie Mallory ihn beobachtete, und überlegte, wieviel von dem, was er gehört hatte, wohl wirklich stimmte.

Corbett sagte: »Ein schöner Morgen, Trewin«, und fuhr gleich darauf fort: »Gut, machen Sie also weiter.« Dann sah er Mallory an und fügte hinzu: »Unser N.O.* hier wird die notwendigen Karten bereit haben, hoffe ich.«

Mallory spreizte die Finger. »Alles in bester Ordnung, Sir.« Er sprach betont im schlimmsten australischen Tonfall, und Trewin starrte den Kommandanten an in der Erwartung, daß dieser den Australier zurechtweisen würde, aber Corbett nickte nur. Dann hob er sein Glas und blickte hinüber zum Nachbarboot.

Trewin beugte sich über den Kartentisch und zischelte: »Was, zum Teufel, versuchen Sie? Ihn zu provozieren?«

Mallorys große Hände bewegten geschickt das Parallellineal, und er erwiderte seelenruhig: »Ich spreche immer so mit ihm. Er fühlte sich dann sicherer.« Dann grinste er unverschämt. »Wogs** oder Aussies, der Skipper will wissen, mit wem er es zu

* Navigationsoffizier
** verächtlich für: Inder

tun hat.«

Ein Signalgast rief: »Signal, Sir! Auslaufen, wenn fertig.«

Corbett runzelte die Stirn. »Ich bin fertig.«

Trewin versuchte, ihn zu ignorieren, und ging zur Brückennock. Auf der Back sah er Hammond, der ›klar‹ zeigte, und er hörte das gleichmäßige Klick des Ankerspills.

»Maschinen – Achtung!« befahl er.

Unter seinen Füßen hörte er das Klingeln der Maschinentelegrafen und spürte gleich danach das Vibrieren der laufenden Maschinen durch seine Schuhsohlen hindurch.

Klick, Klick, Klick. Er sah, wie die Kette durch die Klüse ruckte, wo die chinesischen Seeleute eifrig jedes einzelne Kettenglied mit ihren Piassavabesen sauberschrubbten, bevor es unter Deck verschwand. Dann schrie Hammond: »Auf und nieder, Sir!«

Jetzt oder nie. Trewin hatte sich das Bild der Strömung wie auf einer Karte eingeprägt. »Beide Maschinen langsame Fahrt voraus!« befahl er. »Steuerbord fünfzehn!«

»Anker ist aus dem Grund!« kam es von der Back.

Trewin beobachtete, wie der plumpe Bug über den Hintergrund aus grünen Hügeln wanderte. Der erste Teil war geschafft. Nicht zu schnell, aber auch nicht zu spät. Er ging zum Kompaß und kontrollierte das langsame Drehen über die Reede.

»Mittschiffs. Recht so. Eins-eins-null steuern!« Rings um ihn her spielte sich das übliche Zeremoniell ab. Front nach Backbord, Front nach Steuerbord wurde gepfiffen, und einmal, als sie einen schweren Kreuzer passierten, erklang sogar das arrogante Geplärr eines Horns.

Trewin merkte plötzlich, daß er Corbett beinahe vergessen hatte. Es machte ihm tatsächlich Spaß, das kleine Kanonenboot durch die Ausfahrt auf die offene See zu führen. Wie Mallory vorausgesagt hatte, reagierte die *Porcupine* auf ein Minimum an Ruderlage, und ihm war klar, daß er ohne Mallorys Warnung das Schiff hoffnungslos übersteuert hätte. Auf *ML 99* mußte man das Ruder immer hart überlegen, außer bei voller Fahrt.

Als er einmal einen Seitenblick auf Corbett warf, sah er, daß dieser achteraus zu dem anderen Kanonenboot hinüberstarrte, das gleichzeitig mit der *Porcupine* ankerauf gegangen war und selbständig seine Station eingenommen hatte. Es war in der Tat seltsam, daß Corbett ihm nichts über das Verhalten des Schiffes gesagt hatte. Es konnte natürlich ein Versehen sein, aber Corbett war nicht der Offizier, der so etwas vergaß.

Die Minuten dehnten sich zu einer halben Stunde. Mallory klammerte die Spezialkarte los und ersetzte sie durch eine andere in kleinerem Maßstab, als sie Changi Point an Steuerbord passiert hatten, die enge Fahrrinne sich erweiterte und die Ufer auf beiden Seiten zurückzufallen begannen. Leise sagte er zu Trewin: »Sandbänke! Überprüfen Sie die Peilungen.« Er überzeugte sich, daß Corbett zur anderen Seite sah, und flüsterte: »Er wartet nur darauf, einzugreifen und das Schiff aus Ihren Klauen zu retten!«

Trewin runzelte die Stirn, aber er überprüfte am Kompaß die Peilungen. Eine Boje tanzte im Kielwasser des Kanonenbootes, und eine bewegungslose Dschunke warf ihren Schatten über die Backbordreling, als der Bug sich bei einer weiteren Fahrterhöhung etwas anhob.

Plötzlich sagte Corbett: »Hafenwache wegtreten. Backbordwache auf Station, bitte.« Er setzte sich in einen großen hölzernen Stuhl, der in der Backbordbrückennock festgeschraubt war, und zog den Mützenschirm über die Augen. Dann fuhr er fort: »Sie fangen an zu begreifen, worauf es ankommt, Trewin. Aber seien Sie das nächste Mal nicht zu impulsiv. Ein Schiff ist ein lebendes Wesen und kein Schrotthaufen.«

Hammond kam zur Brücke herauf und meldete: »Alles seefest gezurrt, Sir!«

Corbett wandte sich nicht um. »Wenn Sie wieder einmal Anker hieven, möchte ich, daß Flagge und Gösch zusammen niedergeholt werden, nicht dann, wenn es den Signalgasten Spaß macht.«

»Aye, aye, Sir.« Hammond sah Mallory an, aber der hob nur die Schultern.

»Und lassen Sie die Kette neu malen. Sie sieht aus wie Bergungsgut!«

Trewin ging zur anderen Brückenseite hinüber und blickte nach vorn. Die Seeleute waren bereits eifrig mit Schrubbern und Besen beschäftigt, und er sah den Oberbootsmannsmaat mit einem Trupp anrücken, der mit Farbe und Pinseln ausgerüstet war. Er wunderte sich, wie sie alle derartig in Trab gehalten werden konnten. Genauso wie die angeblich so schäbige Ankerkette war das gesamte Schiff in perfektem Zustand. Die Decks waren so sauber, daß er bedenkenlos darauf gegessen hätte. Aufbauten und Takelage schimmerten im Morgensonnenlicht in einer Art und Weise, die der Königlichen Yacht zur Ehre gereicht hätte.

Abrupt sagte Corbett: »Geben Sie in fünfzehn Minuten ein Signal an *Squalus*, Trewin. Sie sollen Geschützexerzieren der Mittelartillerie durchführen, gemäß den Instruktionen des Admirals. Wir werden hier dasselbe tun.«

»Aye, aye, Sir.«

Trewin rief einen Signalgasten herbei, hielt aber inne, als Corbett hinzufügte: »Ohne Munition, natürlich. Es wäre absolut sinnlos, Kriegsmaterial zu verschwenden.«

Wieder einmal schweiften Trewins Gedanken ab und kehrten nach England zurück. Als er Liverpool verließ, war der Sommer schon vorbei. Jetzt war November, und in London hatten sie jetzt die zusätzliche Gefahr der langen Nächte, in denen die Leute in Luftschutzbunkern oder unter Treppen Deckung suchen mußten, wenn die Bomben fielen. Wie im vorigen November, als er von Harwich auf einen unerwarteten vierundzwanzigstündigen Urlaub nach Hause kam. Von einer Station, auf der der Zug aus irgendeinem nicht erkennbaren Grund anhielt, hatte er mit Chris telefoniert. Sie lachte ins Telefon hinein. Lachte! Zwei Stunden später stand er am Anfang der Straße oder dort, wo die Straße einmal gewesen war. Es erschien ihm noch immer unfaßbar.

Sie waren erst ein Jahr verheiratet gewesen. Selbst das war ihm zuerst wie ein Zufall vorgekommen. Sie waren regelrecht hineingedriftet und dann beide erstaunt gewesen über die Heftigkeit der Liebe, die zwischen ihnen heranwuchs. Jetzt war sie tot, weggewischt, als habe es sie nie gegeben.

Mallory nahm ein Glas und examinierte die niedrige grüne Küstenlinie und die vorspringenden Streifen hellen Sandes. »Meinen Sie, daß der Krieg auch hierher kommen wird, Number One?« Er hatte leise gesprochen und mußte die Frage wiederholen, bevor Trewin aus seinen brütenden Erinnerungen gerissen wurde.

Dann erwiderte er barsch: »Ich denke schon. Die Japse spielen bei ihrem Vormarsch durch Indochina verrückt, was soll sie also davon abhalten, auch uns hier zu beharken, wenn wir ihnen im Wege stehen?«

Mallory zog eine Grimasse. »Niemals werden sie Singapur angreifen, das ist sicher. Die Yankees werden diesmal ihr Ziel sein.«

Corbett wandte sich in seinem Stuhl ihnen zu. »Ich hoffe, sie werden Singapur angreifen!« Unter seiner Mütze blitzten die blassen Augen in plötzlichem Ärger auf. »Mein Gott, unser Land könnte ein paar Siege gebrauchen! Laßt sie nur kommen, sage ich!«

Mallory fragte mit Unschuldsmiene: »Singapur ist stark genug, nicht wahr, Sir?«

»Klar! Wenn sie ein wenig mehr Zeit darauf verwendeten, unser Verteidigungssystem zu studieren, und etwas weniger an den hiesigen Fleischtöpfen zubrächten, dann würden Sie es vermutlich besser verstehen.«

Mallory zwinkerte hinter Corbetts Rücken, aber Trewin war noch immer seltsam ärgerlich. Sie alle hier sahen das Ganze an wie eine Art Spiel. Was, zum Teufel, war bloß los mit ihnen?

In kaltem Ton sagte Trewin: »Die Maginotlinie war auch sehr stark!«

Corbett seufzte. »Die Gefahr hier draußen ist Infiltration und Sabotage. Wir müssen alle äußerst wachsam sein. Für Ausflüchte haben wir keine Zeit.«

Schweigen breitete sich aus auf der Brücke, und außer einem gelegentlichen Ruderkommando beließ Trewin es dabei.

Auf dem Batteriedeck exerzierten die Geschützbedienungen wie aufgebaute Strohpuppen. Nichts unterbrach die Stille, bis auf das gelegentliche Klicken von Metall oder Tweedies knarrende Kommandostimme. Es kam Trewin in den Sinn, daß das Artillerieexerzieren, ja sogar die Anwesenheit des Schiffes vor der Küste überhaupt nur ein Vorwand war, eine ärgerliche Notwendigkeit, die toleriert werden mußte, aber die in keiner Weise die tägliche Routine und die Erhaltung alter Standards stören durfte.

Er blickte zum leuchtenden Himmel hinauf, bemüht, sich nicht vorzustellen, was geschähe, wenn dieser sich plötzlich mit angreifenden Flugzeugen füllte. Sie würden alle tapfer und in guter Haltung sterben, daran bestand kein Zweifel. Aber das war nicht genug. Es hatte niemals ausgereicht. Seltsam, daß es in jedem der vorhergehenden Kriege mehrere Jahre gedauert hatte, bis die überholte Strategie ausgemerzt war. Die Männer, die ihre Machtpositionen in der Kommandostruktur durch Dienstalter oder durch Beziehungen erreicht hatten, waren amateurhafter gegenüber den neuen Anforderungen als diejenigen, die keinerlei einschlägige Erfahrung besaßen. Nur wurde ihnen allen in diesem Krieg keine Zeit zur Umstellung gelassen. England war hinter seinem Verteidigungsring eingemauert, versorgt von den halb aufgeriebenen Atlantikkonvois, die täglich zwischen Bombern und U-Booten Spießruten laufen mußten. Nur die fernöstlichen Besitzungen waren bisher unberührt geblieben. Aber wie lange noch?

Corbett schnauzte: »Signal an *Squalus*, Trewin! Sie ist nicht auf Position!« Er bewegte sich auf seinem Stuhl, als ob dieser ihn einengte. »Sie müssen besser aufpassen.«

Die Signalflaggen flitzten zur Rah der *Porcupine* hinauf, noch bevor Trewin den Befehl dazu geben konnte, und die Bestätigung vom anderen Kanonenboot kam genauso schnell. Entweder waren sie alle bestens ausgebildet, oder sie waren an Corbetts plötzliche Ausbrüche gewöhnt.

Mallory tippte auf die Karte: »Wir gehen in den Talang River, Number One. Er liegt etwa hundertfünfzig Meilen nördlich und ist ziemlich trügerisch. Das Heer baut dort ein Treibstofflager, und wir kommen gewöhnlich vorbei, um Flagge zu zeigen.«

Corbett schien ein ausgezeichnetes Gehör zu haben. »Sie werden das Schiff dort hineinfahren, Trewin. Gute Praxis für Sie!« Er sah zwar in die andere Richtung, schien aber eine Antwort zu erwarten.

Trewin sagte in bestimmtem Ton: »Ich halte es für einen Fehler, diese Patrouillenfahrten so regelmäßig durchzuführen, Sir. Wenn japanische Agenten hier sind, werden sie nicht herumhängen, um auf uns zu warten.«

Mallory lachte, schwieg aber sofort wieder, als Corbett mit schneidender Stimme erwiderte: »Allein die Tatsache, daß wir hier sind, genügt! Außerdem hat es bisher mit Japan noch keine Feindseligkeiten gegeben. Im letzten Krieg waren sie unsere Bundesgenossen, und verdammt gute dazu!«

Trewin ging zur hinteren Brückenreling und murmelte ärgerlich: »Auch die Italiener waren unsere Verbündeten!«

Um vier Uhr am nächsten Morgen dampfte die *Porcupine* noch immer stetig gen Norden, parallel zur malaiischen Küste. Nach der feuchten, stickigen Luft in seiner Kabine fand Trewin es auf der offenen Brücke kühl und erfrischend. Entspannt stand er neben den Sprachrohren, während Leutnant Hammond vor der Wachübergabe seine Eintragungen im Logbuch beendete. Der Himmel war sternenklar, aber über dem Horizont zeigte sich bereits die erste Helligkeit, und Trewin wußte, daß es hier auf der Brücke bald so heiß wie in einem Backofen sein würde.

Hammond setzte seinen verschnörkelten Namenszug unter die Eintragungen und sagte gähnend: »Sie gehört ganz und gar Ihnen, Number One. Kurs drei-fünf-neun.«

Trewin beugte sich über den Kartentisch und nickte. »Noch immer macht sie ihre acht Knoten, wie ich sehe.«

Hammond lauschte mit halbem Ohr auf das Geschnatter in den Sprachrohren neben ihm. »In Jardine haben Sie einen guten Quartermaster*. Der schläft nie am Ruder!« Dann wandte er sich dem Niedergang zu. »Der Kommandant ist unten und muß in zwei Stunden geweckt werden, Sir. Er will immer auf der Brücke sein, wenn wir in den Talang River einlaufen.«

Trewin warf einen Blick achteraus. Noch immer war das andere Kanonenboot genau auf Position, wie an einer unsichtbaren Schleppleine. Klar und deutlich sah er den weiß leuchtenden Halbmond der Bugwelle und die glühenden Augen der Positionslaternen.

Hammond folgte seinem Blick. »*Squalus* geht fünfundzwanzig Meilen weiter als wir, bis nach Kuantan. Wir treffen uns wieder in achtundvierzig Stunden.« Er gähnte noch stärker als vorher. »Sie können Ihre Uhr danach stellen. Ich wünschte, wir würden wenigstens einmal die Position wechseln oder so.«

Bootsmannsmaat Kane tauchte verschwommen aus der Dunkelheit auf. »Blaue Wache auf Seestationen, Sir!«

Trewin nickte. »Gut.«

Hammond setzte einen Fuß auf die Niedergangstreppe. »Ich bin für Schlafengehen.« Sein Kopf verschwand unter der Brükkenreling, und Trewin hatte das Schiff für sich allein. Mechanisch stopfte er seine Pfeife, zündete sie an und stülpte die Mütze über eins der Sprachrohre. Dann stützte er sich mit den Armen auf das Brückenkleid und starrte nach vorn über den bleichen Keil der Back hinweg.

In seinen Schultern spürte er das leichte Vibrieren der Maschi-

* Steurer

nen, und gelegentlich roch er den beizenden Schornsteinqualm, wenn er von der ablandigen Brise zur Brücke hinuntergeweht wurde.

Es war seltsam, daß sie in die Talangmündung gingen, dachte er. Die *Porcupine* war das ranghöhere Schiff, ja sogar das Flaggschiff, und soviel er auf der Karte gesehen hatte, war Talang ein abgelegener, unbedeutender Ort, verglichen mit Kuantan im Norden.

Er runzelte die Stirn. Es war zwecklos, über Corbetts Motive nachzudenken. Im Geiste ließ er noch einmal den gestrigen Tag an sich vorüberziehen, als das Boot unter der glühenden Sonne so dicht unter Land dem Verlauf der Küste gefolgt war, daß die Entfernung bis zum nächstgelegenen Strand mitunter weniger als eine halbe Kabellänge* betrug. An den geringen Tiefgang des Schiffes mußte er sich erst gewöhnen. Gelegentlich war das Wasser so klar gewesen, daß er große Steine gesehen hatte, die den Eindruck machten, als lägen sie nur ein paar Zoll unter der Oberfläche. Aber das Kanonenboot war vollkommen ungerührt darüber hinweggefahren, und sein plumper Schatten, der gleichmäßig über den sandigen Boden glitt, schien sich über seine Befürchtungen lustig zu machen.

Die Küstenlandschaft war atemberaubend. Unendlich scheinender grüner Dschungel, nur hier und da unterbrochen durch winzige Siedlungen. Auch viele Fahrzeuge trafen sie, Fischerboote und Küstensegler, die alle aussahen, als stammten sie aus einem anderen Jahrhundert.

Es war wirklich nicht überraschend, daß die Leute hier nichts von diesem fernen Krieg begriffen, dachte er bitter. Möglicherweise würde er mit der Zeit genauso empfinden.

Corbett hatte den größten Teil des Tages auf der Brücke zugebracht, hatte wenig gesprochen, aber anscheinend alles gesehen. Wenn die Wache abgelöst wurde, schaute er unweigerlich auf die Brückenuhr. Wenn es auf dem Hauptdeck zu laut wurde, beugte er sich hinunter und machte bissige Bemerkungen über den Mangel an Disziplin. Trewin kam dennoch zu dem Schluß, daß er sich wohl mit Corbetts Art abfinden könne, wenn es nicht schlimmer würde.

* 1 Kabellänge = 0,1 Seemeilen = ca. 185 m

Die Routine an Bord lief völlig normal und regelmäßig. Trewin nutzte jede verfügbare Minute, um die Besatzung kennenzulernen, und sein gutes Gedächtnis für Namen und Gesichter erwies sich hierbei als nützlich. Die Unteroffiziere schienen alle ordentlich und tüchtig zu sein. Die meisten von ihnen waren von völlig anderer Art als diejenigen, die er bisher bei der Marine kennengelernt hatte. Es handelte sich durchweg um old Chinahands*, und sie zeigten nichts von dem sonst bei der Marine üblichen, schrulligen Heimweh nach Chatham, Devonport, Portsmouth oder Scapa. So wie die Schiffe, schienen auch die Besatzungen einer ganz anderen Marine anzugehören. Einige der britischen Mannschaftsdienstgrade zeigten auch bereits Profil und Persönlichkeit. Sie hatten den Hauptteil der Schlüsselpositionen inne, wie Geschützführer, Signalgasten, Funker und dergleichen. Die chinesischen Seeleute jedoch, oder die Eingeborenen, wie Corbett sie zu bezeichnen beliebte, waren ihm noch ein Buch mit sieben Siegeln. Sie machten einen frischen und fröhlichen Eindruck, aber es erwies sich als unmöglich herauszufinden, was sie dachten.

Die *Porcupine* hatte ursprünglich als Flußkanonenboot auf dem Jangtse gedient, somit war anzunehmen, daß einige der chinesischen Besatzungsmitglieder aus Shanghai oder den Orten am Oberlauf des Jangtse stammten. Die Heimat der meisten mußte wahrscheinlich zur Zeit japanische Besatzung oder gar Schlimmeres erdulden, aber auf den glatten Gesichtern dieser Asiaten war weder Sorge noch Unruhe zu erkennen.

Trewin fragte sich, wie seine eigenen Eltern in Dorset wohl zurechtkämen. Sein Vater unterhielt eine kleine Pension in der Nähe von Lyme Regis. Trewin hatte früher oft seine Sommerferien dort verbracht und das Mietboot mit den fröhlichen Pensionsgästen gesteuert. Jetzt wurde das Haus als Truppenunterkunft benutzt, und der Strand war mit Stacheldraht eingezäunt. Es war eine völlig andere Welt geworden.

Bootsmaat Kane trat zu ihm auf die Brücke und reichte ihm einen großen Becher mit Tee. »Hier, Sir.« Seine Augen blitzten im Licht der Topplaterne, als er zusah, wie Trewin den Becher mit beiden Händen festhielt. »Ich vermute, Sie finden das hier alles ein bißchen seltsam, Sir?«

* Leute, die längere Zeit in China verbracht haben

Trewin lächelte. »Ein bißchen schon, aber ich hoffe, man merkt es mir nicht allzu sehr an.«

Kane entspannte sich. Er stellte den neuen Offizier auf die Probe, fühlte sich vor. »Die alte *Porcupine* scheint Sie akzeptiert zu haben, Sir.« Er grinste. »Sie kann ein regelrechtes kleines Biest sein, wenn ihr danach ist.«

Trewin fragte plötzlich: »Mein Vorgänger, wo ist er eigentlich hingegangen?«

Kane wandte den Blick ab. »Oberleutnant Foley. Ein Gentleman war er.« Etwas unbeholfen fügte er hinzu: »Es hat ein bißchen Trouble gegeben. Er fuhr das Schiff vor Dungun auf eine Sandbank. Keinerlei Beschädigung, Gott sei Dank, aber es sah nicht sehr gut aus.« Nachdenklich musterte er Trewins Gesicht. »Der Admiral war damals gerade an Bord.«

Trewin überlegte. Der Admiral. Er sah das Hauptquartier vor sich mit seinem grünen Rasen, den leeren Diensträumen.

Kane fuhr fort: »Der Admiral ist ein alter Bordkamerad des Kommandanten. In den dreißiger Jahren war das, natürlich.« Er hob die Schultern mit der Gleichgültigkeit des Unbeteiligten. »Schließlich kann man sich seine Kameraden in diesem Unternehmen nicht aussuchen.«

Ein Ausguck rief: »Leuchtboje Backbord voraus, Sir!«

Trewin hob das Glas und verglich dann die Position der Boje mit der Kartenposition. »Gut! Melden Sie, wenn sie querab ist.«

Er wandte sich wieder dem riesigen Unteroffizier zu. »Sind Sie schon lange an Bord?«

»Drei Jahre, Sir.« Er schien Trewins Gedanken zu lesen. »Der Kommandant kam Anfang letzten Jahres zu uns. Seitdem sind wir Führerschiff.«

»Ich verstehe.«

»Leuchtboje querab, Sir!« Die Stimme des Ausguckpostens klang gelangweilt.

»Gut. Steuerbord zehn!« Er horchte auf Jardines Stimme aus dem Steuerhaus und blickte auf den abgeblendeten Tochterkompaß.

»Recht so. Null-eins-null steuern.«

Kane sagte: »Es klingt, als hätten Sie das schon Ihr ganzes Leben lang getan, Sir, wenn Sie mir die Freiheit gestatten.«

Trewin zog eine Grimasse. »So kommt es mir auch vor!«

Ein Telefon summte, und er tastete sich zu dem Apparat. »Brücke. Hier wachhabender Offizier.«

Corbetts Stimme kratzte in seinem Ohr, so verzerrt und nervös, als ob der Kommandant gerade aus tiefem Schlaf erwacht sei. »Sie haben eben Kurs geändert!« Es klang wie eine Anklage. »Ist alles in Ordnung?«

»Wir haben soeben Rompin-Leuchtboje passiert, Sir, und sind jetzt auf dem neuen Kurs.« Es folgte eine lange Pause, und er hörte Corbetts heftiges Atmen.

»All right, Trewin. Aber passen Sie gut auf andere Schiffe auf, Fischerboote und dergleichen.«

Trewin wartete, und Corbett rief in scharfem Ton: »Haben Sie gehört, was ich sagte?«

»Aye, aye, Sir.«

»Dann antworten Sie gefälligst, verdammt! Und wenn Ihnen etwas nicht ganz klar ist, irgendetwas, dann rufen Sie mich um Himmels willen, haben Sie verstanden?«

Das Telefon verstummte, und Trewin starrte einige Sekunden lang auf den Hörer, bevor er ihn wieder einhängte.

Kane hustete. »Er hat einen leichten Schlaf, Sir.«

Trewin zündete mit heftigen Bewegungen seine Pfeife wieder an. »Im Englischen Kanal sehen Sie überhaupt keine verdammten Lichter, und wenn Sie auf ein anderes Schiff treffen, müssen Sie damit rechnen, daß es Sie in die Luft bläst!« Heftig zog er an seiner Pfeife. »Fischerboote, ausgerechnet!«

Kane grinste. »Ich gehe auf meine Runde, Sir. Ich wecke den Kommandanten selbst, wenn es soweit ist.«

Trewin starrte auf die sich langsam bewegende Bugwelle und ärgerte sich über seinen Zornausbruch. Es würde ihm nicht das geringste helfen, wenn Kane seinen Kumpanen erzählte, daß der neue Number One sich aufregte über das, was der Kommandant gesagt hatte. Schließlich konnte der Kommandant, jeder Kommandant, sagen, was er wollte!

Eine weitere Stunde ging vorbei, das Schiff wuchs allmählich aus dem Schatten heraus und nahm wieder Gestalt an, bis Masten und Aufbauten in blasses Sonnenlicht getaucht waren. Die Besatzung wurde geweckt, und bald erfüllte der verführerische Duft nach Eiern und Speck sowie der süßliche, fremdartige Geruch aus der Chinesenkombüse die Luft.

Corbett erschien auf der Brücke, frisch rasiert und in makelloses Weiß gekleidet. Er kontrollierte das Log und blickte mehrere Minuten lang auf die Karte. Dann schirmte er mit der Hand seine blassen Augen ab und starrte angestrengt hinüber zur dunstverhangenen Küstenlinie.

»Erster Dezember ist heute, Trewin. Bevor wir uns versehen, ist Weihnachten. Mein Junge wird begeistert sein.« Er musterte Trewins unrasiertes Gesicht. »Er ist sechs, müssen Sie wissen. Ich habe ihn schon für Dartmouth* vormerken lassen. Ein feiner Junge. Sie sollten ihn kennenlernen.« Er nickte energisch. »Ja, das nächste Mal, wenn wir im Hafen sind.«

Trewin betrachtete ihn vorsichtig. Vielleicht hatte er Corbett bisher doch nicht richtig eingeschätzt. Er fragte: »Gefällt es Ihrer Frau hier draußen, Sir?«

Corbett starrte ihn an, als habe er eine schlimme Obszönität geäußert. »Das geht Sie einen Dreck an, verdammt!« Er machte auf dem Absatz kehrt und rannte beinahe Mallory um, der gerade aus dem Kartenhaus kam.

Mallory sah ihm nach und sagte trübsinnig: »Hab's Ihnen ja gesagt. Nicht ganz dicht.« Er ignorierte Trewins Gesichtsausdruck und begann, eine neue Karte auf dem Tisch auszubreiten.

Zum richtigen Zeitpunkt änderte die *Porcupine* erneut Kurs und steuerte die Mündung des Talang River an. Bei der Annäherung von See her war es schwierig, überhaupt eine Unterbrechung in der sich endlos erstreckenden Dschungelwand zu entdecken, die an manchen Stellen bis zum Wasser herunterreichte.

Trewin lehnte sich gegen das Brückenkleid und sah zu, wie die höhersteigende Sonne auf dem Wasser vor dem Bug glitzerte. Noch während er ihn beobachtete, schien sich der Wasserstreifen wie ein Torweg zu öffnen. Die Flußmündung war völlig verborgen und an der breitesten Stelle weniger als eine Viertelmeile breit. Die Nordseite der Einfahrt war gekennzeichnet durch einen niedrigen, schrägliegenden Hügel, der jetzt über dem flimmernden Wasser wie ein lauerndes, sprungbereites Raubtier aussah.

Mallory nahm eifrig Peilungen, das gebräunte Gesicht verkniffen und angespannt, während er Kurs auf Kurs herausrief und

* Marineschule

das Kanonenboot sich mit unverminderter Geschwindigkeit zwischen den verstreuten Sandbänken hindurchschlängelte. Es war wirklich ein schwieriges Fahrwasser, Trewin mußte Mallorys Beschreibung zustimmen. Jeden Augenblick fürchtete er, die Erschütterung des Schiffes beim Auflaufen zu spüren, wie es einmal dem glücklosen Foley passiert war.

Aber sobald das Kanonenboot die Einfahrt passiert hatte, öffnete sich der Fluß auf beiden Seiten, so daß die hohen Ufer und der sich dahinter erstreckende, undurchdringliche Dschungel die *Porcupine* wieder winzig klein erscheinen ließen. Mit reduzierter Geschwindigkeit fuhren sie weiter stromaufwärts, bis der schräge Hügel und die offene See hinter mehreren Biegungen des Flusses verschwunden waren.

Mallory schob seine Mütze ins Genick und gesellte sich zu Trewin hinter dem Brückenkleid. »Von hier aus ist es leicht, Number One. Nach der nächsten Biegung kommt eine lange Pier, an der wir festmachen. Das ist Talang Settlement. Wir laden ein paar Vorräte aus, trinken Tee mit den Honoratioren und laufen dann wieder aus.« Er lachte in sich hinein. »Ein hartes Leben.«

Trewin hob sein Glas, als die *Porcupine* um die nächste Biegung fuhr, und betrachtete die gebrechliche Pier, die sich ihm wie ein knorriger Finger entgegenstreckte. Dahinter lag eine geräumige Lichtung im Dschungel, auf der mehrere saubere Holzhäuser standen. Von dort verlief eine ungepflasterte, staubige Straße ins Landesinnere, wo sie unter den Bäumen verschwand. Eine Reihe braunhäutiger Malaien stand bereits winkend und einweisend auf der Pier, während andere in kleinen Booten der *Porcupine* entgegenpaddelten, als sie sich jetzt langsam den morsch aussehenden Pfählen näherte.

Trewin bemerkte, daß Corbett nervös die Oberkante des Brükkenkleides packte, und befahl in scharfem Ton: »Beide langsame Fahrt voraus!« Er sah Hammond am Bug stehen, daneben zwei Seeleute mit Wurfleinen. Die Sonne wurde von dem klaren Wasser reflektiert und blendete ihn, während er sich über die Reling beugte, um Entfernung und Geschwindigkeit abzuschätzen.

Corbett rief: »Vorsichtig, Trewin!«

»Beide stopp!« Trewin sah Corbett nicht an, sondern beobachtete den schmalen Wasserstreifen zwischen dem Bootsrumpf und der Pier. »Beide langsame Fahrt zurück!«

Der Bug legte sich quietschend gegen die Bündel alter Autoreifen, die wie schwarze Früchte entlang der Pier aufgehängt waren. Eine Leine schlängelte sich an Land, eine zweite folgte, und beide wurden von schnatternden Malaien ergriffen.

»Beide stopp!« Der Maschinentelegraph schrillte, und das Schiff schüttelte sich behaglich, als die Festmacheleinen steifkamen. »Soll ich die Maschinen abstellen lassen, Sir?« fragte Trewin.

Corbett stand auf und rückte seine Mütze zurecht. Er schien aufgeregt zu sein, und es dauerte einige Sekunden, bis er antwortete. »Ja, ja, Trewin. Machen Sie weiter.«

Er ging zur Rückseite der Brücke, während das Schiff noch einmal erbebte und dann bewegungslos lag.

Trewin beobachtete Corbett mit zusammengekniffenen Augen. Wenn der Kommandant sich so aufregte bei einem schwierigen Anlegemanöver unter unbekannten Verhältnissen, warum übernahm er dann nicht selbst das Kommando? Die meisten Kommandanten hätten das in dieser Situation getan. Ausbildung war zwar eine gute Sache, aber Corbetts Haltung hätte in wirklichem Unheil enden können.

Auf der Treppe blieb Corbett noch einmal stehen. Er schien seine Fassung wiedererlangt zu haben. »Kein schlechtes Manöver, Trewin. Nur seien Sie vorsichtig, das ist alles, was ich verlange.« Dann warf er Mallory einen prüfenden Blick zu. »In fünf Minuten gehe ich an Land. Lassen Sie die medizinische Ausrüstung für das Hospital ausladen.« Augenzwinkernd fügte er hinzu: »Im Klub gibt es einen Drink für jeden, der einen braucht.« Dann ging er.

Mallory steckte den Bleistift in die Brusttasche seines Hemdes und streckte sich. »Klub!« sagte er verächtlich. »Glühende Hütte auf Stelzen!«

Tweedie kam schwerfüßig auf die Brücke gestiegen und meldete: »Wache bringt die Vorräte an Land, Sir. Leutnant Hammond ist O.v.D.*«

Trewin nahm seine Mütze vom Sprachrohr. »So? Ich dachte, er hatte auch schon in Singapur Wache?«

Mallory stieß ihn an. »Er war ungezogen, ließ das Sonnensegel

* Offizier vom Dienst

durchhängen. Papa war böse mit ihm.« Er grinste gefühllos. »Wird ihm ganz gut tun.«

Trewin warf Tweedie einen raschen Blick zu. »Sie können hier weitermachen, Guns.* Ich gehe für eine Stunde an Land, meine Beine vertreten. Ich lasse Ihnen noch einen Drink übrig, wenn ich zurückkomme.«

Tweedies rotes Gesicht blieb ernst. »Ich trinke nie etwas, wenn wir auf Patrouillenfahrt sind, Sir.« Er salutierte und stampfte wieder zum Deck hinunter.

Mallory seufzte. »Verlogener Halunke!« Dann folgte er Trewin zum Niedergang. »Er hat die Flasche in der Koje versteckt, nur damit er nicht in die Verlegenheit kommt, für einen anderen einen Drink mitbezahlen zu müssen!«

Die beiden Offiziere stiegen über die Gangway auf die Pier und schoben sich durch die fröhliche Zuschauermenge. Trewin äußerte: »Das scheint ein Ereignis für die Leute hier zu sein.« Dann fragte er: »Wo wollte der Kommandant hin?«

»Ins Hospital.« Mallory zeigte die Straße hinunter. »Es steht dort drüben. Vor ein paar Jahren für eine große Gummiplantage gebaut. Die Gesellschaft ging jedoch pleite, und der Dschungel rückte wieder vor. Das Hospital wurde erhalten wegen« – er tippte mit dem Finger an die Nase – »der internationalen Situation!« Er beschleunigte den Schritt und zeigte auf ein großes, baufälliges Haus, das in der Tat auf Pfählen errichtet war. »Der Klub!«

Es war ein trister Raum, voll kleiner Tische aus Rohrgeflecht und entsprechenden, abgenutzten Stühlen. Die Wände zum Fluß hin waren offen und mit Moskitonetzen bespannt. Der Fächer, der die feuchte Luft über dem fadenscheinigen Teppich umrührte, war offensichtlich von dem verhutzelten Malaien selbst angefertigt, der auf einer umgestülpten Bierkiste hockte, als säße er dort, seit der Klub erbaut worden war.

Mallory schlug mit der Faust auf den zinkverkleideten Tresen. »Zwei Biere!«

Ein ernst blickender Malaie brachte das Bier, das besser aussah, als es schmeckte.

Mallory ließ sich auf einen Stuhl fallen und sagte: »Tot wie ein

* Spitzname für Artillerieoffiziere

Türnagel! Nachts belebt es sich allerdings ein bißchen.«

»Wer kommt denn hierher, um Himmels willen?« Trewin trank einen Schluck Bier und beobachtete zwei Fliegen, die auf seinem Knie krabbelten.

Mallory hob die Schultern. »Ingenieure, größtenteils. Sie arbeiten an der Fertigstellung eines großen Treibstofflagers, etwa eine Meile die Straße aufwärts. Das Heer ist hier ein bißchen abgeschnitten und wird eine Menge Versorgungsgüter brauchen, wenn der Ballon einmal platzt.« Er seufzte und setzte sein Glas auf den Tisch. »Die Japsen müßten einen Knall haben, wenn sie hier durchkommen wollten! Die Insekten würden sie bei lebendigem Leib fressen!« Als er sah, daß Trewin interessiert zuhörte, fügte er hinzu: »Zehn Meilen nördlich ist eine ganz Brigade eingegraben.« Er grinste. »Aussies natürlich. Sie stecken unsere Jungs immer in den dicksten Busch.«

Trewin dachte über diese Bemerkung nach. Eingekeilt im Dschungel, weit entfernt vom Geruch der See, war es schwierig, sich die Gesamtstrategie zur Verteidigung Malayas vorzustellen.

Mallory sagte nüchtern: »Es ist ein hervorragender Platz, militärisch gesehen natürlich. Sie haben den Pahang River im Norden, der ist besser als jede Maginotlinie. Und dann diesen kleinen Fluß hier unten als Flankenschutz. Wenn wir das nächste Mal herkommen, bringe ich Sie hin. Es sind nette Jungs. Einer oder zwei stammen wie ich aus Queensland.«

Zwei weitere Biere wurden vor ihnen auf den Tisch gestellt, und Mallory sagte trübsinnig: »Wir hatten bei unserem letzten Besuch den Admiral an Bord. Zum Teufel, hat der sich aufgeblasen! Er wollte so etwas wie eine große Tour machen, aber der alte Corbett bestand darauf, das verdammte Hospital zu besuchen.« Nachdenklich schüttelte er den Kopf. »Es herrscht bei Gott keine Liebe zwischen den beiden!«

Trewin rief sich Kanes Worte ins Gedächtnis und sagte: »Der Kommandant kennt den Admiral von früher, habe ich gehört?«

»Das ist richtig. Ich weiß aber nicht, was vorgefallen ist.« Er schüttelte den Kopf. »Was es auch gewesen sein mag, es hat Corbett auf alle Fälle äußerst kratzbürstig ihm gegenüber gemacht. Er ist wie eine Katze auf dem heißen Blechdach, wenn der Oberboss erscheint.«

»Oh, da sind Sie ja, Sir!«

Sie wandten sich beide um, als Masters, der Signalmeister, über den rohen Flur stampfte und Trewin eine zerknüllte Signalheftkopie übergab. Masters hatte erhebliches Übergewicht und schwitzte beträchtlich. »Für den Kommandanten, Sir. Dringend«, fügte er hinzu. Dann peilte er zur Bar hinüber und schnüffelte bedeutungsvoll.

»Was ist los?« fragte Mallory.

»Rückruf nach Singapur, Sir.« Etwas unsicher fuhr Masters fort: »Wir sollen Zustand ›Medway‹ herstellen.« Und dann, nach einem Achselzucken: »Der Kommandant wird wissen, was das heißt, Sir.«

Der stattliche Signalmeister ging zögernd von dannen, und Mallory sagte langsam: »Zum Teufel, das sieht so aus, als sollten Sie recht behalten, Number One. Zustand ›Medway‹ ist das verdammte Codewort für Alarmbereitschaft!« Er ergriff seine Mütze und stand auf. »Ich gehe besser an Bord und bereite alles vor. Wollen Sie es dem Alten sagen?«

Trewin starrte auf das zerknüllte Papier. »Ja, ich sag's ihm.«

Er ließ sein zweites Bier unberührt, trat hinaus in die grelle Sonne und ging dann nachdenklich den staubigen Weg entlang. Plötzlich schienen ihm alle Enttäuschungen und Verkrampfungen von Singapur unbedeutend, die grünen Wände des Dschungels nicht länger einladend und ruhig. Er beschleunigte seinen Schritt. Die Sonne brannte derart unbarmherzig auf seine Schultern, daß er beinahe an dem langen, bungalowartigen Gebäude mit tiefgezogenem Dach vorbeigegangen wäre, hätte er nicht im letzten Augenblick das verblichene Rote Kreuz darauf entdeckt.

Auf der Veranda wuschen mehrere Malaiinnen Wäsche in großen Emailletrögen, und im Staub darunter spielten lärmend etwa dreißig Kinder. Ein Lazarettgehilfe im weißen Kittel neigte den Kopf und fragte lächelnd: »Sie wünschen zu sehen Doktor?«

Trewin nickte, und als er dem kleinen Malaien in die schattige Eingangshalle folgte, sah er Reihen von sauberen Emaillebetten, die meisten davon belegt mit Eingeborenenfrauen und noch mehr Kindern. In einer anderen Station waren einige zäh aussehende Malaien mit bandagierten oder geschienten Gliedmaßen. Er vermutete, daß es sich um verletzte Arbeiter des neuen Treibstofflagers handelte.

Der Gehilfe blieb vor einer Tür stehen. »Ich gehen sehen, ob

Doktor frei.«

Im selben Augenblick war ein Klirren von Geschirr und ein Chor zorniger Stimmen zu hören. Der Lärm kam aus der Station, die sie eben durchschritten hatten. Der Krankenwärter runzelte die Stirn. »Ich gehen erst dorthin! Jemand machen Trouble!« Er eilte davon, ärgerlich mit der Zunge schnalzend.

Trewin dachte an den dringenden Funkspruch; ohne weiter zu warten, öffnete er die Tür. Der Raum lag in völliger Dunkelheit, alle Fensterläden waren fest geschlossen. Trewin blinzelte, noch halb geblendet von dem grellen Sonnenlicht draußen. Nach einigen Sekunden hatte er den schwachen Eindruck, als sähe er Corbetts helle Figur auf einem Stuhl sitzen, den Kopf hintenüber gebeugt; seine Augen blitzten wie helle Steine im Strahl einer kleinen Lampe, die ihm ein anderer Mann dicht vor das Gesicht hielt.

»Verdammt!« Corbett stieß den Mann beiseite und taumelte auf die Füße, während er gleichzeitig seinen Stuhl umkippte, der polternd zu Boden fiel. Dann sah er Trewin, schritt eilig zum Fenster und schlug mit lautem Krach die Läden auf.

Trewin sah, daß der andere ein großer, distinguiert aussehender Europäer mit gepflegtem dunklem Bart war. Er hatte ein stilles, ernstes Gesicht, und als er jetzt dem unsicher dastehenden Trewin entgegenblickte, sagte er ruhig: »Ich bin Dr. Massey. Würden Sie mir freundlicherweise verraten, weshalb Sie hier so hereinplatzen?« Seine Stimme war mild, aber seinen Augen konnte man den Ärger ablesen.

Corbett fuhr dazwischen: »Das ist mein Erster Offizier!« Dann wandte er sich Trewin zu. »So etwas Ähnliches habe ich von Ihnen erwartet.«

Trewin erwiderte: »Tut mir sehr leid, Sir. Ich wußte nicht, daß Sie . . .«

Corbett unterbrach ihn wütend. »Du mußt es ihm nachsehen, James. Er bildet sich ein, er wäre der einzige, der jemals etwas getan hat, das der Mühe wert war!«

Der Arzt entspannte sich. »Ich habe soeben das Auge Ihres Kommandanten untersucht. Ich glaube, es ist ein wenig entzündet, oder es ist ein Staubkorn darin.« Prüfend blickte er Corbett an. »Wie ich Ihnen gerade sagte, als wir unterbrochen wurden.«

Trewin meldete: »Ein Funkspruch, Sir. Er ist dringend, sonst wäre ich nicht gekommen.«

Corbett schien sich wieder gefangen zu haben. »Da Sie nun schon hier sind, zeigen Sie ihn her.« An Dr. Massey gewandt, fuhr er leise fort: »Wenn nicht das eine, dann ist es das andere.«

Trewin hielt ihm die Kopie hin, aber Corbett sagte: »Lesen Sie vor. Dieses verdammte Licht hat mich geblendet.«

Trewin blickte unsicher in Dr. Masseys Richtung, aber Corbett rief: »Um Himmels willen, ich kenne den Doktor seit Jahren! Haben Sie Angst, daß er aller Welt erzählt, was darin steht?«

»Wir sollen Zustand ›Medway‹ herstellen, Sir.« Die Buchstaben auf dem Zettel schienen zu tanzen, und Trewin bemerkte, daß seine Hand vor unterdrückter Wut zitterte. Als er den Blick wieder hob, stellte er fest, daß Corbett sich völlig unter Kontrolle hatte, als sei nichts geschehen.

»Na gut, Trewin. Das ist nicht so schlimm, oder?« Zu Dr. Massey sagte er: »Alles wahrscheinlich aufgebauscht und übertrieben. Trotzdem ist es immer richtig, bereit zu sein.«

Trewin ging aus dem Zimmer und wartete draußen im Gang vor der Tür. Er hörte Corbett und Dr. Massey leise miteinander sprechen und spürte noch einmal denselben dumpfen Ärger wie vorher. Es waren anscheinend wirklich nur die geringsten Anlässe nötig, um ihn in helle Wut zu versetzen. Trotz aller Vorsicht benötigte er geraume Zeit, um sich wieder zu beruhigen. Er hob sein Hemd über der verbrannten Schulter ein wenig an und versuchte, sich selbst so zu sehen, wie er vor Kreta gewesen war.

Gleich zu Anfang des Krieges, zum Beispiel, hatte er Dienst getan auf einem Geleitzerstörer unter einem Kommandanten, der von allen für verrückt gehalten wurde. Seine Offiziere hatte er bis an die Grenze des Erträglichen getrieben. Aber als der Sturm ausbrach, gleichzeitig mit dem feindlichen Angriff, und das Schiff zum ersten Mal das Spießrutenlaufen im aufgewühlten Atlantik unter Feindbeschuß erlebte, war Trewin der erste, der die völlige Kaltblütigkeit, die absolute Beherrschung des Kommandanten würdigte. Während Trewin und die anderen Offiziere jede seltene Gelegenheit ausnutzten, um ein wenig Schlaf zu ergattern, jeweils nur ein paar Stunden und in feuchten Decken, während das Schiff in der steilen Atlantiksee wie betrunken rollte und stampfte, blieb der Kommandant unerschütterlich und gleichmütig auf der Brücke. Sooft Trewin auch seine übermächtige Sehnsucht nach Schlaf abschüttelte und wieder zu dem Inferno von Wind und See hinaufkletterte, immer stand der Kommandant dort oben, wach und aufmerksam wie ein übermenschliches Wesen. Aber sobald das Schiff in den Hafen eingelaufen war, nahm derselbe Kommandant seine alte Art der beleidigenden Ungeduld wieder auf.

Warum eigentlich ging ihm Corbett so auf die Nerven? Trewin versuchte, sich selbst einzureden, es sei die bittere Enttäuschung darüber, daß er nicht wieder ein eigenes Kommando bekommen hatte. Aber im Innersten glaubte er den wirklichen Grund zu wissen, der wie ein schlecht verheiltes Leiden an ihm nagte.

Im Gegensatz zu den Männern, die damals bei Kreta neben ihm im Wasser umgekommen waren oder die als gebrochene Schatten ihres früheren Selbst überlebt hatten, war er für ein späteres, heimtückischeres Schicksal aufgespart worden. Sein Körper war zwar geheilt von den furchtbaren Verbrennungen, die Angst um sein sinkendes Schiff war von ihm genommen, aber sein Geist war noch unentschlossen, welchem Weg er folgen solle.

Er blickte auf, als Corbett in den Gang trat, das Gesicht wieder wachsam und beherrscht wie immer.

»All right, Trewin, zurück an Bord. Wir kehren sofort nach Singapur zurück. *Squalus* wird ebenfalls schon auf dem Rückmarsch sein.«

Mit raschen Schritten gingen sie nebeneinander die staubige Straße entlang. Corbett sagte plötzlich: »Ich habe Dr. Massey schon vor Jahren kennengelernt, lange vor dem Krieg. Er war mir stets ein guter Freund, in jeder Weise. Hatte in England eine große Karriere vor sich, gab aber alles auf, um hierher zu kommen und für diese armen Leute zu arbeiten. Seine Frau kam bei einem Brand ums Leben, als er hier gerade mit der Arbeit begann.« Corbett schüttelte traurig den Kopf. »Es war sehr schwer für ihn. Aber ich glaube, er kommt allmählich darüber hinweg. Und dann hat er ja seine Tochter bei sich.«

Trewin gab keine Antwort. Dr. Massey war möglicherweise auch eine dieser verkrachten Existenzen, dachte er verbittert. Konnte es nicht vertragen, in England erfolglos zu sein, so kam er hierher nach Malaya in der Rolle des Wohltäters.

Corbett blickte ihn kühl an. »Ohne solche Männer wäre dieses Land hier ein Nichts.«

Als sie die Pier erreichten, wandte sich Corbett ihm nochmals zu: »Denken Sie daran, was ich Ihnen gesagt habe, Trewin. Unsere kleine Kanonenbootflottille ist zu einer Einheit zusammengeschweißt, auf die wir stolz sind. Ich werde nicht dulden, daß irgend jemand oder irgendetwas ihre Schlagkraft mindert und ihre Fähigkeit, jede Aufgabe zu erfüllen, die ihr gestellt wird. Haben Sie verstanden?«

Trewin musterte die am Fallreep bereitstehende Wache. »Ja, Sir.«

Corbett salutierte, als das Trillern der Bootsmannspfeifen ertönte. »Und knirschen Sie nicht mit den Zähnen, Trewin. Ich kann bockige Leute nicht leiden.«

Mallory schlenderte über das Seitendeck und blickte Corbett nach, der sofort zur Brücke eilte. »Sie haben es ihm also gesagt?«

»Ja.« Trewin hatte plötzlich den Wunsch, alleingelassen zu werden, in seine Kammer zu gehen und einen Drink zu nehmen. Oder zu bocken, wie Corbett es ausdrückte.

Mallorys ruhige Frage half ihm erstaunlicherweise ein wenig über den Ärger und die Spannung hinweg, die ihn auf dem ganzen Weg zum Schiff nicht losgelassen hatte. Müde fügte er hinzu: »Ich glaube, ich werde mich trotz allem an dieses Leben gewöhnen – mit der Zeit!«

Mallory grinste. »Die ersten zehn Jahre sind die schlimmsten.«

Beide blickten auf, als Corbett von der Brückenleiter herunterrief: »Wenn Sie fertig sind, meine Herren?«

Mallory knurrte in sich hinein: »Viel fehlt nicht, und ich könnte den Kerl nicht ausstehen.«

Eine Viertelstunde später legte die *Porcupine* von der Pier ab, ihre Schrauben wühlten das Wasser zu weißem Schaum, und sie drehte in die Flußmitte.

Wie beim Einlaufen, so fuhr Trewin das Schiff auch wieder stromabwärts, während Corbett schweigend und aufmerksam in seinem Sessel saß. Erst als der Bug sich ein wenig der ersten Dünung der offenen See entgegenhob, fing er an zu sprechen.

An die gesamte Brückenbedienung gewandt, sagte er: »Das war schon besser. Aber es fehlt noch eine Menge bis zur Vollkommenheit.« Dann lehnte er sich in seinem Stuhl zurück und schob die Mütze ins Gesicht.

Trewin seufzte und übergab Mallory die Wache. Männern wie Corbett konnte man es niemals recht machen, dachte er.

3 In einer einzigen Stunde

Der Alptraum erreichte seinen üblichen schrecklichen Höhepunkt, mit einem Aufschrei wälzte sich Trewin zur Seite und knipste das Licht an. Eine volle Minute blickte er sich verstört in dem sauberen Hotelzimmer um, während seine Gedanken noch immer aufgeregt zu dem eben Erlebten zurückwanderten, wie sie es bei ihm in einer solchen Situation immer taten. Er war vollkommen naßgeschwitzt, und sein Herz hämmerte schmerzhaft gegen die Rippen. Wie lange würde es noch dauern, bis er diese Erinnerungsträume endlich abschütteln konnte? Zwar gab es niemals einen genauen oder wahrheitsgemäßen Ablauf des Geschehens, aber die prasselnden Flammen und die verzerrten Gesichter erschienen immer wieder in seinen Träumen.

Müde stieg er aus den feuchten Laken und blieb neben dem Bett stehen. Beinahe haßerfüllt musterte er die leere Ginflasche und seine Kleider, die so verstreut auf dem Boden lagen, wie er sie erst vor wenigen Stunden abgeworfen hatte. Ein Blick auf die Uhr sagte ihm, daß es beinahe vier Uhr morgens war, und ihm war klar, daß er bestimmt nicht wieder einschlafen würde.

Er hatte gehofft, daß ein Wechsel der Umgebung eine Änderung bringen würde. So war er denn von Hotel zu Hotel gewandert oder hatte sich vielmehr von der rastlos drängelnden Menschenmenge schieben lassen. Aber auch das hatte ihm nicht geholfen, den Tiefpunkt zu überwinden, den er bei der Rückkehr der *Porcupine* nach Singapur empfunden hatte. Die hier ohnehin geringe Alarmbereitschaft war einer Atmosphäre gewichen, die einem fremdartigen Karneval ähnelte. Als die Gruppe der Kanonenboote erst geankert hatte, schien jeglicher Gedanke an eine drohende Gefahr zu verblassen.

Die dichtgedrängte Menschenmenge im Hafengebiet strömte unbegrenzten Optimismus und ungeheure Erleichterung aus, und selbst Trewin mußte zugeben, daß hinreichender Grund für ihre ausgelassene Freude bestand. Auf der überfüllten Reede, jedes andere Fahrzeug an Größe und Stärke weit übertreffend, lagen zwei Großkampfschiffe inmitten ihrer Zerstörersicherung, und zwar das Schlachtschiff *Prince of Wales* und der Schlachtkreuzer *Repulse.* Sie schienen ein sichtbares Zeichen dafür, daß man es diesmal mit dem Schutz Singapurs ernst meinte. Dieser Sicherheitsschild, den jeder Brite selbstverständlich für unbesiegbar hielt, reichte jetzt sogar bis hierher.

Natürlich fehlte es auch nicht an Gerüchten. Die Japaner, hieß es, brachten ihre Schiffe und Truppentransporte von Indochina nach Westen. Angeblich wollten sie in Siam einrücken oder sogar die amerikanischen Stützpunkte im Pazifik angreifen. Eines jedoch war sicher: Sie würden nicht so dumm sein, einen Angriff auf die malaiische Halbinsel von See her zu riskieren, ohne über genügend Schiffe zu verfügen, die sich mit diesen neuen Seestreitkräften der Royal Navy messen konnten.

Fünf Tage lang war die *Porcupine* im Zustand der halben Gefechtsbereitschaft geblieben, und selbst diese war gelegentlich vom Zeremoniell unterbrochen worden, da man den neu Angekommenen sowohl an Land wie auch seitens der Flotte eine wahrhaft königliche Unterhaltung bot. Dann, am Sonntag, bei der Divisionsmusterung auf dem kleinen Achterdeck der *Porcupine*, hatte Corbett allen Besatzungsmitgliedern bis auf die Bereitschaftswache Landurlaub gewährt. Trewin hatte sich ohne lange zu überlegen entschlossen, seine kurze Freiheit in üppigem Luxus zu verbringen. Jetzt, nach einer farbigen und lauten Nacht, nach einer Fülle unbekannter Speisen und heftigen Zechens, war er imstande, seinen Fehler einzusehen.

Seufzend steckte er den Kopf in das Handwaschbecken und ließ das lauwarme Wasser darüberlaufen.

Es war seltsam, dachte er, wie die Anwesenheit der Dickschiffe auf der Reede Corbett beeindruckt hatte. Verglichen mit seiner sonstigen kalten Wachsamkeit war er beinahe fröhlich. Als die *Porcupine* beim Einlaufen die Schlachtschiffe mit ihren unendlich hohen Aufbauten und den gewaltigen Geschütztürmen passierte und diese ihren Schatten über die Brücke des Kanonenbootes warfen, hatte Corbett geäußert: »Nun, das sollte den Klageweibern ihr Jammergeschrei austreiben!« Die Trillerpfeifen schrillten: »Front nach Backbord«, und vom Deck der *Prince of Wales* hatte das Horn geantwortet: »Front nach Steuerbord!«

Aber nach fünf Tagen, an denen sich immer dasselbe wiederholte, hatte Trewin genug vom Feiern. Niemand wußte mit Sicherheit, was draußen vorging, und – weitaus schlimmer – niemanden schien es ernstlich zu interessieren.

Als Trewin ziellos durch die überfüllten Straßen der Innenstadt geschlendert war, hatte er die Weihnachtsgeschenke in den hell erleuchteten Schaufenstern gesehen. Bei dem grellen Sonnenschein erschien ihm Singapur danach noch unwirklicher und fremdartiger.

Jetzt starrte er sein Spiegelbild an und kam zu dem Schluß, daß es besser gewesen wäre, an Bord zu bleiben. Mallory hatte Wache, und obwohl er nicht direkt gefragt hatte, war es Trewin klar, daß er liebend gern an Land gegangen wäre. Tweedie und Hammond hatten beide das Schiff verlassen, sich dann aber getrennt, und Corbett war zu seiner Frau nach Hause geeilt – zu der Frau, deren Foto auf seinem Schreibtisch stand.

Trewin trat ans offene Fenster, stützte sich auf den Sims und spürte, wie die Nachtluft seinen erhitzten nackten Körper abkühlte; er betrachtete die endlosen Reihen der Lichter und kostete die Ausstrahlung dieser Stadt, die niemals schlief.

Der Vollmond warf seinen Silberstrahl auf den Wasserstreifen jenseits von Keppels Harbour, eingerahmt von zwei großen Hotelbauten, und weit draußen auf der ruhigen See tanzten die winzigen Lichter der chinesischen Fischer, die dort eifrig arbeiteten, um ihren Beitrag zur Versorgung Singapurs zu leisten. Flugzeuge flogen in nördlicher Richtung, ihr fernes, gleichmäßiges Brummen wirkte irgendwie beruhigend und strahlte Sicherheit aus.

Im Nebenzimmer hörte er das dumpfe Murmeln einer Männerstimme und das antwortende Kichern einer Frau, dann wurde es wieder still. Trewin starrte hinab auf sein zerwühltes Bett und bemühte sich, das verstohlene Flüstern nebenan zu überhören. Es rief zu viele Erinnerungen in ihm wach.

Er sprang auf, als das Telefon neben dem Bett schrillte, setzte sich und preßte den Hörer ans Ohr. »Ja?«

»Gott sei Dank!« Es war Mallorys Stimme. »Ich habe dauernd versucht, zu Ihrem Hotel durchzukommen, aber alle Leitungen sind ständig besetzt. Es ist zum Verrücktwerden!«

Trewin saß ganz still, die Augen auf die gegenüberliegende Wand gerichtet. »Ja?«

»Hier ist der Teufel los!« Im Hintergrund hörte Trewin das schrille Zwitschern einer Bootsmannspfeife und das Klirren von Metall. Rasch fuhr Mallory fort: »Die Royal Air Force meldet unbekannte Flugzeuge im Anflug auf die Stadt. Schnallen Sie Ihre Rollschuhe unter, und kommen Sie so schnell wie möglich an

Bord!«

Trewins Hirn wurde plötzlich klar. »All right. Haben Sie den allgemeinen Rückruf veranlaßt?«

Mallorys Stimme klang angespannt. »So gut es ging. Einen Boten habe ich ausgeschickt, um Corbett zu holen.«

Trewin langte nach seiner Unterhose. »Lassen Sie die Bezüge der Flak abnehmen, und stellen Sie sicher, daß das Schiff vollständig abgeblendet ist.« Er legte den Hörer auf und begann sich rasch anzuziehen. Ein Blick aus dem Fenster zeigte ihm, daß sich draußen nichts verändert hatte. Am Himmel schimmerten Tausende von Lichtreflexen. Vielleicht war es wieder nur falscher Alarm?

Er stopfte Rasierapparat, Zahnbürste und die wenigen sonstigen Dinge in seine Taschen und eilte zur Tür. Am Ende des dunklen Flurs stieß er beinahe gegen ein Paar schattenhafter Gestalten, die sich an eins der Fenster lehnten. Die Frau war im Abendkleid, aber selbst bei der schwachen Beleuchtung sah Trewin, daß ihre Brüste entblößt und ihre Augen geschlossen waren, während ihr Gefährte sich eifrig bemühte, seine Eroberung zu vollenden.

Trewin eilte vorbei und hörte, wie der Mann rief: »Verdammter Idiot! So was sollte gesteinigt werden!« Das Mädchen lachte verlegen, wurde aber jählings unterbrochen, als der Boden unter ihren Füßen zu bocken schien und der ganze Flur widerhallte vom Geklirr splitternden Glases. Dann kamen die knallharten Detonationen aus nächster Nähe, die das Hotel wie ein Schiff in einer plötzlichen Orkanbö durchschüttelten und die warme Luft mit Wolken erstickenden Staubes füllten.

Trewin dachte an die Flugzeuggeräusche und raste die leeren Treppen hinunter, taub für die Rufe und schrillen Schreie aus den Zimmern hinter ihm. Als er das Erdgeschoß erreicht hatte, mußte er sich durch das Gedränge flüchtender Menschen kämpfen. Die meisten waren in Nachtgewändern. Eine kleine Gruppe Hotelbediensteter stand dort unten, vor Schreck anscheinend außerstande, sich zu bewegen.

Eine weitere Reihe von Detonationen erschütterte das Gebäude, und Glas splitterte über die Rezeption auf den Boden.

Ein untersetzter Mann mit weißem Schnurrbart, in einen roten Bademantel gehüllt, packte Trewin am Arm und brüllte ihm ins Gesicht: »Was, zum Teufel, ist hier los?« Als Trewin ihn beiseitestieß, rief er wütend: »So ist's recht, ihr Feiglinge! Laufen ist das einzige, was ihr könnt!«

Auf der überfüllten Straße war es noch schlimmer. Die schreiende Menschenmenge wogte hin und her und in jede Richtung. Neben dem Motorengeräusch der Flugzeuge und dem schrillen Heulen fallender Bomben hörte Trewin das verräterische Poltern einstürzenden Mauerwerks und das Prasseln von Flammen.

Das Entsetzliche war, daß die gesamte Stadt noch immer im hellsten Lichterglanz strahlte. Als er die Straßen entlanglief, sah er wieder den Weihnachtsmann aus Pappmaché in seinem großen Schaufenster stehen, jedoch wirkte sein aufgemaltes Grinsen jetzt grotesk angesichts der zerbrochenen Glasscheiben und der verstreuten Bombensplitter ringsum.

Sirenen übertönten das Geschrei, und Trewin sah einen Krankenwagen, der sich mühsam den Weg durch eine dichtgedrängte Menge von Europäern in Smoking und bunten Abendkleidern bahnte, die gerade aus einem der nahegelegenen Klubs quoll.

Ein Mann rief: »Sie haben Raffles Hotel getroffen, und Guthrie's ist eingestürzt!« Es klang wütend und ungläubig zugleich.

Am Himmel entdeckte Trewin jetzt schmale Scheinwerferkegel, und als er einmal nach oben blickte, glaubte er, die Silberkörper sich langsam bewegender Flugzeuge zu sehen.

Eine Frau schluchzte hysterisch: »Was bedeutet das? Was machen die?«

Eines Mannes Stimme, rauh und verzweifelt, antwortete: »Ist schon in Ordnung, Liebes. Nur ein Übung.«

Ein australischer Soldat, ohne Mütze und in jeder Hand eine Flasche, rief: »Feine Übung, Kumpel!«

Trewin fand ein Taxi, das in einer Seitenstraße parkte, ein Inder mit aschfahlem Gesicht saß hinter dem Steuer. »Bring mich zur Basis, aber rasch!« befahl er.

Der Inder betrachtete ihn nachdenklich. »Das sind dreizehn Meilen, Chef.« Dann zeigte er auf eine gewaltige Rauchsäule, die hinter den Häusern stand. »Es könnte gefährlich werden.«

Trewin riß die Tür auf. »Los!« Wütend starrte er das Gesicht des Mannes unter dem Turban an. »Oder ich fahre den verdammten Schlitten selbst!«

Der Wagen ruckte an, und Trewin hörte das Knirschen der Reifen auf Glassplittern, als sich das Taxi ins Gewühl stürzte.

Die Fahrt kam ihm endlos vor. Mehrmals mußten sie warten, bis verlassene Wagen von schwitzenden, ärgerlichen Soldaten von der Straße geschoben wurden. Verschiedentlich mußte Trewin verschwommene, verzerrte Gesichter abwehren, die wie Bilder aus seinen Alpträumen gegen die Fenster drängten.

Im Hafengebiet fand er endlich ein wenig Ordnung vor. Abgesehen vom gelegentlich aufblitzenden Mündungsfeuer der Schiffsgeschütze war alles in tiefes Dunkel gehüllt. Motorboote tuckerten in alle Richtungen, gefüllt bis zum Dollbord mit Männern jeglichen Alters und Dienstgrades, die ihre Schiffe zu erreichen suchten. Einige schrien Fragen, die niemand beantwortete, andere waren noch zu benommen oder auch zu betrunken, ihnen schien alles gleichgültig zu sein.

Als Trewin endlich an Bord der *Porcupine* stieg, wurde der Himmel schon etwas heller, und die Flugzeuggeräusche waren verstummt. Die Männer drängten sich um die Geschütze, andere standen unschlüssig an der Reling, beobachteten die Brände an Land oder lauschten dem fernen Sirenengeheul und dem millionenfachen Rufen aufgeregter Stimmen.

Mallory ergriff Trewin am Arm. »Sie haben es also geschafft.« Seine Stimme klang erleichtert. »Es war hier wie im Tollhaus!«

Trewin lief zur Brücke hinauf und betrat Corbetts Tagesraum. Der Kommandant sprach in das Landtelefon, aber seine hellen Augen waren auf Trewins Gesicht geheftet, während er ihm zuwinkte, sich zu setzen.

»Jawohl, Sir, ich habe verstanden«, sagte er in die Muschel. Seine Finger trommelten dabei nervös auf die Schreibtischplatte. »Ich sagte, *ich – habe – verstanden*!« Wütend knallte er den Hörer auf. »Verdammte Zivilisten! Man sollte Soldaten in die Vermittlungsstellen setzen.«

Corbett wirkte frisch und sah adrett aus wie immer. Trewin wunderte sich, wie er es geschafft hatte, noch vor ihm an Bord zu sein.

»Klarmachen zum Auslaufen!« Corbett stand auf und blickte abwesend auf die Karte. »Jetzt geht es richtig los, fürchte ich.« Er sah Trewin scharf an und fügte hinzu: »Unsere Verteidigungslinien bei Kota Bahru im Norden liegen unter Beschuß. Die Aufklärung meldet außerdem Angriffe starker japanischer Verbände über die siamesische Grenze hinweg.«

Er tippte auf die Karte. »Zwei Landungen dort, in Patani und Singora, aber die auf der malaiischen Halbinsel scheint ernster zu sein. In Kota Bahru liegt unser bedeutendster Flugplatz im Norden. Der Bericht spricht von stündlichen Flugzeug- und Truppenlandungen, und die gesamte Küste liegt unter dem Beschuß von Schiffsartillerie!«

Trewin spürte, wie sich seine Magenmuskeln zusammenzogen. »So ist das ›Unmögliche‹ also eingetreten?«

Corbetts Augen blitzten im Licht der Schreibtischbeleuchtung. »Seien Sie nicht so verdammt melodramatisch! Der Angreifer hat stets den Vorteil der Überraschung. Das war zu erwarten.« Er griff nach seiner Mütze. »Auf alle Fälle werden es die Japse in vierundzwanzig Stunden mit mehr als ein paar verschlafenen Soldaten zu tun haben!«

»Warum ließ man die Stadt völlig unbewacht, Sir?« Trewin war, als hörte er noch die Schreie und das dumpfe Donnern einstürzender Häuser. »Sie flogen herum und warfen ihre Bomben, wohin sie wollten!«

Corbett entfernte mit spitzen Fingern ein unsichtbares Fädchen von seinem Hemd. »Die Royal Air Force hat rechtzeitig genug gewarnt, Trewin. Es scheint, als hätten die städtischen Behörden versäumt, die Luftwarnstellen nachts besetzt zu halten, und kein Mensch fühlte sich für das Ausschalten der Stromzufuhr zuständig.« Kalt blickte er Trewin an. »Wie ich eben schon sagte: verdammte Zivilisten! Es ist kein Verlaß auf sie!«

Vom Seitendeck war Getrappel zu hören und dann der dumpfe Stoß eines Bootes gegen die Bordwand. Corbett blickte auf die Uhr und sagte in bestimmtem Ton: »In einer Stunde laufen wir aus. Bis dahin sollten alle Landurlauber zurück sein.« Mit gerunzelter Stirn sah er Trewin an. »Wenn nicht, möchte ich den Grund wissen!«

Nimmo, der Leitende Maschinist, klopfte an die offene Tür und meldete dem Kommandanten: »Maschinen klar zum Auslaufen, Sir!« Er war unrasiert und sah zerzaust aus, sein weißer Overall stand bis zum Nabel offen. Er schien beim ersten Alarm nackt aus der Koje gestürzt zu sein.

Corbett sagte: »Danke. Bleiben Sie in Sofortbereitschaft.« Als Nimmo sich zum Gehen wandte, fügte Corbett hinzu: »Noch eins, Chief! In Zukunft versuchen Sie, sich ordentlich anzuziehen, bevor Sie auf Ihre Gefechtsstation gehen! Denken Sie daran, daß die meisten Ihrer Leute Eingeborene sind. Von jetzt an wird es besonders wichtig, ein gutes Beispiel zu geben.«

Nimmos breites Gesicht blieb völlig ausdruckslos. »Aye, aye, Sir. Ich werde daran denken.«

Er ging weg, und Corbett sagte gereizt: »Und das ist ein Aktiver!«

Trewin erwiderte ruhig: »Er war sich wenigstens im klaren darüber, daß es ein besonderer Alarmfall war.«

Corbett blickte ihn an und antwortete betont: »Ein hoher Standard ist nicht etwas, das Sie sonntags einschalten, Trewin. An Bord meines Schiffes hat der hohe Standard Routine zu bleiben.«

Leutnant Hammond blickte zur Tür herein. »Signal, Sir. Kein feindliches Flugzeug abgeschossen.« Er wirkte mit seinen weit aufgerissenen Augen besonders jung, empfand Trewin.

Corbett war nicht im geringsten beeindruckt. »Nächstes Mal werden wir besser abschneiden.« Er blickte Trewin an. »Lassen Sie die Seegefechtsposten aufziehen. Wir gehen in fünfundvierzig Minuten ankerauf.« An Hammond gewandt, fügte er in scharfem Ton hinzu: »Signal an alle: Seeklar melden.«

Trewin folgte Hammond auf das Seitendeck und sagte leise: »Nun, da haben wir's, Sub.« Durch das Kartenhausfenster sah er den rotleuchtenden Feuerschein der Brände jenseits der dichtgedrängten Häuser an der Wasserfront. So wie es aussah, schienen sie in der Nähe des Flughafens zu liegen. Grimmig fügte er hinzu: »Wenigstens wissen wir jetzt, wie wir dran sind.«

Hammond folgte seinem Blick, in seinen Augen erschien plötzlich ein besorgter Ausdruck. »Ich hoffe, daß wir das nächste Mal wirklich besser abschneiden.« Er leckte sich die Lippen. »Die armen Teufel hatten nicht die geringste Chance.«

Er sagte es so inbrünstig, daß Trewin fragte: »Haben Sie dort an Land jemanden, Sub?«

Hammond sah ihn mit Vorsicht an. »Nun ja, tatsächlich.« Er schien sich unbehaglich zu fühlen.

Trewin erwiderte: »Aber es geht mich einen feuchten Lehm an, meinen Sie das, Sub?«

»Tut mir leid, Number One.« Hammonds Backen färbten sich rot. »Das habe ich nicht gemeint.« Er stotterte. »Sie ist ein wunderbares Mädchen. Aber mir wäre lieber, Sie würden zu niemandem über sie sprechen.« Er sah, daß Trewin nickte, und fuhr etwas ruhiger fort: »Ich war bei ihr, als der Angriff losging. Ich wollte sie nicht alleinlassen.«

Trewin dachte an den Nieselregen in London, an die schweigsam arbeitenden Luftschutzmänner, an die völlig erschöpften Feuerwehrleute, an seine eigene Verzweiflung. »Das wollen wir niemals«, sagte er kurz.

Er wandte sich von Hammonds neugierigem Blick ab, als Oberfunkmeister Laird, der Leitende der Bordfunkstation, den Kopf aus der Funkraumtür steckte. Er war ein fröhlicher, durch nichts zu erschütternder Mann, aber jetzt sagte er mit ernster Miene: »Funkspruch, Sir! Der Flaggoffizier* Ostküstenpatrouille kommt in fünfzehn Minuten an Bord!« Er schnitt eine Grimasse und fuhr fort: »Soll ich es dem Kommandanten melden, Sir?« Dann wartete er die richtige Anzahl von Sekunden ab und fügte mit traurigem Lächeln hinzu: »Oder wollen Sie es tun?«

Grimmig entschlossen antwortete Trewin: »Ja, überlassen Sie es mir.« An Hammond gerichtet, äußerte er: »Die *Porcupine* scheint mir kaum groß genug für einen Admiral!«

Als er nach unten verschwand, flüsterte Laird: »Kein Schiff wäre jemals groß genug für diesen Lackaffen!«

Fünfzehn Minuten später, als der Himmel bereits hell genug war, um einen Blick auf die geschwärzten Gebäude und die verstreuten Trümmer zu ermöglichen, kam Konteradmiral Mark Fairfax-Loring an Bord.

Kurz danach, während das erste schwache Sonnenlicht durch die treibenden grauen Rauchschwaden schimmerte, gingen die fünf Kanonenboote ankerauf und steuerten die Ausfahrt an. Für sie war das Warten vorüber.

Trewin hob sein Glas und richtete es auf die *Squalus*, das nächste Boot in der Kiellinie. Sie hielt genau Position, etwa eine halbe Meile achteraus. Die anderen vier Boote der Gruppe folgten in einem leicht geöffneten Bogen, da sie soeben das grüne Vorgebirge von Gelang Point rundeten. Die Vormittagswache war etwa zur Hälfte vorüber, und die ungeschützte Brücke war heiß wie ein

* Offizier in einem der Admiralsränge

Schmelzofen. Etwa zwanzig Seemeilen* achteraus lag Kuantan, das die *Porcupine* und die anderen Schiffe des Geschwaders erst vor ein paar Stunden verlassen hatten. Seit ihrem Auslaufen aus Singapur waren zwei volle Tage vergangen, zwei Tage der Gerüchte und der Ungewißheit, der ungewohnten Tätigkeiten und der zum Zerreißen gespannten Nerven. Am ersten Tag hatten sie ein Bataillon australischer Infanterie und zwei Kompanien indischer Truppen an Bord genommen. Dann, vollgepackt bis zum letzten Winkel mit fröhlich lärmenden Soldaten, waren sie nach Kuantan gedampft, wo sie ihre menschliche Ladung löschten, Verstärkung beim Schutz der großen Küstenstraße, die parallel zur Küste von Kota Bahru bis Kuantan verlief.

Jetzt waren sie wieder auf dem Marsch noch weiter nach Norden, im Abstand von weniger als zwei Meilen an der durch nichts unterbrochenen grünen Küstenlinie entlang.

Trewin befeuchtete sich die Lippen und schritt zum vorderen Teil der Brücke. Er fühlte sich müde und abgespannt. Jetzt, da sie Kriegswache gingen und das Schiff gefechtsbereit gehalten wurde, ging er im Vierstundenturnus seine Wache wie jeder Mann an Bord. Hammond beugte sich über den Kompaß und nahm eine Peilung des achteraus verschwindenden Gelang Point, aber abgesehen von ihm und dem Ausguckposten hatte Trewin die Brücke für sich allein, wofür er dankbar war. Wenn Corbett jede seiner Bewegungen beobachtete, war es schon schlimm genug, aber jetzt, mit dem Admiral an Bord, schien das Schiff auf die Hälfte seiner Größe geschrumpft zu sein.

Es war seltsam, einen ausgewachsenen Admiral an Bord herumstolzieren zu sehen. Fairfax-Lorings Flagge hing schlaff vom Mast herab, kein Windhauch kräuselte die blaue See und erleichterte damit das angespannte Wachegehen. Im Morgengrauen war der Himmel von einer niedrigen Wolkendecke verhangen gewesen und die Luft noch feucht von den Gewittergüssen, die sie seit Singapur ständig begleitet hatten. Trewin war dankbar für das schlechte Wetter. Davon verstand er etwas. Dichte Wolkendecke bedeutete Schutz vor plötzlichen Fliegerangriffen, und angesichts der sich augenscheinlich verschlechternden militärischen Lage im Norden konnte das Wetter ein wertvoller Verbündeter sein.

* 1 Seemeile = 1852 m

Aber jetzt waren Himmel und See so ruhig und klar wie sie nur sein konnten. Mit jeder Schraubenumdrehung spürte Trewin seine Besorgnis wachsen, während die kleinen Schiffe ständig weiter nordwärts fuhren. Was er auch an Zweifeln oder Hoffnungen gehegt haben mochte, in Kuantan waren sie aufs schwerste erschüttert worden. Die Stadt an der Flußmündung lag nahezu zweihundert Meilen südlich der Linie, an der angeblich die Kämpfe stattfanden, aber dennoch herrschte im Ort bereits Panik. Es gab kein anderes Wort, das den Zustand treffender hätte beschreiben können, den die sechs Kanonenboote dort vorfanden, als sie an der Pier anlegten, um die Truppen auszuschiffen. Trewin war mit ein paar Nachrichten für den Marineverbindungsoffizier an Land gegangen und entsetzt über die Szenen, die sich dort abspielten. Ochsenkarren und altertümliche Autos drängten sich durch die Straßen, und auf den Kaianlagen wimmelte es von Leuten jeder Rasse und Hautfarbe, die Ausschau hielten nach irgendeinem Schiff oder Boot, das sie nach Süden bringen konnte.

Es war ein ermutigender Anblick, die australischen Soldaten über die Küstenstraße davonmarschieren zu sehen, die Gewehre lässig um den Hals gehängt, ihrem neuen Einsatzgebiet entgegen. Ihr Marschbefehl schickte sie an die Nordostküste Malayas, wo Gerüchten zufolge eine kleinere Landung der Japaner im Rücken der Verteidigungslinie zu erwarten war.

Trewin wischte sich mit dem Handrücken den Schweiß von der Stirn und richtete sein Glas auf die endlose Linie des Dschungels, der sie seit ihrem Auslaufen begleitet hatte. Es war schwierig, sich vorzustellen, daß die Japaner versuchen würden, sich durch dieses dichte Urwaldgebiet ihren Weg zu bahnen. Seine Lippen kräuselten sich in einem bitteren, verächtlichen Lächeln, als er sich selbst über seine Gedanken mokierte.

Heutzutage war alles nicht nur möglich, sondern sogar wahrscheinlich. Wer hätte erwartet, daß die Japaner Malaya und Amerika gleichzeitig angreifen würden? Erst gestern hatte Corbett vom Hauptquartier die Nachricht über einige verheerende Angriffe durch Trägerflugzeuge auf amerikanische Marinestützpunkte erhalten. Pearl Harbour war im Verlauf weniger Stunden in Trümmer gelegt und die dort vor Anker liegende Flotte vernichtet worden. Es war also nichts mehr »unmöglich«.

Aber – ob man davon begeistert war oder nicht – Amerika befand sich jetzt im Krieg, und das würde sich mit der Zeit positiv auswirken. Andererseits war Zeit das einzige, was ihnen nicht zur Verfügung stand, dachte Trewin.

Vorsichtig wandte er sich um, als ein Schatten auf das Brückenkleid fiel.

Konteradmiral Mark Fairfax-Loring hatte ein dunkles, streitlustiges Gesicht, das von einem Paar buschiger schwarzer Augenbrauen beherrscht wurde. Er mußte einmal ein ausgesprochen stattlicher Mann gewesen sein, aber Trewin hatte den Eindruck, daß seine Taille unter der makellosen weißen Uniform ein bißchen zu füllig und die Pölsterchen um seine tiefliegenden Augen ausgeprägter waren, als sie bei einem Mann Ende Vierzig sein sollten. Er war von schwerem Körperbau, vermittelte jedoch den Eindruck von Ruhelosigkeit und Ungeduld. Es schien fast unmöglich, sich ihn als Corbetts Altersgenossen vorzustellen, und wenn sie sich gleichzeitig auf der Brücke befanden, wirkte der Gegensatz besonders stark. Corbett pflegte dann teilnahmslos in seinem Stuhl zu sitzen, die hellen Augen auf irgendeinen Punkt am Horizont gerichtet, während Fairfax-Loring auf der Brücke herumlief wie ein Tiger im Käfig.

Der Admiral erwiderte Trewins Gruß durch ein beiläufiges Tippen der Finger an seinen mit goldenem Eichenlaub umrandeten Mützenschirm, begleitet von einem seiner lächelnden Blicke, die Trewin für beabsichtigt hielt. »Verdammt heißer Tag, Number One«, sagte er munter. Dann warf er einen Blick achteraus. »Hält die Bande ihre Positionen?«

»Ja, Sir. Die *Prawn* hat ein wenig stärker gequalmt als sonst, jetzt geht es aber wieder.«

Das erwähnte Schiff wirkte innerhalb der Gruppe geradezu grotesk. Nicht nur war es das älteste der gesamten Ostasienstation, es mußte sich auch noch mit einer Kohlenfeueranlage herumplagen. Wenn die anderen Kanonenboote ruhig vor Anker lagen, dann sah man die Prawn meistens eingehüllt in eine Wolke aus Kohlenstaub, die Luft um sie herum war erfüllt von Flüchen und dem Geräusch der Schaufeln und Winden.

Der Admiral hob die Schultern. »Na ja, sie muß sehen, wie sie mitkommt.« Es klang reichlich gleichgültig. »Wo steckt denn mein Flaggleutnant*?«

* Adjutant eines Admirals

Hughes, sein geplagter und überarbeiteter Adjutant, war des Admirals einziger Begleiter bei solchen Gelegenheiten. Seit dem Augenblick des Anbordkommens stand Hughes entweder neben seinem Vorgesetzten und kritzelte dessen Signalsprüche auf einen Schreibblock, oder er hockte neben dem Funkmaaten der *Porcupine* und überwachte die reichlich von der Marinebasis eingehenden Funksprüche.

Fairfax-Loring fragte plötzlich weiter: »Und der Kommandant?«

»In seinen Räumen, Sir.« Trewin versuchte, des Admirals zur Schau getragene Leutseligkeit zu durchschauen. Noch immer war es ihm nicht möglich, die Beziehungen zwischen ihm und Corbett zu ergründen. Selbst wenn sie zusammen auf der Brücke waren, schien es, als seien sie räumlich weit voneinander getrennt. Wenn der eine sich bewegte, pflegte der andere ihn argwöhnisch zu beobachten. Wie zwei Kater beim Kampf um die Rangordnung.

»Ich kenne Ihren Kommandanten seit vielen Jahren, müssen Sie wissen, Number One.« Er sprach beiläufig, aber Trewin spürte, daß der Admiral seine Gründe hatte, es zu erwähnen; wie er überhaupt immer einen Grund zu haben schien für alles, was er sagte oder tat, mochte es noch so unbedeutend erscheinen. »Er ist mit meiner Schwester verheiratet.«

Trewin dachte angestrengt über diese unerwartete Mitteilung nach. Wenn es zutraf, daß die beiden Männer sich nicht mochten, dann würde diese Heirat zweifellos noch manche Peinlichkeit zu diesem Verhältnis beisteuern, überlegte er.

Oberleutnant Hughes erschien auf der Brücke, bevor der Admiral weiterreden konnte. »Funkspruch von der Basis, Sir.«

Des Admirals buschige Augenbrauen zogen sich zusammen. »Na, Flags, was gibt's?« Trewin bedachte er mit einem Grinsen. »Noch mehr Gefasel über die Lage, wahrscheinlich.«

Hughes sagte geduldig: »Der Flugplatz von Kota Bahru ist in Feindeshand gefallen, Sir.«

Der Admiral grollte: »Das hätte ich denen voraussagen können!«

»Außerdem, Sir«, Hughes schluckte, »lautet der Funkspruch weiter: Jagdschutz *nicht*, wiederhole *nicht* möglich.« Er blickte sich auf der Brücke um. »Überhaupt nicht, Sir!«

Der Admiral fing an, aufgeregt auf den Grätings hin und her zu gehen, in seinem Gesicht arbeitete es. Schließlich stieß er wütend hervor: »Das ist doch lächerlich!« Er zeigte achteraus. »Dort hinten liegt Kuantan! Was ist mit deren Flugplatz, zum Teufel?«

Hughes sagte vorsichtig: »Ich glaube mich zu erinnern, daß ein Befehl vorlag, den Flugplatz sofort zu räumen, Sir.« Fragend hob er die Schultern. »Natürlich könnte er inzwischen widerrufen worden sein, aber . . .«

Er verstummte, als Fairfax-Loring brüllte: »Die mit ihren blöden Begründungen!« Er wandte sich um, als Corbett auf der Treppe auftauchte. »Haben Sie das gehört, Corbett?«

Corbett nickte und hängte sich sein Glas um den Hals.

»Etwas Derartiges war zu erwarten«, erwiderte er ruhig.

Der Admiral packte das Brückenkleid mit seinen großen Händen und schnaubte geräuschvoll. »Zum Glück sind wir nicht ganz allein auf dieser Patrouillenfahrt, meine Herren. Sonst – Armee hin, Armee her – könnte ich mich gezwungen sehen, nach Kuantan zurückzukehren!« Dann hatte er sich wieder in der Gewalt und sagte ruhiger: »Kampfverband Z ist ebenfalls auf See. Er läuft beinahe parallel mit uns, somit ist alles in Ordnung, ganz gleich, was geschieht.«

Trewin fragte ruhig: »Kampfverband Z, Sir? Was ist das?«

Hughes musterte ihn traurigen Blickes. »Die Verstärkung. Admiral Tom Philipps ist am Montag nachmittag mit *Prince of Wales* und *Repulse* und starkem Zerstörergeleit ausgelaufen.«

Der Admiral beobachtete heimlich Trewins Gesichtsausdruck. Dann sagte er: »Sie brauchen sich also keine Sorgen zu machen, Number One. Was die anderen Dummköpfe auch anstellen, die Marine zumindest ist gerüstet!« Er schlug heftig gegen das Brükkenkleid. »Wir werden es den kleinen gelben Halunken schon zeigen, wenn es erst mal losgeht!«

Corbetts ruhige Stimme drang durch die plötzliche Stille wie ein Messer. »Sind Sie noch immer nicht beruhigt, Trewin?« Beim Sprechen blickte er den Admiral an. »Was stört Sie denn noch?«

Trewin sagte grob: »Ich halte es für Wahnsinn, Sir! Ohne Jagdschutz sind diese Dickschiffe schlechter dran als wir!« Er wandte sich ab, trotz der heißen Sonne war ihm plötzlich kalt. »Die müssen verrückt sein!«

Hughes platzte heraus: »Sieh einer an!« Aber Fairfax-Loring hob beschwichtigend die Hand und sagte: »Regen Sie sich nicht auf, Flags. Der junge Trewin hier ist so etwas noch nicht gewohnt.«

Corbett sagte ruhig: »Oberleutnant Trewin hat wegen Tapferkeit das D.S.C. erhalten, Sir, während er unter feindlichem Feuer sein eigenes Boot befehligte.«

Der Admiral starrte Corbett an. »Was sagen Sie da?« Er schien durch Corbetts spitze Bemerkung aus der Fassung gebracht. »Ich habe nicht sein Urteil kritisiert. Aber offensichtlich gehört mehr dazu als bloße Tapferkeit, ein gerüttelt Maß an Erfahrung zu gewinnen.«

Corbett verfolgte das Thema nicht weiter, aber Trewin war klar, daß er beabsichtigt hatte, des Admirals überhebliche Zuversicht ins Wanken zu bringen.

Hughes entfernte sich rasch und ging zum Funkraum, während Corbett auf seinem Sitz Platz nahm, das Glas auf die Küste gerichtet.

Der Admiral sagte schließlich: »Geben Sie weiter an die Gruppe: ›Sofort zusätzliche Fla-Ausgucksposten aufziehen lassen‹.«

Masters, der Signalmeister, sagte unbehaglich: »Verzeihung, Sir, aber der Kommandant hat das schon befohlen.«

Trewin warf einen raschen Blick auf Corbetts Profil. Das Gesicht war vom Mützenschirm beschattet, aber ihm schien, als hebe sich sein Mundwinkel in einem schadenfrohen Lächeln.

Der Admiral zwang sich ebenfalls zu einem Lächeln. »Sehr gut! Immer bereit sein!« Dann schritt er zur Treppe. »Ich gehe für eine Weile nach achtern in meine Kabine.« Er starrte auf Corbetts Schultern, der sich nicht umwandte. »Lassen Sie mir melden, wenn es etwas Neues gibt.«

Corbett wartete ein wenig und sagte dann zu Trewin: »Falls Sie unbedingt Kritik äußern müssen, dürfen Sie sich nicht wundern, wenn Sie Streit verursachen.« Dann fügte er milder hinzu: »Normalerweise halte ich nicht viel von Reserveoffizieren.« Dann hob er die Schultern. »Aber Sie sind einer *meiner* Offiziere, und ich lasse Sie von keinem Außenstehenden beleidigen.«

Trewin starrte ihn verwundert an. »Danke, Sir.«

Corbett wandte ihm ungeduldig den Rücken zu. »Danken Sie lieber Gott, daß ich das Signal schon gegeben hatte. Das wäre Ihre Sache gewesen.«

Die Wache verlief stillschweigend.

Vier Stunden später, als Trewin auf seiner Koje lag, die Brust entblößt, um den Luftstrom des Ventilators zu spüren, überlegte er noch immer, was Corbetts wirkliche Absicht gewesen war. Hatte er ihn nur benutzt, um Punkte gegen den Admiral zu verbuchen? Oder liebte er sein Schiff so sehr, daß er selbst dessen Offiziere und Besatzung als sein persönliches Eigentum ansah, als Teil eines Ganzen, daß er von niemandem kritisieren ließ?

Er runzelte die Stirn, als Hammond die Kabinentür aufschob und ihn anstarrte. »Hallo, Sub.« Er blickte auf die Uhr und sagte: »Verdammt, es ist doch noch zu früh für die Hundewache*«.

Hammond stieg über das Süll und setzte sich plötzlich auf Trewins Koje, als wären ihm die Beine unterm Körper weggezogen worden. »Ich dachte, Sie sollten es erfahren, Number One.« Er wirkte wie vor den Kopf geschlagen. »Kampfverband Z wurde von Torpedobombern angegriffen.« Er machte eine vage Geste. »Hughes hat eben dem Admiral den Funkspruch gebracht.«

Trewin lag ganz still. Er spürte, daß noch Schlimmeres kommen würde.

Hammond fuhr mit derselben matten Stimme fort: »*Prince of Wales* und *Repulse* wurden versenkt.« Er fuhr sich mit den Fingern durchs Haar. »Alle beide innerhalb einer Stunde!«

»Verstehe.« Trewin stützte sich auf seinen Ellbogen und stierte mit leerem Blick durch das offene Bullauge auf den Horizont, der sich in zeitloser, langsamer Regelmäßigkeit hob und senkte. »Danke, Hammond, daß Sie es mir gleich gesagt haben.« Dann stand er auf, ging zum Spiegel und fing an, sich zu kämmen. Er spürte, wie Hammond ihn beobachtete, die Augen starr vor Schreck und Verzweiflung.

Plötzlich sprach er. »Number One, Sie haben so etwas doch schon mehrfach erlebt.« Es schien ihm Schwierigkeiten zu bereiten, die Worte zu formulieren. »Dünkirchen, Kreta und all das . . .«

Er schwieg, als Trewin herumfuhr, das Gesicht hart und zornig. »Das war etwas anderes!« Er deutete auf das schimmernde Bullauge. »Diesmal gibt es für uns kein Ausweichen. Entweder sie oder wir!« Dann kam er auf den Jungen zu und legte ihm die

* Die Nachmittagswache von 16–20 Uhr oder auch die geteilte von 16–18 Uhr und 18–20 Uhr

Hand auf die Schulter. »Wir sind jetzt auf uns allein gestellt. Machen Sie sich das klar, dann ist es nicht ganz so schwer.«

Hammond sprach mehr zu sich selbst. »Ich war erst vor drei Tagen an Bord beider Schiffe.« Er schüttelte sich verzweifelt. »Sie schienen so vertrauenerweckend, so sicher.«

Trewin betrachtete ihn und erwiderte fast sanft: »Ich nehme an, die Leute auf der *Hood** fühlten sich genauso sicher.« Dann nahm er Hammonds Arm. »Kommen Sie, wir gehen auf die Brücke. Ich denke, der Admiral wird zu uns sprechen wollen.«

Draußen an Deck standen die Seeleute der Freiwache in kleinen Gruppen schweigend herum oder starrten von der Reling aus auf den leeren Horizont, als erwarteten sie noch ein Nachspiel zu dieser Katastrophe.

Unteroffizier Dancy, der Oberbootsmannsmaat, trat auf Trewin zu und fragte leise: »Es ist also wirklich wahr, Sir?«

Trewin nickte. »Ich fürchte, ja.«

Dancy blickte hinaus auf die See, das Gesicht plötzlich todernst. »Das Schlachtschiff kannte ich nicht.« Unbewußt nahm er die Mütze ab, um den Gefallenen seine Reverenz zu erweisen. »Aber die *Repulse*, die kannte ich gut, auf der war ich Matrose.« Langsam schüttelte er den Kopf. »Fünfundzwanzig Jahre war sie alt. Armes Ding, so zu enden.«

Als Trewin die Brücke betrat, war der Admiral immer noch nicht zu sehen. Mallory stand an seinem Kartentisch, das sonnengebräunte Gesicht grimmig und nachdenklich; neben ihm Tweedie, die Hände hinter dem Rücken verschränkt wie bei der Musterung.

Corbett wandte sich in seinem Sitz ihm langsam zu; er sah sehr müde aus. »Ich wollte gerade jemanden zu Ihnen hinunterschikken, Trewin.« Ein paar Sekunden studierte er Trewins Gesicht und fügte dann traurig hinzu: »Ich brauche es Ihnen also nicht zu wiederholen.«

»Nein, Sir.«

Corbett reckte die Schultern und setzte sich bequemer zurecht. »Wir fahren trotzdem weiter.« Es klang endgültig. »Geben Sie an die Gruppe: In fünfzehn Minuten sollen sie zur geschlossenen Formation aufschließen.« Dann, in schärferem Ton: »Bei Son-

* Die *Hood*, ein Schlachtkreuzer, wurde von der *Bismarck* durch einen einzigen Volltreffer versenkt.

nenuntergang sollen sie gefechtsbereit sein.«

Als Trewin zur achteren Brückenreling ging, fügte er hinzu: »Wir müssen hart zurückschlagen. Zuviel Zeit ist schon vergeudet worden.«

Trewin blickte zum sonnenüberfluteten Batteriedeck. Gegen das unendliche Blau des Wassers wirkte die *Porcupine* plötzlich sehr klein und verwundbar.

4 Verbitterung ist zwecklos

Mallorys Lineal quietschte, als er es über die Karte schob. »Neuer Kurs ist drei-zwo-null.« Unter der Ölzeughaube, die die Karte bedeckte, klang seine Stimme undeutlich hervor.

Trewin wiederholte den Kurs und beugte sich über das Sprachrohr. »Backbord zehn!« Die matt erleuchtete Scheibe des Tochterkompasses drehte sich langsam. »Recht so! Drei-zwo-null steuern!« Er hörte die gemurmelte Wiederholung des Rudergängers aus dem abgeblendeten Steuerhaus, strich ihn aber gleich wieder aus seinen Gedanken, als ein drohender Keil dunklen Vorlandes auf den Bug des langsam fahrenden Bootes zukam. Der Marsch an der Küste entlang war an sich schon aufregend genug, aber so dicht unter Land zu bleiben, daß die dunklen Hügel und gelegentlich ein heller Streifen Sandstrand bis fast zur Bordwand reichten, zerrte wie eine ständige Drohung an seinen Nerven.

Seit Stunden ging es schon so. Bei Sonnenuntergang hatte sich die kleine Gruppe geteilt. Corbett führte *Prawn* und *Squalus* direkt an der Küste entlang, während die drei anderen Boote fünf Meilen weiter seewärts auf parallelem Kurs fuhren. Bisher hatten Sie nichts gesichtet, aber landeinwärts war ihr Vormarsch ständig von Geschützfeuer, grollend wie ferner Donner, begleitet worden. Ebenso oft zeichnete sich die dunkle Wand des Dschungels als Silhouette ab vor dem schwachen, orangefarbenen Aufblitzen dahinter und rief ihnen mit grimmiger Deutlichkeit die Nähe des Krieges ins Bewußtsein, der nun auch zu ihnen gekommen war.

Jeder einzelne an Bord schien den Atem anzuhalten. Selbst das Geräusch der Maschinen, die auf geringste Fahrstufe gedrosselt waren, verlor sich im gleichförmigen Zischen der Bugwelle und im Knarren von Holz und Stahl, sooft sich das Schiff in der Küstenströmung und der leichten Dünung überlegte.

Der heftige Wolkenbruch, der gleich nach Sonnenuntergang eingesetzt hatte, hörte genauso abrupt wieder auf. Nach dem lebhaften Trommeln des Regens war die plötzliche Stille desto deutlicher spürbar und wirkte geradezu verwirrend.

Der Himmel hing noch voll niedriger Wolken, aber ebenso oft gelang dem Mond der Durchbruch, und dann warf er seltsame Silberflecken auf das flache Wasser oder die statuengleichen Figuren auf der Brücke. Außer den Haubitzen waren alle Geschütze bemannt und schußbereit, und von den Brückennocken kam das gleichmäßige, schleifende Geräusch der Munitionsgurte, während sich die beiden schweren Maschinengewehre rastlos wie schwarze Finger vor dem düsteren Himmel bewegten.

Corbetts scharfe Stimme zerschnitt die Stille: »Wassertiefe!«

Der Mann bei den Sprachrohren sagte rasch: »Sechs Faden*, Sir!«

Corbetts helle Gestalt drehte sich ein wenig im Sessel, offenbar zufriedengestellt. Trewin mußte zugeben, daß Corbetts Revierkenntnis geradezu unheimlich war. Ihm bedeuteten die gelegentlichen Lotungen genauso viel, als wären es Fotografien. Die Wochen und Monate des Auf- und Abdampfens an dieser Küste waren offenbar nicht verschwendet.

Auf der Steuerbordseite der Brücke hob der Admiral sein Glas und richtete es auf den unsichtbaren Horizont. Noch immer trug er sein schweres Ölzeug, und gegen den hellen Hintergrund nahm er sich aus wie eine große grobe Skulptur. Er sagte barsch: »Nichts! Nicht das Geringste, verdammt noch mal!«

Corbett bemerkte ruhig: »Wir sind kurz hinter Trenganu, Sir. Es wird gleich soweit sein.«

Trewin wischte sich mit dem Unterarm das Gesicht ab. Ihm war klar, daß es sich nicht mehr um Regenwasser handelte. Am ganzen Körper lief ihm der Schweiß in Strömen herunter. Er blinzelte mehrmals, damit seine Augen klar wurden, und blickte sich nach den anderen um. Er sah nur ihre Umrisse. Was mochten sie wohl denken? Wie würden sie sich benehmen, wenn die ersten Schüsse fielen?

Im Innern war er sich klar darüber, daß er nur seine eigene

* 1 Faden = 1,829 m

Stärke ermessen wollte. Er hatte so oft erlebt, daß andere einen Knacks bekamen. Außenstehende beschrieben es scherzhaft als *bomb-happy.* Im Lazarett bezeichneten die versierten Ärzte den Zustand der Opfer als Kampfmüdigkeit. Worte, nichts als leere Worte! Trewin biß sich auf die Lippen, bis der Schmerz seine rasenden Gedanken zur Ruhe kommen ließ. Er mußte sich wieder in den Griff bekommen. Es war absoluter Irrsinn, so weiterzumachen.

Tweedies grobe Stimme, verzerrt durch das Mikrophon, erklang von Achterkante Brücke. »Grün sechs-null*! Schiff mit Bug links!« Als die Gläser auf dem Brückenkleid herumschwenkten, fuhr er fort: »Entfernung null-neun-zwo**!« Über der Brücke quietschte das Entfernungsmeßgerät leise, als es dem unsichtbaren Schiff folgte.

Trewin biß die Zähne aufeinander, während sein Glas vergeblich über die mondhellen Flecken und die dunklen Wolkenschatten auf der Wasseroberfläche strich. Tweedies Ausgucks hatten gute Arbeit geleistet. Zweifellos waren ihre starken Gläser noch durch die Silberstreifen am Horizont unterstützt worden. Jedes Schiff mußte sich von ihnen wie ein Felsblock gegen hellen Hintergrund abheben.

Corbett befahl: »Informieren Sie die *Prawn*, Signalmeister! Aber stellen Sie sicher, daß die Morselampe genügend abgeblendet ist!« Langsam fuhr er fort: »Wir geben ihm noch zwei oder drei Minuten. Dann lassen Sie Geschütz A eine Leuchtgranate feuern.« Er wandte sich an Trewin. »Sagen Sie Hammond, er soll sich davon überzeugen, daß es auch wirklich eine Leuchtgranate ist.« Er bewegte sich auf seinem Sitz. »Ich möchte nicht in der Dunkelheit auf ein harmloses Handelsschiff feuern.«

Der Admiral bemerkte mürrisch: »Wird es wohl kaum sein!«

Corbetts Stimme klang schneidend: »Ich bin für andere Weisungen offen, Sir!«

Der Admiral scharrte geräuschvoll mit den Füßen. »*Sie* machen weiter, Corbett!«

Die bläulich abgedunkelte Morselampe blinkte nach achtern. Trewin fragte sich, ob die kleinen Kanonenboote überhaupt noch auf Position waren, denn bei dieser geringen Fahrstufe gab es

* An Steuerbord, 60 Grad

** 9200 m. In der Artillerieansprache wird die Entfernung in Hundert angegeben.

keine Bugwelle, die *Prawn* und *Squalus* verraten hätte.

Das lange Rohr des Vierzollgeschützes* auf der Back schwang langsam nach Steuerbord herum, während Tweedies E-Messer ständig Peilung und Abstand über das Intercom** durchgab. Der andere Vierzöller auf dem achteren Batteriedeck wurde ebenfalls auf das fremde Schiff gerichtet, jedoch lag etwas Wirksameres als Leuchtgranaten hinter seinem Verschluß bereit.

Trewin übermittelte Corbetts Bemerkung über Telefon an Hammond. Durch die Dunkelheit schimmerte der weiße Mützenbezug des jungen Offiziers, der unmittelbar hinter der Pivotlafette stand. Die Leute der Geschützbedienung, die gebückt um den Verschluß herum hockten, wirkten mit ihrem unförmigen Kopfschutz und den dicken Ohrklappen wie Wesen von einem anderen Planeten.

Hammonds Stimme war abgehackt, klang aber relativ ruhig. »Ich habe es selbst überprüft, Number One. Im Augenblick kann man ohnehin nicht viel sehen, das Schiff ist über vier Meilen entfernt.« Im Hintergrund lachte jemand kurz auf, und Hammond fügte hinzu: »Natürlich kann es auch hinter *uns* her sein, wie irgendein Idiot hier soeben bemerkte.«

Trewin legte den Hörer auf und ging wieder zu seinem Platz in der Brückennock. Hammond tat sein Bestes, um vor seinen Leuten heiter und entspannt zu wirken. Das gehörte schließlich dazu. Trewin spürte, wie sich seine Bauchmuskeln schmerzhaft zusammenzogen, und malte sich aus, was Hammond in Wirklichkeit durchmachte.

Tweedies Stimme knarrte erneut. »Captain, Sir! Ziel hat gestoppt. Grün vier-fünf. Entfernung null-sieben-fünf.«

Corbett schnippte mit den Fingern. »So, gestoppt hat er?« Er stieg von seinem Sitz herunter und trat neben Trewin. »Genau wie ich erwartet hatte. Hinter diesem Vorsprung liegt eine nette kleine Bucht. Ideal für eine Landung.«

Quälende Minuten vergingen, während Corbett sein Glas einmal langsam über den ganzen Steuerbordhorizont richtete. Dann befahl er: »Eine Leuchtgranate! *Feuern*!«

Der Gong rasselte blechern, mit ohrenbetäubendem Krachen fuhr Geschütz A auf seiner Lafettierung zurück und warf dabei

* 1 Zoll = 2.54 cm, also 10,16 cm

** Intercommunication traffic = Bordsprechgerät

eine kurze harte Schallwelle nach achtern über die Brücke.

Trewin wartete, zählte die Sekunden. Er spürte den stechenden Schmerz in den Augen, als die Leuchtgranate mit plötzlicher, blendender Helligkeit weit entfernt an Steuerbord detonierte. Die Unterseite der tiefhängenden Wolken, die ruhige See, alles veränderte sich schlagartig in eine unheimliche Mondlandschaft unter dem grellen, gletscherkalten Licht der Leuchtgranate. Und da, wie eine schwarze Klippe in der Mitte der Helligkeit, lag das Schiff.

Auf der Brücke fiel kein einziges Wort. Jedermann betrachtete eingehend das bewegungslose, abgeblendete Fahrzeug, nur von vorn hörte Trewin gedämpfte Kommandos und das Knallen des Verschlußstücks, als Geschütz A nachgeladen wurde. Dann herrschte völliges Schweigen.

Schließlich war es der Signalmeister, der den Bann brach. Er rief: »Signal von *Prawn*, Sir! Zwei nicht erkannte Fahrzeuge an Steuerbord!«

Eine Perlenschnur grüner Lichter erhob sich träge von dem fremden Schiff und stieg in so anmutigem Bogen in die Höhe wie eine Reihe strahlender Schmetterlinge.

Trewin rief: »Leuchtspur! Sie haben das Feuer eröffnet!«

Corbett drückte auf den Knopf neben seinem Sitz, und als der Gong erneut ertönte, feuerten beide Geschütze nahezu gleichzeitig.

Trewin starrte auf die grünen Leuchtspurgeschosse, denen sich bereits zwei weitere Abschußstellen vom Achterdeck des schwarzen Schiffsrumpfes zugesellt hatten. Wie trügerisch langsam sie schienen! Und dann, als sie ihren Höhepunkt überschritten, heulten sie so schnell herab, daß es unmöglich war, eins vom anderen zu unterscheiden.

Zwei hohe Wassersäulen stiegen aus der See, unmittelbar vor dem anderen Schiff. Tweedies Stimme ertönte »Kurz! Zwei vor!«

Corbett rief: »Geben Sie an *Prawn* und *Squalus*: ›Die anderen Fahrzeuge angreifen‹! Dann, an Trewin gewandt: »Äußerste Kraft voraus, hart Steuerbord!«

Die Leuchtgranate stand schon sehr tief, aber bevor das Licht ganz verlöschte, flammten zwei weitere Leuchtgranaten auf, direkt über dem Schiff, das seine Silhouette schon erheblich verkürzt hatte, als es Fahrt aufnahm und abdrehte.

Atemlos stieß der Admiral hervor: »Das sind *Beaver* und die anderen der Gruppe.« Er hämmerte mit den Fäusten auf das Brückenkleid. »Los, gebt's dem Bastard!«

Wie zur Antwort tauchte ein kleiner, orangefarbener Fleck irgendwo achtern auf dem fremden Schiff auf. Er flackerte und schien ausgehen zu wollen, aber fast im selben Augenblick schoß eine Stichflamme gen Himmel, und kurz danach loderten die Flammen weit über die Aufbauten empor.

Trewin hörte einige Männer der Geschützbedienung jubeln und Hammonds hohe Stimme, die den ohrenbetäubenden Lärm übertönte: »Nachladen! Ruhe dort!«

Die *Porcupine* erbebte und vibrierte wie wild, als sie sich jetzt auf Höchstfahrt hinaufarbeitete. Die See, die ihre Flanken vorher so sanft gestreichelt hatte, schoß kochend an der Bordwand entlang und bildete eine gewaltige weiße Pfeilspitze.

Von achtern kam das harte Bellen der Oerlikons und das schärfere Knattern der Maschinengewehre. Als eine weitere Leuchtgranate über ihnen schwebte, erhaschte Trewin in ihrem geisterhaften Licht den undeutlichen Anblick zweier flacher, kastenförmiger Fahrzeuge mit hoher Bugwelle und gewaltiger Hecksee, die direkt durch das Kielwasser der *Porcupine* auf die Küste zusteuerten. Er sah auch die Schlangen der Leuchtspurgeschosse von den anderen Kanonenbooten über das Wasser gleiten und die See rings um die schnellen Landungsboote zu hohen Schaumgespenstern aufpeitschen. Dann schlugen sie ein mit dem nervenzerfetzenden Geräusch einer Bandsäge.

Corbett schnippte mit den Fingern. »Tiefe?«

Eine unsichere Stimme antwortete: »Neun Faden, Sir.«

Corbett knurrte: »Mittschiffs! Recht so!«

Die Geschütze wurden wieder auf den Gegner gerichtet, als die *Porcupine* sich auf dem neuen Kurs einsteuerte. Sie behielten ihr gleichmässiges Feuer bei, trotz des Lärms und der aufblitzenden Detonationen ringsum.

Der Signalmeister schrie: »Signal von *Squalus*, Sir! Sie hat eins der Landungsboote gerammt und versenkt!« Seine Stimme überschlug sich fast vor Aufregung. »Und *Prawn* greift ein anderes der verdammten Biester an!«

Corbett sagte ruhig: »Werden Sie nicht *zu* erregt, Signalmeister.« Dann, in schärferem Ton, befahl er: »Hart Backbord!«

Das Deck krängte stark, als das Ruder hart übergelegt wurde; die *Porcupine* drehte in einem engen Bogen auf das andere Schiff zu. Es war jetzt ein einziges Feuermeer, und als die Entfernung auf weniger als zwei Meilen abgenommen hatte, hörte Trewin das Knattern hochgehender Munition und das infernalische Prasseln der Flammen.

Der Admiral ließ sich vernehmen: »Sieht aus wie ein umgebauter Küstenfrachter. Genau das richtige Fahrzeug, um diese verdammten Landungsboote zu schleppen.« Dann duckte er sich, als eine Schlange heulender Luchtspurgeschosse über ihre Köpfe jagte und in der Dunkelheit verschwand.

»Mittschiffs!« ertönte Corbetts ruhige Stimme. »Geben Sie mir einen Kurs, der um das Vorland herumführt, N.O.«

Mallory klammerte sich an den Kartentisch, als das Schiff sich abermals überlegte. »Zwo-acht-null, Sir.« Er rutschte und wäre beinahe gefallen. »Verdammter Mist!«

Corbett sagte eisig: »Nicht ganz so wie in der Fleischfahrt, Mallory?« Er schien sich zu amüsieren. Dann rief er ins Sprachrohr: »Steuern Sie zwei-acht-null!«

Plötzlich gab es eine gewaltige Detonation, die mit einem blendenden, roten Blitz die Dunkelheit bis zum Horizont erhellte. Trewin spürte die Schockwelle im Gesicht wie einen glutheißen Wind, verursacht von der ungeheuren Kraft, die das andere Schiff auseinanderriß. Er roch den beizenden Gestank von Pulver, verkohltem Holz und brennendem Öl, all das, was die Verwandlung eines Schiffes in ein Inferno begleitet. Bevor das Licht erstarb und die See sich über den verstreuten Trümmerstücken schloß, sah er die *Beaver* und ihre beiden Begleiter, von der Glut rot erleuchtet wie Höllenschiffe.

Corbett sagte ruhig: »Beide Maschinen halbe Fahrt voraus!« Das Vibrieren ließ sofort merklich nach, und er fügte hinzu: »Beschädigungen melden.«

Masters, der Signalmeister, leckte an seinem Bleistift und sagte zögernd: »*Squalus* meldet Bug eingedrückt, Sir. Kann nicht mehr als zwei Knoten* laufen. Benötigt Beistand.«

Trewin hob den Kopf von einem Sprachrohr und hörte seine eigene Stimme: »Keine Beschädigungen, keine Ausfälle, Sir.« Er

* Seemeilen pro Stunde

fröstelte trotz der Hitze, war aber außerstande, irgendeine Reaktion auf das Geschehen zu empfinden.

Der Admiral zeigte grinsend die Zähne. »Ausgezeichnete Arbeit! Großartig!« Dann sprach er plötzlich geschäftsmäßig weiter: »Geben Sie an *Beaver*, er soll *Squalus* in Schlepp nehmen und zur Basis zurückkehren. *Prawn* kann ihn zur Sicherheit begleiten.« Er lachte ein wenig zu laut: »Vorausgesetzt, daß ihm die Kohlen nicht ausgehen.«

Corbett beobachtete ihn, das Gesicht weiß leuchtend in einem plötzlichen Flecken Mondlichtes. »Irgendwelche weiteren Befehle, Sir?«

Der Admiral schien zu überlegen. »Äh – ja. Sie können hier bis zur Helligkeit bleiben und dann Kontakt mit den Heeresleuten aufnehmen. Erzählen Sie ihnen, daß wir ihre Arbeit verrichtet haben. *Shrike* und *Grayling* bleiben natürlich bei Ihnen.« Er sah zu, wie die abgeblendete Morselampe übers Wasser blinkte, und fuhr betont beiläufig fort: »Ich steige auf *Beaver* über und kehre mit ihr zur Basis zurück. Ich muß meine Finger am Puls des Geschehens behalten, wie Sie wissen.«

»Ich verstehe, Sir.« Corbetts Ton war kühl.

Mallory trat neben Trewin und flüsterte: »Er will zurück und den Ruhm für sich allein einheimsen, der Schuft.« Verblüfft starrte er in Trewins teilnahmsloses Gesicht und fragte: »Fühlen Sie sich nicht wohl?«

Trewin nickte. »Doch, doch.« Dann wandte er sich um und beobachtete, wie der Rauch von den wenigen noch schwimmenden Wrackstücken abzog.

Eine Geste, dachte er. Immerhin etwas.

Corbetts Stimme fuhr in seine Gedanken. »Signalmeister, geben Sie an *Beaver*: ›Motorboot schicken‹. Dann lassen Sie dem Flaggleutnant sagen, er soll die Sachen des Admirals zusammenpacken.« Trocken fügte er hinzu: »Das heißt, wenn er nicht schon zur Basis zurück*geschwommen* ist.«

Trewin hörte die scharfe Erwiderung des Admirals: »Das war nicht sehr witzig!« Dann fuhr er mit erhobener Stimme fort: »Sie haben heute nacht vorzügliche Arbeit geleistet, Corbett. Verderben Sie den guten Eindruck nicht, indem Sie alte Rechnungen auftischen!« Er merkte, daß Trewin hinter ihm stand, und fügte in normalem Ton hinzu: »Ich gebe Ihnen neue Befehle, wenn ich weiß, was an der Basis los ist.«

Das Gestotter des Motorbootes war zu vernehmen, und Corbett fragte ruhig: »Kann ich bei Hellwerden mit Jagdschutz rechnen, Sir?«

Der Admiral zog den Ölmantel aus und warf ihn an Deck, reckte sich und spannte die Muskeln. »Sie werden hier nichts auszustehen haben, Corbett. Ich bin derjenige, der was abkriegt, wenn die Japsen kommen!« Er sah Trewin an und grinste. »Mit einer lahmen Ente im Schlepp und mit einem vorsintflutlichen Kohlenboot als Geleitschutz!«

Sie begleiteten den Admiral zum Seefallreep hinunter und kehrten dann zur Brücke zurück. Corbett sah dem Kielwasser des verschwindenden Bootes nach und murmelte: »Wir fahren einmal im weiten Bogen um die Bucht, Trewin. Wenn die Luft rein ist, ankern wir bis Hellwerden.« Und mit einem Achselzucken fuhr er fort: »Danach müssen wir weitersehen.«

Trewin fühlte, wie die Taubheit seines Körpers einem unkontrollierten Beben wich. Aber als er seine Hände ansah, waren sie ganz ruhig.

Corbett fragte: »Ich möchte wissen, ob es Überlebende bei den Landungsbooten gegeben hat?«

Trewin antwortete schroff: »Ich hoffe nicht!« Er spürte Corbetts befremdeten Blick, fügte aber trotzdem hinzu: »Ich hoffe, die Halunken haben vorher noch gemerkt, wie das ist, wenn man absäuft!«

»Ich glaube schon.« Dann nahm Corbett seinen Sitz hinter dem Brückenkleid ein und sagte: »Ich übernehme die Wache. Sie gehen zu allen Geschützbedienungen und richten ihnen aus, daß sie ihre Sache gut gemacht haben.« Er wartete einen Augenblick und fuhr dann fort: »Und Sie auch. Aber hüten Sie sich vor Verbitterung. Die trübt nur Ihre Urteilsfähigkeit!« Er nahm die Mütze ab und legte sie auf die Reling hinter dem Brückenkleid. Mit frischerer Stimme rief er: »Los, N.O., geben Sie mir einen neuen Kurs. Ich möchte an dieser verdammten Küste nicht auflaufen!«

Trewin stieg langsam hinab zum Seitendeck und lehnte sich einen Augenblick gegen die kalte Eisenleiter. Er hörte die Geschützbedienungen schnattern und einander zurufen, die Stimmen freudig erregt und erleichtert. Er dachte über des Kommandanten unnatürliche Selbstbeherrschung nach und fragte sich, ob es Corbett wohl ebenfalls klar war, daß sie ihren schnellen Erfolg in erster Linie dem Glück zu verdanken hatten. Es war eine tapfere und notwendige Unternehmung gewesen, aber morgen war ein neuer Tag, und mit Hellwerden würde die Luftaufkärung kommen und nach ihnen suchen.

Er sah Hammond, der sich mit seiner Geschützbedienung unterhielt, und straffte sich. In einem hatte Corbett recht: Es war sinnlos, verbittert zu sein.

Im fahlen Morgenlicht sah die Bucht friedlich und leer aus. An ihrem Südende warf das steile Vorland seinen Schatten über das milchige Wasser, und von der dichtbewaldeten Küste, die den Strand säumte, stieg ständig immer mehr Dunst auf, je weiter die Wärme das regennasse Laub der Bäume und das Gewirr von Schlingpflanzen durchdrang.

Die *Porcupine* zerrte leicht an ihrer Ankerkette. Ihr Schatten reichte bis zu dem des Vorlandes, während am anderen Ende der Bucht die *Grayling* über ihrem eigenen Spiegelbild schwamm. Das dritte Kanonenboot, die *Shrike*, war auf Corbetts Weisung schon vor Beginn der Morgendämmerung ankerauf gegangen und hatte das Nordende der Bucht umrundet, um die auf der anderen Seite vorbeiführende Küstenstraße zu inspizieren, denn von ihrem Liegeplatz aus war die Straße nicht zu sehen. Abgesehen von dem fernen, ununterbrochenen Geschnatter des Gewehrfeuers war die Szenerie ausgesprochen friedlich. Während der Nacht hatte die Küstenströmung die wenigen verkohlten Wrackstücke und sonstigen Überreste wie auch eventuelle Leichen auf See hinausgetrieben, so daß nichts mehr auf das kurze hitzige Gefecht hinwies.

Corbett hatte offenbar nicht die Absicht, die Brücke zu verlassen; er setzte sich nicht einmal auf seinen bequemen Sessel. Je stärker Helligkeit und Hitze wurden, desto rastloser und ungeduldiger wurde er.

Trewin fühlte die zunehmende Wärme im Nacken, im Gesicht und in den steifgewordenen Armen. Er blickte hinunter in das klare, einladende Wasser, sah den grünen Seetang, der sich über dem hellen Sandboden in der leichten Strömung wiegte, und malte sich aus, wie es wäre, wenn sein Körper dort hindurchzöge, wenn der Schmutz und damit auch die Erinnerung an den Lärm des Kampfes von ihm abgespült würde.

Aus den beiden Kombüsen kam ein gemischtes Aroma von Gerüchen. Die Flugabwehrgeschütze waren bemannt, ihre schlanken Mündungsrohre bewegten sich von einer Seite zur anderen, als versuchten sie, einen möglichen Feind zu wittern.

Abrupt stieß Corbett hervor: »Was, zum Teufel, tut eigentlich das Heer?«

Trewin blickte ihn an. »Sie müssen doch das Geschützfeuer hier während der Nacht gehört haben. Vielleicht sind sie weiter landeinwärts engagiert.«

Corbett schob das Kinn vor. »Unsinn! Sie müssen darüber informiert gewesen sein, daß wir einen Vorstoß an der Küste entlang machten. Das mindeste, was sie tun könnten, wäre doch, herzukommen und nach uns Ausschau zu halten!« Er hob sein Glas an die Augen und blickte über den leeren Strand. »Kein Wunder, daß der verdammte Flugplatz von den Japsen erobert wurde!«

Mallory erschien auf der Brücke, ein belegtes Brot in der Hand. »Das sind Aussies hier draußen, die haben bestimmt alles unter Kontrolle!«

»Ich hoffe, Ihr Optimismus ist begründet.« Corbett warf ihm einen gereizten Blick zu. »Aber das hilft mir nichts.«

Trewin überlegte, wie weit der Admiral wohl inzwischen mit den anderen Schiffen gekommen war. Sie hatten während der Nacht zwar Flugzeuge gehört, aber keinerlei Geschützfeuer von See her. Es war, als hielte jede Seite sich zurück, um zu sehen, was die andere tun würde.

Corbett sagte plötzlich: »Ich möchte, daß Sie an Land gehen, Trewin. Etwa eine Meile von hier liegt ein Dorf, das Heer hat dort einen Stützpunkt. Fragen Sie den Kommandeur, was wir seiner Ansicht nach tun sollten, und machen Sie vor allen Dingen rasch. Ich habe keine Lust zu warten, bis uns der Himmel auf den Kopf fällt. Wenn sie uns nicht mehr brauchen, laufen wir nach Süden, und zwar so schnell wie möglich!«

Trewin starrte auf den Strand. »Ja, Sir.« Dann wandte er sich an den Bootsmannsmaat der Wache. »Sagen Sie dem Bootsmann, er soll ein Landungskommando von sechs Mann mit Seitenwaffen zusammenstellen und das Motorboot aussetzen!«

Corbett rief: »Nehmen Sie Hammond mit. Vielleicht brauchen Sie einen Dolmetscher.« In plötzlichem Ärger fügte er hinzu:

»Mein Gott, für nichts und wieder nichts habe ich dieses Schiff in Gefahr gebracht. Wenn wir wieder in der Basis sind, werde ich denen die Hölle heiß machen!«

Zehn Minuten später wateten Trewin und sein kleiner Landungstrupp durch das kühle Wasser auf den Sandstrand, während das Boot kehrtmachte und zur *Porcupine* zurückfuhr.

Trewin warf einen Blick auf seinen Taschenkompaß und befahl dann: »Los! Aber haltet eure Waffen bereit für den Fall, daß ein paar Japse es heute Nacht geschafft haben sollten, an Land zu schwimmen.« Er spürte, daß seine Stimme ungewöhnlich schroff klang und Hammond ihn verwundert ansah, aber er war zu sehr mit anderen Dingen beschäftigt, um sich darum zu kümmern. Sie stiegen durch einen Saum salzverkrusteten Buschwerks und kletterten dann die steile Böschung hinauf. Es war nicht leicht, vorwärts zu kommen. Wieviel schwieriger wäre es wohl für Soldaten mit feldmarschmäßigem Gepäck, dachte er.

Sobald sie in den dichten Dschungel eingetaucht waren, hätten sie ebensogut hundert Meilen von der See entfernt sein können, so wenig war noch von ihr zu spüren. Ein paar Vögel schrien und krächzten in der Ferne, aber keine Bewegung war zu sehen.

Unteroffizier Kane schlug mit angewidertem Grunzen einen ungeheuren roten Pilz zur Seite. »Verdammter Dreck! Da kann man ja das Grausen kriegen.«

Hammond fragte: »Was machen wir, wenn wir niemanden finden?« Er blickte zu dem Gewirr von Zweigen und Schlinggewächsen hinauf, durch das die Sonne nur spärlich sickerte. Die Luft war so feucht, daß ihnen die Hemden am Körper klebten.

Trewin sagte kurz: »Sie werden da sein.« Er schob die ungewohnte Pistole zurecht und fügte hinzu: »Wo ist bloß dieses verdammte Dorf?«

Schweigend mühten sie sich den steilen Hang hinauf, während Dornen und niedrige Zweige wie bösartige Tiere nach ihren Armen und Beinen krallten.

Oben auf dem Kamm des Höhenzuges wurde der Baumbestand lichter, und die jetzt mit voller Stärke brennende Sonne trug erheblich zu ihrem Unbehagen bei. Endlich sagte Trewin: »Macht eine Verschnaufpause.« Er nahm sein Doppelglas aus der Hülle. »Ich werde Umschau halten.« Dann wandte er sich an Kane: »Sie kommen mit, Kane. Vergessen Sie Ihre Maschinenpistole nicht.«

Hammond nahm auf einem flachen Stein Platz, während sich die sechs Seeleute im dürftigen Schatten auf den Boden warfen, atemlos und dankbar für die Ruhepause nach der für sie ungewohnten Mühe.

Noch einmal sprach Trewin: »Ich bleibe nicht lange, Sub. Von hier oben müßte ich eigentlich die Küstenstraße sehen können.« Dann wandte er sich um, ohne eine Antwort abzuwarten, und verschwand mit Kane in den Büschen.

Hammond zog den Mützenschirm über die Augen und beobachtete die eifrigen Insekten, die bereits seine Schuhe inspizierten. Seltsam, dachte er schläfrig, wie einfach es ist, sich auf alles zu verlassen, was Trewin sagte oder tat. Er war so ganz anders als alle, die er bisher gekannt hatte. Kaum jemals schien er zu lächeln oder einen ins Vertrauen zu ziehen, stets besaß er eine Art wachsamer Vorsicht; wie ein wildes Tier, das von seinen natürlichen Feinden umgeben ist.

Als Trewin das erste Mal an Bord der *Porcupine* gekommen war – und Hammond erinnerte sich noch genau daran –, machte er den Eindruck eines Mann, der in kurzer Zeit zuviel erlebt hatte. Hammond glaubte damals, daß es ihm schwerfallen würde, unter einem Reserveoffizier Dienst zu tun, aber genau das Gegenteil hatte sich herausgestellt. Trewin war ganz anders als Mallory, der vom ersten Augenblick seines Anbordkommens an ständig Kritik übte und sich beklagte, über die Marine im allgemeinen und die britische im besonderen.

Er versuchte, sich Trewin vorzustellen, wie er wohl vor dem Krieg gewesen war, aber er konnte sich kein anderes Bild von ihm machen als das jetzige. Selbst Corbett schien mit ihm zufrieden zu sein, was alle an Bord überraschte. Der Kommandant hatte häufig und lautstark den armen Foley getadelt, den vorigen I. W. O. Foley war ein freundlicher, nicht sehr intelligenter Offizier gewesen, und Hammond kam zu dem Schluß, daß es völlig unmöglich sei, ihn sich in Trewins Rolle während dieser Tage vorzustellen.

Letzte Nacht, zum Beispiel. Hammond warf einen raschen Blick auf die erschöpften Seeleute. Das Zischen der Leuchtspurgeschosse, das entsetzliche Heulen der Granaten über ihren Köpfen war weit schlimmer, als er es sich vorgestellt hatte. Aber eben bevor die Geschütze das Feuer eröffneten, hatte Trewin über das Brückentelefon mit ihm gesprochen. Seine ruhige, nüchterne

Stimme hatte wie ein Polster gewirkt, als dann wirklich die Gefahr nahte. Und nachher, in der wilden Erregung und der lauten Freude über den gewonnenen Kampf, hatte Trewin zu den Geschützbedienungen gesprochen, ruhig und heiter, als sei das Ganze nur Teil einer Übung gewesen.

Er erinnerte sich auch des Augenblicks, als er Trewin beinahe sein Geheimnis wegen des Mädchens in Singapur anvertraut hätte. Es erschien ihm jetzt unsinnig, aber damals, als der Rauch nach der Bombardierung wie eine drohende Wolke über die Stadt zog, hatte es ihn einfach dazu gedrängt, von ihr zu sprechen.

Ein Seemann hob den Kopf und sagte nervös: »Sie kommen zurück, Sir.«

Hammond stand erleichtert auf und reckte die Arme. Sein Lächeln verwandelte sich jedoch schlagartig in erschrockene Überraschung, als Trewin und Kane mit schweißüberströmten Gesichtern aus den Büschen hervorbrachen.

Zwischen ihnen hing wie eine Marionette ein junger Heeresleutnant. Seine Uniform war zerfetzt, die Pistole baumelte unbeachtet an einem Gürtel, der ihm um den Hals hing. Augen und Stirn waren unter einem schmutzigen Verband verborgen, das Gesicht von mehrere Tage alten Bartstoppeln bedeckt.

Trewin rief scharf: »Bringt ihn hinunter zum Strand, aber schnell!«

Der Leutnant stöhnte, als die Seeleute ihn vom Boden aufhoben, wo Trewin und Kane ihn vorsichtig hingelegt hatten. Sein Kopf baumelte schlaff hin und her.

Trewin griff sich den Signalgasten, der mit an Land geschickt worden war, um die Verbindung zum Schiff aufrechtzuerhalten. »Bunts*, laufen Sie so schnell Sie können zum Strand hinunter und rufen Sie die *Porcupine*!« Hammond sah, wie sich Trewins Brustkorb vor Anstrengung hob und senkte, während er keuchend die Worte formte. Die Linien in seinem Gesicht waren noch tiefer eingekerbt als sonst. »Sagen Sie dem Kommandanten, er möchte sofort ankerauf gehen und *Shrike* zurückrufen.« Dann warf er einen Blick zurück, den Bergrücken hinauf. »Um Himmels willen, was für ein Schlamassel!«

Hammond fragte: »Haben Sie das Heer gefunden?« Er wartete

* Bunting = Flaggentuch. Spitzname für Signalgast

und fühlte, wie sein Mund trocken wurde. »Was ist, Number One?«

Trewin zog eine Karte unter dem Gürtel hervor und starrte darauf. Dann sagte er ein wenig ruhiger: »Dieser Abschnitt der Straße sollte von der 50. Indischen Brigade kontrolliert werden, oder zumindest von einem Teil dieser Einheit.« Achtlos steckte er die Karte in sein Hemd. »Ja, ich habe sie gefunden.« Er folgte den Seeleuten hangabwärts und fügte hinzu: »Das Dorf ist nur noch Schutt und Asche. Wir fanden diesen armen Kerl neben einem nutzlosen Sendegerät. Ich glaube, sie haben ihn geblendet.« Er spuckte die folgenden Worte förmlich aus: »Seine Leute haben ihn im Stich gelassen!«

Kane schlang sich die Maschinenpistole um die Schulter. »Er spricht im Delirium, Sir. Aber wenn nur die Hälfte von dem wahr ist, was er sagt, dann sieht es schlecht aus für uns.«

»Ich – ich verstehe nicht?« Hammond blickte in Trewins unrasiertes Gesicht. »Wo sind sie denn alle hin?«

Trewin erwiderte wild: »Dieser arme, halb wahnsinnige Leutnant gehört zu einem Bataillon in Kota Bahru. Sie haben gekämpft, wurden zurückgeschlagen, haben sich noch einmal gestellt, wurden wiederum zurückgeschlagen. Das ging so, seit die japanische Offensive begann. Er kann es noch immer nicht glauben, daß seine Leute geflüchtet sind.«

Kane erwiderte ärgerlich: »Er sagt, es waren Panzer auf der Straße, und seine Soldaten haben in ihrem ganzen Leben noch keinen Panzer gesehen. Kann man sich so etwas vorstellen?«

»Panzer, Rückzüge, was macht das jetzt aus?« Trewin beschleunigte seinen Schritt. »Was uns interessiert, ist das Schiff.« Er bemühte sich um einen ruhigen Tonfall, blickte Hammond an und sagte: »Die Japaner sind schon weiter südlich!« Er sah, wie seine Worte einschlugen. »Sie haben diesen Sektor bereits gestern passiert! Alle, die zurückgeblieben sind, werden von ihnen kassiert, alle Nachzügler.« Müde wischte er sich den Schweiß vom Gesicht. »Gott weiß, wieso sie den Leutnant übersehen haben, als sie den Höhenzug überquerten; er hatte eben Glück.«

Kane murmelte: »Zumindest mehr Glück als die anderen, Sir, diese armen Schweine.« Er warf Hammond einen Blick zu. »Wir fanden ungefähr ein Dutzend Soldaten, Aussies, am Ende des Dorfes.« Seine Stimme bebte vor Wut und kaum unterdrücktem

Grauen. »Die Hände auf dem Rücken gefesselt. Sie waren alle tot!«

Hammond fragte ruhig: »Erschossen?«

Trewin war schon vorausgeeilt, aber als er Hammonds Frage hörte, rief er über die Schulter: »Sagen Sie's ihm, Kane! Sagen Sie ihm, wie die Schurken sie zugerichtet haben.«

Kane wandte den Blick zur Seite. »Ihre Köpfe waren abgeschnitten, Sir! Sie steckten auf Pfählen am Straßenrand ...« Er brach ab, das normalerweise heitere und gleichmütige Gesicht verzerrt vor Abscheu.

Atemlos und keuchend erreichten sie den Strand, wo das Motorboot bereits auf sie wartete. *Grayling* war schon unterwegs, *Porcupine* kurzstag gehievt.

Des Leutnants Rücken lehnte gegen Hammonds Beine, als das Boot mit Höchstfahrt zum Schiff zurückfuhr. Hammond starrte unentwegt auf des Mannes schlaffen Mund. Auf der gegenüberliegenden Seite des engen Cockpits saß Trewin und blickte zum Strand zurück, die Augen unter dem Mützenschirm kalt und hart.

Der Körper des Verwundeten bäumte sich plötzlich konvulsivisch auf, und er rief: »Sergeant! Sagen Sie diesen Leuten, sie sollen im Gleichschritt marschieren!« Der Speichel lief ihm übers Kinn, als er tonlos fortfuhr: »Dies ist das Erste Bataillon, keine müden Pioniere!«

Trewin fauchte: »Halten Sie den Mann ruhig, Sub.«

Ein Seemann murmelte mitleidig: »Armer Kerl!«

Als das Boot längsseits lag und Leute herunterkamen, um dem fiebernden Verwundeten an Bord zu helfen, rief Trewin: »Lassen Sie das Boot einsetzen, Sub. Ich gehe auf die Brücke.«

Hammond wartete an der Reling, bis das tropfende Boot in den Davits hing und festgezurrt wurde, dann sprang er nach einem raschen Blick auf den leeren Strand die Leiter zur Brücke hinauf. Das Deck erzitterte, als das Schiff Fahrt aufnahm. Vorn auf der Back hörte er Dancy und seine Leute beim Ankerspill. Corbett saß in seinem Stuhl, als hätte er sich inzwischen überhaupt nicht bewegt, und Trewin stand neben ihm, das Gesicht im Schatten verborgen.

Hammond hörte Corbett sagen: »Man hätte uns das mitteilen müssen. Man hat uns zu weit nach Norden geschickt.«

Trewin erwiderte: »Es ist die schlimmste Pfuscherei, die ich je erlebt habe!« Seine Stimme klang ruhig, aber seine Hände krallten sich in seine zerrissene Hose, als suchten sie dort Halt. Dann fuhr er fort: »Die ganze Front muß zusammengebrochen sein. Sie flüchten wie die Hasen!«

Corbett wandte sich ihm mit ausdruckslosem Gesicht zu. »Jetzt laufen wir erst einmal aus, Trewin. Später haben Sie Zeit genug, Ihre Darstellung der Ereignisse zu geben.«

Und schon rief einer der Ausgucksposten: »Flugzeuge, Sir! Peilung grün vier-fünf, Höhenwinkel zwei-null.«

Trewin wandte sich nicht um. »Der Admiral muß es gewußt haben, Sir! Er mußte wissen, was er uns da aufhalste!«

Corbett befahl: »Beide volle Fahrt voraus!« Dann blickte er zu Trewins langer Gestalt auf und sagte: »Wir hatten schließlich unsere Befehle.«

»Verstehe.« Trewin drehte sich um und blinzelte in die Sonne. »Ich gehe nach achtern zur Flakbatterie.« Es kam ihm vor, als müsse er sich zu diesen Worten regelrecht zwingen.

Hammond hörte die Leute über das Seitendeck rennen, hörte das Gewirr der Stimmen im Brückentelefon, aber er war nicht imstande, sich zu bewegen.

Trewin überquerte die Brücke mit drei langen Schritten und blieb stehen, als er Hammond sah. Seine Sprache klang so kalt wie die eines Fremden. »Nun, Sub, Sie haben mich einmal über den Krieg ausgefragt, erinnern Sie sich?« Seine Augen glänzten wie im Fieber. »Jetzt wissen Sie es!« Er blickte in die Richtung der fernen Flugzeuggeräusche. »So ist der Krieg.« Dann sprang er rasch die Leiter hinunter.

Corbetts Stimme schnitt in Hammonds verwirrte Gedanken wie ein Messer. »Vergessen Sie, was Sie eben gehört haben, und gehen Sie auf Ihre Gefechtsstation.«

Hammond stieg hinunter zum Deck und warf einen kurzen Blick nach achtern. Die *Grayling* hatte bereits Fahrt aufgenommen, ihr Bug hüllte sich in Gischt, als sie das Kielwasser der *Porcupine* kreuzte. Von *Shrike* war noch nichts zu sehen.

Er dachte an Trewins kalte Wut, an den armen, hilflosen Leutnant, der im Boot an seinen Knien gelegen hatte. Durch all das hindurch hörte er Trewins Worte wie eine Anklage: »So ist der Krieg.«

In diesem Augenblick fingen die Geschütze an zu feuern.

Der Matrose neben Trewin sagte rasch: »Vier Flugzeuge, Sir! Backbord voraus, Höhenwinkel drei-null!«

Trewin hob das Glas nicht an die Augen. Die Flugzeuge waren noch außer Reichweite. Sie flogen einen weiten Bogen und stiegen dann hinauf zur Sonne, vier glänzende Silbersplitter am blassen Himmel. Das Donnern ihrer Motoren schwoll stark an, als sie hochzogen.

Ein paar Minuten würde es noch dauern bis zum Angriff, stellte Trewin fest. Es ging eine leichte Brise über das Batteriedeck, sie reichte aber nicht aus, um die Hitze zu mildern, die noch dazu von den Geschützpanzerungen reflektiert wurde. Trewin kauerte auf dem kleinen, geschützten Fleck neben der Munitionsluke, von wo aus er sowohl das Vierzollgeschütz als auch, falls nötig, die beiden Oerlikons überwachen konnte, die auf beiden Seiten des Decks gleich hinter dem Schornstein standen.

Er blickte nach achtern und sah die *Grayling*, die im weißen Kielwasser der *Porcupine* folgte. Sie waren weniger als eine Viertelmeile auseinander, beide fuhren mit Höchstfahrt auf ihrem südlichen Kurs. Weiter achteraus, ihre altmodische Form in Dunst gehüllt, bemühte sich die kleine *Shrike*, Anschluß zu halten. Aus ihrem dünnen Schornstein quoll eine schwarze, langgezogene Rauchfahne.

Trewin bemerkte, daß die Geschütze der *Grayling* ebenfalls den fernen Flugzeugen folgten, und war überzeugt, daß auch das dritte Kanonenboot abwehrbereit sein würde, wenn die Flugzeuge in Reichweite kamen. Sechs Vierzollgeschütze, dazu noch die kleineren Waffen, ergaben eine ganz beachtliche Feuerkraft.

Er preßte seine Handflächen auf das heiße Metall, das die Geschützstellungen umgab, und beobachtete, wie die Seeleute ihre Gläser und Entfernungsmessgeräte auf den Feind richteten. Die Männer, die jetzt voller Kampfeseifer bereitstanden, erschienen ihm längst nicht mehr als bloße Gesichter wie damals, als er an Bord gekommen war. Jetzt verbanden sich damit Namen und Persönlichkeiten, und schon kannte er die Stärken oder Schwächen der einzelnen.

Geschütz X knirschte, und das lange graue Rohr hob sich, bis die Mündung auf die Sonne zeigte. Höhen- und Seitenrichtschützen drehten ganz langsam ihre Richträder, das Gesicht fest gegen das Visier gepreßt.

Matrose Walker, die stämmige Ladenummer, schlug ungeduldig seine in Lederhandschuhen steckenden Hände zusammen und knurrte: »Kommt her, ihr Hunde! Laßt euch abknallen!« Sein schwarzer Bart ragte unter der Schutzkappe hervor. Er erinnerte Trewin an das Bild eines heiteren Mönches, das er einmal irgendwo gesehen hatte.

»Es sind Jäger«, sagte er. »Rechnet also mit dreihundert Knoten und laßt sie nicht aus euren Zielgeräten auswandern.« Er bemerkte, daß die beiden Richtschützen sich über das Geschütz hinweg ansahen, und fuhr sie scharf an: »Sie kommen direkt aus der Sonne, also bleibt gefälligst am Visier und laßt euch nicht ablenken!«

Er wandte sich um, als der Telefonposten rief: »Sperrfeuer! ... Feuer frei!«

Trewin hörte das kurze schrille Klingeln der Signalglocken neben dem Schutzschild und hielt unwillkürlich den Atem an. Mit ohrenbetäubendem Krachen fuhr der Vierzöller auf seiner Lafettierung zurück. Das vordere Geschütz hatte ebenfalls im selben Augenblick das Feuer eröffnet, und als Trewin das Glas hob, um die braunen, wie Schmutzflecken aussehenden Wölkchen zu beobachten, die vor der Sonne vorüberwanderten, gesellten sich weitere dazu, von den detonierenden Flakgranaten der anderen beiden Schiffe.

An Backbord begann die eine Oerlikon ihr wildes Gerassel, schwieg aber sofort wieder, als Trewin schrie: »Stopp Feuer, verdammt!« Er sah das ärgerliche und verlegene Gesicht des Schützen. »Eröffnen Sie nicht eher, als bis die Entfernung unter tausend Yards ist!« Grimmig blickte er zur anderen Oerlikon hinüber, um sich zu vergewissern, daß auch dieser Schütze ihn gehört und verstanden hatte.

Der Beobachtungsposten neben ihm rief: »Flugzeug, Sir! Rot eins-eins-fünf! Höhenwinkel zwo-null!« Er wischte sich rasch den Schweiß aus den Augen. »Wandert nach links aus!«

Trewin klammerte sich an eine Decksstütze, da das Schiff durch Hartruderlage stark überholte. Das erste Flugzeug konnte er jetzt mit bloßem Auge ausmachen. In flachem Sturzflug schoß es herab und nahm *Grayling* aufs Korn. Die waffelförmigen Tragflächen schwankten von einer Seite zur anderen, da es von detonierenden Granaten eingegabelt wurde. Das Sonnenlicht glühte auf den blutroten Hoheitsabzeichen, als es sich auf sein Ziel stürzte.

Jetzt eröffneten die Oerlikons das Feuer, die grünen Leuchtspurgeschosse stiegen hoch und vereinigten sich zu einem einzigen glänzenden Band vor der heranjagenden Maschine. Trewin beobachtete, wie sie noch tiefer ging, bis dicht über die Wasserfläche, so daß es schien, als würde sie von ihrem eigenen Spiegelbild verfolgt, während sie in die konvergierenden Flugbahnen der Granaten und Leuchtspurgeschosse hineinraste.

Trewin schrie: »Hier kommt der nächste!« Er deutete dorthin, wo das zweite Flugzeug, direkt aus der Sonne kommend, so niedrig über das blaue Wasser flog, daß sich die Oberfläche wie ein Getreidefeld im Wind kräuselte. Undeutlich vernahm er neben dem Krachen der berstenden Granaten und dem Hämmern der leichteren Waffen das heisere Rasseln der Maschinengewehre des Jägers, fast vollständig verschluckt vom lauter werdenden Donnern seiner Motoren. Er sah, wie das Wasser von den Einschlägen aufgewühlt wurde, und hörte das Klirren von Metall am Seitendeck.

Der Mann neben ihm duckte sich, als der Schatten der Maschine für den Bruchteil einer Sekunde das Deck verdunkelte und die Geschütze voll herumschwangen, um ihr zu folgen.

Es war ein kleines, stumpfnasiges Flugzeug, vielleicht von einem Träger, dachte Trewin. Er sah das Sonnenlicht auf der Plexiglaskuppel, die dunkle Silhouette des Piloten, der die Maschine fast auf die Seite legte und dann im steilen Winkel hochzog.

Die rauchenden Geschütze schwiegen und drehten ab, um den nächsten Angreifer zu empfangen. Sie brauchten nicht lange zu warten. Das letzte Paar der Jäger raste heran, Flügelspitze an Flügelspitze, ihre Bordkanonen feuerten bereits, bevor sie in Reichweite waren. Wieder griffen sie die *Grayling* an, das Schiff war sofort umgeben von weißen Gischtfedern, und die Geschosse hämmerten auf sie ein wie ein Hagel aus Stahl.

Ein Jäger schwankte zur Seite und zog eine schwarze Rauchfahne hinter sich her, während er zugleich stark an Höhe verlor. Trewin sah die Perlenschnüre der Leuchtspurgeschosse, die ihm folgten und Stücke aus den Tragflächen rissen. Sein Motor begann zu husten und zu spucken, aber in einer letzten Anstrengung versuchte er zu entkommen.

Vielleicht wäre es dem Piloten auch gelungen, hätte ihm nicht das Vorgebirge den Weg versperrt. Möglicherweise hing er zu dieser Zeit aber auch schon tot in seinem Sitz. Noch während Trewin ihm fasziniert nachblickte, senkte die Maschine plötzlich die Nase und prallte gegen den steilen Hang über der Küstenstraße, wo sie mit einer gewaltigen Explosion verschwand.

Ein paar Leute der Geschützbedienung riefen hurra, aber Trewin schrie sie an: »Paßt nach vorn auf!« Mit dem Glas folgte er den restlichen Jägern. Sie beschrieben einen engen Bogen und zogen bereits wieder hoch, klar zum nächsten Angriff.

Ein wenig schwenkte er sein Glas herum, um nach den anderen Schiffen zu sehen. Beide waren auf Position, alle Rohre auf die Flugzeuge gerichtet. Der erste Abschuß bedeutete eine große Ermutigung für die Geschützbedienungen und eröffnete gute Aussichten auf weitere Erfolge. Seltsam, daß die Japaner nur vier Flugzeuge geschickt hatten, dachte er. Sie mußten bereits Hunderte auf der Halbinsel haben und weitere auf See an Bord der Träger.

Überrascht fuhr er herum, als der Matrose neben ihm aufschrie: »Flugzeug, Peilung grün neun-null!«

Es waren zwei zweimotorige Maschinen, die sehr niedrig flogen. Der abgestürzte Jäger hatte den gesamten Berghang in Brand gesetzt, sodaß die Bäume und trockenen Ginsterbüsche ein einziges Flammenmeer bildeten, vom Kamm bis hinunter zum Strand. Die beiden neuen Angreifer schienen geradewegs durch das Feuer zu fliegen und stürzten sich auf die Schiffe, bevor diese ihre Fla-Waffen auf sie richten konnten.

Geschütz X schwang rasch herum und nahm die beiden heranbrausenden Jagdbomber aufs Korn. Das Verschlußstück wurde blitzschnell geöffnet und schloß sich mit lautem Knall über einer weiteren Granate. Die schwitzenden Seeleute warfen die rauchenden, leeren Kartuschen beiseite, die Richtschützen versuchten, den flüchtigen Zielen zu folgen.

Trewin sah die Bomben aus dem Bauch des vorderen Flugzeugs taumeln, gleichzeitig detonierte die erste Flakgranate etwa zwanzig Fuß über seinem Heck. Die Geschütze der *Porcupine* schwiegen bald, da die Bomber gleich hinter der *Grayling* abdrehten und in einem steilen Winkel hochzogen.

Ein greller Blitz flammte auf, und als Trewin sich über die Reling beugte, sah er, wie *Shrike* ausscherte, Back und Brücke in schwarze Rauchwolken gehüllt.

»Drei Jäger im Anflug, Sir!« Der Telefonposten preßte seine Hörmuscheln fest gegen den Kopf, um den Krach der detonierenden Bomben und den Motorenlärm der angreifenden Maschinen auszuschalten.

Eins der Flugzeuge jedoch fing sich in den Maschen der Leuchtspurketten, verlor sofort an Höhe und berührte dicht hinter *Graylings* Heck die Wasserfläche. Feuer und Rauch spuckend, schlug es mehrmals auf, wobei es Gischt hochschleuderte wie ein wildgewordener Riesenhai, dann barst es mit einer gewaltigen Detonation auseinander und verschwand endgültig in der aufspritzenden See.

Trewin warf nochmals einen Blick auf die *Shrike.* Sie erschien bereits viel kleiner, da sie weiter und weiter zurückblieb. Sie hatte starke Schlagseite, und der dichte Rauch, der sie einhüllte, breitete sich rasch aus und verdunkelte sogar das Sonnenlicht.

Ein chinesischer Seemann kam keuchend zum Batteriedeck heraufgeklettert, einen Stahlhelm auf dem Kopf, der ihn jedoch nur noch unkriegerischer erscheinen ließ. »Captain möchte Sie auf Brücke, Sir!« Angstvoll richtete er seine schwarzen Augen auf die *Shrike.*

»Gut.« Trewin klopfte dem Geschützführer auf den Arm. »Übernehmen Sie, Dunwoody!« Er machte eine Pause und suchte mit dem Glas den Horizont ab. Die beiden Jäger waren nur noch als winzige Silberstreifen am Horizont zu sehen, halb vom Dunst verschluckt. »Vorläufig werden sie nicht mehr zurückkommen, und die beiden Bomber sind anscheinend auch abgehauen.«

Der große, kräftige Seemann wischte sich den Mund und zog eine Grimasse. »Die *Shrike* ist erledigt, Sir, die haben die Schweine fertiggemacht.« Heiser fügte er hinzu: »Um Himmels willen, sie steht schon in Flammen!«

Trewin schob sich an ihm vorbei und lief hinauf zur Brücke. Als er bei den Oerlikons vorbeikam, deren Schützen in ihren Halterungen lehnten, rief er: »Überprüft eure Magazine! Sie können jederzeit zurückkommen!«

Die beiden Seeleute starrten ihn verständnislos an. Sie würden zwar gehorchen, aber im Geist waren sie noch immer mitten im Gefecht.

Als er die Leiter hinaufstieg, spürte er zum ersten Mal sein Gewicht. Unter sich sah er das Kielwasser in weitem Bogen seitwärts schäumen. Das Ruder der *Porcupine* lag hart über.

Corbett stand vorn am Brückenkleid, das Glas hing ihm vor der Brust, und er beobachtete das Kielwasser. »Ah, Trewin!« Er blickte nach vorn und rief: »Mittschiffs! Die *Shrike* ansteuern!«

An der achteren Brückenreling stand Phelps, der rothaarige Signalgast, breitbeinig auf dem schrägliegenden Deck, den Handscheinwerfer auf dem Ellbogen balancierend, und gab einen Morsespruch an *Grayling* ab.

Corbett sagte: »*Grayling* soll uns Deckung geben, Trewin. Ich gehe zur *Shrike*, um ihr zu helfen. Vielleicht können wir sie in Schlepp nehmen.«

»*Greyling* hat verstanden, Sir!« Phelps senkte die Lampe und runzelte das sommersprossige Gesicht wegen der grellen Helligkeit. »Sie meldet, daß alle Geschütze noch einsatzbereit, aber zwölf Mann verwundet sind, Sir.«

Corbett schien es nicht zu hören. »Fragen Sie bei *Shrike* an, was sie für Beschädigungen hat!« An Trewin gewandt, fügte er ruhig hinzu: »Das war ein ziemlich heftiger Angriff.« Er rieb die Teakholzreling hinter dem Brückenkleid und sagte: »Das Schiff hat sich gut gehalten.«

Trewin fühlte etwas wie einen heißen Atem im Nacken, und als er sich umwandte, sah er, daß das Hauptdeck der *Shrike* von vorn bis achtern in Flammen stand. Hochgehende Munition knatterte wie irrsinniges Sperrfeuer, und es war nicht zu übersehen, daß ihre Schlagseite während der letzten Minuten erheblich zugenommen hatte. Leise sagte er: »Sie sinkt! Es muß ein Volltreffer gewesen sein.«

Corbett starrte unverwandt zur *Shrike* hinüber, seine Augen glitzerten im Widerschein der Flammen. »Sie wurde zweimal getroffen.« Sein Gesicht verhärtete sich. »Wir werden tun, was wir können.«

Trewin zwang sich, dem Todeskampf der *Shrike* zuzusehen. Weitere innere Detonationen erschütterten ihren Rumpf, krachend brach der Vormast zusammen und stürzte über Bord, wo er längsseits hängen blieb. Trewin hatte schon viele derartige

Schiffsuntergänge gesehen und war verwirrt darüber, daß es ihm doch wieder sehr nahe ging. Vielleicht lag es an der friedlichen Umgebung, dem klaren blauen Himmel, der ruhigen See und der grünen Kulisse der Küstenberge querab. Auch das Schiff selbst trug dazu bei. Es war zu alt, zu gebrechlich für diese Art von Krieg. Für jeden Krieg.

»Beide langsame Fahrt voraus!« Corbett hob das Glas. »Klar bei Wurfleinen und Flößen!«

Vom Seitendeck der *Shrike*, das nur noch wenige Zoll über der Wasserfläche lag, sprangen bereits einige Leute über Bord. Kleine, weiße Gestalten waren es, die jetzt überall von den Geschützen und dem zertrümmerten Batteriedeck ins Wasser sprangen, um gleich darauf schwarz und schlüpfrig wieder aufzutauchen. Ein riesiger Ölteppich umgab das Schiff wie ein Meer von Blut.

»Beide stopp!«

Die *Porcupine* glitt langsam durch das Ölfeld und vereinzelte Wrackstücke, während die Seeleute mit grimmig entschlossenen Gesichtern die Reling säumten und darauf warteten, die Überlebenden an Bord zu holen.

Rettungsflöße wurden weggefiert und längsseits festgezurrt. In einem Floß sah Trewin bereits Baker, den Lazarettgehilfen, den weißen Sack mit dem roten Kreuz über der Schulter. Lebhaft winkte er die nächsten Schwimmer heran.

Corbett rief von der Brücke hinunter: »Beeilt euch! Wir sind jetzt die reinste Zielscheibe!« Eine weitere Explosion erschütterte die *Shrike*, als wäre sie ein Spielzeugschiff.

Langsam legte sie sich auf die Seite, und Trewin hörte das Knirschen und Krachen der sich losreißenden Geschütze oder Maschinen. Diesmal leistete sie keinen Widerstand mehr, und unter dem Gurgeln des einschießenden Wassers kenterte sie. Achtermast und Schornstein schlugen mitten in eine kleine Gruppe mühsam kämpfender Schwimmer, die zu schwach oder auch zu verwundet waren, um rechtzeitig freizukommen.

Ihr flacher, algenbedeckter Boden war einen Augenblick zu sehen, und als die ersten keuchenden und würgenden Überlebenden an Bord der *Porcupine* geholt wurden, hob die brennende *Shrike* ihren Bug und verschwand zischend in einem Meer von Ölblasen und schmierigem Treibgut.

Es gab nur wenige Überlebende. Trewin zählte zwanzig in allem. Die beiden Bomben hatten die Brücke getroffen, sie durchschlagen und waren dann im Maschinenraum detoniert. Eigentlich wirkte es wie ein Wunder, daß überhaupt jemand gerettet wurde.

Während die *Porcupine* wieder Fahrt aufnahm und im weiten Bogen um die wenigen treibenden Überbleibsel ihres alten Gefährten herumfuhr, meldeten die Ausguckposten zwei weitere Flugzeuge im Anflug von Süden. Doch als die Geschützbedienungen die Rohre auf sie richteten, hörte Trewin es aus dem Brückenlautsprecher krächzen: »Das sind eigene!«

Die Männer an Deck sahen schweigend zu, wie die beiden ältlichen Buffalo-Maschinen mit ihren Stummelflügeln tiefer gingen und laut donnernd über ihre Köpfe flogen. Von der Brücke blitzte aus dem Handscheinwerfer das Erkennungssignal, gemeinsam drehten die beiden ab und flogen hinüber zur Küste.

Baker, der S.B.A.* der *Porcupine*, versuchte, einem verwundeten Unteroffizier das Öl vom verbrannten Gesicht zu wischen. Bei jedem erneuten Versuch schrie der Mann, und sein Gesicht wirkte unter Bakers Fingern wie blutiger Abfall. Als die beiden Schatten über das Schiff fielen, blickte Baker auf und schrie wütend: »Wo wart ihr, ihr verdammten Feiglinge?« Seine Stimme überschlug sich. »Ihr dreckigen Feiglinge!«

Trewin legte dem S.B.A. die Hand auf die Schulter. »Ruhig, Baker!« Er sah, wie der Mund des Mannes bebte. »*Sie* sind uns hier wertvoller, als die es wären!«

Baker nickte stumm und wandte sich wieder dem stöhnenden Verwundeten an seinen Knien zu. Sein Gesicht war noch wutverzerrt, aber Trewin sah, daß seine Hände jetzt ruhig und vorsichtig arbeiteten, als er mit seiner Aufgabe fortfuhr.

Trewin kehrte zur Brücke zurück, wo Corbett noch immer auf seinem Stuhl saß und auf das bewegungslose Ölfeld starrte. Schließlich sagte er zum Signalgast: »Geben Sie an *Grayling*, daß wir nach Talang Inlet gehen, um die Verwundeten ins Hospital zu bringen.« Mehr zu sich selbst fuhr er fort: »Ich mochte ihren Kommandanten sehr gern. Er war ein guter Offizier.«

Trewin blickte auf seine eigenen Hände. Sie waren vollkommen

* sick-bay attendant, Lazarettgehilfe

ruhig und entspannt. Er fühlte sich fast ein wenig beschämt, daß er nichts anderes empfand als Erleichterung, weil er wieder einmal überlebt hatte.

Corbett sah ihn an, seine Augen funkelten kalt. »Ich habe um Jagdschutz gebeten, Trewin, er wurde mir verweigert.« Dann wandte er sich ab, als ärgere er sich, eine unnötige Vertraulichkeit an den Tag gelegt zu haben. »Ich nehme an, sie hatten ihre Gründe.«

Trewin musterte ihn ruhig. »Auf alle Fälle werden sie eine Ausrede haben, Sir, daran zweifle ich nicht.«

Corbett erwiderte, als habe er Trewins bittere Bemerkung nicht gehört: »*Grayling* beansprucht beide Abschüsse für sich. Sie müssen sehen, daß unsere Geschützbedienungen die nächsten sind, die Erfolg haben.«

Mallory rief von der Kartenraumtür: »Neuer Kurs eins-fünf-null, Sir!« Dann räusperte er sich geräuschvoll. »Das ging ganz schön rund eben, muß ich sagen.«

Corbett kletterte auf seinen Sitz, beugte sich über das Brückenkleid und sah zu, wie Geschütz A in Ruhestellung zurückgeschwenkt wurde. Zum ersten Mal schien er nicht willens, dem Australier zu widersprechen.

Trewin klopfte sich den Staub und die abgeblätterte Farbe vom Hemd und sagte ruhig: »Wir sind noch nicht aus dem Wald heraus.«

Von unten hörte man einen Schmerzensschrei. Trewin dachte an den verwirrten und geblendeten Heeresleutnant und an die kopflosen Leichen am Rande der Küstenstraße, an *Shrikes* apathische Hinnahme ihres Geschicks und an die kühle Arroganz ihrer Vernichter. Die Tür zu diesem besonderen Krieg hier war zwar langsam aufgestoßen worden, aber was er bisher erlebt hatte, war schrecklicher als alles, was ihm früher begegnet war, selbst in seinen schlimmsten Alpträumen.

Er warf einen Blick auf Corbetts Schultern und fragte sich, was der Kommandant wirklich von all dem hielt. Wenn er gleichfalls erschüttert war, dann verstand er es jedenfalls großartig, diese Tatsache zu verbergen.

Auf einmal empfand Trewin etwas wie Groll gegen Corbett. Gegen ihn und sein Schiff. Dieses armselige, kümmerliche Schiff, das Corbetts gesamte Welt geworden war. Seine stumpfsinnigen, bedeutungslosen Bemerkungen, mit denen er all das abschirmte, was sie wirklich dachten und empfanden. Wie die Abschlußworte eines Schuldirektors am Ende des Quartals.

Das Schiff war ganz gut ... sehr gut ... oder nicht gut genug ...

Er spürte, wie ihm der Schweiß über den Rücken sickerte, und er wäre am liebsten von der Brücke gelaufen, von dieser Brücke mit ihrem falschen Getue, ihrem stillschweigenden Selbstzweck. Er schritt nach vorn zum Brückenkleid und atmete mehrmals tief durch. Es war heller Wahnsinn, wie sie alle zuließen, daß das Schiff in dieser Weise von ihnen Besitz ergriff. Man mußte es wie einen lebendigen Feind bekämpfen, sonst schloß einen die Verzweiflung ein, erstickend, zermalmend, bis man ohne eigene Meinung, ohne Bedeutung, ohne Sinn für die Wirklichkeit war, wie diese armen, ölzerfressenen Wesen, die ihr Leben aushauchten unter den ungeschickten Händen eines halbausgebildeten Lazarettgehilfen, oder wie dieser wackere Leutnant, der noch immer seine sinnlosen Befehle erteilte an Soldaten, die ihn sterbend zurückgelassen hatten.

Trewin fuhr auf, als er merkte, daß der Signalgast ihn fragend anblickte. »Was ist, Phelps?« sagte er schroff.

»Tee, Sir? Möchten Sie eine Tasse?«

Trewin spürte, wie sich ein Lächeln über sein Gesicht breitete, trotz der strapazierten Nerven. »Danke, Phelps, gern.«

Er sah zu, wie der junge Signalgast mit konzentrierter Miene den zu stark gesüßten Tee aus einem Emaillekrug schöpfte und in die Tasse füllte. Phelps war einer von der Art, deren Nerven bestimmt niemals versagten, dachte er vage. Diese Leute gehorchten ihren Befehlen, bis niemand mehr da war, der ihnen welche erteilen konnte.

Er lehnte sich gegen den warmen, vibrierenden Stahl und blickte in die Tasse. Der Tee war beinahe kalt, und Blätter schwammen an der Oberfläche. Aber in diesem Augenblick, als Trewin seinen einsamen Kampf mit sich selbst ausfocht, schmeckte er ihm besser als Champagner.

Chiefsteward Yates, in makellos weißer Jacke, stellte ein Glas Gin auf den Messetisch neben Trewins Ellbogen und fuhr sich mit dem Finger zwischen Hals und Kragen. »Heiß, nicht wahr, Sir?«

Yates starrte unwillig auf den Wust von aufgerollten Mullbinden, abgestellten Tragbahren und schmutzigem Geschirr, der als Andenken an die verwundeten Seeleute zurückgeblieben war, die man an Land in das Talang-Hospital geschafft hatte. Es war später Abend, die Luft in der Messe stickig und drückend infolge der geschlossenen Blenden. Auch die an der Decke rotierenden Ventilatoren änderten daran nichts.

Trewin probierte den Gin und schnitt eine Grimasse. Er war warm und hinterließ einen säuerlichen Nachgeschmack, als er im leeren Magen landete. Trewin war hundemüde und hatte ein Gefühl wie Sand in den Augen. Noch immer trug er dieselben schmutzigen und zerrissenen Sachen, seine Gesichtshaut war gespannt und voller Bartstoppeln.

Beim ersten Tageslicht hatten sich *Porcupine* und *Grayling* in die Talangmündung hineingetastet; die Besatzungen, völlig übermüdet, standen noch immer auf Gefechtsstation, die Geschützrohre waren himmelwärts gerichtet, bereit, jeden weiteren Angriff abzuwehren. Seit dem Verlassen der Stelle, wo die *Shrike* ihren letzten Kampf ausgetragen hatte, waren sie beide tatsächlich noch mehrmals angegriffen worden. Wie vorher, so kamen auch dieses Mal die feindlichen Maschinen aus der Sonne und stießen überraschend auf sie herab, wobei die Bordwaffen das Wasser rings um die Schiffe aufwühlten und in eine Hölle aus Gischt und fliegendem Stahl verwandelten.

Porcupine hatte Glück gehabt, *Grayling* dagegen war bei jedem Angriff beharkt worden, und sieben Mann, darunter Quarrie, der Kommandant, waren gefallen.

Aber auch *Porcupine* war nicht völlig ungeschoren davongekommen. Während des letzten Angriffs zweier Jäger klemmte die Backbord-Oerlikon genau in dem Augenblick, als die eine Maschine zum direkten Anflug ansetzte, knapp zwanzig Fuß über dem Wasser. Trewin sah den Schützen in seiner Halterung sich abmühen, hörte, wie er der Ladenummer zurief, ein neues Magazin zu bringen. Er sah die Decksbeplankung um den Sockel auseinanderfliegen, sah, wie der Schütze von den Beinen gerissen und schreiend aus der zerfetzten Halterung geschleudert wurde, von einem Augenblick zum anderen in einen Haufen blutiger Fetzen verwandelt. Trewin war hinter seinem Schutzschild hervorgestürzt, hatte den entsetzten Seemann mit dem neuen Magazin beiseitegestoßen, das Geschütz herumgerissen und dem Fluzeug eine Garbe hinterhergejagt. Von dem zweiten Jäger hatte er keinerlei Notiz genommen, sich ganz auf das waffelförmige Gebilde konzentriert, das seitwärts durch sein Visier wanderte. Er hörte kaum, wie die Geschosse in die Aufbauten rings um ihn einschlugen, daß die Funken sprühten, und kümmerte sich nicht um die Warnrufe der anderen Geschützführer. Erst als das Magazin leergeschossen war und beide Flugzeuge zur Küste hin abschwenkten und außer Reichweite kamen, merkte er, daß Blut an seinem Arm herunterlief. Baker kam mit einem Verbandspäckchen gelaufen, aber Trewin riß es ihm in einem plötzlichen Wutanfall aus der Hand.

Jetzt, als er hier in der leeren Messe saß, spürte er, wie der Verband an seiner Schulter spannte, wo ein großer Holzspan, vom Deck abgesplittert, ihn mit der Wucht eines Pfeils getroffen hatte.

Er verfolgte Yates' mißbilligenden Blick durch die Messe und rief sich all die Anstrengung ins Gedächtnis, die ihrem Einlaufen gefolgt war. Es gab so viel zu tun. Die Schwerverwundeten mußten auf Tragbahren zum Hospital geschafft, die Toten beerdigt werden. Für eine Seebestattung, wie sonst üblich, war weder Zeit noch Gelegenheit gewesen. Nun würden ihre Gräber innerhalb weniger Monate vom vordringenden Dschungel überwuchert sein.

Den ganzen Tag über hatten sie wie Roboter gearbeitet, um das Schiff wieder gefechtsklar zu machen. Trotz der Reparaturen und der Munitionsergänzung mußte die tägliche Routine aufrechterhalten werden. Mahlzeiten wurden für die Seeleute zubereitet, obwohl sie zu müde waren um wahrzunehmen, was sie aßen. Die Männer mußten zur Arbeit überredet oder getrieben werden, obwohl sie doch nichts anderes wollten als schlafen, nur schlafen wie die Toten.

Und bei all dem war Corbett ständig die treibende Kraft gewesen. Er zeigte keinerlei Anzeichen von Ermüdung und ließ auch den Leuten nichts durchgehen. Zu Trewin hatte er am Nachmittag gesagt: »Ich will, daß dieses Schiff wieder tiptop wird. Mit Schlendrian kann man keine Schlachten gewinnen!«

Soviel Trewin festgestellt hatte, war Corbett in seiner unermüdlichen Tatkraft mindestens ein Dutzend Mal oder öfter an Land gewesen. Er hatte eine Telefonverbindung mit der Basis herstellen lassen, die Einlieferung der Verwundeten ins Hospital überwacht und sogar die örtlichen Militärstellen dazu gebracht, einige Fla-Geschütze auf beiden Seiten der Flußmündung aufzustellen, um den an der Pier liegenden Schiffen Flakschutz zu geben.

Trewin war nur zweimal an Land gegangen. Im Hospital und im Dorf selbst hatte er gestaunt über die Veränderung, die seit seinem letzten Besuch vor sich gegangen war. Überall wimmelte es von malaiischen Flüchtlingen. Ganze Familien kampierten im Freien oder saßen inmitten ihrer spärlichen Habe am Straßenrand. Alle waren sie aus den nördlichen Gebieten geflüchtet, aber keiner schien zu wissen, wohin oder zu welchem Zweck.

Es war tröstlich, die vielen Soldaten zu sehen, überwiegend Australier. Sie bewegten sich im ganzen Dorf und auch außerhalb, führten getrennte Familien zusammen und belieferten die Flüchtlinge mit Lebensmitteln und Frischwasser. Sie machten einen fröhlichen, unbekümmerten Eindruck und begegneten den schlechten Nachrichten aus dem Norden mit der üblichen Gleichgültigkeit des Landsers. Einer der Unteroffiziere hatte zu Trewin gesagt: »Was können sie von Indern anderes erwarten? Die sind doch hilflos ohne ihre Elefanten!« Lachend war er davongegangen, das Gewehr in der einen, ein malaiisches Baby in der anderen Hand.

Im Hospital herrschten entsetzliche Zustände, aber trotz der Überfüllung schien alles unter Kontrolle zu sein. Jedes Bett, jeder Korridor war bis zum Rande des Fassungsvermögens gefüllt mit kranken oder verletzten Flüchtlingen. Die verwundeten Seeleute waren in Dr. Masseys Privaträumen untergebracht worden, um auf einen Heerestransport zu warten, der sie nach Süden mitnehmen sollte. Die chinesischen und malaiischen Krankenschwestern bewegten sich leise zwischen ihnen wie blasse Nonnen. Sie zeigten weder Anzeichen von Ermüdung noch Gemütsbewegung und schonten sich nicht im geringsten, obwohl sie seit zwei Tagen nicht mehr geschlafen hatten.

Yates fragte in seine Gedanken hinein: »Brauchen Sie mich noch, Sir?«

Trewin schüttelte abwesend den Kopf. »Nein, aber lassen Sie mir die Flasche hier. Die Messegasten können das morgen aufräumen.«

Yates hob die Schultern. »Ich glaube, wir werden es bald wieder brauchen.«

Er verließ die Messe, und Trewin schenkte sich ein volles Glas Gin ein. Als er sich zurücklehnte, fuhr ihm ein stechender Schmerz durch die Schulter. Der Holzsplitter war noch darin. Irgendetwas mußte er wohl unternehmen. Der Gin betäubte den Schmerz, machte es ihm aber schwer, seine Gedanken zu ordnen.

Wie still es an Bord war! Lediglich das Schwingen der Ventilatoren und das gedämpfte Summen eines Dynamos waren zu hören. Gelegentlich vernahm er die unruhigen Schritte des Quartermeisters am Fallreep oder das Quietschen und Knarren der Fender zwischen Pier und Bordwand. Das Schiff ruhte, sammelte neue Kräfte.

Normalerweise erfüllten um diese Zeit Lärm und Musik die Decks. Aber als Trewin vor einer halben Stunde seine Ronde gegangen war, lagen die Männer bereits alle in tiefem Schlaf. Einige hatten es nicht einmal mehr geschafft, ihre Hängematten aufzuhängen, und saßen wie leblos an ihrer Back*, den Kopf auf die Arme gestützt, die Gesichter selbst im Schlaf noch angespannt, da sie wohl im Traum wieder den Lärm und die Aufregung des Kampfes durchlebten.

Auch in der Unteroffiziersmesse, in die er hineingeschaut hatte, bot sich dasselbe Bild. Die Leute lagen in ihren Kojen, nichts rührte sich mehr.

Oberbootsmann Unwin, der Gefechtsrudergänger, lag mit offenem Mund flach auf dem Rücken, die gestopfte, aber nicht angezündete Pfeife in der Hand. Auf seiner Brust, als wäre es ein Stück seiner selbst, lag Toby, die schwarz-weiße Schiffskatze. Ihr Körper hob und senkte sich im Rhythmus von Unwins Atemzügen. Er mußte wohl sein Gebiß herausgenommen haben, bevor er in die Koje kletterte, denn im schwachen Licht der abgeblendeten Decksbeleuchtung wirkte sein Gesicht seltsam alt und eingefallen. Und doch war das der Mann, der bei jedem Angriff am Ruder gestanden hatte, die Ohren taub gegen alles außer dem ständig fordernden Sprachrohr von der Brücke.

Und Kane, der Feuerwerkersmaat, lag da, einen Arm über dem Gesicht, seine Sachen ordentlich zusammengefaltet vor der Koje. Ein wahrer Artillerist, dachte Trewin. Er rief sich Kanes hageres

* aufhängbarer Eßtisch im Mannschaftsraum

Gesicht ins Gedächtnis, als sie zusammen auf die von der Sonne geschwärzten Köpfe gestarrt hatten, die die Straße säumten, auf die Köpfe mit ihrem grausigen Ausdruck von Entsetzen und Haß. Kane war bei der Marine dazu erzogen worden, seine Gefühle zu verbergen, aber selbst er hatte gemurmelt: »Jetzt weiß ich, daß es keinen Gott gibt!«

Abrupt stand Trewin auf und schob die Flasche beiseite. Er würde ins Krankenrevier gehen und sich den Splitter selber herausziehen. Fluchend erinnerte er sich, daß Baker im Hospital an Land mithalf. Das Revier war also abgeschlossen, wie immer im Hafen, auf Corbetts ausdrückliche Anweisung. Offenbar war es einmal von einem nach Drogen suchenden Chinesen, der sich eingeschlichen hatte, geplündert worden, und der Kommandant hatte diesen Vorfall nie vergessen.

Trewin nahm seine Mütze und ging an Deck. Es wehte eine leichte Brise, und nach der Hitze in der Messe kam es ihm draußen beinahe kühl vor.

Bootsmaat der Wache Dancy verbarg seine brennende Zigarette in der hohlen Hand und meldete: »Alles ruhig, Sir.«

»Ich gehe ins Hospital, Dancy. Dieser Splitter stört mich.«

»Ich kann versuchen, ihn herauszuziehen, wenn Sie gestatten, Sir.«

Trewin wandte sich ab. »Nein. Ich kann es noch so lange aushalten.« Er sah Dancys Augen im Dunkeln glitzern und fügte rasch hinzu: »Tut mir leid. War nicht abträglich gemeint.«

Er ging am Fallreepsposten vorbei und stieg die Gangway hinunter. Oben sah er Dancy mit dem Posten sprechen und überlegte einen Augenblick, ob sie wohl über ihn redeten.

Ärgerlich schritt er die staubige Straße entlang und ignorierte die Dorfbewohner und Flüchtlinge. Seine Gedanken kehrten wieder zu dem Funkspruch zurück, den Corbett am Nachmittag erhalten hatte.

Der Kommandant schien sich damit durchaus zufriedenzugeben. »Ein kleiner Ausgleich für das, was sich ereignet hat, Number One.« Corbett rasierte sich gerade, als Trewin die Kajüte betrat.

»Die R.A.F.* konnte uns keinen Jagdschutz geben, weil alle

* R.A.F. – Royal Air Force, die britische Luftwaffe

ihre Maschinen anderweitig eingesetzt waren.« Er hatte sich dann Trewin zugewandt und dessen ernstes Gesicht gemustert. »Es nützt der *Shrike* nichts mehr, aber es zeigt, daß sie es wenigstens veranlassen wollten.«

Trewin wartete und wunderte sich, daß der Kommandant ihn deswegen von seiner Arbeit an Deck weggerufen hatte.

Corbett wischte sorgfältig sein Rasiermesser sauber. »Ich habe von den hiesigen Truppen eine Telefonverbindung herstellen lassen. Gehen Sie an Land und versuchen Sie, zur Basis durchzukommen. Sie sollen der R.A.F. eine Antwort von mir durchgeben.« Ein wenig vage fuhr er fort: »Sie kennen diese Dinge ja. ›Danke für den guten Willen‹ oder so ähnlich.«

Trewin war an Land gegangen und hatte nach der Signalstation des Heeres gesucht, während ihm Corbetts Worte noch immer durch den Kopf gingen. ›Danke für den guten Willen‹! Fürwahr, ein großer Trost für die arme *Shrike*!

Die Verbindung war schlecht, voller Störungen und Nebengeräusche, aber trotzdem fand Trewin heraus, daß mehr hinter dem Funkspruch steckte, als er vermutete. Ein gehetzt wirkender Stabsoffizier am anderen Ende des Drahtes hatte hervorgestoßen: »Die R.A.F. wollte euch helfen, Jungs. Aber Konteradmiral Fairfax-Loring ließ es nicht zu. Er sagte, er brauche jede verfügbare Maschine, um *seinen* Rückmarsch zu sichern.«

Selbst jetzt noch konnte Trewin es kaum glauben. Die kleine Gruppe des Admirals war erheblich näher an der Reichweite rascher Hilfeleistung gewesen als die *Porcupine* mit ihren Begleitbooten, und doch hatte er für diese jeglichen Jagdschutz gestoppt, obwohl sie doch viel stärker gefährdet waren. Was ging hier eigentlich vor? War es Torheit oder Bosheit? Auf jeden Fall entbehrte diese Handlungsweise jeglicher vernünftigen Begründung.

Trewin rief sich mit plötzlicher Klarheit die letzten an Corbett gerichteten Worte des Admirals beim Verlassen der abgedunkelten Brücke ins Gedächtnis: »Verderben Sie es nicht durch das Präsentieren alter Rechnungen!« Es war unwahrscheinlich, daß jemand alte Rechnungen, so persönlich sie auch sein mochten, auf diese Weise begleichen würde; aber eines war ihm klar: Über diese Sache mußte er mit Corbett ins reine kommen. Andernfalls – er beschleunigte seinen Schritt im Rhythmus mit seinen Gedanken – würde er seine Rückversetzung nach England beantragen.

Alles war besser, als auf diesem Schiff zu bleiben.

Er erreichte das Hospitalgelände und tastete sich die Holztreppe hinauf. Alle Fensterläden waren geschlossen, aber das durch die Ritzen dringende Licht machte die Verdunklung zur Farce. Glücklicherweise war das Hospital auf allen Seiten von dichtem Dschungel und steilen Hängen umgeben, so daß es schon einen sehr gewitzten Flieger gebraucht hätte, um es als mögliches Bombenziel auszumachen.

Dr. James Massey stand mit verschränkten Armen vor seinem Zimmer, eine lange Zigarre zwischen den Zähnen. Er sah müde und abgespannt aus, und sein weißer Kittel war blutbefleckt. Er nickte Trewin kurz zu und fragte: »Kann ich Ihnen helfen?« Seine Worte klangen so automatisch, als habe er diese Frage schon unzählige Male gestellt.

Trewin antwortete: »Nur ein Holzsplitter. Ich würde ihn selbst herausziehen, aber . . .«

Massey sagte rasch: »Lassen Sie das. Nicht hier bei diesem Klima.« Als er sah, daß Trewin seine Schulter ein wenig unbeholfen bewegte, fügte er hinzu: »Sie sterben hier eher an einer Blutvergiftung als an etwas anderem.« Dann zeigte er mit seiner Zigarre auf die Zimmertür: »Gehen Sie hinein. Ziehen Sie Ihr Hemd aus und warten Sie, bis ich jemanden zu Ihnen schicke.« Er wandte sich ab, als eine Schwester aus einem Krankenzimmer nach ihm rief. Über die Schulter sagte er noch: »Es scheint, als hättet Ihr Militärs ein ziemliches Durcheinander angerichtet.«

Trewin betrat das Zimmer und wünschte plötzlich, er hätte sich doch den Splitter von Dancy herausziehen lassen. Im allgemeinen gab er nichts auf Vorurteile, aber irgendetwas an Massey ärgerte ihn. Seine lässige Zusammenfassung der Kämpfe im Norden, zum Beispiel. Wenn dort ein Durcheinander entstanden war, so bestimmt nicht durch eine Handvoll zu optimistischer Soldaten, sondern durch die bereits lange Zeit vorher getroffenen Entscheidungen.

»Ah, hier sind Sie.«

Trewin fuhr herum und starrte die junge Frau an, die im Türrahmen stand. Sie trug Khakihemd und Hose, ihr langes schwarzes Haar war im Nacken mit einem Stück Mullbinde zusammengebunden. Sie schien Anfang Zwanzig zu sein und war außerordentlich hübsch. Selbst das zerknitterte Hemd schaffte es nicht, die festen Formen ihres Körpers zu verbergen, und ihre gebräunte Haut wirkte im Lampenlicht kühl und glatt.

Sie musterte ihn ernst und schien seine Unsicherheit zu bemerken. »Sie sind der mit dem Splitter?« Ihre dunkelbraunen Augen blitzten ungeduldig. »Wissen Sie, Leutnant, ich habe hier mehr zu tun, als auf Ihre Antwort zu warten.«

Trewin gelang es zu erwidern: »Es ist nicht wichtig. Ich kann nur selbst nicht hinlangen . . .« Sie unterbrach ihn sofort: »Einige der Seeleute im anderen Krankenzimmer sind wirklich verwundet! Aber die machen weniger Wesens darum als Sie!«

Trewin entdeckte sein Abbild in einem Wandspiegel, sah die Zornfalten in seinem Gesicht. Er wirkte schmutzig und ungepflegt, und so fühlte er sich auch. Die Worte, die er diesem kühlen, arroganten Mädchen sagen wollte, kamen jedoch nicht über seine Lippen. Mit einem Gefühl der Niederlage zog er sich das rauchgeschwärzte Hemd über den Kopf und warf es auf den Boden.

Sie beobachtete ihn noch immer, die kleinen Hände in die Seite gestemmt. Dann wies sie mit dem Kopf auf den Tisch. »Legen Sie sich dort hin. Ich will erst mal den alten Verband abnehmen.«

Trewin legte sich bäuchlings auf den Tisch und verbarg das Gesicht in der Armbeuge. So konnte er das grelle Licht der zischenden Lampe abblenden, konnte alles abschalten bis auf das Gefühl der verzweifelten Ungeduld. Nur wieder hier herauskommen! Zurück zum Schiff und zur Flasche.

Er hörte die Schritte der jungen Frau, die vom Wandschrank zum Tisch ging. Dann war plötzlich Stille, er spürte, daß sie dicht neben ihm stand, bewegungslos. Wie von weither hörte er seine eigene Stimme: »Nun starren Sie nicht nur darauf, sondern machen Sie schnell!« Sein Körper wurde steif, als sie ihm die Hand auf den Rücken legte, eine Hand, die sich sehr weich und kühl anfühlte.

Leise sagte sie: »Verzeihen Sie bitte. Ich wußte das nicht.«

Trewin konnte die Worte nicht mehr zurückhalten, die sich zwischen den zusammengebissenen Zähnen hervordrängten. »Ekeln Sie sich davor? Wollen Sie mir das verdammte Werkzeug geben, damit ich es selber mache?«

Er hielt den Atem an, als die Hand sich langsam auf seinem Rücken höher bewegte und weder zögerte noch zurückwich, bis sie bewegungslos auf der entstellten Schulter mit ihrem großen Fleck verstümmelter Haut lag.

Sie sagte: »Schon gut. Halten Sie bitte still.«

Trewin lag schweigend da, während ihre Hände den alten Verband entfernten. Sie taten es so vorsichtig, so zart, daß er es kaum merkte. Als sie um das Ende des Tisches herumging, fühlte er den Druck ihrer Taille an seinem Arm.

Dann blieb sie stehen. »Nur noch einen Augenblick.« Er spürte den scharfen, stechenden Schmerz des Herausziehens, gefolgt von der wohltuenden Wärme des Verbandes. Dann fuhr sie ebenso ruhig fort: »Ich helfe Ihnen auf.«

Trewin warf die Beine über die Tischkante und stand auf. Dann griff er nach seinem zerfetzten Hemd. Als er es über die Schultern streifte, blickte er die junge Frau an und sah, daß auch sie ihn beobachtete, aber der Ausdruck ihrer Augen war nicht mehr ungeduldig. Sie hielt noch immer die Schere in der Hand, und Trewin bemerkte, daß ihre Brüste sich hoben und senkten.

»Sie brauchen sich nicht zu schämen«, sagte sie. »Ich bin diejenige, die sich schämen muß.«

Draußen waren Schritte zu hören, und sie fuhr rasch fort: »Sie sind Oberleutnant Trewin.« Sie hielt ihm die Hand hin, die Bewegung war impulsiv und natürlich. »Und ich bin Clare Massey.«

Trewin ergriff ihre Hand und senkte den Blick, bemüht, Ordnung in seine verwirrten Gedanken zu bringen.

Clare sagte: »Sie haben Schweres durchgemacht.« Sanft drückte sie seine Finger. »Aber es wird alles wieder besser werden, glauben Sie mir.«

Trewin sah ihr in die Augen. »Danke.« Er versuchte zu lächeln, doch es gelang ihm nicht. »Ich möchte gern nochmals mit Ihnen sprechen. Später.«

Sie nickte langsam. »Gern.« Sie ließ seine Hand los und trat zur Seite, um ihn vorbeizulassen.

Er blickte zu ihr hinunter, noch immer fühlte er ihre Hand auf seinem Rücken. Vor wenigen Augenblicken erst hatte er gewünscht, sie zu demütigen, sie mit Schimpf und Schande davonzujagen. Aber ihre einfache Geste hatte all das vereitelt, hatte seine bösen Gedanken vertrieben. Später würde er ihre Handlungsweise vielleicht als Mitleid oder Verwirrung auslegen, aber im Augenblick wollte er sich das Gefühl, das ihn erfüllte, durch nichts verderben lassen.

Als er aus dem überfüllten Hospital zurückging, war sein Schritt rasch und leicht und sein Sinn so ruhig wie seit langem nicht mehr.

6 Nur noch zu viert

Trewin drückte sich in eine Ecke des Taxis und beobachtete, wie die letzten Wohnhäuser der Außenbezirke in offenes Land übergingen, das mit vereinzelten kleinen Baumgruppen bestanden war. Der indische Fahrer schien froh, endlich aus den überfüllten Straßen herauszukommen, und knüppelte den Motor trotz der tiefen Wagenspuren, die ein kürzlich niedergegangener Gewitterguß hinterlassen hatte.

Jetzt war der Himmel über Singapur wieder sternenklar, die Luft roch frisch und rein. Trewin wollte ursprünglich zu Corbetts Haus zu Fuß gehen, aber die Atmosphäre übertriebener Fröhlichkeit in der Stadt hatte ihn so irritiert, daß er das Taxi wie eine Art Zuflucht benutzte.

Es war Silvester, und die *Porcupine* hatte vor vierundzwanzig Stunden an einer Boje in Keppel Harbour festgemacht; ihr Schwesterschiff *Beaver* lag gemütlich längsseits. Es waren jetzt etwas über zwei Wochen vergangen seit dem Todeskampf der *Shrike* und seit man ihre wenigen Überlebenden an Bord geholt hatte. Zwei Wochen, in denen die Welt und der Krieg zusammenschrumpften auf den engen Bereich des Schiffes, ein verschwommenes Stück grüner Küste und den gnadenlosen blauen Himmel.

Die Kanonenboote waren die ganze Zeit über im pausenlosen Einsatz gewesen. Sie hatten Truppen transportiert, Eingeborenenfahrzeuge angehalten und nach feindlichen Partisanen durchsucht, Nachschub zu den entfernteren Stützpunkten gebracht und die ständig herumstreichenden Feindflugzeuge abgewehrt. Es gab kein Aufhören, keine Unterbrechung, und längst fragte niemand mehr nach Jagdschutz.

Die *Grayling* war für eine rasche Reparatur zur Basis zurückgekehrt, erschien aber wieder in nahezu demselben Zustand. Ihr Rumpf war noch immer narbenbedeckt vom ersten Angriff der Jäger und Jagdbomber. Sie brachte Nachrichten über ständige schwere Bombenangriffe auf Singapurs Hafen und Werftanlagen.

Squalus, die sich beim Rammen des japanischen Landungsfahrzeuges den Bug eingedrückt hatte, war von japanischen Bombern versenkt worden, als sie zur Reparatur im Dock lag. Glücklicherweise waren die Verluste gering, da die Besatzung gerade an Land die Freuden Singapurs genoß. Ihr Kommandant, Kapitänleutnant Nye, einst für seinen fröhlichen Humor bekannt, hatte das Kommando auf der *Grayling* übernommen, als Ersatz für den auf der Brücke gefallenen Quarrie. Nye war ein guter Kommandant, aber er sah *Grayling* nur als schwachen Ersatz für seine versenkte *Squalus* an, mit der offenbar auch sein Humor untergegangen war.

Aber endlich hatte man ihnen eine kurze Unterbrechung gewährt, und für die meisten kam sie keinen Augenblick zu früh. Ihre Munition war fast bis zur letzten Granate verschossen und die Treibstofftanks schon bis unter die Sicherheitsmarke geleert, als die kleinen Kanonenboote nach Singapur zurückkehrten. Auf der Nordseite der Insel lagen bis auf ein paar winzige Patrouillenfahrzeuge keine Schiffe mehr, es gab dort nur noch Wracks. Um nicht den ständigen Luftangriffen im Werftgelände ausgesetzt zu sein, waren die Boote zur Südseite, zum Keppel Harbour, beordert worden. Hier, nahe der südlichen Einfahrt, herrschte noch eifriges Treiben. Frachter und Versorgungsschiffe lagen dort hintereinander und warteten, bis sie zum Löschen ihrer Munition und Versorgungsgüter an die Reihe kamen, während aus schnittigen Truppentransportern ein ständiger Strom khakigekleideter Soldaten quoll, zur Verstärkung der Front im Norden bestimmt.

Doch sobald Trewin an Land kam, spürte er die Irrealität. Trotz der halbherzigen Bemühungen um Verdunkelung lag die Stadt offensichtlich im Fieber. Restaurants und Klubs waren bis zur Grenze ihres Fassungsvermögens gefüllt, und selbst während der gelegentlichen Fliegeralarme warteten die Menschenschlangen voller Optimismus vor jedem Theater oder Kino. Es war, als wollten sich die Leute die drohende Gefahr nicht eingestehen, sondern sie durch lärmende Fröhlichkeit ersticken.

Aber trotz allem rückte die Front unbarmherzig näher. In den drei Wochen und zwei Tagen seit ihrer ersten Landung waren die Japaner bereits mehr als zweihundert Meilen nach Süden vorgerückt, und das sowohl an der Ost- als auch an der Westküste. Über die Hälfte der malaiischen Halbinsel befand sich schon in ihrer Hand, und es verging nicht ein Tag ohne irgendwelche Gerüchte, daß Truppenteile der Verteidiger abgeschnitten und dezimiert worden seien. Vorher als unmöglich bezeichnete Dinge ereigneten sich ständig. Die Japaner setzten rudelweise Panzer ein und trieben die Truppen vor sich her, denen man versichert hatte, im Dschungel der malaiischen Halbinsel sei ein Einsatz von Tanks nicht möglich, an ein Durchkommen überhaupt nicht zu denken. Ihre Luftwaffe beherrschte den Himmel, ihre Landstreitkräfte rückten mit solcher Beweglichkeit und Schnelligkeit vor, daß sie mit Tapferkeit allein nicht aufgehalten werden konnten.

Trewin starrte trübsinnig aus dem Wagenfenster und beobachtete einen kleinen Trupp australischer Soldaten, der in Richtung Stadt marschierte. Das war auch so etwas, vielleicht sogar das Schlimmste von allem. Wenn für Singapur die Zeit kam – wie sie zwangsläufig kommen mußte –, würde jeder einzelne Soldat sein Gewicht in Gold wert sein. Aber Trewin hatte zunächst mit Verwunderung, dann mit Empörung festgestellt, daß diese Soldaten von vielen Bürgern Singapurs mit Verachtung behandelt wurden. Es schien ein starres Kastensystem zu geben. Offiziere wurden in den Häusern der führenden Geschäftsleute und dergleichen akzeptiert, Unteroffiziere und Mannschaften mußten sehen, wo sie blieben. Kurz vorher, als Trewin sich seinen Weg durch die drängelnde Menge gebahnt hatte, mußte er miterleben, wie verwundete britische Soldaten vor einem Hoteleingang von einem Mann im Smoking abgekanzelt wurden: »Für euch ist Zutritt verboten!« Dabei starrte er jeden einzelnen von ihnen böse an. »Es gibt genug andere Lokale für euch und euresgleichen!« Trewin hatte sich angewidert abgewandt, als die drei Soldaten gehorsam kehrtmachten und in der Menge verschwanden. Hinter Trewin rief der Mann her: »Die Vorschriften müssen eingehalten werden, wo kommen wir sonst hin?« Trewin hatte nicht geantwortet.

Das Taxi verlangsamte die Fahrt und hielt. Trewin bezahlte den Fahrer und betrachtete das hübsche weiße Haus mit seiner niedrigen Mauer und den darüberhängenden Zweigen. Dies ist die nächste Phase der Unwirklichkeit, dachte er.

Seit die *Porcupine* im Hafen lag, war Corbett von einer seltsamen Unruhe und Nervosität erfüllt gewesen. Trewin erinnerte sich, daß der Kommandant gehofft hatte, rechtzeitig zum Weihnachtsfest wieder in Singapur zu sein. Da hieraus nichts wurde, veranstaltete er jetzt als Ersatz eine größere Silversterparty.

Trewin hatte zunächst mit dem Gedanken gespielt, die Wache zu übernehmen, um der Party fernbleiben zu können, aber Corbett schien das vorausgeahnt zu haben. »*Beaver* liegt längsseits, während wir bei mir sind, und ich habe angeordnet, daß nur ein Wachoffizier für beide Schiffe eingesetzt wird, Trewin.« Mit einer bei ihm seltenen Erregung hatte er sich die Hände gerieben. »Ich möchte, daß alle meine Offiziere dabei sind, wenn der Ginwimpel gehißt wird!«

Trewin schob seine trüben Gedanken beiseite und trat in die Eingangshalle. Dem dort wartenden malaiischen Hausboy übergab er seine Mütze und wurde in einen großen Raum mit niedriger Decke geführt, der voller Menschen war. Musik erscholl aus einem Radioapparat mit Plattenspieler, ging aber unter im Lärm der Unterhaltung und des Gelächters. Die meisten Anwesenden waren Marineoffiziere und ihre Damen, die leuchtende Farbkleckse im Weiß der Uniformen und dem gelegentlichen Khaki der Heeresoffiziere bildeten.

Ein Glas wurde ihm in die Hand gedrückt, und als er dankbar daran nippte, stellte er fest, daß es nahezu reinen Gin enthielt. Er würde also vorsichtig sein müssen.

Allmählich erkannte er ein paar der ihn umgebenden Gesichter. Einige Offiziere der *Beaver* waren da, überragt von Kapitänleutnant Keates, dem Kommandanten. Er war ein wahrer Hühne mit einem schütteren, vorzeitig ergrauten Bart. So wie er dort stand, umgeben von einem Schwarm eifrig lauschender Damen, glich er einem altenglischen Schäferhund inmitten der Herde, dachte Trewin.

Ein Hausboy nahm ihm das geleerte Glas ab und gab ihm dafür ein volles. Trewin lockerte seinen Kragen und begann, sich durch die Menge in die entferntere Ecke durchzuarbeiten. Er würde Corbett begrüßen und dann wieder gehen, beschloß er.

Ihm sank das Herz, als er Fairfax-Lorings massige Gestalt neben einem Tisch voller Getränke und Eisbehälter bemerkte. Er versuchte, sich wieder rückwärts in die Menge zu verdrücken, aber schon hörte er die dröhnende Stimme des Admirals: »Ah, Ihr Number One, Corbett! Besser spät als gar nicht!« Er war rot im Gesicht, und sein breites Grinsen wirkte unerschütterlich.

Corbett kam auf ihn zu und überzeugte sich, daß Trewin einen Drink hatte. »Ich freue mich, daß Sie gekommen sind.« Dann warf er Fairfax-Loring einen raschen Blick zu. »Behalten Sie es für sich, Trewin: Kuantan ist soeben in Feindeshand gefallen.«

Der Admiral schaltete sich ein. »Es ist doch kein Geheimnis, Corbett.« Er lächelte schlau. »Diesmal haben wir das Richtige getan, denke ich. Wir haben eine Verteidigungslinie von der Ost- bis zur Westküste aufgebaut. Ob mit oder ohne Kuantan, unsere Jungs werden sie am Pahang River aufhalten.« Er stieß Corbett mit dem Finger an. »Also seien Sie nicht so verdammt pessimistisch, Corbett! Das hätten wir von Anfang an tun sollen! Hab' ich nicht recht, Trewin?«

Trewin stellte sich die neue Lage auf der Karte vor. Er erinnerte sich an ihr erstes Einlaufen in die Talangmündung, an die Truppen, die zwar unsichtbar, aber so beruhigend nah vor ihnen im Dschungel lagen. Er erinnerte sich an Mallorys umfassende Armbewegung Richtung Norden und an seinen Bericht über die Verteidigungslinie am Fluß und die sorgfältig geplante Kette von Vorrats- und Treibstofflagern. Das war erst drei Wochen her, aber es kam ihm vor wie eine Ewigkeit. Er dachte auch an Kuantan selbst, mit dem Gewimmel von Flüchtlingen, mit den frisch gelandeten Truppen, die singend auf der Küstenstraße nach Norden marschierten. Er erschauerte innerlich. Jetzt waren die Japaner dort, weniger als fünfundzwanzig Meilen von der Talangmündung entfernt.

Ruhig erwiderte er: »Man hätte sie nie so weit nach Süden kommen lassen dürfen, Sir.«

Fairfax-Loring winkte einen Hausboy heran. »Natürlich kann ich von Ihnen nicht erwarten, daß Sie den größeren Zusammenhang sehen, Trewin. Ich war fast den ganzen Tag in einer Besprechung. Glauben Sie mir, es geht jetzt erst richtig los!« Plötzlich wurde er ernst. »Aber wir müssen alle zusammen kräftig am selben Strang ziehen. Nicht mehr mit halber Kraft!« Er starrte in sein leeres Glas. »*Shrike* und *Squalus* sind nicht mehr da, um so mehr müssen sich die übrigen jetzt anstrengen.«

Trewin beobachtete Corbetts teilnahmsloses Gesicht und überlegte, ob er an das sinkende Kanonenboot dachte und an den Funkspruch über fehlenden Jagdschutz.

Der Gin brannte ihm im Magen, und er spielte mit dem Gedanken, sich etwas zu essen geben zu lassen. Aber dann sah er, wie Corbett sich einer schlanken Frau mit leuchtenden Augen, hellem, sonnengebleichtem Haar und bloßen, gebräunten Schultern zuwandte, die hinter einer Vorhangtür hervor auf sie zukam. Im Gegensatz zu der Fotografie auf Corbetts Schreibtisch lächelte sie, und an ihrer Haltung war zu erkennen, daß sie es gewohnt war, bewundert zu werden.

Der Admiral strahlte. »Hallo, Mildred!« Er deutete auf Trewin. »Hier ist der Erste Wachoffizier deines Mannes.«

Ihr Handschlag war warm und überraschend kräftig. Sie hatte eine Art, ihm in die Augen zu sehen, die Trewin fast wie eine Umarmung empfand. »Ich habe schon viel von Ihnen gehört«, sagte sie. »Es ist schön, hier draußen ein neues Gesicht zu sehen.« Das klang wie ein Vorwurf.

Trewin erwiderte: »Sie scheinen hier aber eine Menge Freunde gefunden zu haben, Mrs. Corbett.« Er wünschte, sie ließe seine Hand los und Corbett würde aufhören, ihn anzustarren.

Mit einem Achselzucken sagte sie: »Man trifft hier alle möglichen Leute.«

Ein rotgesichtiger Artilleriemajor schob sich durch die Menge und rief in klagendem Ton: »Du hast mir einen Tanz versprochen, Mildred!« Dann trat er noch dichter an sie heran. »Mildred! Du hast es versprochen!«

Sie lächelte Trewin zu. Es war ein laszives Lächeln, fand er, fast wie eine Aufforderung. »Gut, Benjy, weil du brav warst.« Sie blickte Trewin noch immer an, als der Major sie mit schwankenden Schritten zum Plattenspieler geleitete. »Bis später, Leutnant«, rief sie über die Schulter zurück.

Corbett sagte steif: »Ich weiß nicht, wo sie diese Energie hernimmt!«

Der Admiral grinste: »Na, Sie sollten das doch am besten wissen!«

Trewin fühlte sich so unbehaglich wie ein ungebetener Zuschauer. Es war nicht der Gin. Jedes Wort, jede Geste schien geladen mit einer geheimen Bedeutung. Unmöglich, daß Corbett es mit dieser Frau leicht hatte. Schließlich sagte Trewin: »Ich nehme an, die meisten Ehefrauen werden bald nach England oder Australien evakuiert?«

Überrascht starrte ihn der Admiral an. »Was sind Sie bloß für ein seltsamer Kauz, Trewin! Hier besteht nicht die geringste Gefahr. Und sobald wir auf der Insel mehr Flugzeuge haben, ist sie eine stärkere Festung als je zuvor.« Er schüttelte energisch den Kopf. »Diesmal gibt es kein Davonlaufen, keine demütigenden Rückzüge mehr!«

Hughes, sein Flaggleutnant, tauchte neben ihm auf, genauso gehetzt wie immer. »Der Brigadegeneral ist gekommen, Sir. Sie wollten ihn sprechen.«

Sorgfältig stellte der Admiral sein gefülltes Glas auf den Tisch. »Gut, Flaggs, ich komme gleich.« Dann bedachte er alle mit einem traurigen Lächeln. »Keine Ruhe für mich, nirgends.«

Trewin atmete dankbar auf. Zu Corbett sagte er: »Er scheint recht zuversichtlich zu sein.«

Corbett antwortete nicht. Noch immer blickte er zu seiner Frau hinüber. Sie hatte beim Tanzen beide Arme um den Hals des Majors geschlungen, und ein Kreis von Zuschauern klatschte im Takt der Musik.

Plötzlich sagte Corbett: »Kommen Sie mit, Trewin.« Ohne eine Antwort abzuwarten, wandte er sich um und ging auf die Vorhangtür zu.

Trewin folgte ihm achselzuckend. Im Vorbeigehen sah er Tweedies rotes Gesicht, der mit glasigen Augen neben der Behelfsbar hockte. Seine Brust hob und senkte sich keuchend vor Anstrengung, als er versuchte, sich unter den besorgten Augen eines malaiischen Stewards ein weiteres Glas Gin einzuschenken. Mallory saß entspannt, aber mit ernstem Gesicht in einem Sessel an der Wand und rauchte eine Zigarette. Sein Blick war starr auf den klatschenden Kreis um die beiden Tanzenden gerichtet. Er wirkte erstaunlich nüchtern und auf seltsame Weise wachsam, als erwarte er, daß gleich etwas Unvorhergesehenes geschähe.

Corbett öffnete die Tür hinter dem Vorhang und führte Trewin in ein kleines Schlafzimmer. Eine schwarzhaarige chinesische Amah* saß bewegungslos am Fenster des halbdunklen Raumes, die Hände ruhten in ihrem Schoß. Die einzige Lichtquelle bestand aus einer kleinen, abgeschirmten Lampe neben dem Bett.

Corbett sagte flüsternd: »Das ist mein Sohn, Trewin.« Er trat

* Kinderfrau

zur Seite und beobachtete Trewins Gesicht, seine hellen Augen leuchteten im Widerschein des Lampenlichts. »Mein Sohn Martin«, ergänzte er.

Trewin betrachtete das Kind und fragte sich, wieviele neue Seiten er heute nacht noch bei Corbett entdecken würde. Sein Sohn wirkte klein und recht zart, das Gesichtchen war im Schlaf völlig entspannt. Über dem Bett hing eine Fotografie seines Vaters, und auf einer Kommode stand ein kleines Modell der *Porcupine.*

Corbett folgte Trewins Blick und sagte: »Unteroffizier Dancy hat es letztes Jahr angefertigt.« Dann fragte er in seinem üblichen frischen Ton: »Nun, was halten Sie von ihm?«

Trewin erwiderte: »Ein feiner Junge. Sie müssen sehr stolz auf ihn sein.« Er wußte nicht so recht, wie er diesem für ihn neuen Corbett begegnen sollte.

»Martin bedeutet alles für mich, Trewin.« Corbetts Ton klang zurückhaltend. »Er und das Schiff. Alles.« Dann strich er die Decke glatt und berührte den abgeschabten Teddybär auf dem Kissen. »Ein Mann braucht einen Anker, wissen Sie.« Er schien sich mit einiger Anstrengung zusammenzureißen. »Aber jetzt muß ich zurück zu meinen Gästen.« Lautlos schloß er die Tür hinter ihnen. »Ich habe Martin schon in Dartmouth angemeldet. Habe ich Ihnen das schon gesagt?«

»Ja, Sir.« Trewin fühlte sich unbehaglich. »Das dauert ja noch ein paar Jahre.«

Corbett rieb sich die Hände. »Natürlich, aber wir müssen vorausplanen. Man kann sich nicht einfach vom Leben überrennen lassen.« Dann fuhr er fort: »Nach dem Krieg, nehme ich an, werden Sie sich wieder als Journalist betätigen, nicht?« Er lächelte kurz. »Womöglich einen Roman schreiben?« Der Gedanke schien ihn zu amüsieren. »Weiß Gott, hier draußen ist genügend Material vorhanden, um eine ganze Bibliothek zu füllen!«

In dem großen Raum war es genauso laut wie vorher, die Luft war rauch- und parfümgeschwängert. Tweedie saß auf seinem Stuhl, der Kopf baumelte im Schlaf hin und her, um seinen Hals hingen ein paar Papierschlangen. Von Mallory war nichts zu sehen.

Eine Hand ergriff Trewin am Ärmel, und er wandte sich vorsichtig um in der Erwartung von Corbetts Frau. Aber es war Hammond. Er strahlte über das ganze Gesicht, von der Anstrengung und Übermüdung der letzten Wochen war nichts mehr zu spüren. Rasch sagte er: »Ich habe Sie überall gesucht, Number One.«

Dann sah Trewin die junge Frau, die er an der Hand hielt. Sie war groß und stattlich und schien einige Jahre älter zu sein als Hammond. Eine auffallende Erscheinung, eher schön als hübsch. Die dunkle Hautfarbe und die Schrägstellung der Augen verrieten die Blutmischung, durch die sie sich von allen anderen anwesenden Frauen unterschied.

Hammond sagte: »Das ist Jacqui, Number One.« Er blickte von einem zum andern, stolz und zufrieden, aber doch auch ein wenig nervös. »Jacqui Laniel.«

Sie gaben einander die Hand, und das Mädchen sagte ruhig: »Es ist sehr laut hier, nicht wahr?«

Hammond schaltete sich ein. »Jacqui ist Dolmetscherin bei der Kolonialverwaltung. Wir haben uns kennengelernt, als ich meinen Sprachkursus machte.« Er grinste ein wenig verlegen. »Wir sind sehr gute Freunde geworden.« Er blickte das Mädchen an, und beide hatten das gleiche Lächeln im Gesicht.

In diesem Augenblick begann jemand, eine Glocke zu läuten, und alles strömte zusammen, singend und einander gratulierend. Hammond ergriff Jacqui bei den Schultern und küßte sie, Trewin und alle anderen im Raum schienen vergessen.

»Frohes Neues Jahr, Liebling!«

Trewin wandte sich ab. Er fühlte sich plötzlich sehr allein. Ringsum umarmten und küßten sich alle, lachend und rufend, oder sie starrten bekannte Gesichter an, als sähen sie sie zum ersten Mal.

Corbetts Stimme drang durch den Lärm, und als Trewin sich umwandte, sah er ihn neben dem Tisch stehen, zwei Gläser in den Händen, von denen er ihm eins anbot. »Frohes Neues Jahr, Trewin«, sagte er und blickte ihn seltsam an.

Schon wieder bemerkte Trewin etwas Neues bei seinem Kommandanten. Er trank! Es überkam ihn beinahe wie ein Schock, als er sich vergegenwärtigte, daß er Corbett bisher noch niemals auch nur einen einzigen Schluck hatte trinken sehen.

Auf Corbetts Stirn standen Schweißperlen, und bei der hellen Beleuchtung wirkte sein Haar sehr grau. Dann begann er zu sprechen: »Zuerst wollte ich Sie nicht als I.W.O. haben, wissen Sie. Ich hielt es für einen üblen Trick, als man Sie mir schickte. Ich hatte mit Amateuren nie viel im Sinn. Beim Heer mögen sie noch angehen, natürlich, aber hier bei der Marine ist das anders.«

Trewin wußte nicht, ob er Groll oder Belustigung zeigen sollte. Zurückhaltend sagte er: »Wir tun unser Bestes, Sir.«

Corbett schien es nicht zu hören. »Aber ich bin sehr zufrieden, Trewin!« Dann hob er nochmals sein Glas und sagte: »Und ich wünsche Ihnen weiterhin viel Glück!« Suchend blickte er sich nach Hammond und den anderen um, vielleicht auch nach seiner Frau. »Sie haben das Schiff im Griff, Trewin. Das können nicht viele von sich sagen!«

Trewin spürte, wie der Gin seine Vorsicht wegschwemmte. Die erdrückende Hitze und der Lärm preßten regelrecht die Worte aus ihm heraus. »Ich wollte Sie fragen, Sir: Was steht zwischen Ihnen und dem Admiral?«

Einen Augenblick glaubte er, zu weit gegangen zu sein. Aber der Gedanke störte ihn nicht mehr. Inmitten all dieser Erregung und Verrücktheit, Hammonds offensichtlicher Seligkeit und Corbetts Glauben an seinen Sohn schienen alle Schranken zu fallen.

Corbett blickte ihn ausdruckslos an. »Auch er war einmal mein Erster Offizier, Trewin, als ich Kommandant des Zerstörers *Ariel* war. Bei einem Manöver im Mittelmeer kollidierte ich mit dem Führerschiff des Befehlshabers. Es war nicht meine Schuld, das wußten damals alle Beteiligten.« Müde hob er die Schultern. »Aber im kalten Licht der Seeamtsverhandlung sahen die Dinge dann ganz anders aus.«

Trewin runzelte die Stirn. Er mußte etwas überhört haben. Er fragte, und des Lärmes wegen mußte er schreien: »Aber ich sehe nicht ...«

Corbett unterbrach ihn scharf. »Fairfax-Loring sagte gegen mich aus, Trewin. Das gab den Ausschlag, und ich wurde schuldig gesprochen!«

Trewin spürte, wie ihm die Zornesröte ins Gesicht stieg. »Das war ja eine entsetzliche Tat!«

»Glauben Sie?« Corbetts Stimme blieb ganz ruhig. »Nun, ich wurde in die Wüste geschickt, und Fairfax-Loring ist Konteradmiral.« Angewidert blickte er in sein leeres Glas. »Für ihn war es keineswegs entsetzlich, nicht?« Dann stellte er sein Glas auf den Tisch. »Ich möchte jetzt nicht mehr darüber sprechen.«

Trewin sah ihn leicht schwanken und war auf seltsame Weise

gerührt.

Corbett ging zur Tür und sagte noch: »Bringen Sie das aber nicht in Ihrem verdammten Buch, falls Sie es schreiben sollten!«

Trewin sah, wie die Vorhänge vor der Tür zurückgeschlagen wurden, dann hörte er das dröhnende Lachen des Admirals quer durch den Raum. Mit plötzlicher Entschlossenheit schritt er zum Eingang, zog seine Mütze aus dem hohen Stapel in der Vorhalle und trat ins Freie. Draußen war es sehr dunkel und kühl, und es wehte nicht das leiseste Lüftchen. Aber Trewin roch den Salzhauch der See und stellte sich die *Porcupine* vor, die dort an ihrer Boje lag und schlief – wie das kleine Modell neben dem Bett des Jungen. Ein neues Jahr, dachte er vage. Aber eines war sicher: Schlimmer als das verflossene konnte es nicht werden.

Trewin schwenkte seine Mütze in der Hand und trat den Weg zur Stadt an und zur See.

Abgesehen von den drei Tagen im Hafen brachte das neue Jahr wenig Abwechslung oder Ruhepausen für die *Porcupine.* Die Patrouillenfahrten an der Küste gingen weiter, aber obwohl während dieser Tage keine direkten Angriffe auf das Schiff erfolgten, gab es für die Besatzung kein Nachlassen der Wachsamkeit. Die Nachrichten aus dem Binnenland waren unbestimmt und widersprüchlich, so daß Offizieren und Mannschaften nichts anderes übrig blieb, als ihre isolierte Rolle mit Geduld zu ertragen. Nach einer Woche auf See, die nur einmal von einer kurzen Treibstoffergänzung unterbrochen wurde, bekam die *Porcupine* den Auftrag, eine Ladung Munition zu übernehmen und in der Talangmündung an das Heer zu übergeben.

Bei Mersing hatten sie hinter den Sandbänken gelegen, bewegungslos unter der gnadenlos brennenden Sonne, und jedem feindlichen Luftangriff ausgesetzt, während lange Reihen schwitzender Soldaten die Munitionskisten zum Strand schafften, wo sie von den Seeleuten in Empfang genommen, an Deck gehievt und verstaut wurden, bis auch das letzte Fleckchen verfügbaren Platzes vollgepackt war.

Jetzt arbeitete sich die *Porcupine* in stockdunkler Nacht wieder einmal nordwärts vor. Sie rollte in der unregelmäßigen Dünung, ihr Bug warf Gischt über Back und Batteriedeck, während sie mühsam ihre Fahrt von zehn Knoten durchhielt. Es war kurz nach

Mitternacht, die rasch ziehenden Wolken verdunkelten den Sternhimmel und ließen die See wie schwarzes Glas erscheinen, durch das die *Porcupine* sich langsam ihren Weg bahnte.

Trewin kaute am Stiel seiner nicht angezündeten Pfeife und versuchte, das Glas stetig auf die ferne Küstenlinie zu richten. Nur ein gelegentlich aufleuchtender Kranz von Gischt verriet die zerklüfteten Klippen. Vor seinem inneren Auge durchlebte er noch einmal jenen ersten Besuch in Talang. Damals hatte noch kein wirklicher Krieg geherrscht, sondern lediglich ein Zustand der Unsicherheit und bangen Erwartung. Er rief sich die halb verborgene Einfahrt ins Gedächtnis und den Hügel, der das nördliche Ufer beherrschte. Jetzt in der Dunkelheit gab es wenig Anhaltspunkte, und das ohnehin topplastige Kanonenboot rollte und stampfte infolge der Überladung noch heftiger, sodaß Unwin, der Rudergänger, Schwierigkeiten hatte, auf Kurs zu bleiben.

Nachdem sie ein paar Stunden lang von der Küste bei Mersing abgelaufen waren, hatten sie einen Funkspruch erhalten. Er war kurz, aber inhaltsschwer. »Laufen Sie Talang *nicht*, wiederhole *nicht*, bei Tageslicht an. Die Einfahrt liegt unter Artilleriebeschuß.«

Corbett hatte sich den Funkspruch schweigend angehört. Dann aber war er plötzlich von seinem Sitz aufgesprungen und in so raschen, ärgerlichen Schritten auf der Brücke auf und ab gegangen, als wolle er seine Erregung abreagieren. »Verdammter Mist! Warum, zum Teufel, können sie nicht die paar Kanonen kaputtbomben?« Dann hatte er Trewin angestarrt. »Wir halten doch die Verteidigungslinie am Pahang River, das bedeutet, die Geschütze müssen mehr als zehn Meilen weit feuern.« Da Trewin schwieg, stieß er wütend hervor: »Also müßten ihre Beobachter so groß sein, daß sie die Aufschläge über diese Entfernung hinweg sehen können, stimmt's?«

Trewin blickte Corbetts vorgebeugte Gestalt von der Seite an. Der Körper schwankte im Rhythmus der unregelmäßigen Schiffsbewegungen, als schliefe er.

Es war schwer, wenn nicht sogar unmöglich, sich Corbett als den liebenswürdigen Gastgeber der Silvesterparty vorzustellen. Kaum an Bord zurückgekehrt, war er sofort wieder der Kommandant in seiner alten, isolierten Position. Seine Familie erwähnte er mit keinem einzigen Wort.

Mallory kam aus dem Kartenhaus und sagte: »Noch zehn Minuten bis zur Kursänderung. Neuer Kurs ist zwo-acht-null.« Dann rieb er sich die Augen. »Mein Gott, hier ist es ja so pechschwarz wie im Ofen!«

Trewin wandte sich ihm zu, gerade noch rechtzeitig, um über dem Land eine Leuchtgranate schweben zu sehen, die langsam mit dem Wind davontrieb. Einen Augenblick konnte er einen Hügelkamm ausmachen und hörte das undeutliche Dröhnen von Geschützfeuer. Es war wie fernes Gemurmel, nur eine Andeutung dessen, was sich dort abspielte.

Corbetts Stimme riß ihn aus seinen Gedanken. »Wir müssen die Einfahrt ganz langsam und vorsichtig ansteuern, Trewin. Denken Sie an die Sandbänke. Wenn wir festkommen, wird es hell, bevor die Tide uns wieder flott macht. Dann kann es schon zu spät sein.«

Trewin nickte. Die *Porcupine* war mit ihrer Ladung ohnehin eine schwimmende Bombe. Auf einer Sandbank festsitzend, wäre sie fürwahr ein bequemes Ziel.

Die Minuten vergingen. Endlich sagte Mallory: »Zeit zur Kursänderung, Sir!«

Corbett rief: »Backbord fünfzehn!« Er wartete, die Hände auf dem Brückenkleid, als wolle er das langsame Reagieren des Schiffes ertasten. »Mittschiffs, recht so.« Halb wandte er sich um, sein Gesicht hob sich hell vor dem dunklen Hintergrund der Küste ab. »Nun, N.O.?«

Mallory wiederholte: »Kurs zwo-acht-null, Sir!«

Trewin gab den Kurs durch das Sprachrohr ins Steuerhaus weiter, und als er sich wieder aufrichtete, hörte er Corbett in scharfem Ton sagen: »Melden Sie mir das gefälligst in Zukunft, N.O. Ich bin kein Gedankenleser!«

Trewin sagte ruhig: »Mein Fehler, Sir. Er hat mir den neuen Kurs mitgeteilt, als . . .«

Corbett unterbrach ihn wütend: »Sie können Ihre Verteidigung des Navigationsoffiziers für später aufbewahren.« Dann fuhr er herum und starrte angestrengt auf die dunkle Linie der Küste.

Das war ausgesprochen unfair, und Trewin war versucht, es zu sagen. Er warf einen Blick auf Mallorys dunkle Umrisse und sah, wie dieser vielsagend die Schultern hob.

Das Ganze war äußerst seltsam. Corbett benahm sich, als passiere er diese Einfahrt zum ersten Mal, oder als sei er beunruhigt wegen der Explosivstoffe an Bord. Aber wie war das möglich? Trewin versuchte, im Dunkeln sein Gesicht zu sehen, konnte aber nur die Linie des Kinns erkennen und das unaufhörliche Trommeln seiner Finger auf dem Brückenkleid hören.

Als sie die Munition übernahmen und jedermann ständig einen Luftangriff befürchtete, war der Kommandant auf der Brücke geblieben, anscheinend völlig gleichgültig, und schien lediglich besorgt zu sein wegen möglicher Schrammen im Deck oder an der Farbe.

»Beide langsame Fahrt voraus!« befahl Corbett.

Das Maschinengeräusch wurde tiefer im Ton und die Bewegung des Schiffes heftiger, da es nun in seiner eigenen Bugsee stampfte.

Trewin hörte das Klirren von Stahl auf dem Achterdeck und malte sich die Geschützbedienung aus, die hinter dem Verschluß kauerte, Ohren und Nerven aufs äußerste gespannt in Erwartung eines plötzlichen Angriffs. Wenig wahrscheinlich, dachte er. Die Japaner verließen sich offenbar auf das Tageslicht, mit gutem Grund. Luftüberlegenheit war die Hauptwaffe gegen Überwasserstreitkräfte.

Corbett schnippte mit den Fingern. »Wassertiefe?«

»Vier Faden, Sir.« Die Stimme des Seemanns klang gedämpft.

Corbett nickte. »Backbord zehn! Mittschiffs!« Er bewegte den Kopf von einer Seite zur anderen wie ein Terrier, der versucht, die Witterung des Gegners zu bekommen.

Mallory sagte plötzlich: »Wir kommen zu dicht an die Sandbänke, Sir! Ich schlage vor, wir bleiben auf diesem Kurs, bis . . .«

»Wenn ich Ihre Meinung hören will, werde ich es sagen!« Corbett glitt von seinem Sitz und beugte sich über den Tochterkompaß. So dicht ging er mit dem Gesicht heran, daß Trewin die Reflektion der erleuchteten Kompaßrose in seinen Augen sehen konnte. »Zwo-sieben-acht steuern«, sagte er.

Mallory saugte an seiner Unterlippe. »Um Himmels willen«, stieß er leise hervor.

Trewin steckte den Kopf unter die Öltuchhaube und starrte auf die Karte. Es war wirklich eine sehr schwierige Einfahrt. An einigen Stellen lagen die Sandbänke sogar bei Hochwasser frei.

Eine Stimme sagte: »Drei Faden, Sir!«

Trewin studierte die von Mallory sauber eingetragenen, unzähligen Berichtigungen und Änderungen auf der Karte. Einst hatten hier Bojen ausgelegen, ein Leuchtfeuer auf dem Festland gestanden. Jetzt war von alledem nichts mehr da.

Er trat wieder hinaus und ging zur vorderen Brückenreling.

Corbett warf ihm einen Blick zu. »Jetzt dauert es nicht mehr lange.«

Ein dunkler Fleck an Land wanderte an Steuerbordseite querab und achteraus. Das war der buckelförmige Hügel. Trewin atmete langsam aus. Er spürte, wie die starke, aus der Einfahrt kommende Strömung am Schiffskörper zerrte, er hörte das Knarren des Rades unter seinen Füßen, wo Unwin den Kampf mit Strom und Dünung führte. Er bemühte sich, nicht wie gebannt auf die schärfer werdenden Umrisse der Küste vor dem Bug zu starren. Es verursachte ihm Kopfschmerzen wie einem Blinden, der auf ein massives Hindernis in seinem Weg zugeht, das er nicht sehen kann, von dem er aber weiß, daß es da ist.

»Zwei Faden, Sir!«

Corbett fuhr herum. »Was? Wiederholen Sie!«

Der Seemann wiederholte unsicher: »*Zwei* Faden, Sir!«

»Das kann nicht sein!« Corbett wandte sich an Mallory. »Was, zum Teufel, redet er für einen Unsinn?«

Trewin trat neben ihn. »Die Bänke können sich verschoben haben, Sir. Dieser Regen und der starke Gezeitenstrom in der Enge . . .«

Er brach ab, als ein Ausguck schrie: »Brecher voraus, dichtbei an Backbord!«

Corbett sprang über die Grätings. »Steuerbord fünfzehn!« Er krallte seine Finger um das Sprachrohr. »Steuerbord zwanzig!« schrie er.

Trewin sah einen Schauer weißen Gischtes aufspritzen, ganz nah und deutlich vor dem dunklen Hintergrund.

»Mittschiffs! Recht so!«

Mallory sagte: »Zu dicht. Wir schaffen es nicht!«

Die *Porcupine* schwang unbeholfen durch den Strom, ihr Bug stampfte geräuschvoll in der Dünung.

Corbett rief: »Zwo-acht-fünf steuern!«

Trewin hörte, wie Unwin das Kommando wiederholte, und hob sein Glas, um nach dem gegenüberliegenden Ufer zu suchen. Als er gerade die plumpen Umrisse des Hügels im Blickfeld hatte, stieß die *Porcupine* auf die Sandbank. Es war zuerst nicht mehr als ein leichtes Beben, aber als Trewin das Brückenkleid packte und das Deck stark überholte, hörte er bereits Corbetts Kommando: »Beide äußerste Kraft zurück!«

Der Maschinentelegraf schrillte, und von achtern kam ein Schwall aufgewühlten Wassers, als beide Schrauben im Rückwärtsgang heftig mahlten. Der Bug hob sich, zitterte und schlug dann hart auf, so daß das Schiff von der Brücke bis zum Kiel durchgeschüttelt wurde, als stecke es in einem riesigen Schraubstock. Das Vibrieren hielt an, Trewin fühlte, wie das Deck sich heftig nach Steuerbord überlegte, und er hörte plötzlich Warnschreie und Alarmrufe von allen Seiten.

Corbett sagte: »Beide stopp!« Er rannte quer über die Brücke, sein Glas schlug unbeachtet gegen die Reling, als er sich darüberbeugte und in das wirbelnde Wasser hinabstarrte.

Plötzlich war es fast still. Das einzige Geräusch wurde durch das ständige Aufprallen der Strömung auf den Schiffsrumpf verursacht.

Corbetts Stimme klang, als sei er kurzatmig, aber trotzdem war sie kontrolliert und ruhig, als er befahl: »Beide Maschinen langsame Fahrt zurück!«

Das qualvolle Rucken und Stoßen begann von neuem, und als die Maschinen stoppten, wurde die Stille durch das Schnarren eines Telefons unterbrochen. Trewin hörte Corbett antworten: »Wenn Sie meinen, Chief, will ich auf Ihren Rat hören und sie in Ruhe lassen.« Dann hängte er das Telefon ein und sagte: »Nimmo meldet, daß die Schrauben Schlamm in die Tunnels saugen. Wir schlagen die Schäfte kaputt, wenn wir es noch einmal versuchen.« Er nahm die Mütze ab und fuhr sich mit den Fingern durchs Haar, eine für Corbett ganz ungewöhnliche Bewegung; Trewin spürte seine Qual. »Wir müssen also doch auf die Tide warten, scheint es.«

Mallorys Stimme war völlig ausdruckslos. »Das ist um 0530, Sir.«

Trewin blickte weg. Bis dahin würde es hell sein. Tageslicht, und die *Porcupine* würde hier hocken wie eine lahme Ente, sichtbar wie auf dem Präsentierteller.

»Könnten wir nicht Schlepperhilfe anfordern, Sir?« Trewin

war überrascht, wie ruhig seine Stimme klang.

Corbett schüttelte den Kopf. »*Beaver* ist das nächste Schiff, das stark genug wäre, uns abzuschleppen, und mit genügend geringem Tiefgang. Sie könnte aber kaum vor Helligkeit hier sein.«

Trewin betrachtete ihn schweigend. Es war sinnlos, Corbett zu fragen, warum er sich für die Südseite der Einfahrt entschieden hatte. Sie war in jedem Fall schwieriger, besonders bei Nacht. Seine Weigerung, den von Mallory vorgeschlagenen Kurs beizubehalten, war äußerst seltsam. Plötzlich sah er Corbett wieder am Bett seines Sohnes stehen und glaubte seine Worte zu hören: ». . . bedeutet mir alles. Er und das Schiff.«

Dann hörte er seine eigene Stimme: »Ich denke, wir werden bei auflaufendem Wasser wieder freikommen, Sir. Vielleicht könnten wir auch versuchen, sie in tieferes Wasser zu warpen*.«

Corbetts Antwort klang, als wäre er in Gedanken ganz woanders. »Wir müssen den Heeresleuten die Munition bringen, Trewin! Das ist unser Auftrag. Und zwar so schnell wie möglich. Dieser Aufenthalt war nicht einkalkuliert.«

Trewin dachte an die fernen japanischen Geschütze. Aber selbst deren Beschuß wäre wohl dem vorzuziehen, was Corbett zu erwarten hatte, wenn der Admiral von seinem Mißgeschick erfuhr.

Die *Porcupine* lag jetzt fest und ruhig in ihrem neuen Liegeplatz, den Bug noch immer landeinwärts gerichtet. Genau wie die Männer, die das Kommando über sie hatten, konnte sie nichts weiter tun als warten.

Das kleine Dingi der *Porcupine* drehte heftig in einem plötzlichen Strudel, dann schwenkte es zurück auf seinen Kurs, als Trewin, der unbequem auf dem Heck saß, die Pinne bis zur vollen Reichweite seines ausgestreckten Arms überlegte. Die beiden chinesischen Seeleute rissen mit aller Kraft an den Riemen, und Trewin hörte ihr angestrengtes Keuchen. Vorn im Bug stand Signalgast Phelps, den Bootshaken wie die Harpune eines Walfängers in der Hand, bereit, die zahlreichen Baumstämme und Äste wegzustoßen, die der Talang River heruntergeschwemmt hatte.

»Pullt stärker! Es ist nicht mehr weit!« knurrte er. Die beiden

* Mit Hilfe des mit dem Boot ausgefahrenen Warpankers freihieven

Seeleute besaßen seine volle Sympathie, aber wenn sie in diesem Augenblick nachließen, würde das kleine Boot aus der Einfahrt heraus und in die offene See treiben.

Trotzdem war dies hier besser, als nur an Bord herumzustehen und zu warten, dachte er. Corbetts Ruhelosigkeit war beinahe noch schwerer zu ertragen als seine sonstige überbetonte Ruhe. Unvermittelt hatte er gesagt: »Ich denke, es ist besser, Sie gehen an Land, bevor es hell wird.« Durch die Dunkelheit hatte er Trewin angeblickt. »Auf dem Hügel ist eine Funkstation des Heeres. Versuchen Sie, nach Talang durchzukommen, und lassen Sie den Kommandeur wecken.« Corbetts Stimme klang müde. »Sagen Sie ihm, was passiert ist und warum wir nicht rechtzeitig eingetroffen sind. Er denkt sonst womöglich, wir seien nicht ausgelaufen.«

Trewin hatte gefragt: »Ist das alles, Sir?«

»Wenn er irgendein Flußfahrzeug zur Verfügung hat, kann er es uns vielleicht entgegenschicken. Falls es zum schlimmsten kommt, könnten seine Truppen die Munition hier mitten im Strom ausladen.« Bitter fügte er hinzu: »Wenn dafür noch Zeit ist.«

Trewin blickte zum Himmel auf. Die Wolken waren fast verschwunden, und die Sterne erschienen ihm viel blasser und undeutlicher als noch vor kurzem. Die Dämmerung konnte nicht mehr fern sein, und wenn sie eintrat, würde die Helligkeit rasch und ohne Übergang kommen, wie immer in diesen Breiten.

Phelps rief: »Wir sind da, Sir!« Er warf die Vorleine über einen kleinen Felsblock, und nach einer letzten Anstrengung der beiden Ruderer knirschte das Dingi auf ein winziges Stück Strand unterhalb des Hügels.

Hammond, der schweigend neben Trewin gesessen hatte, stand auf und stieg über das Dollbord. »Besser, wir schieben das Boot unter diese Büsche, Number One«, sagte er. »Das dauert nur einen Augenblick.«

Trewin watete an Land und strengte seine Augen an, um die dunklen Hänge und das verfilzte Buschwerk im Vordergrund auseinanderzuhalten. Als er einen Blick zurückwarf über die Wasserwirbel, die sie gerade passiert hatten, war er entsetzt, daß er schon die Form der *Porcupine* erkennen konnte, ja sogar den algenbewachsenen Streifen unterhalb der Wasserlinie, der jetzt frei lag. Er sah Hammond an und sagte: »Sobald wir Kontakt mit den

Heeresleuten hergestellt haben, machen Sie sich besser auf den Weg nach Talang. Die brauchen dort bestimmt jemanden, der etwas vom Laden und Löschen versteht.«

Hammond erwiderte rasch: »Ich käme lieber mit Ihnen an Bord zurück, Number One!«

Trewin lächelte. »Und was ist mit Jacqui in Singapur? Sie würde es mir bestimmt nicht danken, wenn ich nicht verhindere, daß Sie an Bord in die Luft geblasen werden.«

Hammond sagte ernst: »Hoffentlich nehmen Sie nicht an, ich würde aus persönlichen Gründen an Land bleiben? Wenn ich denke, daß . . .«

Trewin unterbrach ihn. »Vergessen Sie's, Sub. Ich wollte Sie nur auf den Arm nehmen. Aber trotzdem werden Sie an Land bleiben. Das ist ein Befehl!«

Sie wandten sich um, als Phelps fröhlich meldete: »Dingi sicher verstaut, Sir!«

Trewin musterte den Hang über ihnen. »Es scheint, als müßten wir immer nach den Heeresleuten suchen.« Er schnallte seinen Gürtel fester und fügte hinzu: »Also los, gehen wir!« Dann begann er, den Hang hinaufzuklettern, und die anderen folgten ihm. Er fühlte förmlich, wie Hammonds Gehirn arbeitete, aber was er auch vorschlagen würde, Trewin war entschlossen, seinem Befehl Nachdruck zu verleihen. Wenn der Feind das Feuer konzentriert eröffnete, würde es der *Porcupine* schwerfallen, den mit seinen hohen Steilufern Deckung bietenden Talang River zu erreichen. Und schon ein Einschlag in unmittelbarer Nähe konnte genügen, sie in tausend Stücke zu zerreißen. Hammond wäre dann in Sicherheit; und es mochte auch nützen, wenn jemand am Leben blieb, um später über die Sinnlosigkeit des Ganzen zu berichten.

Es gelang ihm, die neue Welle von Bitterkeit, die ihn überflutete, mit beinahe physischer Anstrengung unter Kontrolle zu bringen. Gleichzeitig beschleunigte er den Schritt, um die Gedanken endgültig abzuschütteln. Niemand konnte erwarten, ewig zu leben, und genausogut konnte es heute zu Ende gehen wie an einem anderen Tag, dachte er grimmig.

Je höher sie stiegen, desto leichter schien es zu werden. Schon erkannten sie die verschwommene Linie des Horizonts und die zahlreichen Strudel und Stromkabbelungen, die diese gefährliche Ansteuerung zwischen verstreuten Sandbänken kennzeichneten.

Plötzlich entdeckte Trewin die Hütte. Sie war klein und mit Netzen und frisch geschnittenen Zweigen gegen Luftsicht getarnt. Durch die stille Morgenluft drangen die Rhythmen von Tanzmusik, und er war empört über dieses unmögliche Verhalten. So etwas war auch nur im Krieg möglich, dachte er wütend. Sicher schliefen oder dösten die Soldaten bei ihrer Radiomusik, während nur ein paar hundert Yards entfernt das Kanonenboot festlag und den sicheren Tod durch einen unsichtbaren Feind erwartete.

Nochmals beschleunigte er den Schritt. Über die Schulter rief er: »Lauf und weck diese Idioten, Phelps!« Während der Signalgast über den eingeebneten Boden der kleinen Lichtung rannte, sagte er zu Hammond: »Waren Sie überrascht, daß der Kommandant sich für die Südeinfahrt entschied?«

Hammond hob die Schultern. »Wir sind immer so eingelaufen, Number One. Als ich noch neu an Bord war, habe ich gesehen, wie er das Schiff nur wenige Meter von der südlichen Sandbank entfernt in die Mündung steuerte.« Dann fügte er besorgt hinzu: »Aber ich kann nicht verstehen, warum er es diesmal tat, in dieser Finsternis.«

Trewin nickte.

»Danke, Sub. Ich habe das Gefühl, daß man uns danach fragen wird.«

Er sah Phelps' helle Gestalt vor dem dunklen Hintergrund der Hütte. Es schien, als beuge er sich hinunter, um den Boden zu untersuchen. Dann hörte er aber, daß der junge Signalgast sich heftig würgend erbrach.

Plötzlich schienen alle Gefahren und Enttäuschungen einer eisigen Stille Platz zu machen. Trewin schob Hammond beiseite und rief: »Ruhig, Phelps! Bleiben Sie hier, Hammond.«

Ohne ihn und die beiden chinesischen Seeleute zu beachten, überquerte er rasch die kleine Lichtung und packte den Signalgast am Arm. Durch die halboffene Tür erklang die Tanzmusik ohrenbetäubend, geradezu unanständig laut. »Ruhig, Phelps!« Er schüttelte ihn am Arm. »Ruhig jetzt, Junge!« Dann langte er nach der Tür und schob sie langsam auf.

Eine einzige Lampe flackerte von einem Stahlschrank herab, aber ihr Lichtschein reichte völlig aus, um die grausige Szene zu erhellen.

Zwei Soldaten lagen mit ausgebreiteten Armen auf dem schmutzigen Fußboden zwischen den Trümmern des Funkgeräts. Trewin spürte, wie ihm die Galle hochkam, als er die Hütte betrat. Sein Verstand sträubte sich dagegen, das Schreckliche, das er hier sah, zu glauben. Jeder der beiden Soldaten war mit seinem eigenen Bajonett auf den Boden gespießt. Einer von ihnen, ein Unteroffizier, hatte die Finger um den blutigen Griff gekrallt, Mund und Augen waren weit aufgerissen vor Schmerz und Entsetzen. Der Tod mußte ihn bei dem verzweifelten Bemühen ereilt haben, das Bajonett aus seinem Magen zu ziehen, während seine Mörder dabeistanden und zusahen.

Mit dem anderen Soldaten hatten sie sich Zeit gelassen. Er war derartig zerhackt, daß es schwierig war, in dem Leichnam den Körper eines Menschen zu erkennen. Die Wände der Hütte waren über und über mit Blut bespritzt, in dem flackernden Licht der Lampe wirkte es wie das schreckliche Wandgemälde eines Wahnsinnigen.

Er hörte einen Entsetzensschrei, und als er sich umwandte, sah er Hammonds bleiches Gesicht in der offenen Tür. Trewin sagte rasch: »Hinaus! Hier können Sie nicht mehr helfen.«

Hammond keuchte: »O mein Gott! Wie konnten sie so etwas tun!« Sein Körper begann unkontrollierbar zu beben. Er hielt sich die Ohren zu. »Und die ganze Zeit diese verdammte Musik!«

Trewin bemerkte, daß die beiden Chinesen ihn anstarrten, ihre Augen sahen aus wie schwarze Steine. Phelps kniete auf dem Boden, Gesicht und Hände wie im Gebet erhoben.

Trewin ergriff Hammonds Arm und schüttelte ihn. »Kommen Sie zu sich, Sub! Um Himmels willen, reißen Sie sich zusammen!« Er schüttelte ihn heftiger. »Die das getan haben, können nicht weit weg sein.« Sein Ton wurde eindringlich: »Also müssen wir aufpassen, daß uns nicht dasselbe passiert!«

Phelps hob den Blick, seine Augen schimmerten feucht in der zunehmenden Helligkeit. »Soll ich das Radio abstellen?«

Trewin überlegte. »Nein, lassen Sie es an. Die Mörder werden sich sicherer fühlen, wenn sie die Musik hören.« Er schluckte zweimal, um die Übelkeit zu überwinden, die in ihm aufstieg. Dann ergriff er wieder Hammonds Arm. »Holen Sie die Gewehre der beiden, Sub. Sie stehen dort am Tisch.« Er meinte, die Panik in Hammonds Augen zu sehen, und fügte in kaltem Ton hinzu: »Nehmen Sie sich zusammen. Wenn Sie jetzt nachgeben, sind Sie auch in Zukunft nicht zu gebrauchen!« Er schüttelte nochmals den schlaff herabhängenden Arm. »Glauben Sie mir!«

Er schritt über die Lichtung, außerstande, mit anzusehen, wie sich der junge Offizier durch die Tür schleppte, wie jetzt auch Hammond sich erbrach und Phelps leise vor sich hinschluchzte. Er mußte nachdenken.

Es waren gute vier Meilen stromaufwärts bis nach Talang. Ausgeschlossen, daß sie rechtzeitig dort eintrafen, um die Heeresleute zu alarmieren und Boote herbeizuschaffen, welche die tödliche Ladung der *Porcupine* übernehmen konnten.

Er rieb sich das Gesicht mit den Handflächen. Die Haut fühlte sich an wie Eis.

Die Funker in der Hütte waren erst vor ganz kurzer Zeit zu Tode gequält worden. Das Blut war noch nicht getrocknet. Vielleicht handelte es sich nur um ein kleines Kommandounternehmen hinter den feindlichen Linien. Möglicherweise war es aber auch ein Spezialtrupp mit besonderen Aufgaben.

Hammond kam von der Hütte und legte die Gewehre auf den Boden. Blut klebte an seinen Händen und an seiner Kleidung. Mit ausdrucksloser Stimme murmelte er: »Sonst noch etwas?«

Trewin blickte ihn starr an. Er wollte ihm alles erklären, ihm etwas Wohlwollendes, Aufmunterndes sagen, aber die Worte blieben ihm im Hals stecken. »In ein paar Augenblicken haben wir volles Tageslicht, Sub. Dann können wir von hier oben einen Winkspruch an das Schiff abgeben.« Dann, mit erhobener Stimme: »Hören Sie mir überhaupt zu?«

Hammond nickte teilnahmslos.

»Gut. Postieren Sie die Männer rund um die Lichtung. Wir möchten nicht auch überfallen werden.«

Er zog den Revolver aus dem Halfter und drehte ihn in der Hand. Die Berührung mit dem kalten Metall war nicht beruhigend. Sie schien nur den Alptraum etwas näher zu bringen.

Das erste Anzeichen der nahenden Morgendämmerung zeigte sich durch einen zarten Purpurschein, der den Hang in tiefen Schatten tauchte, während die unterhalb des Hügels liegende See in dem zunehmenden Licht zum Leben erwachte. Über die breite Talang-Mündung zog niedriger Nebel seewärts, der wie Sumpfgas wirkte. Er löschte, wenigstens im Augenblick, die Form der *Porcupine* aus, so daß nur Masten und Schornstein in der Luft zu schweben schienen.

Trewin erhob sich und blickte auf die Uhr. Er wollte Phelps mit seinen Signalflaggen einen Winkspruch an die *Porcupine* geben lassen, aber der Dunst machte das vorläufig unmöglich. Über und neben sich hörte er das immer stärker werdende Zwitschern der Vögel und das schläfrige Brummen der unzähligen Insekten. Sonst war es sehr still, und unwillkürlich wanderte sein Blick zurück zu der Hütte, deren Umrisse jetzt in dem härteren Licht deutlich hervortraten. Das Radio schwieg jetzt gnädigerweise, und er versuchte, nicht an die beiden verstümmelten Leichen hinter der geschlossenen Tür zu denken.

Er schaute hinüber zur anderen Seite der Lichtung, wo Hammond unbeweglich auf einer umgestülpten Lattenkiste saß, den Revolver im Schoß. Er war bleich und hohläugig, und das leiseste Geräusch aus dem dichten Gebüsch ließ ihn zusammenfahren. Phelps befand sich weiter hangabwärts, gegenüber der See. Sein leuchtender Rotschopf bildete einen kräftigen Farbklecks vor dem wirbelnden Wasser. Auf beiden Seiten der Hütte lagen die chinesischen Seeleute mit ihren Gewehren im Anschlag, die Mündungen auf die Baumkronen gerichtet, ihre Gesichter grimmig und gespannt. Ihre dunklen Augen verrieten jedoch nichts von ihren Gedanken.

Phelps rief leise: »Die *Porcupine* verändert ihre Lage, Sir!« Als Trewin sein Glas aus dem Futteral zog, fügte Phelps verdrießlich hinzu: »Sie ist schon wieder zurückgependelt!«

Trewin spähte hinüber zum Schiff und versuchte, eine Änderung festzustellen. Es mußte jetzt bald soweit sein. Aus dem Schornsteig stieg eine stetige Rauchfahne, der Wimpel im Topp flatterte gelegentlich ein wenig in der schwachen Brise. Er dachte an Corbett, der sicher noch immer ruhelos auf der Brücke auf und ab ging und dabei die Flußmündung im Auge behielt. Bestimmt erwartete er irgendein Zeichen als Ergebnis von Trewins Auftrag, möglicherweise sogar ein paar Boote aus Talang, um die Ladung oder wenigstens einen Teil davon zu übernehmen.

Phelps sprang plötzlich auf, die Hände hinter den Ohren. »Sir, ein Schiff kommt!« Er wandte sich ein wenig nach rechts, den Oberkörper vorgebeugt, als wolle er jedes Geräusch auffangen.

Dann hörte es auch Trewin: ein ständiges und gleichmäßiges *Swisch-swisch-swisch*, das Echo wurde von den hohen Steilwänden des Flußufers zurückgeworfen.

Hammond kam herbei und stellte sich neben ihn. Ein paar Sekunden lauschte er und sagte dann bedrückt: »Ich kenne dieses Geräusch. Es ist die alte *Nonouti*, ein uralter Raddampfer, der wöchentlich einmal die Küstenfahrt von Talang nach Singapur macht. Aber der sollte eigentlich jetzt nicht hier sein!«

In diesem Augenblick erschien das fragliche Fahrzeug um die scharfe Biegung unterhalb des Vorlandes. Es war in der Tat ein sehr altes Schiff. Auf jeder Seite befand sich der riesige Radkasten, und auf dem niedrigen Rumpf gab es keinerlei Aufbauten außer einer winzigen, kastenartigen Brücke und einer langen, spindeldürren Röhre von Schornstein, aus dem eine schwarze Rauchfahne quoll.

Trewin beobachtete, wie sich der Dampfer mühsam vorbeiwühlte, und war erschüttert über die dichtgedrängte Menschenmenge an Deck. Es mußten Hunderte sein, Männer, Frauen und Kinder, Schulter an Schulter, eine unbewegliche Masse. Er sah Kisten mit Hühnern, selbst Vieh war um die Brücke herum festgezurrt. Das Schiff war derartig überladen, daß es nur seiner unwahrscheinlichen Breite zu verdanken war, wenn es in der starken Strömung nicht kenterte.

Hammond sagte trübsinnig: »Sie ist das Schiff mit dem größten Tiefgang, das Talang noch anlaufen kann.« Er hob seinen Revolver und zeigte damit auf den Horizont. »Sie muß das Hauptfahrwasser benutzen. Es verläuft beinahe nordöstlich, etwa zwei Meilen lang, dann kommt endlich die Biegung.« Er schauderte. »Es ist auch das schwierigste Stück der Passage. Sie kann sich ihren Weg nur wie ein Blinder ertasten, mit all diesem Gewicht an Bord.«

Noch während er sprach, drehte die *Nonouti* in ein dunkleres

Fahrwasser auf ihren nächsten Kurs, und Trewin sah, wie die dichtgedrängte Masse von Körpern bei der Kursänderung geschlossen zur Seite schwankte.

Durch den Dunst machte er ein Lichtsignal aus und vermutete, daß Corbett das andere Schiff vor der drohenden Gefahr warnen wollte. Aber entweder sah der Kapitän den Anruf mit der Morselampe nicht, oder er war schon jenseits aller Vernunft durch die Menschenmassen an Bord; auf alle Fälle behielt der Raddampfer seinen Zickzackkurs mit unverminderter Geschwindigkeit bei.

Trewin rief sich das Gewimmel von Flüchtlingen in Talang ins Gedächtnis, ihre Hoffnungslosigkeit, ihre Verzweiflung. Sie mußten in der *Nonouti* ihre letzte Chance zur Flucht gesehen haben. Er beobachtete, daß die Backbordseite bei der Drehung nur wenige Zoll aus dem schäumenden Wasser ragte, und ihm war klar, daß sich unter Deck in völliger Dunkelheit noch einmal die gleiche Anzahl von Flüchtlingen drängte, vielleicht waren es sogar mehr.

Trewin hörte Hammond keuchen, und als er sein Glas in dessen Blickrichtung drehte, sah er dort eine riesige Wassersäule stehen wie ein Gespenst, zwar noch weit entfernt, aber in Linie mit dem augenblicklichen Kurs der *Nonouti*. Beinahe gleichzeitig hörte er ein kurzes scharfes Pfeifen. Das Geschütz, wo es auch stehen mochte, feuerte mit sehr hoher Flugbahn, denn die Granate war fast senkrecht von oben gekommen wie eine Bombe.

Er beobachtete, daß eine zweite Granate etwa eine Minute nach der ersten einschlug. Sie mußte eine Sandbank dicht unter der Wasserfläche getroffen haben, denn sie detonierte mit einem grellen Blitz und warf einen gewaltigen Schwall Schlamm und Wasser auf; es dauerte eine Ewigkeit, bis dieser endlich in sich zusammenfiel. Er hinterließ einen riesigen gelben Fleck und einen ständig größer werdenden Kreis toter Fische.

Hammond wandte sich ihm zu, ihre Blicke begegneten sich in plötzlichem Verstehen. »Es bedeutet, daß sie einen Aufschlagbeobachter haben müssen! Keine Batterie könnte sonst den Kurs eines Schiffes so genau mitrichten.«

Zusammen blickten sie an der Hütte vorbei zu dem grünen Gipfel des Berges hinauf.

Hinter ihnen detonierte eine weitere Granate mit dumpfem Donnern, und sie hörten das ferne Klirren von Stahlsplittern, die gegen den Rumpf der *Nonouti* schlugen.

Hammond schluckte und sagte bitter: »Wenigstens hat unser Schiff dadurch eine bessere Aussicht, unbeschädigt davonzukommen. Es kann vielleicht unbemerkt in den Fluß schlüpfen, während diese armen Teufel niedergemetzelt werden.«

Trewin antwortete nicht. Er dachte an die beiden ermordeten Soldaten, jedoch nicht mehr als Menschen, sondern als Teil eines Rätsels. Die Flußmündung lag schon seit einiger Zeit unter Feuer, ohne daß sich der Feind die Mühe gemacht hatte, den einsamen Funksender in der Hütte zu zerstören. Vielsagend blickte er Hammond an. »Diese Granaten, Sub, was halten Sie davon?«

Hammond hob das Glas vor die Augen und beobachtete eine weitere Wassersäule, die etwa fünfzig Yards vom Achterschiff der *Nonouti* entfernt aufstieg. »Nicht allzu groß.« Fragend blickte er Trewin an. »Fünf Zoll, nach meiner Schätzung. Die Japaner haben ein Feldgeschütz vom Kaliber fünf-Komma-neun, glaube ich.«

Trewin nickte. »Genau das haben sie. Es feuert aber niemals zehn Meilen weit, stimmt's?« Er zeigte mit dem Arm auf den Gipfel des Hügels. »Sie müssen eine Batterie hinter die Linien eingeschleust haben, nahe genug, damit ihre Beobachter Kontakt halten können.« Er fuhr zusammen, als wieder eine Granate im flachen Wasser detonierte, und versuchte, nicht an die dichtgedrängten Flüchtlinge zu denken.

Dann ging er ohne ein Wort in die dunkle Hütte. Er hielt nur einen Augenblick an, um eine Decke über den Leichnam gleich neben der Tür zu werfen, dann begann er, in den Trümmern des Funkgeräts zu wühlen. Er verschloß seine Ohren vor dem fernen Donner einschlagender Granaten und dem Summen der Fliegen bei dem anderen Leichnam. Allmählich glaubte er, des Rätsels Lösung gefunden zu haben. Ein paar Batterien fehlten in dem Gerät. Die Japaner mußten während der Nacht gekommen sein, um Ersatzteile aus der Hütte zu holen.

Als er wieder ins Freie trat, hörte er Phelps rufen: »Die *Porcupine* schwimmt auf, Sir!« Seine Stimme bebte vor Erleichterung. Ihm bedeutete das Schiff alles, daher war dessen Überleben für ihn wichtiger als selbst das Leben der Flüchtlinge.

Hammond sagte langsam: »Die *Nonouti* kommt jetzt zum engsten Teil des Fahrwassers. Wenn die Japaner sie dort versenken, blockiert sie es vollständig. Dann können nur noch die flachen Kanonenboote stromaufwärts gehen.«

Trewin hörte nicht zu. Er starrte auf die Masten der *Porcupine*, die aus dem noch immer über der Wasserfläche treibenden Frühdunst ragten. Sie wanderten achteraus. Das Schiff war also flott und endlich frei von der Sandbank. Dann, als er gerade im Begriff war, mit den anderen zum Dingi zu gehen und zur *Porcupine* zurückzukehren, stellte er zu seiner Verblüffung fest, daß die beiden Masten langsam in Deckpeilung kamen. Als er heftig zwinkerte, um klaren Blick zu bekommen, sah er den plumpen Bug des Schiffes aus dem Dunst auftauchen. Seine Back schimmerte schwach im ersten Strahl der aufgehenden Sonne.

Hammond sagte halberstickt: »Sie dreht! Corbett will zur *Nonouti*!«

Gemeinsam richteten sie ihre Gläser auf den alten Raddampfer. Die Schaufelräder drehten sich zwar noch brav, aber vor dem zerbeulten Vordersteven war keine Bugwelle mehr zu sehen, und das Wasser, das sie aufwühlten, war gelb und sandig.

»Sie sitzt fest!« rief Hammond. »Sie ist aufgelaufen.«

Trewin wandte den Blick zurück zur *Porcupine.* Er sah kleine weiße Gestalten auf dem Achterdeck, und ein Sonnenstrahl beschien kurz den schweren Schlepphaken, an dem sie arbeiteten.

Im Augenblick schlugen keine weiteren Granaten ein, und Trewin malte sich die Verblüffung aus, die das plötzliche Auftauchen des Kanonenbootes bei den Beobachtern ausgelöst hatte. Sie brauchten jetzt nur noch zu warten, bis die beiden durch die Schleppleine verbunden waren, dann . . . Halb zu sich selbst sagte er: »Gehen Sie mit Phelps zum Strand hinunter, Sub. Er soll die *Porcupine* anrufen.«

Er sah die Unsicherheit in Hammonds Blick und fügte hinzu: »In der Hütte ist eine Signalpistole. Wenn es mir gelingt, die Position der Beobachter durch ein paar Leuchtraketen zu markieren, kann Tweedie die Stelle vielleicht mit seinen Haubitzen treffen.«

Dann wandte er sich zum Gehen, aber Hammond packte ihn am Arm. »Das ist unmöglich! Die Japsen werden Sie umbringen.«

»Das kommt auf den Versuch an.« Er zwang sich zu einem Grinsen. »Setzt den Winkspruch ab, Sub, aber schnell! Die *Porcupine* ist durch das Fahrwasser und verschwindet, bevor ihr bis drei zählen könnt!« Dann lief er in die Hütte, deren Geruch er haßte, und er haßte auch sich selbst wegen seiner Lüge, daß auch nur die geringste Hoffnung auf Rückkehr bestünde.

Er schob die dicken Signalpatronen in seinen Hemdausschnitt und rammte eine davon in die Pistole. Als er die Hütte verließ, überfiel ihn plötzlich die Angst. Die anderen waren schon gegangen, und einen Augenblick war er versucht, ihnen zu folgen. Dann, nach einem letzten Blick auf das Schiff, bahnte er sich den Weg aufwärts durch das stachelige Gestrüpp.

Die Sonne stand zwar noch immer nicht über dem Dunst, aber trotzdem lief ihm bereits der Schweiß über Brust und Beine, und sein heißer Atem pfiff keuchend über die ausgetrockneten Lippen. Am Fuß eines vermoderten Baumstammes fand er eine Pfütze schwärzlichen Schlamms, Überbleibsel vom letzten Regenguß. Dankbar sank er auf die Knie und tauchte sein Taschentuch hinein, feuchtete es an und kühlte damit sein Gesicht. Einem plötzlichen Impuls folgend, zog er sein Hemd aus und knetete es in dem Matsch, bevor er es wieder über die Schultern streifte. Es stank entsetzlich, aber das nahm er in Kauf, denn bestimmt war er jetzt nicht so leicht zu entdecken wie in einem weißen Hemd. Als er die schweren Patronen wieder hineinschob und ihre kühle Glätte an seiner Haut spürte, dachte er plötzlich an das Mädchen, Clare Massey. Was machte sie wohl jetzt gerade? Würde sie je hören, was er getan hatte? Und wenn, würde es sie überhaupt interessieren?

Er stand wieder auf und eilte weiter hangaufwärts. Nicht mehr lange, dachte er halb benommen. Sie mußten ganz in der Nähe sein, an einem Punkt, von dem sie gleichzeitig zur See hinunter und weit ins Hinterland sehen konnten.

Er bemühte sich, nicht an die toten Soldaten zu denken und daran, wie sie ums Leben gekommen waren. Er warf einen Blick auf den Revolver in seiner Hand. Eins stand fest: *Ihn* würden sie nicht lebend bekommen.

Ein dünner Strahl schwachen Sonnenlichts glitzerte einen Augenblick durch die Bäume, und instinktiv warf er sich blitzschnell zu Boden. Dann kroch er mit angehaltenem Atem aufwärts durch den dichten Stechginster. Er zerstach ihm Hände und Knie, aber jedes Vorwärtstasten der Hände oder Nachziehen der Beine brachte ihn näher an die Stelle, wo er das Glitzern gesehen hatte, das Glitzern eines von Glas reflektierten Sonnenstrahls.

Schmeißfliegen umsummten sein schweißtriefendes Gesicht, andere Insekten untersuchten seine Brust und seine Beine, aber er wagte nicht, sie zu verscheuchen. Abgeschirmt durch die Bäume, hörte er jetzt das dumpfe Grollen einer einschlagenden Granate. Sie hatten den Beschuß wieder aufgenommen. Innerhalb weniger Minuten konnten sie die genaue Entfernung und Richtung haben, und die arme *Porcupine* würde detonieren wie eine ungeheure Bombe.

Er bebte am ganzen Körper, und ihm war klar, daß er nur darauf wartete, diese eine, endgültige Detonation zu hören.

Dann blickte er auf. Sie waren so dicht vor ihm, daß er einen unsinnigen Augenblick lang glaubte, sie hätten ihn entdeckt und wären bereits dabei, ihn zu umzingeln. Als er wieder klarer sah, nahm er die ganze Situation wie ein Bild in sich auf. Da war ein geschickt angelegtes Versteck, bestehend aus einem Schilfdach, in das sie lose Zweige gesteckt hatten, um es gegen Luftsicht zu tarnen. Davor stand ein großes Fernglas, auf einem Dreifuß aus Messing montiert; vom Dach beinahe verborgen wurde eine Signallampe, die auf die nächste Bergkette gerichtet war. Rund um das Fernglas standen aufmerksam und bewegungslos die japanischen Beobachter.

Sie trugen schmutzige Tarnanzüge und eng anliegende Dschungelmützen. Einer von ihnen, anscheinend der Anführer, trug eine Brille und rauchte eine Zigarette. Über seinen Knien lag ein langes krummes Samuraischwert, und Trewin stellte sich plötzlich vor, wie dieser selbstsichere Offizier auf den gefesselten Soldaten in der Hütte eingehauen hatte.

Der Mann am Fernglas bewegte den Drehgriff und sprach dabei aus dem Mundwinkel. Kopf und Schultern eines weiteren Soldaten tauchten auf, halbverdeckt durch das Strohdach, und Trewin sah, wie er sich hinter die Signallampe kauerte. Sie leuchtete nur sehr schwach, aber zweifellos wurde sie von den fernen Hügeln aus mit einem starken Fernglas beobachtet. Trewin hörte das kurze Heulen einer Granate über seinem Kopf und sofort danach die Detonation des Einschlags.

Der Offizier stand auf und rief dem Mann am Fernglas einen kurzen Befehl zu. Der Soldat nickte eifrig und preßte die Augen gegen das Okular.

Leise und vorsichtig spannte Trewin den Hahn der Signalpistole. Er mußte zweimal nachfassen, denn das Metall war schlüpfrig von seinem Schweiß. Es wäre zwecklos gewesen, einen der Soldaten zu erschießen. Sicherlich gab es noch mehr hinter dem Gipfel des Hügels, die die Innenseite der Einfahrt bewachten, bis die Artilleriebeobachter ihre Arbeit getan hatten.

Sein Blick richtete sich auf das Schilfdach; mit einer plötzlich über ihn kommenden Ruhe hob er die Mündung und zielte auf das Dach. Der dumpfe Knall der Pistole ging fast unter im gewaltigen Brausen der Flammen und in einem Funkenregen, als das ganze Dach durch die detonierende Rakete in die Luft flog. Der Soldat am Fernglas lief weg, aber der Offizier schrie ihn mit wutverzerrtem Gesicht an, worauf er wieder zurückkehrte. Während sich Feuer und Rauch rasch ausbreiteten und die Flammen auch die angrenzenden Büsche erfaßten, zückte er sein Krummschwert und rief den Männern, die jetzt von überall herbeieilten, wilde Befehle entgegen.

Trewin legte nun seinen Revolver auf einem niedrigen Ast auf, zog ab und sah einen der Männer wie einen Kreisel herumwirbeln und dann hintenüber bergab stürzen. Wieder und wieder feuerte er, aber als er einmal durch eine Lücke im Rauch starren konnte, entdeckte er, daß die Soldaten verschwunden waren. Wären da nicht noch das Fernglas und die brennende Hütte gewesen, hätte er alles für Einbildung halten können.

Dann hörte er zu seiner Rechten den Knall eines Gewehrschusses und spürte, wie ihm abgeschlagene Blätter auf den Nacken fielen, während die Kugel über ihn hinwegpfiff. Irgendjemand rief Kommandoworte, und er hörte hinter dem brennenden Scheiterhaufen hervor das scharrende Geräusch rennender Füße.

Mit wild klopfendem Herzen begann er, sich rückwärts den Hang hinunterzuschlängeln. Ein Schatten bewegte sich vor der Rauchwand, und er feuerte noch einmal, spürte das Bocken des Revolvers in seiner Faust. Er wußte nicht mehr, wie oft er gefeuert hatte; fast in Panik rollte er hintenüber und begann dann, den Hang hinunterzurennen. Bei jedem Schritt rechnete er damit, den Einschlag einer Gewehrkugel im Rücken zu spüren wie einen Fausthieb.

Jetzt sah er vor sich die Bäume erzittern wie in einer starken Bö, und mit einem letzten Rest von Vernunft warf er sich flach auf den

Boden. Es war die erste einschlagende Granate von der Haubitze der *Porcupine.* Wie das Geschütz selbst, so war auch dessen Munition alt und überholt, aber die Wirkung des ersten Geschosses war ungeheuerlich.

Trewin hatte gehört, wie Tweedie sie liebevoll als »Veilchenschneider« bezeichnete, wenn sie mit Aufschlagzünder gefeuert würde. Die Granaten spuckten dann einen tödlichen Hagel von Schrappnellkugeln und Stahlschrott nach allen Richtungen, und zwar ganz knapp über dem Boden.

Er krallte sich in die Erde, als die Luft ringsum mit schrillem Gekreisch und dem Prasseln und Splittern zerfetzter Bäume zum Leben erwachte. Der brennende Scheiterhaufen auf dem Gipfel gab ein großartiges Ziel ab, aber jetzt war keine Zeit, zu warten und die Wirkung zu beobachten. Er hatte damit gerechnet, bei dem Unternehmen umzukommen, aber jetzt, da ihm dieser unglaubliche Aufschub gewährt worden war, fühlte er nichts als Angst.

Er rannte weiter, hielt kurz an, als noch eine Granate auf den Gipfel des Hügels herunterorgelte und die Luft mit Schrappnell und Stahlsplittern erfüllte. Bevor er weiterlief, blickte er noch einmal zurück zu dem jetzt in voller Ausdehnung brennenden Berg. Sicherlich konnte dort niemand mehr am Leben sein! Der Offizier mit dem steinernen Gesicht war bestimmt mit den anderen zusammen umgekommen. Trewin betete, daß er langsam gestorben sei, langsam genug, um zu erkennen, was aus ihm und seiner Gruppe geworden war.

Er rannte jetzt schneller. Vor seinen Augen schwamm alles vor Anstrengung, während Büsche und Gestrüpp versuchten, seinen Lauf zu behindern, ihm durch dornige Fallstricke den Weg zu verlegen. Dann war er bei der kleinen Lichtung, jenseits davon leuchtete die See wie blaue Seide. Er sah die *Porcupine*, die wieder landeinwärts drehte, ihr Kielwasser bildete einen weiten Halbmond. Und er sah den alten Raddampfer, nun wieder auf Südkurs, die schwarze Rauchfahne aus seinem dünnen Schornstein zog hinter ihm her wie ein endlos langer Heimatwimpel*, er frohlocke sie über die gelungene Flucht.

Die See war gesprenkelt mit großen gelben Flecken, die die

* die nach langem Auslandsaufenthalt heimkehrenden Kriegsschiffe setzen den sog. Heimatwimpel im Topp; er ist schmal und sehr lang.

Einschläge hinterlassen hatten, und die ferne Batterie feuerte noch immer. Aber ohne die Aufschlagbeobachter war sie jetzt blind.

Trewin wandte sich ab, halb betäubt von der überstandenen Anstrengung, doch dann blieb er wie versteinert stehen. Ihm gegenüber, auf der anderen Seite der Lichtung, stand der japanische Offizier! Seine Uniform war zerrissen und angesengt, und über den Augen hatte er eine Schnittwunde, aber sein Gesicht war konzentriert, das gezückte Krummschwert hielt er fest in beiden Händen, während er langsam, die See im Rücken, über den ebenen Boden auf ihn zukam.

Trewin hob den Revolver; dann sah er, wie sich der Ausdruck des Japaners von haßerfüllter Konzentration in Schadenfreude verwandelte, als der Schlagbolzen gegen eine leere Kammer klickte.

Das Samuraischwert hob sich über des Mannes rechte Schulter, und er tänzelte leichtfüßig über die Lichtung heran. Er hielt es noch immer in beiden Händen, und Trewin sah das Licht der Morgensonne wie Blut auf der rasiermesserscharfen Klinge blitzen. Trewin stand ganz still, er war unfähig zu einer Bewegung. Es war aus. Weder konnte er dem vorrückenden Gegner den Rücken kehren, noch sich auf ihn stürzen.

Da erklang ein scharfer Knall hinter den Büschen, und Trewin warf sich zur Seite, als der Japaner vorwärtsgeschleudert wurde von der Wucht der schweren Revolverkugel, die ihn voll ins Rückgrat getroffen hatte. Wie im Traum sah er den Mann sich vor Schmerzen krümmen, seine Zähne waren entblößt wie bei einem Raubtier, sein Blut tränkte den trockenen Boden. Dann rollte er auf den Rücken, zuckte noch einmal mit den Füßen und lag still, den Schwertgriff noch immer fest umklammernd.

Als Trewin den Kopf hob, sah er Hammond vor dem Hintergrund der blauen See, den Revolver in der Hand, der noch in eine helle Rauchwolke gehüllt war.

Hammond konnte den Blick nicht von dem Toten reißen. »Ich mußte zurückkommen, Number One, konnte Sie nicht Ihrem Schicksal überlassen, ohne wenigstens den Versuch zu machen ...« Er verlor die Kontrolle über seine Stimme.

Phelps raste über die Lichtung, und nach einem Augenblick des Zögerns entriß er dem Leichnam das Schwert und hob es hoch ins

Sonnenlicht.

Trewin legte Hammond den Arm auf die Schulter und starrte den toten Gegner zu seinen Füßen an. Dessen Zähne waren noch immer entblößt, aber sein Gesicht schien eingefallen wie eine Maske. Heiser sagte er: »Das ist also der Feind! Jetzt wissen wir es.« Er schwankte ein wenig und fuhr fort: »Danke, Colin. Ich werde nie vergessen, was Sie getan haben!«

Hammond schob seinen Revolver ins Halfter, dann lachte er spröde. »Das sagen Sie nach dem, was Sie gerade getan haben?«

Phelps rief dazwischen: »Das Schwert, Sir, kann ich es behalten?«

Trewin starrte ihn einen Augenblick verständnislos an. »Natürlich kannst du das, Junge«, sagte er dann.

Er spürte, wie die Übelkeit nach ihm griff, seine Gliedmaßen zitterten wie im Fieber. »Wir sollten uns besser auf den Weg machen, stromaufwärts.«

Mißtönend, aber triumphierend erklang in diesem Augenblick die Sirene der *Porcupine*, die sich den Talang River aufwärts der Siedlung näherte.

Das Wohnhaus der Masseys stand an der Rückseite des Hospitals. Von außen wirkte es, als sei es an das Haupthaus angelehnt und nur aus Material errichtet, das beim Bau des Krankenhauses übriggeblieben war. Aber im Inneren gewann man einen ganz anderen Eindruck.

Trewin lehnte sich behaglich in einem niedrigen Rohrsessel zurück, ein großes Glas mit Ingwerbier und Brandy neben sich. Die Augen fielen ihm fast zu, obwohl er unbedingt wachbleiben und aufmerksam zuhören wollte, was Dr. Massey sagte. Hinter den zugezogenen Jalousien und im Schein mehrerer Petroleumlampen wirkte der lange Raum behaglich. Eine Wand bestand aus einem einzigen riesigen Bücherbord, gefüllt mit unendlich vielen Büchern; die schönen, soliden alten Möbelstücke hatte Massey offenbar aus England mitgebracht.

Der Arzt saß mit übergeschlagenen Beinen, rauchte eine seiner pechschwarzen Zigarren und sah aufmerksam einem Nachtfalter zu. Trotz der harten Arbeit eines langen Tages wirkte er entspannt, und die großen Hände ruhten in seinem Schoß, als genössen auch sie die kurze Ruhepause.

Massey sagte: »Als ich herkam, starben die Menschen noch wie die Fliegen. Eine verdammte Epidemie jagte die andere, und es gab im Umkreis von fünfzig Meilen keinen Arzt.« Er lächelte bei der Erinnerung an irgendein Ereignis aus dieser Zeit. »Und fünfzig Meilen sind hier draußen eine große Entfernung.«

Trewin dachte an ihre mühsame Wanderung von der Flußmündung stromaufwärts, an die endlose Dschungellandschaft, an die einander überschneidenden Höhenzüge. Als sie endlich in der Siedlung angekommen waren, lag die *Porcupine* bereits an der Pier; lange Reihen von Soldaten luden geschäftig die Munitionskisten aus und schafften sie auf der ungepflasterten, staubigen Straße landeinwärts.

Corbett hatte ihn auf dem Seitendeck mit den Worten empfangen: »Das war sehr gute Arbeit, Trewin!« Dann trat er zurück und betrachtete Trewins Gesicht, als suche er nach einem sichtbaren Zeichen dieser Leistung. »Ich werde dafür sorgen, daß Ihre Tat den entsprechenden Stellen in Singapur zur Kenntnis gelangt.« Er rieb sich die Hände und warf einen Blick auf die schwitzenden Soldaten. »Äußerst befriedigend, nicht?«

Selbst Tweedie wirkte aufgeräumter als sonst. Trewin hatte zu ihm gesagt: »Ihre Haubitze gab den Ausschlag, Tweedie. Haargenau im Ziel!«

Tweedie hatte versucht, unbeeindruckt zu erscheinen, schob verächtlich die Unterlippe vor und erwiderte mürrisch: »Hab' ja immer gesagt, es ist eine gute Waffe, aber niemand wollte mir glauben.«

Trewin überlegte kurz, ob Tweedie wohl daran gedacht hatte, daß jede Granate zusammen mit dem Feind auch den I.W.O. töten konnte. Wenn er daran gedacht hatte, so ließ er es sich zumindest nicht anmerken. Hammond war gleich in seine Kammer gegangen, und als Trewin ihn nach kurzem Duschen in frischer Kleidung aufsuchte, fand er ihn angezogen auf der Koje liegen, noch immer in denselben schmutzigen und zerrissenen Sachen, in denen er an Bord gekommen war.

Ohne aufzublicken sagte Hammond: »Heute habe ich einen Menschen getötet! Ich habe ihn niedergeschossen, ohne mir mehr Gedanken dabei zu machen, als wenn ich einen Käfer zertrete!« Plötzlich schauderte er. »Ich habe mir nicht vorgestellt, daß Töten so sein würde. Vorher war es immer gesichtslos, ein Ziel für das

Geschütz oder eine Position in der Schußtafel.« Dann betrachtete er seine Hände, drehte sie um und um, als suche er nach einem Zeichen für das, was er getan hatte. »Aber ich habe diesen Japaner erschossen. Ich habe ihn *getötet*!«

Trewin hatte ruhig geantwortet: »Und ich bin verdammt froh darüber. Aber ich weiß, was Sie fühlen. Es kommt immer hinterher. Und bei manchen hört es nie mehr auf.«

Hammonds Kopf fiel nach vorn, und im nächsten Augenblick war er in tiefen Schlaf gesunken. Schock und Erschöpfung hatten seinen letzten Widerstand weggeschwemmt. Trewin stand noch ein paar Minuten neben der Koje und schaute ihn an. Dann deckte er ihn mit einer Decke zu und verließ leise die Kammer.

Hammond würde darüber hinwegkommen, dachte er. Er war jung und hatte jemanden, für den er lebte.

Massey sagte in Trewins Gedanken hinein: »Und jetzt habe ich zwei weitere Ärzte hier, die mir helfen. Beide sind Chinesen und feine Kerle.« Er lächelte verschmitzt. »Ich hatte gefürchtet, die Heeresleute würden mir ein paar von ihren Ärzten andrehen und dieses Hospital in ein Militärlazarett verwandeln.«

Trewin dachte an den Geruch des Todes in der Hütte, an das gnadenlose Heulen der Granaten über ihren Köpfen. »Es ist nicht immer möglich, sich aus dem Krieg herauszuhalten, Doktor.«

Massey stand mühsam auf und füllte Trewins Glas nach. Ruhig sagte er: »Ich war im letzten Krieg, und zwar nicht als Arzt.« Er streckte sich und starrte auf den toten Nachtfalter unter der Lampe. »Ich war bei der Infanterie in Flandern.« Er hob die Schultern. »Das hat mich verändert. Zum Besseren, hoffe ich. In England fand ich nicht, was ich suchte, also spezialisierte ich mich auf tropische Medizin und kam hierher. Dies ist jetzt mein Zuhause.« Es klang endgültig.

»Und Ihre Tochter?« Trewin blickte ihn über den Rand seines Glases hinweg aufmerksam an, entdeckte aber weder Verstimmung noch Vorsicht in Masseys bärtigem Gesicht.

»Clare wollte mitkommen. Die meiste Zeit ist sie hier glücklich.«

Trewin wartete und spürte die Müdigkeit wie Klauen an seinen Sinnen zerren. Er hatte nicht vorgehabt, überhaupt ins Hospital zu kommen. Nachdem er in der Heereskommandantur über die verborgene Batterie, den vernichteten Beobachtungsstand und die ermordeten Funker berichtet hatte, war er an Bord zurückgekehrt, um zu schlafen. Aber Corbett hatte ihn beinahe jovial begrüßt: »Wir gehen an Land, Trewin. Die Masseys haben uns zum Essen eingeladen.«

Als Trewin Mallory fragte, ob auch er eingeladen sei, war dieser regelrecht explodiert. »Wohl kaum möglich! Und ich hätte die Einladung sowieso nicht angenommen!« Zornig hatte er Trewin angesehen, das gebräunte Gesicht verkniffen. »Ich wußte schon lange, daß unser Skipper nicht alle beisammen hat, aber dieser letzte Tag, das war zuviel.« Er hielt sich die ausgestreckte Hand unters Kinn. »Bis hierher steht es mir!«

In schnellen, abgehackten Sätzen hatte er dann die Ereignisse an Bord geschildert, nachdem Trewin an Land gegangen war. »Corbett war wie ein Bär mit wundem Arsch. Er hörte nicht auf, mich anzufauchen.« Wütend schlug er die Fäuste zusammen. »Und als das Schießen losging, stieß er mehr wilde Befehle aus als die Frau eines Admirals.«

Plötzlich senkte er die Stimme. »Ich weiß, Sie haben Großartiges geleistet, Number One, und ich bin der erste, der zugibt, daß ich das niemals geschafft hätte. Aber Corbetts Anteil daran ist was anderes. Sobald dieser alte Raddampfer unter Beschuß kam, fuhr er freiwillig hin! Ihm war klar, daß der Admiral ihn zur Schnecke machen würde, weil er die *Porcupine* auf Dreck gesetzt hatte. Also spielte er den Helden. Er scherte sich den Teufel um das Leben seiner Leute, ihn interessierte nur, was der Obermotz sagen würde, wenn er von seiner Tapferkeit hörte.«

Hier hatte ihn Trewin unterbrochen. »Ich denke, Sie beruhigen sich erst einmal. Ihr Zorn hilft niemandem.«

Mallory hatte seufzend erwidert: »Klar, Sie sind der Erste Offizier. Loyalität gegenüber dem Schiff, und all das.«

»Sie meinen, unser Kommandant handelte nur aus Eigeninteresse?« Trewin spürte, wie seine Sympathie für Mallory sich langsam ins Gegenteil verwandelte.

»Könnte schon sein. Er ließ mich zwar das Schiff flußaufwärts fahren, behandelte mich dabei jedoch wie ein Kind und stand die ganze Strecke über hinter mir. Wenn Sie mich fragen – er fuhr die *Porcupine* nur auf Schiet, weil er den falschen Kurs stur durchhielt. Er ist eben zu dickköpfig, um zuzugeben, daß jemand anderes das Schiff genausogut führen kann wie er.«

Trewin fühlte, wie ihm die Augen zufielen, und sagte rasch: »Ich sollte allmählich an Bord gehen, Doktor. Es ist schon spät.«

»Vermutlich halten Sie mich für gedankenlos, weil ich Sie hier trotz Ihrer Müdigkeit zurückhalte?« Massey blickte ihn ernst an. »Aber ich glaube, Sie sollten reden, um über Ihre Erlebnisse hinwegzukommen.« Er schüttelte den Kopf. »Als ich hörte, was Sie getan hatten, konnte ich mir gut vorstellen, wie Ihnen zumute war.« Er musterte Trewin mit seinen tiefliegenden Augen. »Sie haben Schlimmes durchgemacht. Einiges davon habe ich von Ihrem Kommandanten gehört, anderes habe ich mir selbst zurechtgereimt.« Er lächelte. »Und Sie können sich diesen mißtrauischen Blick sparen, mein Junge. Vergessen Sie nicht, ich bin Arzt!«

In diesem Augenblick ging die Tür auf, und Corbett trat mit Masseys Tochter ins Zimmer. Er sagte: »Ich habe mir gerade Clares Garten angesehen, James. Er ist wunderschön. Ein kleines Stück England.«

Clare Massey blickte Trewin an. »Fühlen Sie sich jetzt besser?«

»Ja.« Es war seltsam, wie sie ihm die Zunge lähmte. Vom Augenblick seiner Rückkehr nach Talang hatte er gewußt, daß er sie wiedersehen wollte. Vielleicht war es die Angst vor einer Abweisung gewesen, die ihn immer neue Ausreden erfinden ließ, weshalb er an Bord bleiben sollte. Während des Essens hatte er sie dann ständig über den Tisch hinweg angeschaut. Wenn sie mit ihrem Vater sprach, wirkten sie nicht wie Vater und Tochter, sondern wie gute Kameraden.

Clare sagte gerade: »Der Regen hat die Blumen arg mitgenommen, aber sie sind sehr widerstandsfähig.« Sie fröstelte ein wenig. »Es wird dunkel. Ich weiß nicht, ob ich heute nacht schlafen kann, wenn die Japaner schon so dicht vor Talang stehen.«

Trewin betrachtete ihr Haar, das im Lampenlicht leuchtete. Er sah die schöne Linie ihres Halses, die Festigkeit ihres Körpers unter dem Khakihemd, und sagte: »Es scheint jetzt ruhig zu sein.«

Corbett beobachtete beide mit kühlen Blicken. »Wir müssen gehen, Trewin. Wir fahren morgen nach Singapur zurück.«

Trewin hätte gern einen Vorwand gefunden, um mit Clare allein zu sein. Er wußte zwar nicht, was er ihr sagen sollte, aber das erschien ihm plötzlich auch unwichtig.

Massey stand auf und gähnte ausgiebig. »Ich schicke Clare in ein oder zwei Tagen hinunter nach Singapur, Greville. Es wird ihr guttun, ein bißchen von hier wegzukommen.«

Corbett nickte, sein Blick ruhte aber noch immer auf Trewin. »In Ordnung, James. Abgemacht. Sie kann dann wieder bei Mildred wohnen.«

Trewin meinte, einen raschen Blickaustausch zwischen Vater und Tochter gesehen zu haben; aber sie antwortete freundlich: »Gern.«

Dann hörte er sich selbst sagen: »Vielleicht können *wir* einmal zusammen essen, wenn ich gerade im Hafen bin?«

Corbett ergriff seine Mütze. »Ich glaube, wir werden allerhand zu tun haben, Trewin.« Es klang wie eine Warnung.

Aber Clare erwiderte: »Auch das würde ich gern tun.« Sie lächelte mit ebenmäßigen Zähnen. »Also passen Sie diesmal besser auf sich auf.«

Als sie an Bord zurückgingen, spürte Trewin Corbetts plötzlichen Stimmungsumschwung. Er schien in tiefe Gedanken versunken, sein Schritt war rasch und ungeduldig. Schließlich stieß er hervor: »Clare ist ein großartiges Mädchen. Ich kenne sie seit ihrer Kindheit.« Trewin versuchte, in der Dunkelheit Corbetts Gesicht zu erkennen. »Ich weiß, Sir.«

Corbett fuhr hartnäckig fort: »Ich möchte nicht, daß sie irgendwie beunruhigt wird, verstanden?«

Trewin war so müde und ausgelaugt, daß er nicht wußte, ob er über diese Bemerkung lachen oder verärgert sein sollte. Es klang genauso besitzerhaft, als spräche der Kommandant von seinem Schiff. Vielleicht war doch ein Körnchen Wahrheit in Mallorys Worten? Schließlich sagte er vorsichtig: »In Singapur wird es eine Untersuchung geben, nehme ich an, Sir?«

Corbett schnaubte verächtlich. »Das würde mich nicht wundern. Aber wir können berichten, daß wir uns gut gehalten haben. Sehr gut sogar!«

Aber wenn Trewin dachte, es sei ihm gelungen, das Thema zu wechseln, so hatte er sich geirrt. Als sie die unbeleuchtete Gangway erreichten, sagte Corbett: »Eines Tages wird Clare einen netten Mann kennenlernen und glücklich verheiratet sein.« Er hielt an, einen Fuß bereits auf dem Seitendeck. »Denken Sie daran.«

Trewin ging in seine Kammer und schlug die Tür zu. Einen Augenblick starrte er sein Spiegelbild an, dann nickte er. »Ich werde daran denken, allerdings werde ich das!«

Trewin fand bald heraus, daß Corbett in einem Punkt recht hatte: Drei Tage nach ihrem Eintreffen in Singapur erhielten sie bereits wieder Auslaufbefehl, diesmal jedoch nicht zur Ostküste, die für sie schon Routine geworden war. Im Schutz der Dunkelheit verließen die vier Kanonenboote die Stadt, die auf den nächsten Luftangriff wartete, und dampften zunächst nach Westen, dann bogen sie ab nach Norden in die Malakkastraße.

Von harten Kämpfen war die Rede gewesen, die sich dort seit Beginn der Invasion abgespielt haben sollten, nach demselben Muster von Rückzügen und verzweifelten Gegenangriffen wie im Osten der Halbinsel. Penang war gefallen, Kuala Lumpur folgte kurz danach auf der Liste der Niederlagen.

Aber der britische Widerstand versteifte sich, und während der Feind auf beiden Seiten der malaiischen Halbinsel vorwärts drängte, wurden weitere britische Truppen und schwere Artillerie nach Norden geworfen, die die Lücken schließen und sich gegen die Flut von Tod und Zerstörung stemmen sollten.

Am dritten Tag ihrer Liegezeit in Singapur hatte Corbett den Befehl erhalten, in Fairfax-Lorings Hauptquartier zu erscheinen. Der einstmals so ansehnliche Gebäudekomplex war jetzt nur noch ein schwarzes ausgebranntes Skelett von Stahlträgern. Aber im darunterliegenden Keller, dessen Fenster durch Sandsäcke geschützt waren, hatte man eine provisorische Operationszentrale eingerichtet, und von hier aus machte Fairfax-Loring den ihm unterstellten Einheiten das Leben sauer.

Alle Kommandanten der Kanonenboote und ihre Ersten Wachoffiziere waren versammelt, und der Admiral hatte keine Zeit vergeudet, sondern war gleich zum springenden Punkt gekommen.

»Der Feind hat einen weiteren Durchbruch erzielt, und zwar hier!« Sein Flaggleutnant bewegte einen langen Zeigestock, bis die Spitze die Stadt Malakka erreichte. »Er ist nach demselben Muster vorgegangen wie an der Ostküste, aber dieses Gebiet ist für Nachschub und Verbindungen erheblich schwieriger. Das Heer zieht sich aus der Stadt zurück bis hierhin«, er wartete, bis der Zeigestock die Stelle erreicht hatte, »und dort benötigt es Unterstützung und Nachschub von See her.«

Er warf einen Blick auf die gespannten Gesichter. »Der C.-in-

C.* ist mit unseren Anstrengungen während der vergangenen Wochen zufrieden gewesen, und ich habe vorgeschlagen, daß wir zur Abwechslung einmal unsere Unterstützung der Westküste zur Verfügung stellen.«

Er lachte in sich hinein. »Zumindest auf der Ostseite ist die gegnerische Offensive erst einmal zum Stehen gekommen, nicht wahr?«

Es stimmte, daß die Verteidigungslinie am Pahang River noch hielt. Auf beiden Seiten hatte es lebhafte Patrouillentätigkeit und schwere Artillerieduelle gegeben. Aber noch war die Linie intakt, und jeder weitere Tag bedeutete mehr Verstärkung und damit eine bessere Möglichkeit zum Zurückschlagen. Der Krieg war wie ein Pendel. Wenn die Japaner an der einen Küste aufgehalten wurden, schwang die Wucht ihres Druckes zur anderen Seite hinüber. Bisher waren beide Fronten ziemlich ausgeglichen geblieben, aber jetzt, mit diesem letzten Durchbruch, drückte der Feind wieder auf der Westseite stärker nach Süden, näher an sein Endziel heran. Malakka lag lediglich hundert Meilen von Singapur entfernt, auf der Karte nur eine kurze Strecke.

Der Admiral fuhr im selben lebhaften Ton fort: »Wir wissen jetzt mehr über den Gegner, wir kennen seine Absichten.« Sein eitles Lächeln zeigte nichts als Zuversicht. »Diesmal werden wir ihm einen schweren Schlag versetzen!«

Keates, der Kommandant der *Beaver*, zupfte an seinem grauen Bart. »Welche Unterstützung bekommen wir, Sir?«

Fairfax-Loring unterstrich jedes seiner Worte mit dem Finger. »Alles, was ich Ihnen geben kann! Ein Flakkreuzer und seine Begleitzerstörer fahren mit Ihnen an der Küste entlang, und um alle froh zu machen, habe ich auch guten Jagdschutz besorgt.« Diesen Punkt hatte er sich bis zuletzt aufbewahrt. »Hurricanes! Frisch von England herübergekommen und begierig darauf, die Japsen da zu treffen, wo es ihnen wehtut!«

Der Reihe nach hatte er sie angeblickt, plötzlich ernst, beinahe feierlich. »Ich wünschte nur, ich könnte die Unternehmung mitmachen, meine Herren. Aber leider muß ich hierbleiben, um die Operationen zu leiten, und wie es im Augenblick aussieht, wird man mir wohl bis auf weiteres die Verantwortung für beide Kü-

* Commander-in-Chief, Oberbefehlshaber

stenabschnitte übertragen.« Dann hob er die Schultern und brachte wieder sein altes Lächeln zum Vorschein. »Aber dies ist nicht die richtige Zeit, um an sich selbst zu denken, stimmt's?«

Als sie mit ihren Notizen fertig waren, hatte der Admiral beiläufig hinzugefügt: »Ich habe noch keine Gelegenheit gehabt, mit Ihnen über das kleine Abenteuer der *Porcupine* bei Talang zu sprechen.« Sein Blick ruhte einen Augenblick auf Corbett. »Es sah zuerst sehr schlecht aus, aber am Ende hat sich ja alles wieder eingerenkt.«

Das war alles. Kein Verweis oder Tadel, nicht einmal eine Frage zu dem Bericht über die Grundberührung, den Corbett schon eingereicht hatte.

Die Vorbereitungen hatten Trewin so in Atem gehalten, daß die Erkenntnis dieser Tatsache in seinem Kopf zunächst verdrängt wurde. Selbst das Nachspiel in den Hügeln mit seinem fürchterlichen Alptraum war im Trubel allmählich verblaßt.

Aber jetzt, als die *Porcupine* langsam die Südwestküste entlangfuhr, fand Trewin Zeit, über Fairfax-Lorings anscheinende Gleichgültigkeit nachzudenken.

Eines war sicher: Auf Corbett hatte die ganze Angelegenheit eine seltsame Wirkung ausgeübt. Vom Augenblick des Auslaufens an hatte er es nicht fertiggebracht, seine Gereiztheit und Ungeduld zu unterdrücken. Es war, als fühle er sich fehl am Platze in diesem für ihn neuen Gebiet, denn nach Hammonds Aussagen war Corbett seit der Übernahme des Kommandos niemals woanders gefahren als an der Ostküste.

Weitere drei Tage dampften die Kanonenboote langsam in ihrem festgelegten Patrouillengebiet hin und her, und die erste erwartungsvolle Spannung war der üblichen Alltagsroutine gewichen. Des Admirals Zusage auf Unterstützung erwies sich als zutreffend. Sie hatten den Kreuzer *Canopus* und sein Zerstörergeleit weitab am Horizont gesichtet, und regelmäßig zweimal am Tag gab es erst Alarm und dann Beifallsrufe, wenn die tief fliegenden Hurricanes über ihre Köpfe hinwegbrausten und dem Küstenverlauf folgten wie Raubvögel.

Dann, am dritten Tag, als Trewin gerade zur Brücke hinaufstieg, um die Wache zu übernehmen, waren die schlechten Nachrichten durchgedrungen. Er stand in der Steuerbordbrückennock, das Glas auf eine Gruppe bewegungsloser Fischerboote gerichtet, als Corbett mit starrer, besorgter Miene aus dem Funkraum gestürzt kam.

»Gerade kam ein Funkspruch, Trewin. Die Japaner haben südlich von Malakka das Heer umgangen und sind von See her in seinem Rücken gelandet!« Dann stieß er Mallory vom Kartentisch weg. »Sie haben die Küstenstraße überschritten und bereits diese Hügel hier besetzt.« Dabei schlug er mit der Hand auf die betreffende Stelle der Karte. »Diese gottverdammten Schweine!«

Trewin fragte: »Und unsere Befehle, Sir? Sollen wir die feindlichen Stellungen unter Beschuß nehmen?«

Corbett hatte ihn angestarrt, als spräche er Kauderwelsch. »Meine Befehle lauten, die Bucht zwischen den beiden feindbesetzten Gebieten anzulaufen. Dort soll irgendein Fischerdorf liegen, in dem eine ganze Brigade eingeschlossen ist.« Mit einiger Anstrengung schaffte er es, seine Stimme unter Kontrolle zu bekommen. »Wir werden diese Truppen beim ersten Tageslicht dort abholen und sie weiter nach Süden bringen, um die Verteidigungslinie zu stabilisieren.« Dann blickte er in Mallorys grimmiges Gesicht. »Fangen Sie an, N.O.! Ich wünsche diesmal keine Fehler!«

Die Boote liefen vom Land ab, und erst bei Einbruch der Dunkelheit führte die *Porcupine* sie wieder an die Küste heran. Die Navigation war, wenigstens zu Anfang, endlich einmal sehr erleichtert. Das Fischerdorf wurde wiederholt von einschlagenden Granaten erhellt, und weit entfernt an Backbord erleuchtete ein ständiger rötlicher Schein den nächtlichen Himmel wie das Heraufziehen der Morgendämmerung.

Mallory sagte: »Das ist Malakka. Es muß wie die Hölle brennen.«

Allmählich verblaßte die Glut, und Trewin wurde lebhaft an den Hang oberhalb des Talang River erinnert, als Hammond und er auf das Hellwerden gewartet hatten.

Corbett saß ruhelos, das Glas auf den flimmernden Wasserstreifen gerichtet, der in den kleinen Hafen hineinführte. Er war voll gesunkener oder ausgebrannter Fischerboote, und mehr als einmal sah Trewin einen Leichnam, meistens mit dem Gesicht nach unten, an der Oberfläche treiben.

»Langsame Fahrt voraus!« befahl Corbett. Er schien außerstande stillzusitzen. »Haben Sie die Peilung überprüft, N.O.?«

Mallorys Gesicht wurde kurz durch eine detonierende Granate erhellt. »Null-vier-fünf, Sir! Aber wenn wir den Wellenbrecher passiert haben, ist das nur noch eine Vermutung.«

Corbett fuhr ihn an: »Seien Sie nicht unverschämt, N.O.! Überschreiten Sie nicht wieder die Grenze!« Dann fuhr er herum, als Trewin sich anschickte, die Brücke zu verlassen. »Und wo wollen Sie hin, wenn ich fragen darf?«

Trewin schreckte zusammen, als die Luft von Einschlägen einer ganzen Salve erzitterte. Er erwiderte: »Nach achtern, Sir. Meine Gefechtsstation ist . . .«

Corbett hieb mit der Faust auf das Brückenkleid. »Sie bleiben gefälligst hier, Trewin! Wir haben diesmal kein Gefecht mit anderen Schiffen!« Dann starrte er zu dem brennenden Dorf hinüber. »Wir nehmen nur diese Soldaten an Bord, dann laufen wir sofort wieder aus.«

Trewin verfiel in Schweigen und blickte ebenfalls in die tanzenden Flammen, die das Dorf und die Hügel ringsum in helles Licht tauchten. Er sah eine Reihe kleiner Häuser vorn am Wasser, die allesamt lichterloh brannten, und bisweilen glaubte er, rennende Menschen in den Flammen zu sehen.

Der niedrige Wellenbrecher kam ihnen rasch entgegen, ein schwarzer Strich, der quer über die glitzernde Wasserfläche führte. Plötzlich sagte Corbett: »Wir werden erst einmal auf dieser Seite des Wellenbrechers sondieren, um sicherzustellen, daß wir nicht auf Hindernisse stoßen, wenn wir später wieder auslaufen.«

Trewin richtete sein Glas auf den Steinwall. Erstaunlicherweise war er völlig unbeschädigt, und nichts bewegte sich darauf. Die Sondierung war reine Zeitvergeudung und würde außerdem die drei anderen Boote unnötig aufhalten.

Corbett befahl: »Steuerbord fünfzehn.« Er streckte den Kopf vor, um die Drehung zu beobachten. »Mittschiffs! Recht so!« Über seine Schulter fügte er hinzu: »Signalisieren Sie an *Beaver*, er soll die anderen zur Übernahmestelle führen, Trewin. Es wäre sinnlos, sie warten zu lassen.«

Die Morselampe trat kurz in Aktion, und als die *Porcupine* an der Einfahrt vorbeidrehete, kreuzte die helle Form der *Beaver* ihr Kielwasser und fuhr weiter auf das Dorf zu. Sie war völlig in Rauchschwaden gehüllt, nur ab und zu spiegelten sich brennende

Häuser in ihrem Brückenkleid wie Bilder der Verzweiflung.

Corbett studierte den Wellenbrecher mit offensichtlichem Interesse. Als die anderen beiden Boote hinter *Beaver* die Einfahrt passiert hatten, sagte er: »Folgen Sie ihnen hinein, Trewin. Hier draußen scheint alles frei zu sein.« Er glitt von seinem Sitz und ging zum Kartentisch. »Können Sie sie allein fahren, Trewin?« Er nahm Zirkel und Parallellineal auf und hob die Blendkappe an. »Nur so lange, bis ich das hier überprüft habe.«

Trewin ging in die Mitte der Brücke. »Ich kann, Sir!« Corbetts Frage hatte ihn zutiefst empört. »Steuerbord zwanzig!« Er beobachtete den Tochterkompaß, der knapp unter seiner Brust leuchtete. Was, zum Teufel, war los mit Corbett? Er schien sich mehr Gedanken darüber zu machen, ob er seinem I.W.O. die Schiffsführung anvertrauen könne als über ihre eigentliche Aufgabe.

»Mittschiffs! Recht so!« befahl er und hörte Unwins Bestätigung durch das Sprachrohr. Er konzentrierte sich voll auf die in Rauch gehüllte Form vor ihnen. Es war die *Prawn*, die durch den dichten Nebel pflügte.

Mallory trat neben ihn. Durch die Zähne murmelte er: »Wir gehen als letzte hinein. Das bedeutet, daß wir als erste wieder draußen sind!« Er blickte zu Corbetts über den Kartentisch gebeugter Gestalt hin. »Es bestand nicht die geringste Notwendigkeit, zurückzubleiben, Number One. Sie wissen das.«

Eine abtreibende Leuchtgranate zeigte sich kurz durch den Rauch, und Trewin sah das blasse, aufwärtsgerichtete Gesicht eines Schwimmers dicht neben der Bordwand. Es konnte ein Junge oder ein Mädchen sein. Trewin wandte sich ab, als der Unglückliche vergeblich versuchte, dem schäumenden Schraubenwasser der *Porcupine* zu entkommen.

Er blickte Mallory an und erwiderte zornig: »Halten Sie doch um Himmels willen den Mund! Mir wird übel von ihrem ewigen Gemecker, übel wird mir!«

Er kümmerte sich nicht um Mallorys Ärger und beugte sich vor, um die *Prawn* zu beobachten, die gerade um einen halbversunkenen Kabinenkreuzer herumfuhr. »Backbord zehn!« Er wischte sich die brennenden Tränen aus den Augen. »Komm langsam auf!« Zum Teufel mit Mallory! Dessen Worte saßen in seinem Hirn wie Stacheln. Es war, als hätte der N.O. seine Gedanken gelesen und das ausgesprochen, was er, Trewin, nur zu denken wagte.

»Mittschiffs!« Er beugte sich zum Sprachrohr hinunter. »Steuern Sie den Anleger an! Können Sie ihn sehen?« Er stellte sich Unwin vor, wie der sich über die Speichen des Rades beugte und durch den schmalen Sehschlitz in der Panzerblende starrte.

In seinem üblichen ausdruckslosen Ton antwortete der Rudergänger: »Aye, aye, Sir! Ich sehe ihn gut.«

Masters, der Signalmeister, rief: »Der Himmel wird heller, Sir. Die Morgendämmerung kommt.«

Trewin blickte kurz über das Brückenkleid. Es stimmte, der Feuerschein war jetzt schwächer, und der Rauch hob sich von den Hügeln jenseits des Dorfes deutlicher ab.

Die Anlegebrücke war wenig mehr als ein Erdwall, in Abständen durch starke Holzpfähle gestützt. Als Trewin das Boot in einem engen Bogen herumbrachte, hörte er Dancy auf der Back mit lauter Stimme seine Leute anweisen. Dann sah er, wie zwei Männer an Land sprangen, um die Leinen wahrzunehmen.

Der Rumpf stieß leicht gegen die Pfähle, und Trewin ließ die Steuerbordmaschine zurücklaufen, um das Heck dichter an den Anlegesteg zu bringen. »Maschine stopp!« Er mußte schreien, um das Prasseln des Feuers, das Rattern der Maschinengewehre und das Bellen der Mörser zu übertönen. Es war kaum zu glauben, daß jemand in diesem Inferno noch am Leben sein, geschweige denn kämpfen konnte. Was war wohl aus den malaiischen Fischern und ihren Familien geworden? Vielleicht waren sie wie jener einsame Schwimmer ins Meer geflüchtet, wie es das Wild bei einem Waldbrand tut?

Corbett stand plötzlich neben ihm. »Gut.« Er blickte hinüber zur *Prawn*, die es irgendwie geschafft hatte, längsseits eines vollgelaufenen Leichters festzumachen, während vor ihr die beiden anderen Boote nebeneinander vertäut am Anlegesteg lagen. »So, dann wollen wir mal anfangen!« sagte Corbett. Er blickte zu Trewins rauchverschmiertem Gesicht auf. »Wir haben etwa drei Stunden Zeit, nicht mehr.«

Trewin war unfähig, sich zu bewegen. Wenn wirklich alles stimmte, was Mallory gesagt hatte? Daß Corbetts Hilfeleistung bei dem gestrandeten Flüchtlingsschiff nichts weiter gewesen war als ein Versuch, seinen fälligen Bericht aufzubessern? Daß er mehr an seine Sicherheit dachte als an die seiner Leute, die sich auf ihn verließen, ihm vertrauten?

Müde sagte er: »Ich nehme gleich Kontakt zu den Heeresleuten auf, Sir.«

Als er sich zum Gehen wandte, ergriff Corbett ihn am Arm und sagte: »Nur ruhig, Trewin, bleiben Sie ruhig. Denken Sie, das Ganze sei eine Übung!« Seine Augen schienen im Widerschein des Feuers zu glühen, und über die Schulter sah Trewin Mallory sie beide mit gespanntem und bösem Gesicht beobachten.

Er rannte die Gangway hinunter, außerstande, ein einziges Wort zu sagen. Corbett war verrückt, war wirklich verrückt.

Bootsmannsmaat Dancy rief: »Sir! Was soll ich mit diesen armen Teufeln machen?« Er deutete hinunter auf den Anlegesteg, wo eine kleine Gruppe Malaien aufgetaucht war, als käme sie geradewegs aus der Feuersbrunst hinter ihnen. Es waren etwa sechs Erwachsene und drei kleine Kinder. Weder winkten noch riefen sie, sondern standen wie Statuen in den ziehenden Rauchschwaden und starrten schweigend zur Brücke der *Porcupine* hinauf.

Trewin schüttelte den Kopf. »Tun Sie zunächst gar nichts. Wir müssen erst auf die Infanterie warten.« Er sah die Qual in Dancys Gesicht und erinnerte sich plötzlich daran, daß Corbett ihm erzählt hatte, dieser Mann habe das Modellschiff für seinen Sohn angefertigt. »Später vielleicht. Wir müssen abwarten, ob genügend Platz ist.«

Dann rannte er über die Anlegebrücke zu den brennenden Hütten, die einstmals Leben und Hoffnung bedeutet hatten für Menschen wie die auf dem Anlegesteg. Beinahe wäre er mit einem Oberleutnant des Heeres kollidiert, der auf einem Sitzstock hockte, wie sie bei der Jagd üblich waren, den Helm auf dem Kopf, die Pfeife im Mund, und die Granateinschläge im Dorf beobachtete.

Er nahm die Pfeife aus dem Mund und nickte grüßend. »Aha, die Marine, nehme ich an?« Mit der Pfeife zeigte er auf eine abbröckelnde Mauer neben seinem Sitz. »Gehen Sie nicht darüber hinaus, Mann. Die schießen Ihnen sonst den Kopf ab.«

Er hatte einen kecken kleinen Schnurrbart, aber seine Bartstoppeln waren mindestens drei Tage alt. Beim Geknatter des Gewehrfeuers fuhr er fort: »Sie haben nicht zufällig etwas Tabak bei sich? Habe meinen Tabaksbeutel in Malakka zurückgelassen.« Er lachte, und Trewin sah unter der Maske der lässigen Gleichgültigkeit die Anspannung hervorbrechen wie eine offene Wunde.

Trewin gab ihm seinen eigenen Tabak. »Wo ist Ihr Brigadekommandeur? Ich muß ihn schnell finden, wir haben nur drei Stunden Zeit.«

Der Oberleutnant hielt mit dem Pfeifestopfen inne und sagte ruhig: »Ich habe jetzt das Kommando, alter Junge. Ich und Feldwebel Hall, falls er noch am Leben ist.« Dann fuhr er fort, den Tabak in die Pfeife zu stopfen, aber das meiste fiel zwischen seinen Beinen zu Boden. Er reichte sie Trewin und fragte unsicher: »Würden Sie mir die Ehre erweisen, alter Junge? Mir scheint, ich schaffe es nicht.« Dann stand er auf und faltete den Jagdsitz sorgfältig zusammen. »Tatsache ist, der Brigadier, sein Stab und die gesamte Ausrüstung sind verheizt!« Er sprach so langsam, als müsse er die Worte mühsam in die richtige Reihenfolge bringen. »Gestern war es, glaube ich.« Er rieb sich das Gesicht. »Mein Verein wurde von den anderen getrennt. Wir beschlossen, unseren eigenen Krieg zu führen.« Er zündete die Pfeife langsam und sorgfältig an, wobei die Streichholzflamme flackerte, als ob ein heftiger Wind wehte. »Tatsächlich, mir scheint, ich werde langsam zu alt für diese Dinge.«

Er schien in Hammonds Alter zu sein. Trewin fragte vorsichtig: »Können Sie die Männer herbringen? Ich gehe an Bord und sage auf den Schiffen Bescheid, daß sie kommen.«

In diesem Augenblick rannte ein langer, schlaksiger Feldwebel um die Mauer und hielt rutschend neben ihnen. Sein Kampfanzug war zerfetzt, aber er wirkte vollkommen ruhig und gefaßt.

Der Oberleutnant sagte lebhaft: »Hallo, Feldwebel Hall! Die Marine hat uns ein paar Schiffe geschickt!«

Der Feldwebel drückte einen frischen Patronenrahmen in sein Gewehr und sagte: »*Ein* Schiff würde für unseren Haufen genügen, Sir.« Lachend zeigte er die Zähne. »Ich bringe die Sache gleich in Gang.« Nach zwei Pfiffen auf seiner Trillerpfeife fuhr er fort: »Ich habe die ganze Umgebung für diese Halunken vermint. Die Nachhut weiß, was zu tun ist.« Zu Trewin sagte er ruhig: »Die werden sie zurücklassen müssen, Sir, sonst kommen Sie nicht mehr aus dem Hafen.«

Als er vondannen schritt und schon fast im Rauch verschwunden war, rief der Oberleutnant: »Auf Wiedersehen, Feldwebel Hall. Ich danke Ihnen!«

Der Feldwebel blieb noch einmal stehen und salutierte ernst und sehr förmlich. Leise sagte der Oberleutnant: »Wir haben um die Nachhut gelost. Feldwebel Hall wird sie führen.« Dann fing er an zu schluchzen, die Pfeife noch immer fest zwischen den Zähnen.

Trewin wandte sich ab und ging langsam zurück zu den wartenden Schiffen.

Bevor die Sonne voll den Höhenzug hinter dem brennenden Dorf beschien, war die Evakuierung beendet. Unter Führung der *Porcupine* suchten sich die Kanonenboote ihren Weg seewärts, durch tänzelndes Treibgut und vorbei an dem verlassenen Wellenbrecher. Ein paar vereinzelte Granaten heulten über ihre Köpfe hinweg, aber die dichte Rauchdecke bildete einen wirksamen Schutz und deckte ihren Rückzug. Als auf der *Porcupine* der Maschinentelegraf rasselte und volle Fahrt voraus signalisierte, hörte man auf der Brücke eine unregelmäßige Reihe von Detonationen: Die Minen rings um das Dorf waren von der Nachhut gezündet worden.

Die *Beaver* war die letzte, die den Wellenbrecher passierte; als sie in das schäumende Kielwasser ihrer Vorderleute einscherte, wurde ihr Oberdeck von ihrem eigenen Geschützqualm eingehüllt, da sie wild und blindlings das Feuer auf den unsichtbaren Feind eröffnete.

Etwa dreißig Verwundete waren an Bord der kleinen *Prawn*, der Rest, weniger als siebzig insgesamt, waren zwischen *Porcupine* und *Grayling* aufgeteilt worden. Bei ihrer Rückfahrt dicht unter der Küste donnerten Staffeln von Hurricanes über sie hinweg, und weit draußen am Horizont sahen sie den Flakkreuzer *Canopus* in voller Fahrt, während sein Signalscheinwerfer wie ein glänzender Diamant durch den noch über dem Wasser liegenden Frühdunst blitzte. Aber an Bord der *Porcupine* rief dies weder Interesse noch Genugtuung hervor. Über das ganze Schiff hatte sich stumpfe Verzweiflung ausgebreitet, als teile jeder an Bord das Leid der schweigenden, erschöpften Soldaten, die wie Tote an Deck lagen.

Gegen Mittag hatten sie die ellbogenartig vorspringende Landzunge Tohor Point umrundet und ankerten im klaren Wasser einer geschützten, sandigen Bucht. Als die Maschinen schwiegen, wurden die Geräusche des Krieges desto deutlicher. Das ständige Murmeln des Artilleriefeuers und die härteren Detonationen der Bomben hörten nicht einen Augenblick lang auf. Hoch oben am blaßblauen Himmel sahen sie gelegentlich die ineinander verflochtenen Kondensstreifen kämpfender Jagdflieger, aber der Absturz der Besiegten ging im allgemeinen Schlachtenlärm unter. Zweimal sahen sie unerkannte Flugzeuge weit draußen über See wie Steine herunterfallen und einen einsamen Fallschirm ziellos zum Horizont treiben. Trewin hatte ihn mehrere Minuten lang durch sein Glas beobachtet. Er wirkte wie ein Kinderballon. Verloren und schon vergessen.

Corbett hatte ihm das Kommando auf der Brücke überlassen, während er selbst in den Funkraum ging. Die Fla-Geschütze waren besetzt und einsatzbereit, an Deck wurden Anstrengungen unternommen, Ordnung und Sauberkeit wiederherzustellen. Er sah den Koch und seine Gehilfen über die teilnahmslosen Soldaten hinwegsteigen oder zwischen ihnen herumgehen, beladen mit frisch belegten Broten und großen Teekesseln. Die erschöpften Männer nahmen, was man ihnen anbot, aber ihre Bewegungen waren automatisch, ihre Gesichter blieben ausdruckslos. Trewin wandte sich ab. Es schien, als könnten sie noch immer nicht die Tatsache fassen, daß sie das Inferno überlebt hatten.

Masters rief: »Die *Prawn* hat Anker gelichtet, Sir!« Dann schob er sein langes Teleskop zusammen und vertauschte es mit einem Becher Tee. »Sie bringt die Verwundeten zum Kreuzer. Dort haben sie bessere Pflege. Die Show ist vorbei, soweit wir beteiligt sind.«

Phelps fragte: »Tun wir denn nichts mehr, Signalmeister?«

Masters musterte ihn kalt. »Benutz deinen Poller mal ausnahmsweise zum Denken, Ginger*! Wir sollten eine Brigade abholen und sie weiter im Süden an Land setzen. Um die Linie zu stabilisieren. Du kannst aber nichts stabilisieren mit siebzig halbtoten Soldaten. Ist das klar?«

Trewin trank langsam seinen Tee und sah zu, wie die *Prawn* grimmig durch die küstennahe Dünung stampfte. Masters hatte recht. Dieser Teil der Unternehmung war beendet. Eigentlich konnten sie nach Singapur zurückkehren.

* Ingwer, Spitzname für »Rotschopf«

Plötzlich dachte er an Clare; vielleicht schickte ihr Vater sie nur deshalb nach Singapur, damit sie dem Schrecken des unvermeidlichen Durchbruchs entging.

Er wandte sich um, als Corbett durch die Luke stieg, und stellte zu seiner Überraschung fest, daß der Kommandant es in der kurzen Zeit geschafft hatte, sich zu rasieren und ein frisches Hemd anzuziehen.

Corbett sagte: »Die Show geht weiter, Trewin. In drei Stunden gehen wir ankerauf.« Er schob den Bezug vom Kartentisch und fuhr ruhig fort: »Der Feind hat sich hier auf den Hügeln bei Muar festgesetzt. Wenn es ihm gelingt, seine schwere Artillerie hier oben in Stellung zu bringen, beherrscht er das gesamte Straßennetz und kann den Nachschub für unsere Truppen völlig unterbinden.«

Trewin stand noch draußen auf den Grätings vorm Kartenraum, die Teetasse in der Hand, und starrte Corbett fassungslos an, unfähig, das Entsetzen zu verbergen, das dessen Worte in ihm hervorriefen. »Aber das ist doch lächerlich, Sir. Wir sollten eine ganze Brigade, also mindestens tausend Mann, zur Unterstützung dieser Unternehmung anlanden!« Er wies heftig mit seinem Becher in Richtung Vorschiff. »Mit diesen paar armseligen Wichten können wir doch nicht das geringste ausrichten, um Himmels willen!« Corbett studierte noch immer die Karte. »Der Kreuzer schickt noch zusätzliche Unterstützung, Trewin. Fünfzig *Marines**, um genau zu sein.«

Trewin schloß die Augen vor der blendenden Sonne. »Das ist unglaublich! Mein Gott, das ist einmalig!« Er spürte, daß Corbett ihn musterte, konnte aber die bittere Enttäuschung, die tiefe Empörung nicht mehr zurückhalten. »Hundertzwanzig Mann werden weggeworfen wie Abfall, nur weil irgendein verdammter Narr hinter seinem Schreibtisch nicht weiter sehen kann als bis zum Zapfenstreich von Aldershot!«

Corbett fuhr ihn an: »Sie wissen nicht, was Sie sagen, Trewin!«

»O doch, das weiß ich, Sir!« Er schwankte, die Sonne brannte auf seinem Nacken wie heißes Metall. »Ich habe das alles schon erlebt, erinnern Sie sich? Dünkirchen und Kreta haben mir genügt!«

* Royal Marines – Marineinfanteristen

Masters rief gedämpft: »Signal von *Canopus*, Sir. Die Marines sind eingeschifft.« Er trat zurück und stieß den mit offenem Mund lauschenden Phelps außer Hörweite.

Corbett sagte gereizt: »So lauten unsere Befehle, und damit ist der Fall erledigt!«

Trewin ging dicht an ihn heran und sagte eindringlich: »Wenn Sie einen Funkspruch abgeben, Sir, wenn Sie erklären, daß es hoffnungslos ist . . .« Seine Stimme versiegte, als er sah, daß Corbett sich erneut über die Karte beugte.

»Es ist nicht meine Entscheidung, Trewin. Wir müssen diese Leute so dicht wie möglich bei den Hügeln an Land setzen. Es bleibt keine Zeit für ein Neuorganisieren von Truppen. Das kann entscheidend sein.« Er warf Trewin einen scharfen Blick zu. »Was ich persönlich darüber denke, ist völlig belanglos.« Er verschränkte die Arme und starrte zum Wimpel im Masttopp hinauf. »Und auch was Sie für praktischer halten, hilft uns nicht weiter.« Er schritt zurück zur Luke und fügte barsch hinzu: »Befehle werden nicht erteilt, um sie zu diskutieren, sondern um sie auszuführen!«

Trewin trat an die Brückennock, starrte hinüber zu der üppig grünen Küste und haßte sie für das, was sich dort abspielen würde. Dann sah er auf dem Vordeck den jungen Infanterieoberleutnant herankommen. Er schwang den Helm lässig in der Hand, die unvermeidliche Pfeife im Mund. Nichts erinnerte mehr an den geschlagenen, völlig benommenen Menschen, der gestern mit den letzten seiner Truppe an Bord gestiegen war. Er hatte sich rasiert, sein Schritt war beinahe federnd, seine Stimme klang zuversichtlich, als er an jeden einzelnen seiner Männer das Wort richtete. Er mußte genau wissen, was ihn erwartete, wie auch seine Leute es wußten. Aber weder er noch sie ließen sich Zorn oder Verzweiflung anmerken, als wäre ihnen allen von Anfang an klar gewesen, daß der gewährte Aufschub nur von kurzer Dauer sein würde.

Einmal blickte der Oberleutnant zur Brücke hinauf, vielleicht hatte er gespürt, daß Trewin seiner improvisierten Inspektion zusah; er salutierte ein wenig spöttisch. Über die Köpfe der Geschützbedienung und seiner eigenen Infanteristen hinweg erlebten sie einen Augenblick des gegenseitigen Verstehens. Dann, als der junge Offizier sich wieder seinen Leuten zuwandte, war er vorbei.

Am späten Nachmittag begann der Angriff. Etwa eine halbe Stunde lang beschossen der Kreuzer und seine beiden Zerstörer intensiv die Küste. Die Luft wurde zerfetzt vom Lärm der über ihre Köpfe dahinsausenden Granaten, der klang wie zerreißende Seide. Die Einschläge in den Hügeln waren gut zu beobachten, da sie zugleich mit dem Aufblitzen der Detonationen Bäume und Erde emporschleuderten. Den blassen Himmel beschmierten braune Flecken: Rauch des Pulvers und der Waldbrände.

Ein ältliches Wasserflugzeug brummte träge über der Küste, meldete die Lage der Aufschläge und entging leicht den gelegentlichen Vergeltungsschlägen feindlicher Geschütze. Hiervon abgesehen, hatten die Schiffe die Szene für sich allein. Die vier Kanonenboote liefen in Dwarslinie auf den breiten Sandstrand mit dem allgegenwärtigen Hintergrund des Dschungels zu, ihre vorderen Geschütze schossen mit großer Erhöhung und verstärkten das Sperrfeuer der größeren Schiffe, so schnell die schwitzenden Bedienungsmannschaften nachladen konnten.

Die *Porcupine* dampfte am linken Flügel der Dwarslinie, die anderen fuhren mit einem jeweiligen Querabstand von weniger als einer Kabellänge. Das Nachbarboot an Steuerbord war die *Grayling*, und Trewin sah einige der Marines von der *Canopus* dichtgedrängt auf dem Achterdeck stehen; das Sonnenlicht spiegelte sich in ihren aufgepflanzten Bajonetten. Auch ohne hinzusehen wußte Trewin, daß sich auf seinem und den anderen Schiffen dasselbe Bild bot; das Gewicht der Männer mußte so weit wie möglich nach achtern verlagert werden, um den Bug beim Aufsetzen hoch zu halten. Der Strand stieg hier so steil an, daß die Boote mit etwas Glück ihre menschliche Ladung so dicht an Land absetzen konnten, daß die Männer sich kaum mehr als die Füße naßmachen würden.

Mallory stand neben dem Kompaß, das Glas nach vorn gerichtet. Zur Brücke im allgemeinen sagte er: »Die Küstenstraße verläuft dort hinter dem ersten Dschungelstreifen. Unsere Leute müssen den Strand und diesen Streifen überqueren, bevor sie zum Rest der Truppen stoßen können.« Er leckte sich die Lippen, als eine hohe Wassersäule querab an Backbord aufstieg und Gischt über das Boot sprühte. »Das war dicht!«

Corbett sagte kalt: »Ein Blindgänger! Vielleicht ein Sechszollgeschoß vom Kreuzer.«

Mallory blickte auf Corbetts Hinterkopf und murmelte etwas. Dann nahm er rasch eine Peilung und sagte laut: »Noch eine halbe Kabellänge, Sir!«

Corbett nickte. »Beide Maschinen langsame Fahrt voraus!« Er drehte sich um, als eine Granate durch die Bäume auf der linken Seite des Strandes fegte und laut krachend im Wald detonierte. »Soldaten klar zum Aussteigen!«

Masters bemerkte heiser: »Nun, wenigstens sind wir der japanischen Artillerie überlegen. Die kriegen nur einen Schuß auf zehn von unseren raus.« Seine Feststellung bedeutete nicht viel, half aber, die Spannung zu mildern.

Corbett richtete das Glas auf die anderen Boote. Alle liefen sehr langsame Fahrt, in Erwartung der Grundberührung. »Sagen Sie dem Chief, er soll sich bereithalten zum Rückwärtsgang, sowie wir ausgeladen haben.« Er sprach, als handle es sich um eine Decksladung Waren.

Trewin sah den Steven durch dunkle Flecken Seetang schneiden und hörte Corbetts Kommando: »Beide Maschinen stopp!«

Der Feuereinstellungsgong ertönte neben dem vorderen Geschütz, und Trewin sah, wie die Seeleute sich an den Schutzschilden festhielten, als die *Porcupine* jetzt geräuschlos über ihrem eigenen Schatten auf den leeren Strand glitt. Er hielt sich am Brükkenkleid fest, aber als der Aufprall erfolgte, war es kaum mehr als ein Beben. Ein Pfiff ertönte, und die Decks wurden lebendig. Trampelnde Stiefel hasteten auf beiden Seiten nach vorn, dann sprangen die Soldaten vom Bug hinunter. Das klare Wasser war tiefer, als es aussah, und mehr als einer fiel fluchend und strampelnd hin, bevor er auf den festen Sand klettern konnte.

Als Trewin den Blick von den rennenden Soldaten abwandte, sah er, daß auch die Männer von den anderen drei Booten an Land sprangen und den Strand hinaufeilten, angetrieben von den heiseren Rufen der Unteroffiziere und eines baumlangen Majors.

Die Gestalten in zerrissenen, verschmutzten Uniformen hatten sich in eine geschlossene, trabende Khakilinie verwandelt. Als die Leute von den anderen Booten ausfächerten und sich mit ihnen vereinigten, begann die ganze Linie gleichmäßig gegen die grüne Wand des Dschungels vorzurücken.

Als Trewin sein Glas senkte, schien plötzlich der gesamte Strand mit kurzen, ohrenbetäubenden Detonationen gen Himmel zu fliegen. Er hörte keine Granaten heulen und befürchtete einen schrecklichen Augenblick lang, die Soldaten seien in ein Minenfeld geraten. Die Linie stockte, und einige Männer lagen blutend neben ihren Gewehren auf dem geschwärzten Strand.

Er hörte Tweedies Stimme, vervielfacht durch den Brückenlautsprecher: »Mörser! Sie setzen Mörser ein!«

Mallory rief: »Die Japaner müssen schon im Dschungel sein, um Himmels willen!« Seine Stimme klang verzweifelt. »Unsere Leute schaffen das nie!«

Aber die Linie begann sich wieder vorwärts zu bewegen. Der Major winkte mit seinem Revolver, und durch das Glas sah Trewin sein wütendes und trotziges Gesicht.

Die Mörsergranaten fielen weiter, warfen hohe Sandfontänen auf und mähten die rennenden Soldaten mit ihren Splittern nieder. Weiter draußen am linken Flügel trug ein schweres Maschinengewehr zur allgemeinen Vernichtung bei. Trewin sah die Soldaten geduckt weiterstürmen und im Laufen ihre Gewehre abfeuern. Sie ignorierten die klammernden Hände ihrer fallenden Kameraden, ihre Ohren waren taub, sie hatten nur einen Gedanken: Rache!

Er entdeckte den jungen Oberleutnant; sein Helm war weg, mit einer Hand zog er einen Verwundeten hinter sich her zu den schützenden Bäumen. Aber der Mann fiel hin, und als der Oberleutnant sich nach ihm umwandte, sah Trewin, daß der Körper zuckte wie eine Stoffpuppe, während das Maschinengewehr den Sand rings um ihn zu gelben Federwölkchen aufpeitschte. Als die mörderischen Einschläge weiterwanderten, lag der Oberleutnant mit dem Gesicht nach unten im Sand, sein Sitzstock stand aufrecht neben ihm wie ein Denkmal.

Trewin sah Corbett an, der reglos an den Sprachrohren stand, das Gesicht zur Maske erstarrt.

»Rufen Sie sie zurück, Sir! Um Gottes willen, holen Sie sie zurück!«

Corbett packte die Sprachrohre, als bewege sich das Schiff im Seegang. Dann sagte er ruhig: »Beide langsame Fahrt zurück!« Er zuckte nicht einmal, als eine Mörsergranate dicht über dem Wasser detonierte, die Splitter gegen die Bordwand schlugen, dort abprallten und über die See davonwinselten.

Die Schrauben verwandelten das Wasser zu Schaum, als die

Kanonenboote begannen, sich rückwärts abzusetzen. Als Trewin noch einmal zum Strand blickte, waren die rennenden Gestalten zwischen den Bäumen verschwunden. Er hörte das Rasseln der Handfeuerwaffen und das dumpfe Dröhnen der Granaten, aber der Dschungel verbarg gnädig das Finale und verriet nichts von dem Kämpfen und Sterben. Am Strand lagen die Leichen der Gefallenen wie weggeworfene Kleiderbündel, während hier und da ein Verwundeter ziellos umherkroch oder nach einer Hilfe schrie, die niemals kommen würde.

Corbetts Stimme traf ihn wie eine Kreissäge. »Hart Steuerbord. Beide Maschinen volle Fahrt voraus!« Masters rief er zu: »Signal an die Gruppe: Kiellinie formieren!«

Dann, als die vier Kanonenboote in einem leuchtenden Bogen weißen Kielwassers in Formation kurvten, sah er Trewin an und sagte nur: »Auch sie hatten ihre Befehle.«

Masters meldete mit belegter Stimme: »Signal von *Canopus*, Sir: Operation beendet. Sofort zum Patrouillengebiet zurückkehren.«

In einer Ecke der Brücke stand Phelps und wühlte mit beiden Händen in seinen Signalflaggen. Sein Gesicht war blaß, sein Blick blind vor Tränen.

Trewin sah die Geschützbedienungen an den Schutzschilden lehnen und nach achtern starren, auf die sich ausbreitende Rauchwolke und die Fußspuren im Sand, die von der steigenden Flut bereits verwischt wurden.

Als er wieder zu Corbett hinüberblickte, war dieser zu seinem Sitz zurückgekehrt; den Kopf tief zwischen die Schultern gezogen, starrte er unverwandt zum Horizont.

Trewin dachte an das Signal: »Operation beendet.« Es klang wie ein Nachruf.

9 Masseys Geheimnis

Der Aufenthalt der *Porcupine* und ihrer Gruppe an der Südwestküste war zum Glück nur von kurzer Dauer. Bereits zwei Tage nach dem Durchbruch der Japaner war praktisch kein Teil der Malakkastraße mehr sicher genug für eine Patrouillenfahrt. Tag für Tag, ja Stunde um Stunde verstärkte der Feind seine Luftangriffe. Wenn die Kanonenboote von den Untiefen, wo sie getarnt vor Anker lagen, zu ihren Zickzackfahrten ausliefen, bekamen ihre Geschütze kaum Zeit zum Abkühlen. Es wurde immer deutlicher, daß der Rückzug des Heeres sich in wilde Flucht verwandelt hatte. Am fünften Tag kam endlich der Funkspruch, der die kleinen Schiffe erlöste; mit fast leeren Munitionsräumen, die Außenhaut rauchgeschwärzt und mit Splittereinschlägen übersät, steuerten sie Südostkurs, heim nach Singapur.

Abgesehen von einigen kleineren Beschädigungen, waren sie dem Schicksal vieler anderer Fahrzeuge entgangen. Sie hatten gesehen, wie ein Zerstörer, von mehreren Bomben getroffen, in zwei Teile zerbrach und die hilflos im Wasser schwimmenden Überlebenden mit methodischer Brutalität durch Maschinengewehrfeuer aus der Luft umgebracht wurden. Ein Munitionsleichter war dicht unter Land hochgegangen wie eine detonierende Bombe. So schnell und fürchterlich geschah es, daß nachher niemand den Grund der Katastrophe zu nennen wußte. Die Wirkung der Detonation war so verheerend, daß noch meilenweit landeinwärts alle Bäume umgewalzt wurden und der Masttopp der *Beaver* wie ein Stohhalm abknickte.

Aber die Kanonenboote hatten überlebt und sogar wacker zurückgeschlagen. Es war ihnen gelungen, einen Jäger abzuschießen, und die Geschütze der *Porcupine* hatten einen einzeln fliegenden Bomber getroffen. Mit einer schwarzen Rauchfahne hinkte er landeinwärts, ein sicheres Zeichen für den tödlichen Treffer.

Sobald sie einliefen, begann die Öl- und Munitionsübernahme, dann wurden die Bestände an Proviant und Frischwasser aufgefüllt. Die Leute waren zu müde oder auch zu geschockt, um an Land zu gehen, und die regelmäßigen Bombenangriffe auf den Hafen kümmerten sie nicht sonderlich.

Nach einem einzigen Tag vor Anker waren die vier Boote während eines plötzlichen Regengusses bereits wieder ausgelaufen und durch die Singapurstraße nach Norden in ihr altes, vertrautes Operationsgebiet gedampft. Erst hier schien Corbett seine gewohnte Selbstbeherrschung wenigstens zum Teil wiederzugewinnen. Vielleicht beruhigte ihn die unverändert gebliebene Küstenlinie.

Aber seine Ruhe war nur oberflächlich, das stellte sich schon bei der Abenddämmerung des ersten Tages auf See heraus. Als die *Prawn* den Ausfall der Maschinen meldete, geriet er vor Wut völlig außer sich. Morsesprüche über Morsesprüche wurden gewechselt, und selbst Masters, der durch nichts zu erschütternde Signalmeister, bekam die ganze Schärfe des Kommandanten zu spüren, als ein Morsespruch der *Prawn* nicht gleich beim ersten Mal verstanden wurde. Aber schließlich konnte kein Schiff, das so alt war wie die *Prawn*, diese Dauerbelastung aushalten, ohne daß etwas zu Bruch ging. Und trotz aller Überredungsversuche und Drohungen Corbetts mußte er ihr die Erlaubnis erteilen, in den Hafen zurückzukehren. *Beaver* nahm sie ins Schlepp, und während der Regen die obere Brücke der *Porcupine* wie mit Stahlnadeln peitschte, verschwanden die beiden schuldbewußt in der Dunkelheit.

Trewin drückte sich enger in die Ecke der Brückennock und stopfte sich das durchnäßte Handtuch fester um den Hals. Er spürte den Aufprall des Regens durch sein Ölzeug, und das von den Grätings hochspritzende Wasser klatschte ihm um die Beine. Dunkle Wolken zogen über den Himmel und machten klar, daß der Regen noch länger anhalten würde.

Er hörte Corbett an der Blendkappe des Kartentisches zerren und dann das Kratzen der Navigationsinstrumente auf der Karte, als der Kommandant sich darüberbeugte, um Kurs und gegißte* Position zu überprüfen. Trewin konnte sich nicht vorstellen, was Corbett überhaupt noch aufrecht hielt. Er schlief nie, verließ nur ganz selten die Brücke und dann auch nur für wenige Minuten. Mitunter wirkte er wie geistig abwesend, brütete vor sich hin oder schritt ruhelos auf und ab. Wenn er sich in seinen Sitz fallenließ, starrte er geradeaus zur Kimm, als erwarte er ein neues Zusammentreffen mit feindlichen Seestreitkräften.

Es gelang Trewin, den offenen Konflikt zu vermeiden. Er zwang sich, in den engen Grenzen seines Aufgabenbereichs zu bleiben, und versuchte, Schmerz und Verzweiflung über die niedergemetzelten Soldaten zu verdrängen und so zu tun, als bemerkte er nicht die rührenden Bemühungen der Männer um Rückkehr zur Normalität.

Corbett richtete sich auf; sein Gesicht wurde kurz von dem ab-

* ohne astronomische Navigation, nur durch Koppeln errechneter Standort

geblendeten Licht der Kartenbeleuchtung angestrahlt und zeigte etwas von der seltsamen inneren Kraft, die an ihm zerrte. Er wirkte jetzt sehr viel älter, und Trewin fiel ein ständiges Zucken des einen Augenlids auf.

Corbett sah Trewins Blick und fuhr ihn an: »Achten Sie besser auf Ihren Rudergänger! Er fährt Schlangenlinien wie ein Betrunkener!« Während er noch nach einem Grund für einen weiteren Tadel suchte, summte das Brückentelefon. Corbett riß es aus seiner Halterung und rief hinein: »Brücke!« Dann fügte er in seinem normalen eiskalten und zynischen Ton hinzu: »Hier *ist* der Kommandant, Sie Narr!«

Trewin stellte sich den unglücklichen Funker am anderen Ende vor und seufzte.

Corbett hängte den Hörer ein und sagte: »Ich gehe hinunter. Ein langer Funkspruch ist eingegangen, und sie kommen damit nicht zurecht.« Dann starrte er Trewins dunkle Gestalt an. »Denken Sie daran, was ich Ihnen gesagt habe. Lassen Sie keinen Schlendrian einreißen, das dulde ich nicht auf meinem Schiff!«

Trewin fragte betont harmlos: »Bei wem, Sir?«

Corbett blieb auf der Leiter stehen, den Kopf vorgestreckt wie ein Frettchen, das beißen will. »Werden Sie nicht unverschämt, Trewin! Ich habe mir schon viel zuviel von Ihresgleichen gefallen lassen!«

Als Trewin nicht antwortete, rannte er wütend die Sprossen der Leiter hinunter.

Trewin merkte bald, daß sein Ärger schon wieder verflogen war. Neuerdings hielt so etwas bei ihm nicht lange an.

Als Corbett wieder auf der Brücke erschien, war er vollkommen ruhig, als sei nichts gewesen. Er trat neben Trewin, hob das Glas und suchte die *Grayling.* Sie war recht achteraus, kaum mehr als ein heller Fleck über der Bugwelle. Langsam sagte er: »Wir gehen nach Talang.« Es klang, als ringe er wieder mit seinem zweiten Selbst. »Der Feind hat einen Kampfverband weiter unten an Land gesetzt, etwas fünfzig Meilen südlich der Talangmündung.«

Trewin wandte sich ab. Es wickelte sich alles nach dem gleichen Schema ab, wie sie es gerade drüben an der Westküste miterlebt hatten. Wenn die Verteidigungslinie standhielt, dann trieb der Feind von See aus eine Zange hinter die Front. Verbittert fragte er: »Was, zum Teufel, ist bloß los mit unseren Leuten?

Warum können sie diese verdammten Landungen nicht verhindern?«

Corbett öffnete den Sprachrohrverschluß, neben dem er stand, und rief, den prasselnden Regen übertönend: »Beide volle Fahrt voraus!« Zu dem sich herunterbeugenden Signalgast sagte er: »An *Grayling*. Aufschließen!«

Dann erst schien er Trewins Ausbruch zur Kenntnis zu nehmen, denn plötzlich erwiderte er: »Das ist nicht so einfach. Es gibt unzählige vorgelagerte Inseln, Buchten und Einschnitte. Der Feind kann sich in aller Ruhe den richtigen Ort und Zeitpunkt aussuchen.«

»Und ohne Jagdschutz müssen wir es hinnehmen.«

Corbett sagte kalt: »Jagdschutz ist nicht alles, Trewin.« Er hob die Schultern unter dem Ölzeug. »Wir laufen Talang an und holen das entbehrliche Personal ab.«

Trewin sah im Geiste die kleine Siedlung plötzlich zwischen den beiden Zangen des Feindes liegen. Laut sagte er: »Wenigstens ist Clare Massey draußen. Ich hoffe nur, daß Ihr Freund, der Arzt, einwilligt, mit uns zu kommen.«

Corbett starrte ihn an. »Das ist es ja gerade. Clare ist noch dort. Ich habe meine Frau gefragt, als wir im Hafen waren.« Er schüttelte den Kopf. »Ich wollte, wir wären schon wieder draußen.« Er sah zu, wie die Bugwelle die Back überflutete und das Wasser aus den Klüsen zurückströmte. »Wir haben diesmal den Zerstörer *Waltham* als Deckung von See aus. Aber es muß schnell gehen«.

Wie immer, dachte Trewin bitter. »Haben Sie *Prawn* und *Beaver* bei der Basis abgemeldet, Sir? Unsere Kampfkraft ist damit halbiert.«

Corbett hob die Schultern. »Nein zum ersten Teil Ihrer Frage. Funkstille ist in dieser Situation unerläßlich. Und zweitens, zu Ihrem Pessimismus: Wir kommen besser ohne die beiden zurecht. Schließlich wollen wir kein Aufsehen erregen.« Mit erhobener Stimme fuhr er fort: »Sicherlich können selbst Sie das begreifen?«

Mallory trat aus dem Kartenraum, bevor Trewin antworten und die Beleidigung zurückweisen konnte; Corbett fuhr ihn an: »Sie haben sich Zeit gelassen, N.O.!«

Mallory erwiderte ruhig: »Genaue Ankunftszeit in Talang ist 0430, Sir.« Dann fügte er hinzu: »Zu diesem Zeitpunkt haben wir

Niedrigwasser.«

»Das weiß ich.« Corbett trat neben ihn an den Kartentisch und rollte die Kappe ein paar Zoll zurück. »Geben Sie an *Grayling,* sie soll die Führung übernehmen. Sie hat einen Fuß weniger Tiefgang als wir. Wir folgen, wenn der Wasserstand höher ist.«

Trewin wandte sich um und blickte über die See. Er dachte an das letzte Mal, als die *Porcupine* vor der Mündung aufgelaufen war. Der Kommandant wollte offensichtlich kein Risiko eingehen.

Langsam ließ er sein Glas über die Backbordseite des Horizontes wandern und versuchte, die dunkle Küste durch den dichten Regen hindurch zu erkennen. Aber sie waren noch zu weit entfernt. Vielleicht war das nur gut, dachte er grimmig. Die Japaner hatten wohl kaum die Absicht, von ihrem neuen Landungsplatz aus nach Norden vorzustoßen. Die eingeschlossenen Truppen mußten sich in jedem Falle durchkämpfen, somit konnten die Japaner ihren Vorsprung von fünfzig Meilen besser dazu benutzen, ihren Marsch auf Singapur zu beschleunigen.

Aber hoffentlich würden die britischen Truppen sie jetzt bald aufhalten. In dem schmaler werdenden Streifen der malaiischen Halbinsel wurde die Verteidigungslinie zwangsläufig kürzer und dadurch leichter zu stabilisieren.

Er merkte, daß Corbett wieder neben ihm stand, und fragte: »Wo werden wir sie aufhalten, Sir?«

Corbett brauchte mehrere Sekunden, um zu antworten. Als er es endlich tat, war seine Stimme ruhig, beinahe sanft. »Wir werden sie nicht aufhalten, Trewin. Dieser Funkspruch kam vom Admiral. Es scheint, daß wir die Halbinsel ganz aufgeben. Singapur ist die Festung und war von Anfang an der Hauptzweck unserer Verteidigungsanstrengungen.«

Trewin fühlte, wie sein Mund trocken wurde. »Einfach so?«

Corbett nickte. »Einfach so.«

Trewin versuchte, nicht an die Hunderte von Meilen hartumkämpften Dschungels zu denken, nicht an die Schiffe, die bei den Gegenangriffen verlorengegangen waren, nicht an die hoffnungslose Tapferkeit, nicht an die Verluste, an die Schmerzen der Verwundeten. »War all das umsonst?«

Corbett hob das Glas und beobachtete die blasse Form der *Grayling*, die vorbeibrauste, um die Führung zu übernehmen. Er erwiderte: »Kein Opfer ist umsonst, gleichgültig wie groß oder wie klein es auch sein mag.«

Trewin ballte die Fäuste. Aber was nützte es, mit Corbett zu diskutieren? Er war unerreichbar für alle Argumente.

Corbett setzte sich auf seinen Stuhl, ohne sich um den prasselnden Regen zu kümmern, der ihm von Mütze und Ölzeug troff. Wenn er irgendwelche Zweifel hegte, so ließ sich der Kommandant der *Porcupine* das jedenfalls nicht anmerken.

Mit langsamster Fahrt voraus dampfte die *Porcupine* hartnäckig gegen die heftige ablandige Strömung an; nur das wirbelnd vorbeischießende Wasser auf beiden Seiten des Schiffsrumpfes vermittelte den falschen Eindruck hoher Fahrt.

Zum zehnten Male bereits schnippte Corbett mit den Fingern und rief: »Uhrzeit?«

Mallory antwortete: »0445, Sir.«

Corbett murmelte: »Wo, zum Teufel, bleibt sie? Sie müßte schon längst wieder draußen sein!«

Trewin bewegte sein Glas langsam von Backbord nach Steuerbord über den vorlichen Sektor. Es war noch immer sehr dunkel, obgleich der heftige Regen nachgelassen hatte und jetzt in ein gleichmäßiges Nieseln überging. Aber trotz der nahenden Morgendämmerung blieb die Küste verborgen. Das Warten ging auch ihm auf die Nerven. Corbetts Sorge um die *Grayling* konnte er durchaus verstehen. Sie war schon vor Stunden nach Talang hineingegangen, um auf Corbetts Befehl den ersten und größten Teil des entbehrlichen Krankenhauspersonals und der Ingenieursgruppe abzuholen.

Er blinzelte unwillkürlich, als wieder einmal eine Reihe schwacher roter Blitze die Höhenzüge weiter im Landesinneren erhellte. Während der ganzen Fahrt hatten sie sich zusammennehmen müssen, um nicht ständig zu dem unheilverkündenden Aufblitzen des Artilleriefeuers und der roten Glut des brennenden Waldes hinüberzublicken, da beides sie minutenlang blendete.

Sie waren früher als berechnet vor der Talangmündung angekommen und fuhren einen großen Kreis, um im tiefen Wasser zu bleiben. Jeder einzelne Ausguck spähte angestrengt nach dem Schatten der zurückkehrenden *Grayling* aus, damit die *Porcupine* einlaufen und die Aufgabe vollenden konnte. Sie mußten erst die

Rückkehr der *Grayling* abwarten, da sich die beiden Schiffe in dem engen, gewundenen Fahrwasser mit seinen gefährlichen Untiefen auf keinen Fall begegnen durften.

Trewin überlegte, warum Corbett nicht sofort hinter der *Grayling* eingelaufen war, statt die Dämmerung und den nur wenig höheren Wasserstand abzuwarten.

War es Einbildung, oder wurde es tatsächlich schon heller? Er blickte über das Brückenkleid hinunter zum Vorschiff und erkannte die wachsame Bedienungsmannschaft hinter dem Vierzöller und den blassen Fleck von Hammonds Mütze. Er lauschte dem sporadischen Rattern der Maschinengewehre und beobachtete den langsam über die Hügelketten driftenden Fallschirm einer Leuchtgranate. Zweifellos unternahm der Feind wieder Patrouillenvorstöße, und die Verteidiger suchten nach ihnen in dem heimtückischen Dschungelgewirr.

Corbett befahl heiser: »Geben Sie mir einen Kurs zum Hauptfahrwasser, N.O. Ich kann nicht länger warten.«

Nach einer Weile sagte Mallory: »Zwo-fünf-zwo, Sir.«

Corbett knurrte: »Gut. Bringen Sie sie auf Kurs, und erhöhen Sie auf halbe Fahrt.« Zu Trewin sagte er: »Noch eine Meile bis zur Einfahrt. Bis dahin sollte *Grayling* wohl endlich aufgetaucht sein.« Halb zu sich selbst fügte er böse hinzu: »Dieser Esel Nye! Wenn er aufgelaufen ist, werde ich ihm einiges erzählen!«

Die *Porcupine* nahm Fahrt auf, ihre mächtigen Schrauben verursachten ein ständiges Vibrieren, das bis zur Brücke hinauf reichte und sich in den Gliedmaßen der Männer auf Gefechtsstation fortsetzte.

Der Ausguck in der Brückennock richtete sich plötzlich auf und rief: »Sir! Ein Licht im Wasser!« Er suchte nach Worten. »Jetzt ist es weg, aber ich glaube, es war ein rotes Licht.«

Corbett beugte sich vor. »Ich sehe nichts.« Dann: »Beide langsame Fahrt voraus!«

Trewin stand neben dem Ausguck und starrte über den nassen Stahl des Brückenkleides. »Sind Sie sicher? Was für ein Licht war es?«

Der Mann schien verwirrt. »Es war rot, Sir. Ja, ich bin sicher, es war ein Licht. Ganz tief unten. Sehr klein.«

Mallory rief: »Hier gibt es keinerlei Leuchtbojen!«

Der Ausguck sagte hartnäckig: »Es war zu klein für eine Boje.«

Corbett wand sich in seinem Sitz, als ob er ihn behindere. »So können wir den ganzen Morgen hier vertrödeln, verdammt!« Zu Trewin sagte er: »Gehen Sie nach vorn und sehen Sie zu, ob Sie vom Vorsteven aus etwas entdecken. Der Nieselregen wird dort Ihr Glas nicht so stark vernebeln.« Als Trewin loslief, rief er hinter ihm her: »Und beeilen Sie sich, verdammt noch mal!«

Trewin kletterte die Leiter hinunter und rannte über die gischtübersprühte Back, wo Dancy sich bereits über die Reling beugte und nach unten spähte.

»Sehen Sie was, Dancy?« Trewin ließ sich auf ein Knie nieder und zog das Glas unter seinem Ölzeug hervor.

»Nein. Ich kam sofort nach vorn, als ich den Ausguck rufen hörte, aber es sieht alles aus wie immer.«

Corbetts Stimme, metallisch klingend und verstärkt durch das Megaphon, ließ sie beide nach achtern zur Brücke blicken. »Na, ist da was, Number One? Ich warte!«

Trewin wäre fast gefallen, als Dancy ihn am Arm packte und erregt nach unten zeigte. »Ich sehe es jetzt! Da, Sir, dicht an Backbord!«

Es war kaum mehr als ein blasses rotes Glühen und schien halb unter Wasser zu sein.

Grimmig fügte Dancy hinzu: »Ich glaube, es ist eine Schwimmwestenlampe, Sir. Da muß irgendein armer Schlucker ertrunken sein.«

»Vielleicht.« Trewin strengte seine Augen an, um den Nieselregen zu durchdringen, und wunderte sich, wieso sie das Licht nicht sofort gesehen hatten, nachdem der Ausguck es meldete. Es mußte verborgen gewesen sein, aber wodurch?

In plötzlicher Erkenntnis sprang er auf und rannte zurück zur Brücke. In Höhe des vorderen Geschützes formte er die Hände zum Trichter und schrie hinauf zu Corbetts vorgebeugter Silhouette: »Sir! Lassen Sie den Scheinwerfer einschalten!«

Corbett rief zurück: »Sind Sie verrückt? Dann sind wir meilenweit zu sehen!« Aber irgend etwas in Trewins Stimme machte ihn unsicher, und als dieser wieder nach vorn zum Vorsteven lief, zerschnitt der Brückenscheinwerfer die Dunkelheit mit einem blendenden, gletscherfarbenen Strahl, der Dancys Schatten vor das Schiff warf wie eine groteske Galionsfigur.

Das Licht war schon ein paar Sekunden eingeschaltet, als Trewin, der sich an die Reling klammerte, immer noch glaubte, das Schiff steuere einen falschen Kurs und laufe auf eine krautbewachsene Sandbank zu.

Weit weg hörte er Corbett schreien: »Beide äußerste Kraft zurück! Dreimal äußerste Kraft zurück!« Aber sein Blick blieb auf das lange, schleimbedeckte Ding gerichtet, das quer über dem Kurs der *Porcupine* lag, und als das Deck durch den Rückwärtsgang der Schrauben heftig erschüttert wurde, begriff er, daß es der nach ober zeigende Kiel der *Grayling* war.

Das tanzende rote Licht kam von ihrem Heck, wo sich ein Leichnam in seiner Schwimmweste in der Strömung wand und drehte, fest in einem Blatt des Drillingsruders verfangen.

Dancy schrie: »Zurück, Sir! Wir rammen sie!«

Ohne den Scheinwerfer waren Trewins Augen im Moment nutzlos, und er hatte den undeutlichen Eindruck von Männern, die sich hinwarfen, während das ganze Schiff wie verrückt erbebte vor Anstrengung, die Kollision zu vermeiden.

Als der Aufprall erfolgte, fühlte er Schmerz in der Brust aufsteigen, als sei er selbst verletzt, und ein paar Sekunden lag er ganz still und lauschte dem Kreischen und Scharren zerreißenden Metalls, der mahlenden Umarmung, die endlos zu dauern schien, bis die *Porcupine* sich schließlich mit einem gewaltigen Ruck losriß und von ihrem unglücklichen Gefährten absetzte.

Trewin taumelte hoch und sah den anderen Schiffkörper sich in einem Schwall platzender Luftblasen drehen und wälzen. Er roch den Gestank von Dieselöl, Feuer und verbrannter Farbe.

Dann löste er den Blick vom Wrack und rannte hinter Dancy her, durch Schwingtüren, über schwach erleuchtete Leitern und Niedergänge. Er sah das leere Mannschaftsdeck und grelle Pinup-Girls an den Spindtüren. Frischgewaschene Wäsche hing an Rohrleitungen, ein halb gegessenes Sandwich lag neben einem Radioapparat.

Ganz vorn, hinter dem Kollisionsschott, hielt er an und lauschte, zusammen mit Dancy, auf das donnernde Geräusch hereinschießenden Wassers. Er starrte die kleinen, scharfen Wasserstrahlen rund um die schwere wasserdichte Tür an und trat zurück, als Dancy die Vorreiber mit Hammerschlägen fester anzog.

Stablampen blitzten durch das Halbdunkel, und er hörte Hamond rufen: »Der untere Vorratsraum läuft voll, Number One!

Ich lasse ihn abstützen.«

Trewin wandte sich erschöpft um. »Der Kettenkasten ist auch voll Wasser. Sie liegt schon merklich auf der Nase.« Dann stieß er einen grimmigen Fluch aus. »Die *Grayling* ist gar nicht bis zur Einfahrt gekommen. In der engen Fahrrinne hätte sie nicht kentern können.«

Er war schockiert und beschämt über die Erleichterung, die er empfand. Einen fürchterlichen Augenblick hatte er sich die *Grayling* vollgepackt mit hilflosen Flüchtlingen vorgestellt, als sie kenterte. Tief im Innern wußte er jedoch, daß es ihm nicht um diese ging, sondern nur um eine einzige. Und die war noch in Talang.

Seine Stimme klang ruhig, als er sagte: »Machen Sie hier weiter, Sub. Ich schicke Ihnen ein paar Leute aus dem Maschinenraum, die beim Abstützen helfen können.«

Hammond stammelte heiser: »Sie ist gekentert! Ich kann es einfach nicht fassen!«

Ein Seemann bremste seinen Lauf neben Trewin und sagte: »Verzeihung, Sir, der Kommandant möchte, daß Sie sofort auf die Brücke kommen.«

Trewin nickte. »Es hätte uns getroffen, wenn wir zuerst eingelaufen wären.« Er legte Hammond die Hand auf die Schulter. »Den armen Teufeln hilft's nicht mehr, aber wir sollten uns das doch vor Augen halten.«

Der Seemann war noch immer da. »Der Kommandant hatte es sehr eilig, Sir!«

Erstaunlicherweise schien Corbett beinahe kühl und gelassen, als Trewin ihm berichtete. Im zunehmenden Tageslicht musterte er den Bug und das träge plätschernde Wasser um die tropfenden Anker. »*Grayling* muß auf eine Mine gelaufen sein«, sagte er. »Als sie vorbeitrieb, sah ich ein riesiges klaffendes Leck vorn an Backbord. Sie war ja immer kopflastig.« Er seufzte. »Aber sie war ein gutes Schiff.« Dann fuhr er mit frischerer Stimme fort: »Wir scheinen mit nicht viel mehr als einem eingedrückten Spant und einem Loch dicht neben dem Vorsteven davongekommen zu sein. Der Vorratsraum unter dem vorderen Mannschaftsdeck ist geflutet, aber den können wir lenzen, sobald Nimmo mit der Suche nach weiteren Beschädigungen fertig ist. Die Pumpen sollten das schaffen. Mit dem Kettenraum ist es etwas anderes, der muß in der Werft abgedichtet werden.« Er sah Trewin vielsagend an.

»Die *Porcupine* ist ein glückhaftes Schiff, Trewin, aber wir können uns nicht immer auf ein Wunder verlassen.«

Trewin blickte hinüber zu dem wartenden Vorgebirge, das im spärlichen Morgenlicht grau wirkte. »Gehen wir in die Bucht, Sir?«

»Sofort.« Corbett wandte sich halb um, als Mallory rief: »Chief meldet, keinerlei Beschädigungen achtern. Er ist klar zur Weiterfahrt.«

Corbett knurrte: »Gut. Sagen Sie ihm, er soll gleich mit dem Pumpen anfangen und außerdem versuchen, den Bug anzuheben, indem er den vorderen Öltank lenzt. Für unsere jetzige Aufgabe haben wir trotzdem noch genug Treibstoff.«

Er wartete, bis Mallory die Meldung abgegeben hatte, dann befahl er: »Beide langsame Fahrt voraus!«

Als die *Porcupine* sich langsam und vorsichtig zwischen die trügerischen Sandbänke der Einfahrt schob, flammte der Himmel plötzlich in feurigem Rot auf. Noch während die Männer auf der Brücke die Augen schlossen, riß die gewaltigste Detonation, die sie je erlebt hatten, die Luft auseinander und warf sie zu Boden. Das Donnern ging weiter und weiter, ein vielfaches Echo kam von den Bergen ringsum, und alle anderen Geräusche, die der einschlagenden Granaten oder des Maschinengewehrfeuers, erstarben in diesem ungeheuren Krachen, als wären auch sie zermalmt worden.

Trewin rief: »Das Treibstofflager und das Munitionsdepot! Die Heeresleute müssen es gesprengt haben!« Er beobachtete die riesige schwarze Rauchwand, die sich vor ihnen erhob, und die leuchtende Unterseite der niedrigen Wolken, die flackernd in Rot und Orange angestrahlt wurde.

Corbett sagte: »Das Heer zieht sich zurück. Wir müssen Tempo zulegen. Sie und Mallory nehmen zwanzig Mann mit, sobald wir angelegt haben, und gehen an Land, so schnell Sie können. Die ganze Siedlung muß in dreißig Minuten evakuiert sein, Schwestern, Ingenieure, alles, verstehen Sie?«

Ihre Blicke trafen sich. »Und wenn jemand sich weigert, Sir?«

Corbett wandte sich ab. »Bringen Sie ihn trotzdem an Bord. Notfalls mit Gewalt.«

Die Bäume auf dem Vorland hüllten sich in rötliches Gold, und Trewin glaubte zunächst an einen neuen Brand. Aber dann hörte er Masters murmeln: »Hier kommt die Sonne. Ich habe mich schon gefragt, ob ich sie jemals wiedersehen würde.«

»Das werden Sie bestimmt nicht, wenn Sie sich nicht auf Ihre Arbeit konzentrieren!« Corbett starrte ihn wütend an. »Jetzt gehen Sie nach achtern und setzen eine andere Flagge. Die größte, die Sie haben!«

Der Signalmeister guckte verständnislos. »Sir?«

Corbett sagte zu Trewin: »Wenn wir in die Bucht dampfen, ist es vielleicht für lange Zeit unser letzter Besuch. Ich möchte, daß dieses Schiff sich sehenlassen kann!«

Der Schatten des buckligen Berges kroch heran, wie um sie zu begrüßen, und Corbett sagte plötzlich: »Ich gehe selbst durchs Schiff, um die Schäden zu überprüfen, Trewin. Übernehmen Sie sie und halten Sie sich gut frei von der Südbank.« Seine Augen strahlten, als achtern die neue Flagge gehißt wurde. »Das sieht schon besser aus. Daran werden sie sich in Talang lange erinnern.«

Mallory sah ihm nach. »Glauben Sie, daß wir jemals hierher zurückkehren?«

Trewin beantwortete Mallorys Frage nicht. Über den tief im Wasser liegenden Bug studierte er den Talang River, der hier sehr viel breiter wurde, und dachte dabei noch immer an den schleimigen, algenbewachsenen Schiffsboden und an das spöttische rote Licht an der Schwimmweste des Ertrunkenen.

Leise sagte er: »Da waren's nur noch drei!«

Als das wäßrige Sonnenlicht endlich durch die treibenden Rauchschwaden und die dünner werdende Wolkendecke brach, fuhr die *Porcupine* um die letzte Biegung in den breitesten Teil des Flusses unterhalb der Niederlassung ein. Auf den ersten Blick war Talang kaum wiederzuerkennen. Nur noch die Hälfte der Pier war unversehrt, das äußere Ende hatte sich in ein Gewirr zerbrochener Balken verwandelt, die aus der reißenden Strömung ragten wie kariöse Zähne. Die Luft war erfüllt von Lärm und einem treibenden Vorhang aus Ruß und Asche, der vom brennenden Treibstoffdepot weiter landeinwärts heranzog. In gleichmäßigen Abständen erbebte die Erde unter der Wucht detonierender Granaten, von denen die meisten in dem Hügelrücken oberhalb der Siedlung einschlugen. Einige jedoch passierten diesen Bergkamm, flogen heulend über das jetzt vorsichtig am zerstörten Landesteg anlegende Kanonenboot und bohrten sich tief in den Dschungel am Südufer des Flusses, wo sie die dort bereits wütenden Brände noch vergrößerten.

Rasch und nervös kletterten die abgeteilten Seeleute auf die Pier und warteten auf Trewin und Mallory. Wenn die Granaten durch den Rauch heulten und ihre Detonationen die Luft erzittern ließen, drängten sie sich unwillkürlich dichter zusammen. Ihre entsetzten Blicke waren auf die zertrümmerten Häuser und die tiefen Krater in der Straße gerichtet.

Trewin sagte barsch: »Sie wissen, was zu tun ist. Wir bilden zwei Gruppen, gehen getrennt die Straße hinauf und bringen alle erreichbaren Personen sofort hierher!« Dann schob er sein Halfter auf die linke Hüfte und fuhr, an Mallory gewandt, fort: »Es sieht so aus, als hätten sie hier auch ein paar Luftangriffe gehabt.«

Mallory zeigte auf die Reste des einst auf Pfählen errichteten Klubhauses. Es war kaum mehr als eine Ruine, aber wie durch ein Wunder hing die Bar noch an ihrem Platz, eine zerbrochene Flasche stand auf der einen Seite. »Hab' den verdammten Klub nie gemocht.« Er grinste, aber seine Augen blieben ernst.

Trewin beobachtete Unteroffizier Kane, der an der Spitze seiner Leute die Straße entlangtrabte. In ihren sauberen Uniformen wirkten die Seeleute fremdartig in diesem Chaos aus Trümmern und verkohlten Häusern, und er sah, wie sie sich mehrfach nach ihrem Schiff umblickten, als wollten sie sich vergewissern, daß es noch da war und ihnen Geborgenheit bot.

Als Trewin den Männern auf die Straße folgte, blickte auch er sich noch einmal um. Die *Porcupine* schwang leicht an ihrer Vertäuung hin und her, und neben ihrem Steven, direkt an der Wasserlinie, klaffte das gewaltige Leck, blutrot verschmiert von der Mennige der *Grayling*.

Die beiden Offiziere beschleunigten ihren Schritt, und plötzlich sahen sie die Soldaten. Sie kamen einzeln oder in Gruppen, rennend oder sich mühsam vorwärtsschleppend, im letzten Stadium der Erschöpfung. Kaum einer trug noch seine Waffen, und manche hatten alles weggeworfen bis auf Shorts und Stiefel, um rascher flüchten zu können.

Mitten auf der Straße stand ein Offizier, den Revolver in der Hand, und schrie heiser: »Zurück! Ich erschieße den ersten, der diese Linie hier überschreitet!«

Aber die Soldaten hasteten vorbei und würdigten ihn keines einzigen Blickes, einige stießen sogar gegen seinen Revolver. Mit glasigen, leeren Augen eilten sie die Straße hinunter zum Fluß.

Der Offizier, ein junger Major, senkte den Revolver und sprach einige der Leute, die er kannte, persönlich an. »Sie da, Jackson! Sagen Sie ihnen, sie sollen stehenbleiben und sich eingraben! Wir können die Stellung noch halten.« Zu einem anderen: »Hier, Bill! Wir werden ihnen zeigen, was wir noch leisten können!«

Mallory stieß mit belegter Stimme hervor: »Himmel, das sind Aussies!«

Der Major sah sie und rief flehend: »Was soll ich denn machen, um Gottes willen! Sie hören nicht!«

Mallory fragte: »Sind noch mehr hinter Ihnen?« Er packte den Major am Arm, als der nicht antwortete. »Sind da noch mehr?«

Der Major starrte ihn mit leerem Blick an. »Keine Munition mehr, keine Verpflegung, nichts, verdammt!« Er schüttelte drohend seinen Revolver gegen den Dschungel. »Zum Teufel, was haben die eigentlich von uns erwartet?«

Mallory sagte: »Ruhig, Kumpel. Jetzt können Sie nichts mehr ändern.«

Die ersten Soldaten hatten den Fluß erreicht, warfen sich in die reißende Strömung und versuchten, das jenseitige Ufer zu erreichen. Selbst diejenigen, die offensichtlich nicht schwimmen konnten, folgten blindlings in ihrer Panik. Nicht ein einziger von ihnen lief zu dem an der Pier liegenden Kanonenboot. Es bedeutete für sie nicht Sicherheit, sondern Autorität, etwas, das sie auf jeden Fall vermeiden wollten.

Trewin sah mehrere im Wasser tanzende Köpfe, die mit der Strömung rasch flußabwärts trieben, und hörte durch den Lärm ringsum vereinzelt schwache Schreie. Grimmig sagte er: »Wir müssen weitermachen, N.O. Uns bleibt nur wenig Zeit.«

Mallory starrte noch immer hinter den letzten Soldaten her, das Gesicht verkniffen vor Verzweiflung. »Ich hätte nie gedacht, daß ich mich einmal schämen würde, ein Aussie zu sein!« Dann wandte er sich nach dem Major um, der bereits wieder die Straße hinauf in Richtung Dschungel schritt. Er rief mit gebrochener, kaum noch menschlich klingender Stimme den wenigen Nachzüglern Befehle entgegen. »Was machen wir mit ihm, um

Gottes willen?«

Trewin erwiderte: »Er wird es Ihnen nicht danken, wenn Sie ihm jetzt helfen.«

In diesem Augenblick erschien Kane in der Straßenbiegung, sein Blick suchte die beiden Offiziere. Er schrie: »Wir bringen die Schwestern, Sir!« Dann duckte er sich, weil eine Granate über ihre Köpfe heulte und vor einem großen Baum detonierte, dessen Stamm sie mit Splittern übersäte. »Das Hospital hat einen Bombentreffer erhalten, Sir, bei einem Luftangriff gestern abend.«

Trewin fing an zu rennen. Er übersah die Gruppen von Seeleuten, die improvisierte Bahren trugen, und den Zivilingenieur, der einen Vogelkäfig in der einen und eine Ginflasche in der anderen Hand hielt. Trewins Blick war jetzt starr auf die über dem Hospital stehende Rauchwolke gerichtet, und Kanes Worte gingen ihm wie wild im Kopf herum. Das Hospital war getroffen worden! Masseys Rotes Kreuz, seine Anstrengungen, sich aus dem Krieg herauszuhalten, waren vergeblich gewesen.

Auf der Lichtung vor dem Haupthaus sah er die Reihen mit Tüchern bedeckter Leichen, schlammbespritzt vom Regen der letzten Nacht. Zerbrochene Möbel und verkohlte Holzbalken ringsum zeugten von der Wucht des Volltreffers.

Er schrie wild: »Holen Sie die Leute raus, Kane!« Er sah die Schwestern, rauchgeschwärzt und benommen standen sie zwischen den Trümmern. Sie widersetzten sich nicht, als die Seeleute sie zur Straße hin drängten. Wie unmündige Kinder in ihrer Verstörtheit, dachte Trewin.

Er stemmte die Schulter gegen eine verklemmte Tür und sprang zur Seite, als eine Wellblechplatte vom Dach heruntersegelte. Ohne das zersplitterte Bücherbord hätte er den Raum nicht wiedererkannt.

Massey lag auf einem Sofa und starrte offenen Auges in den freien Himmel über ihm. Seine Zähne waren vor Schmerz zusammengepreßt und entblößt, während er sich eine blutige Bandage auf den Magen preßte. Clare kniete neben ihm, das Haar voller Asche. Ihre Hände waren blutig, das Hemd zerfetzt und fast ganz von den Schultern gerissen.

Trewin ließ sich neben ihr nieder. »Wir sind da, Clare! Was ist passiert, um Gottes willen?«

Sie wandte sich ihm nicht zu. »Es hat den großen Saal getroffen. Fünfzig Patienten lagen dort. Er stand sofort von einem Ende bis zum anderen in Flammen, bevor wir zu ihnen gelangen konnten!« Ihre Schultern begannen zu beben, aber als Trewin den Arm um sie legte, stieß sie wild hervor: »Bitte helfen Sie ihm! Ich – ich kann nichts für ihn tun!«

Massey schien Trewin zum ersten Mal zu sehen. Seine Lippen öffneten und schlossen sich, aber selbst diese Anstrengung schien ihn zu zerreißen. Er keuchte: »Bringen Sie sie weg, Leutnant!« Er blinzelte: »Oh, Sie sind es!« Er versuchte zu lächeln. »Also ist Greville doch noch gekommen!« Er preßte die Zähne zusammen, und Trewin bemerkte, daß ihm der Schweiß ausbrach und von der Stirn in den Bart lief. »Bitte, bringen Sie Clare hinaus!«

Mallory trat durch die Tür, zerbrochenes Glas knirschte unter seinen Schuhen. »Ich habe die meisten zur Pier hinuntergeschickt«, sagte er heiser. Dann sah er Massey und fragte: »Wie geht es ihm?«

Clare wandte sich um und starrte zu ihm auf. »Er kann nicht bewegt werden! Ich gehe nicht ohne ihn! Ihre Stimme bebte, Tränen rannen durch den Schmutz in ihrem Gesicht.

Trewin hob den Kopf. Das Geschützfeuer hatte aufgehört, ihm kamen jetzt die schwächeren Geräusche außerhalb des zerstörten Hauses zu Bewußtsein: das Zischen brennenden Holzes, das ferne Schreien eines verwundeten Tieres oder eines Menschen.

Er sagte eindringlich: »Sie müssen jetzt gehen, Clare.«

Mit wilden Blicken starrte sie ihn an. »Nein! Ich gehe nicht!« Zu ihrem Vater sagte sie mit gebrochener Stimme: »Bitte! Sag du es ihm!«

Unteroffizier Kane rief von der Lichtung: »Kommen Sie, Sir! Ich höre die Japse, sie laufen schon den Berghang herunter!« Wie um die Dringlichkeit seiner Worte zu unterstreichen, ertönte die Sirene der *Porcupine.* Es war unheimlich und erschreckend.

»Sie gehen mit Oberleutnant Mallory.« Er brachte es nicht fertig, Clare anzusehen. »Ich bleibe bei Ihrem Vater.«

Sie schrie: »Nein!« Als Mallory sie am Arm ergriff, rief sie: »Ich hasse Sie! Das werde ich Ihnen niemals verzeihen!«

Ihre weiteren Worte erstickten im Schluchzen, als Mallory sie aufhob und hinaustrug.

Massey schien sich nun zu entspannen. »Ich danke Ihnen.« Er

hustete, und zwei rote Fäden rannen von den Mundwinkeln in seinen Bart. »Ich weiß, was Sie das gekostet hat, was sie Ihnen bedeutet.«

Trewin blickte auf den blutgetränkten Verband. Die plötzliche Stille draußen war schlimmer als das Geschützfeuer vorher, und alles in ihm schrie: »Lauf. Lauf wie die Soldaten vorhin!« Aber er war unfähig, sich zu bewegen.

Massey stammelte: »Niemand kann mir mehr helfen. Es ist aus. Nur noch Minuten.« Er rollte verzweifelt mit den Augen. »All meine Arbeit, mein Werk, Trewin. Umsonst.« Er versuchte, sich auf die Ellbogen zu stützen und sich aufzurichten. »Sie sorgen dafür, daß Clare in Sicherheit kommt, nicht wahr?« Sein Blick drückte Verzweiflung aus. »Sie hat nicht viel von ihrem Leben gehabt!«

Trewin nickte und wußte nicht, was er sagen sollte. »Versuchen Sie zu ruhen, Doktor.«

»Später kann ich ruhen.« Er lehnte sich zurück und starrte wieder nach oben zum Himmel. »Sagen Sie Grewille, er soll auf sich aufpassen.« Seine eine Hand packte Trewins Handgelenk mit erstaunlicher Kraft. »Er muß vorsichtig sein!«

Trewin blickte weg. Es ging offensichtlich jetzt rasch zu Ende mit Massey. Er redete schon im Delirium.

Aber Massey fuhr in demselben drängenden Ton fort: »Sie müssen ihm helfen, Trewin! Er vertraut Ihnen.«

Irgendwo ertönte ein Gewehrschuß, und das entsetzliche ferne Schreien hörte auf. Trewin versuchte zu lächeln. »Er braucht meine Hilfe nicht, Doktor.«

Seine Worte schienen bei Massey eine letzte Kraftreserve zu mobilisieren. Mit äußerster Anstrengung richtete er sich auf einen Ellenbogen auf. Seine Augen leuchteten wieder, und seine Zähne waren entblößt. »Er braucht Sie, Trewin! Er braucht Sie wirklich! Er ist ein dickköpfiger Narr. Aber er ist nahezu blind und wird bald völlig erblindet sein!« Sein Kopf kippte zur Seite, sank an Trewins stützende Schulter. »Ich habe ihn behandelt, aber ihm ist nicht mehr zu helfen. Fast blind.«

Er hustete, und diesmal hörte die Blutung nicht mehr auf.

Trewin fühlte ihm den Puls und stand auf. Es war zu Ende. Er wagte kaum zu denken. Dann trat er hinaus ins Sonnenlicht und rannte, mit Masseys Worten noch im Ohr, die Straße hinunter zum Fluß. Die letzte Leine wurde schon losgeworfen, man holte ihn über den Bug an Bord. Er sah die Geschütze herumschwingen, um notfalls die Straßenbiegung unter Feuer nehmen zu können, während das Schiff über den Achtersteven zum gegenüberliegenden Ufer zurücksetzte und dann auf Auslaufkurs drehte.

Die Verwundeten und die Handvoll Flüchtlinge waren unter Deck gebracht worden, von Clare war nichts zu sehen. Trewin hatte den Vorwurf, den Haß in ihren Augen gefürchtet. Jetzt brauchte er ihr also nicht von den letzten Minuten ihres Vaters zu erzählen. Weder jetzt noch jemals später.

Er stieg zur Brücke hinauf und sah geistesabwesend zu, wie Corbett sich über die Backbordbrückennock beugte und zur Sandbank hinüberblickte, der sich das Boot mit dem Heck rasch näherte. Es stand nur wenig Platz zum Drehen zur Verfügung. Masseys letzte Worte gingen ihm nicht aus dem Kopf. Eine Granate heulte über das Boot hinweg, danach spürte er das stärkere Vibrieren der Schrauben.

Wieder ein Fehlschlag! Wieder ein Rückzug!

Er sah auf Corbetts ihm zugewandten Rücken und durchlebte dabei nochmals die vergangenen Situationen, die Zweifel und Unsicherheiten, jetzt aber mit plötzlichem Verständnis, mit plötzlicher Klarheit. Sein unverhoffter Eintritt in den verdunkelten Raum bei Massey. Corbetts Sträuben gegen das Einlaufen in die Talangmündung bei Nacht. All das gab jetzt einen völlig anderen Sinn.

Corbett wandte sich um und sah ihn am Kartentisch lehnen. »Übernehmen Sie, Trewin«, sagte er scharf. »Ich will die Küste im Auge behalten.« Er wartete einen Augenblick. »Ist alles in Ordnung mit Ihnen?«

Trewin spürte, wie es in ihm schrie: Sag ihm, daß du es weißt! Sag es ihm in diese blassen toten Augen hinein, die nichts mehr sehen können, nur sein Schiff. Er trat, noch immer wie benommen, neben Corbett und nahm dessen Platz hinter dem Brückenkleid ein. Mit einer ihm selbst völlig fremden Stimme erwiderte er: »Clare ist an Bord!« In seinem Inneren schrie es weiter: *Sag es ihm!*

Statt dessen fuhr er ausdruckslos fort: »Massey ist tot.«

Als er wieder aufblickte, stand Corbett an der Leiter, seine Hände ruhten auf der Teakholzreling, sein Gesicht sah plötzlich alt und zerfurcht aus. »Er war ein guter Arzt, Trewin.« Er wandte sich ab. »Mehr als das. Ein guter Mensch.«

Er griff zur Leiter, stieg hinunter, und Trewin hörte die Tür des Kartenhauses zuschlagen. Er blickte Mallory und die anderen an. Alle beobachteten ihn. Es kam ihm vor, als teilten sie bereits sein Geheimnis.

Heiser krächzte er: »Beide Maschinen halbe Fahrt voraus!«

Die Niederlassung blieb achteraus zurück. Aber ihm war klar, daß er es von jetzt an mit sich herumtragen mußte, Masseys Geheimnis.

10 Die uneinnehmbare Festung

Chiefsteward Yates stand in der Messe, behaglich gegen die Anrichte gelehnt, und sah zu, wie Ching, der chinesische Messesteward, die Tassen der Offiziere erneut mit Kaffee füllte. Yates hatte gerade die Blenden vor die Bullaugen geschraubt, um für die Nacht zu verdunkeln, und die Deckenventilatoren eingeschaltet, um bei der feuchten, schweren Luft, die noch von der unbarmherzigen Hitze des Tages zeugte, wenigstens etwas Erleichterung zu verschaffen.

Er fragte: »Noch irgend etwas, Sir?«

Trewin saß am Kopfende des Tisches, tief in Gedanken versunken starrte er in seine Tasse. »Nein. Sie können Schluß machen, Yates.« Er blickte hinüber zu Tweedie und Hammond, aber auch sie schienen mit ihren eigenen Problemen beschäftigt.

Es war seltsam, wieder die sanfte Bewegung des Schiffes zu spüren. Nachdem sie mit halber Kraft in ihren Heimathafen zurückgehinkt waren, hatte man sie einer unwürdigen, rohen Steinslipbahn überantwortet, wo chinesische Werftarbeiter ihr Bestes taten, mit ihren beschränkten Mitteln den Schaden am Bug auszubessern und das Schiff wieder see- und gefechtsklar zu machen. Während der heißen Nächte, beim Dröhnen der feindlichen Bomber über Singapur, dem Krachen der Einschläge und dem flakkernden Widerschein brennender Gebäude am Himmel gab es Zeit genug zum Nachdenken und Brüten.

Als die *Porcupine* ihre hastigen Reparaturen beendet hatte, waren die Japaner an der Südküste der malaiischen Halbinsel angekommen. Es gab wilde Nachhutgefechte, um möglichst vielen Truppen den Rückzug auf die Insel zu ermöglichen. Dann, als der Widerstand der australischen Heereseinheiten und der Sutherland Highlanders eingestellt und diese auf die Insel zurückgenommen worden waren, hatte man den Damm gesprengt und somit die letzte Verbindung zum Festland zerschnitten. Es war wie das Hochklappen einer alten Zugbrücke. Die Festung Singapur schickte sich an, der Belagerung und den Angriffen so lange zu widerstehen wie erforderlich.

Die Japaner rückten gegen Ende Januar in Johore Bahru ein und fanden es verlassen vor. Es war eine Geisterstadt, nur leere Gebäude und zurückgelassene Tiere wurden Zeugen ihres triumphierenden Einmarsches. Schon nach zwei Tagen feuerten ihre Geschütze über das Wasser, und nachts war selbst an Bord der *Porcupine* das ständige Gemurmel der Beschießung wie eine allgegenwärtige Bedrohung zu hören.

Der endgültige Verlust Malayas hatte eine gemischte Wirkung auf die Insel. Bei den Streitkräften herrschte neue Entschlossenheit, hauptsächlich wegen der Vereinfachung von Ziel und Zweck. Die Konzentration auf engerem Raum kam ihnen zugute, und selbst die angreifende japanische Luftwaffe konnte nicht mehr wie vorher schalten und walten. Die englischen Abfangjäger waren in pausenlosem Einsatz, und die Insel war bald übersät mit Flugzeugtrümmern, gleichermaßen von Freund und Feind.

Aber es gab auch viel Apathie und Sturheit. Trewin hatte mit einem Infanterieoffizier gesprochen, dessen Aufgabe es war, Schützengräben für den Verteidigungsfall ausheben zu lassen. Der hatte ihm erzählt, daß der Sekretär eines Golfklubs ihm rundweg die Erlaubnis verweigerte, in den Greens seiner Anlage zu graben. Selbst der Donner der nicht mehr fernen Artillerie konnte ihn nicht umstimmen.

Im Hafen herrschte eifriger Verkehr in beiden Richtungen. Trewin sah während dieser Tage, daß die Truppentransporter weitere Verstärkungen zur Insel brachten und sofort wieder ablegten, die Decks vollgestopft mit Frauen und Kindern, den Angehörigen derer, die zurückblieben, um die Insel zu verteidigen.

Die Evakuierung übte eine spürbare Wirkung auf die Besatzungsmitglieder der *Porcupine* aus. Viele von ihnen waren verheiratet und hatten sich schon vor Jahren hier mit ihren Familien niedergelassen, sich ganz auf den Dienst in Ostasien eingestellt. Wie Schwermut lag es über dem Schiff; alles war jetzt anders, seit sie die Ereignisse nicht mehr gemeinsam mit ihren Angehörigen erlebten und durchlitten.

Vielleicht würde sich nun, da die *Porcupine* wieder flott war, die Stimmung bessern, wenn auch nur aus der zwingenden Notwendigkeit, zu überleben.

Trewin rührte seinen Kaffee um und überlegte, wie Corbett wohl zurechtkam. Nur wenige Tage nach dem Aufslippen der *Porcupine* hatte Corbett Befehl erhalten, mit den restlichen Kanonenbooten auszulaufen. Er war auf der *Beaver* eingestiegen, um das Kommando über das buntscheckige Sammelsurium von Fahrzeugen zu übernehmen, das der Admiral zu einer Kampfgruppe zusammengestellt hatte; sie sollte jeglichen Versuch des Feindes vereiteln, isolierte Stoßtrupps an Land zu setzen. Außer den beiden Kanonenbooten unterstanden Corbett drei Trawler* eine M.L.**, und eine umgebaute Yacht. Es war keine starke Streitmacht, aber wie der Admiral ihnen vor dem Auslaufen gesagt hatte: »Wir alle müssen uns jetzt in die Speichen des Rades stemmen! Kein einziges Schiff, kein einziger Mann ist zu entbehren!«

Es war schwierig, hinter die zuversichtlichen Tagesbefehle und Bulletins zu blicken, und vollkommen unmöglich, festzustellen, wie stark die Verteidigungskräfte tatsächlich waren.

Die ständig eintreffenden Verstärkungen wirkten ermutigend, und erst vor ein paar Tagen war der Kreuzer *Exeter* zur Flotte gestoßen, ein Veteran aus der Schlacht vor der La-Plata-Mündung. Er schien Trewin einen anderen Krieg zu verkörpern, einen Krieg aus der Zeit, da die Grenzlinien zwischen Freund und Feind noch klar gezogen waren, da die Menschen noch glaubten, daß man nur im Recht zu sein brauchte, um einen Krieg zu gewinnen.

Die Stimme des Quartermasters dröhnte durch die Sprechanlage: »Schiff abblenden! Posten antreten zur Ablösung!«

Trewin mußte trotz seiner trüben Gedanken lächeln. Die Bordroutine ging weiter, gleichgültig, was sonstwo geschah.

Er versuchte, nicht an Corbett zu denken. Dadurch, daß er sich voll und ganz in die Aufgabe gestürzt hatte, das Schiff einsatzklar zu machen, mit den zusätzlichen Belastungen, die durch die zeit-

* Fischdampfer
** Motorlaunch, Schnellboot

weilige Übernahme des Kommandos entstanden, hatte er es geschafft, das vor sich her zu schieben, was doch einmal getan werden mußte. Während der langsamen Rückfahrt von Talang hatte er sich dabei ertappt, daß er jede Bewegung Corbetts überwachte. Er war ihm sogar aus dem Wege gegangen, um ihn auf die Probe zu stellen, mit einer Verschlagenheit, die ihm bisher völlig fremd war. Er wollte sich selbst beweisen, daß Masseys letzte Worte auf einem Irrtum beruhten, und hatte gehofft, daß Corbett ihm eine positive Überraschung bereiten würde. Er übermittelte dem Kommandanten hastig gekritzelte Meldungen und fühlte sein Herz sinken, als Corbett beiläufig Entschuldigungen geltend machte und sie für späteres Lesen zurücklegte oder auch Trewin bat, ihm den zusammengefaßten Inhalt mitzuteilen.

»Das ist eine gute Übung für Sie, Trewin«, sagte er dann.

Im Geist ging Trewin noch einmal alle Bemerkungen durch, die Corbett in der Vergangenheit gemacht hatte. Seine gereizten Beschwerden über die mangelnde Sauberkeit der Farbe, zum Beispiel. Ihm war jetzt klar, daß sie nur Teil einer sorgfältig aufgebauten Fassade waren, und er fühlte beinahe Mitleid mit Corbett wegen der Qual, die er erdulden mußte.

Trewin hatte sogar in Erwägung gezogen, mit dem Admiral darüber zu sprechen, aber er verwarf diesen Gedanken sofort wieder. Nur er wußte von Corbetts Zustand, und als Erster Wachoffizier war es seine Pflicht, etwas zu unternehmen.

Aber ihm war völlig klar, daß er zunächst mit Corbett selbst darüber sprechen mußte.

Tweedie, der mit angestrengter Konzentration einen seiner umfangreichen Briefe von zu Hause las, richtete sich ruckartig auf und warf ihn auf den Tisch. »Unglaublich! Jetzt haben sie mir ein paar rotznasige Evakuiertenkinder in meinen neuen Bungalow gesetzt!« Er starrte sie alle an, als könne er es nicht fassen. »Schmutzfinken aus Battersea noch dazu!«

Hammond fragte höflich: »Hat Mrs. Tweedie Einspruch erhoben?«

Tweedie blickte finster vor sich hin. »Einspruch? Nein, zum Teufel. Sie scheint sich sogar darüber zu freuen!« Wütend stand er auf. »All meine Blumenbeete, all die Arbeit! Ich wette, das verdammte kleine Pack zertrampelt alles.« Er nahm eine Lampe hoch und blickte auf die Uhr. »Ich gehe jetzt meine Ronde. Ich muß über alles nachdenken.«

Er stampfte hinaus, und Hammond sagte: »Die armen Kerle tun mir jetzt schon leid, wenn das Mannschaftsdeck nicht ganz in Ordnung ist.«

Trewin betrachtete ihn gedankenvoll. Er wußte, daß Hammond an Land gegangen war, um seine Jacqui zu überreden, auf eines der Evakuierungsschiffe zu gehen. Aus Hammonds bedrücktem Gesicht ersah er, daß ihm das nicht geglückt war. Er fragte vorsichtig: »Was wird Ihre Freundin nun machen, Sub?«

Hammond hob traurig die Schultern. »Ich habe ihr immer wieder gesagt, sie muß weggehen. Es ist nicht sicher hier, wie stark die Verteidigungsanlagen auch sein mögen.« Er stand auf und ging unruhig zur Anrichte. »Ich – ich möchte sie heiraten und nach Hause, nach England, schicken.«

Trewin dachte an Jacquis ruhigen, etwas traurigen Gesichtsausdruck, während sie Hammond auf der Silvesterparty ansah. Abgesehen davon, daß sie älter war als er, erschien es unwahrscheinlich, daß seine Familie ohne jeden Protest ein Halbblutmädchen in ihrer Mitte willkommen heißen würde. Sein Vater war Admiral, einer von vielen in einer langen Ahnenreihe.

Trewin fragte weiter: »Hat sie gesagt, warum sie nicht mitkommen will?«

Hammond starrte ihn an, dann grinste er verlegen. »Sie wissen doch, warum nicht!« Dann wurde er wieder ernst. »Gestern bekam ich einen Brief von meinem Vater. Nur zwischen uns beiden: Er sagt, er will eine Überführung für mich arrangieren, auf einem Zerstörer diesmal. Sehen Sie, wenn ich vorher nicht mit Jacqui ins reine komme, werden wir uns vielleicht nie mehr wiedersehen.« Sein Mund bekam einen harten Zug. »Und zufällig liebe ich sie. Wirklich!«

Trewin setzte seine Kaffeetasse wieder ab. Der Kaffee war inzwischen eiskalt geworden. Hammonds beiläufige Bemerkung über seinen Vater hatte eine weitere Tür des Verständnisses in seinem Inneren geöffnet. Hammonds Welt war eine andere als seine, eine, in der die Dinge »arrangiert« wurden. Bei ihm selbst wurde nichts arrangiert, sondern die Dinge ereigneten sich, traten ein. Er konnte sich leicht Hammond in ein paar Jahren vorstellen: kühl und selbstsicher, all seine jugendlichen Unsicherheiten auf der *Porcupine* zurückgeblieben. Möglicherweise hatte sein Vater etwas über das Verhältnis mit diesem Mädchen erfahren und wollte die Überführung auch aus diesem Grunde arrangieren.

Hammond blickte zum Schiffswappen hinauf und sagte in plötzlicher Verzweiflung: »Ich will die *Porcupine* nicht verlassen. Noch nicht.« Er wandte sich wieder Trewin zu. »Was meinen Sie, was ich tun soll?« Verlegen spreizte er die Finger. »Sie sind doch schon mehr herumgekommen als ich. Sie müßten doch einen Ausweg wissen.«

Trewin blickte zur Seite. »Das müssen Sie selbst entscheiden.« Er merkte, daß seine Stimme kalt und abweisend klang, aber er hatte sie nicht unter Kontrolle. Hammonds Glaube an ihn, seine einfache Art, die Dinge zu sehen, hatte ihn getroffen.

Auch während Hammond mit ihm über Jacqui sprach, waren Trewins Gedanken wieder zu Clare Massey abgeschweift. Sie war immer in der Nähe, verfolgte ihn mit ihren bitteren Worten, mit der verzweifelten Traurigkeit ihrer Augen. Aber seit Mallory sie aus dem zerbombten Hospital getragen hatte, war sie ihm kaum zu Gesicht gekommen. Als das Schiff in Singapur eingelaufen war und die verstörten, teilweise verletzten Passagiere an Land gesetzt wurden, hatte er Clare einen Augenblick von der Brücke aus gesehen: ihre schlanke, aufrechte Gestalt, als sie in das Motorboot hinunterstieg, eine von Corbetts Jacken wie ein Cape über ihr zerrissenes Hemd gehängt. Sie hatte sich nicht umgedreht, obwohl sie sicherlich wußte, daß er dort oben stand und sie beobachtete.

Dann war er bei Mrs. Corbett gewesen, um ihr zu sagen, daß ihr Mann an Bord der *Beaver* auslaufen mußte. Er hätte einen Boten schicken können, wollte aber die Gelegenheit benutzen, um Clare zu sehen, obwohl er damit rechnete, unwillkommen zu sein. Er hatte sie bei Corbetts kleinem Sohn im Kinderzimmer sitzen sehen und war zu ihr gegangen, um mit ihr zu sprechen. Er hatte versucht, ihr von ihres Vaters letztem Augenblick zu erzählen, ihr zu erklären, daß niemand mehr etwas für ihn hätte tun können.

Sie hatte in Trewins besorgtes Gesicht geblickt, die Augen vom dunklen Haar beschattet. »Sonst gibt es nichts mehr zu sagen, Leutnant?« Dann wandte sie sich ab und fuhr fort: »Sie hätten auch mich in Talang lassen sollen. Jetzt gehen Sie bitte.«

Corbetts Frau hatte am Fenster gewartet. Sie trug eine Seidenrobe, ihr gebräuntes Gesicht war noch feucht vom Duschen. »Lassen Sie Clare besser in Ruhe«, sagte sie. »Sie steht noch unter

Schock.« Mit einer Kopfbewegung warf sie ihr feuchtes Haar in den Nacken, als wolle sie damit die Bedeutungslosigkeit dieser Worte unterstreichen. »Wie wäre es mit einem Drink, Ralph? Ich glaube, Sie könnten einen vertragen.« Es war nicht nur der beiläufige Gebrauch seines Vornamens, der ihn warnte. Es lag etwas Einladendes in ihrem Blick, in Mildred Corbetts ganzer Haltung. Sie strahlte eine beinahe animalische Wärme aus, als könne sie ihre innere Erregung kaum noch verbergen.

Als er entschuldigend sagte, er müsse gehen, war sie so dicht an ihn herangekommen, daß ihre Brüste seine Arme berührten, während sie ihm mit diesem direkten Blick in die Augen sah, den er schon von der Party her kannte.

»Wann immer Sie vorbeikommen, Ralph. Jederzeit!«

Als er die Auffahrt hinunterging, hörte er sie vor sich hinsummen. Vielleicht trug auch sie dazu bei, daß er sich kein klares Bild von Corbett machen konnte. Ärgerlich sagte er sich, daß es nicht seine Sache sei. Corbetts Frau und seine Karriere hatten nichts damit zu tun. Corbetts eigensinnige Selbstüberschätzung war das einzige, was ihn betraf.

Er blickte wieder zu Hammond hinüber und sagte ruhig: »Es tut mir leid, Sub. Ich wollte Sie nicht vor den Kopf stoßen.« Er sah, daß Hammond sich ein wenig entspannte. »Aber ich bin noch immer der Ansicht, daß es ausschließlich Ihre eigene Entscheidung ist. Jacqui macht sich vielleicht Sorgen darüber, daß sie nach England gehen soll. Ihre Heimat ist hier.« Er biß sich auf die Lippen. Bei diesen Worten hatte er an Clare gedacht, nicht an Jacqui.

Hammond ließ sich in einen Lehnstuhl fallen. »Zwei Monate ist es her, daß die Japaner in Malaya gelandet sind, erst zwei Monate. Und jetzt sind wir wieder hier in Singapur.« Er seufzte. »Es hat keinen Sinn, das Ganze.«

Trewin sah Ching zu, der in der Messe aufräumte, heruntergefallene Zeitschriften aufhob und sie wieder in die Regale legte. Er sah eingefallen und irgendwie traurig aus. Wir haben alle unsere Sorgen, dachte er. Zweifellos schämte sich Ching für das ganze Schiff. Während der letzten Tage waren nicht weniger als acht der chinesischen Seeleute desertiert, einfach spurlos verschwunden. Sie hatten möglicherweise die Gerüchte gehört, daß die Japaner an den Chinesen, die sie in Malaya gefangennahmen, ein fürchterliches Exempel statuierten.

Möglicherweise würde Corbett hochgehen, wenn er von den Desertionen hörte, und ihm die Schuld daran zuschieben. Trewin hoffte im Stillen darauf. Wenn der Kommandant die Beherrschung verlor, bot sich vielleicht endlich die Gelegenheit, mit ihm ins reine zu kommen, ein für allemal.

Er dachte an Mallory, der an Land war, trank oder mit irgendeiner Frau zusammen war. Der würde in einem solchen Fall nicht lange zögern und sich auch über persönliche Verwicklungen hinwegsetzen. Noch am selben Abend, kurz bevor er ins Verkehrsboot stieg, hatte er seelenruhig zu Trewin gesagt: »Es ist schon besser hier an Bord, seit Sie das Kommando übernommen haben. Sie sollten es behalten!« Dann hatte er zu den fernen Hügeln hinübergeschaut, die dunklen Augen völlig ausdruckslos. »Ein Wort an der richtigen Stelle würde da wohl genügen. Niemand an Bord mag Corbett. Praktisch ist er schon passé.« Dann hatte er mit einem Auge gezwinkert. »Warum sollten Sie es nicht wenigstens versuchen?«

Wenn er es sich recht überlegte, war mehr an Mallorys Ratschlag, als er zuerst wahrhaben wollte.

Er stand auf, niedergeschlagen und ärgerlich. »Ich gehe in die Koje, Sub. Möchte ein paar Stunden schlafen, bevor der Tanz mit den Bombern wieder losgeht.«

Trewin fuhr aus tiefem Schlaf hoch und fand seine Kabine in helles Licht getaucht. Tweedie rüttelte ihn grob an der Schulter. Mühsam setzte er sich auf und starrte auf die Uhr. Er hatte weniger als eine halbe Stunde geschlafen. »Was ist los, Tweedie? Luftangriff?«

Tweedie schüttelte den Kopf. »Der Admiral will Sie sprechen, sofort.« Er zeigte mit dem Daumen auf die Tür. »Sein Boot liegt längsseits und wartet schon.«

Trewin schüttelte die Schlaftrunkenheit ab und tastete nach seinen Schuhen. »Wissen Sie, was er will?«

Tweedie blickte weg. »Die Japsen sind auf der Insel gelandet, hörte ich vom Bootssteuerer. Die Halunken überqueren die Johore-Straße in voller Breite.« Es klang, als könne er es selbst noch nicht glauben.

Trewin hatte sich bereits angezogen und griff zur Mütze. Sein

Verstand arbeitete jetzt auf vollen Touren. »Sind die Landurlauber alle zurück?«

»Alle, bis auf drei Unteroffiziere und den N.O.«

»Gut. Sagen Sie dem Chief, er soll sofort Dampf aufmachen, klar zum Auslaufen. Lassen Sie alle Mann wecken, und machen Sie seeklar. Stellen Sie sicher, daß niemand versucht zu desertieren.«

Tweedie blickte ihn finster an. »Die Chinesen, meinen Sie?«

»Ich meine: niemand!« Seine Stimme hatte einen barschen Unterton. »Einige unserer Leute haben eingeborene Frauen, die nicht evakuiert worden sind. Sie werden feststellen wollen, ob sie in Sicherheit sind.« Er stülpte sich die Mütze auf den Kopf und fügte hinzu: »Also passen Sie auf, daß alle an Bord bleiben!«

Er lief an Deck, wo Hammond am Fallreep wartete. Unten stampfte ein hellgraues, mächtiges Motorboot. Es war sehr dunkel, nur im Nordwesten war der Himmel etwas heller, und von dort ertönte auch das ständige Rumoren von Geschützfeuer.

Als das Boot ablegte, rief Trewin noch einmal zu Hammond hinauf: »Versuchen Sie, Mallory zu erreichen, und schicken Sie jemanden zu den drei Unteroffizieren, die sind sicher in der Kantine.« Hammonds Antwort ging unter im Aufheulen des Motors und im lauten Schraubengeräusch, als das Boot Fahrt aufnahm, um in den inneren Hafen zu kurven.

An den Stufen der Anlegebrücke wartete ein offener Wagen auf ihn, ein Marineinfanterist saß am Steuer, daneben ein anderer mit einer Maschinenpistole quer über den Knien. Beide wirkten grimmig und angespannt.

Als der Wagen durch die Außenbezirke der Stadt raste, fragte sich Trewin, ob die Bedrohung wirklich so ernst war, wie Tweedie herausgefunden zu haben meinte. Auf den Straßen drängten sich die Menschen wie eh und je, und zumindest bei einem der Kinos sah er ein »Ausverkauft«-Schild an der Tür.

Er beugte sich vor, als er merkte, daß der Wagen nicht den üblichen Weg nahm. Als Antwort auf seine Frage rief der Fahrer: »Der Admiral hat sein Hauptquartier verlegt, Sir! Es ist jetzt auf der anderen Seite der Stadt, bei Kallang Airfield.«

Sie hielten kurz an einer Stacheldrahtsperre, und nach dem Austausch der Parole mit den bewaffneten Posten fuhr der Wagen auf einen niedrigen Betonbunker zu, wo ein wachhabender Unteroffizier Trewin mit sichtbarer Erleichterung grüßte. »Der Admiral wartet, Sir. Hier entlang bitte.«

Trewin fand Fairfax-Loring an einem Kartentisch, umgeben von eifrigen Stabsoffizieren und ständig schrillenden Telefonen. Die Luft war zum Schneiden dick vor Tabaksqualm und widerhallte von den drängenden Stimmen der Offiziere, die offenbar einen wahren Schwall von Meldungen und Anfragen über die Telefone entgegennahmen.

Der Admiral blickte auf, als Trewin eintrat. Sein Gesicht war ernst, und seine normalerweise makellose weiße Uniform war feucht und fleckig von Schweiß. »Gut. Da sind Sie ja.« Er zeigte auf die Karte. »Die Japaner sind in ziemlicher Stärke hier im Nordwesten gelandet, an vier verschiedenen Stellen, soviel ich feststellen kann. Corbetts Gruppe ist am Eingang der Johore-Straße auf sie gestoßen.« Er blickte finster vor sich hin. »Die M.L. und ein Trawler sind gesunken, die *Prawn* ist beschädigt. Wie schwer, weiß ich noch nicht.« Er fuhr herum und brüllte: »Flags, haben Sie weitere Nachrichten?«

Oberleutnant Hughes wirkte erstaunlich ruhig. »Nein, nichts, Sir. Ich versuche noch immer, Bestätigung zu bekommen.«

Der Admiral stampfte mit dem Fuß auf. »Beeilen Sie sich, verdammt noch mal!« Zu Trewin sagte er: »Ich möchte, daß Sie sofort auslaufen. Können Sie das?«

Trewin erwiderte: »Wir haben nur ganz wenig Treibstoff, Sir. Wir sind gerade erst vom Slip gekommen. Aber ich habe dem Chief befohlen, Dampf aufzumachen.«

Der Admiral nickte. »Es muß genügen. Laufen Sie aus, sobald Sie fertig sind, und gehen Sie zur Johore-Straße. Nur ein flaches Kanonenboot kann dicht genug heran, um einen Schlag gegen die verdammten Halunken zu führen. Ihre Artillerie feuert ständig vom Festland herüber, und ein paar schwerere Einheiten kommen die Malakkastraße herunter, um sie zu unterstützen.« Er atmete schwer. »Man hat mir versichert, daß das Heer sie aufhalten kann, wenn wir dafür sorgen, daß die einzelnen Landeunternehmen nicht zu groß werden.« Er starrte in Trewins skeptisches Gesicht. »Nun, es ist nicht das Ende der Welt! Schließlich haben wir damit gerechnet, daß sie früher oder später versuchen würden zu landen.« Dann beruhigte er sich wieder. »General Percival, der Oberbefehlshaber, kratzt seine Reserven zusammen, und in vierundzwanzig Stunden haben wir die gelandeten Japaner entweder liquidiert oder eingekreist.«

Hughes rief: »Die 22. Australische Brigade meldet, daß weitere Feindverbände die Straße überquert haben, Sir. Sie benutzen Flöße und Gummiboote.«

Ein Heeresverbindungsoffizier sagte seelenruhig: »Das Sprengen des Dammes hat also doch nicht viel genützt!«

Der Admiral wandte sich ihm böse zu. »Das hätte ich Ihnen vorher sagen können. Ein Blick auf die Karte genügt, um zu zeigen, daß dort bei Niedrigwasser nur vier Fuß Wassertiefe ist. Damm oder nicht Damm, das macht kaum einen Unterschied.« Er schlug so laut mit der Faust auf den Tisch, daß einige Offiziere sich umwandten und ihn anblickten. »Verdammte Idioten! Eine Bottleparty in der Brauerei organisieren und dann den Flaschenöffner vergessen!« Er wischte sich den Schweiß von der Stirn und sah Trewin an. »Also, laufen Sie aus, stoßen Sie zur Gruppe und tun Sie, was Sie können. Ich würde Ihnen das nicht in den Schoß legen, aber im Augenblick bin ich knapp an Offizieren.«

Trewin lächelte schwach. »Ich werde es schaffen, Sir.«

Der Admiral musterte ihn nachdenklich. »Das hoffe ich.« Dann zauberte er einen Schatten seines alten, optimistischen Lächelns hervor. »Ich bin sogar überzeugt davon!« Er wandte sich ab, als ein anderer Offizier laut in ein Telefon hineinschrie. »Eines ist sicher: Wir geben die Insel niemals auf!«

Trewin eilte hinaus in die Dunkelheit, wo der Wagen mit laufendem Motor auf ihn wartete. Ein Luftangriff war gerade in Gang, aber weit weg auf der anderen Seite der Stadt. Die detonierenden Flakgeschosse tauchten die dahinterliegenden Gebäude in strahlendes Rot und Gold.

Er sagte zum Fahrer: »Geben Sie Vollgas!« Als der Wagen vorwärtsschoß, fuhr er fort: »Fahren Sie andersherum. Wir müssen kurz bei Kapitän Corbetts Haus anhalten.«

Fairfax-Loring mochte mit seiner Zuversicht recht haben, aber wenn nicht . . . Er fühlte, wie ihm der kalte Schweiß ausbrach, als der Wagen vor Corbetts niedrigem weißem Haus bremste.

Der Fahrer fragte heiser: »Sie bleiben doch nicht lange, Sir?« dabei blickte er besorgt zu dem rotglühenden Himmel hinüber.

»Zwei Minuten.« Trewin rannte über die Auffahrt und tastete sich durch die dunkle Veranda. Mit plötzlicher Klarheit dachte er an die Helligkeit und Fröhlichkeit der Silvesterparty. Er dachte auch an Corbett, der dort draußen mit seinem buntscheckigen Sammelsurium gegen den Feind kämpfte. Gott sei Dank war Keates mit der *Beaver* dabei. Der wenigstens konnte sich mit dem Gegner messen.

Ein verschlafener malaiischer Hausboy öffnete auf sein Klopfen. Er knöpfte sich noch die weiße Jacke zu, während er Trewin hineinführte und Licht machte.

Trewin fragte: »Wo ist die Herrin?«

Der Boy hob die Schultern. »Sie ist ausgegangen.«

Trewin knirschte mit den Zähnen. »Wenn sie zurückkommt, sag ihr, sie soll ein paar Sachen zusammenpacken für den Fall, daß sie weg muß. Verstanden?«

»Wer ist das?« Ein leichter Schritt war im Korridor zu hören. »Ein Besucher, Mali?«

Trewin stand ganz still, als Clare Massey ins Licht trat, eine schlanke Figur im Morgenrock. Sie sah ihn und blieb stehen, eine Hand an der Kehle, mit der anderen wischte sie sich das Haar aus dem Gesicht.

Trewin ging auf sie zu. »Ich bin gekommen, um Sie zu warnen.« Draußen hörte er den Fahrer das Gaspedal mehrmals durchtreten. »Die Japaner sind auf der Insel gelandet, Sie müssen sich fertigmachen zur Evakuierung für den Fall, daß es ernster wird.« Er hielt inne, wußte nicht mehr weiter.

Sie sagte: »Danke, Mali. Geh wieder zu Bett.« Als der Malaie eilig verschwand, fuhr sie fort: »Wollen Sie ins Zimmer kommen? Martin schläft dort.«

Er folgte ihr durch den engen Gang in das Zimmer, an das er sich so genau erinnerte. Corbetts Sohn schlief in seinem Bettchen, das Gesicht vom Licht weggewandt, den Teddybären fest im Arm.

Leise fuhr Clare fort: »Ich werde Mrs. Corbett ausrichten, was Sie gesagt haben.«

In der Stille des kleinen Zimmers vernahm Trewin ihre Atemzüge, roch den schwachen Duft ihres dunklen Haares. »Ich kam vor allem hierher, um Sie zu sehen«, sagte er. »Kapitän Corbett ist noch auf See, und ich laufe mit der *Porcupine* aus, um zu ihm zu stoßen.« Sie wandte sich nicht um, aber er sah, wie sie mit den Fingern die Ärmel ihres Morgenrockes packte. »Es wird möglicherweise schlimmer werden, man wird Sie evakuieren, und ich weiß nicht, ob wir uns je wiedersehen. Ich wollte Ihnen sagen . . .«

Sie unterbrach ihn. »Was hat mein Vater gesagt?« Ihre Stimme war ruhig und gefaßt. »Was hat er zu Ihnen gesagt, bevor er starb?«

Trewin erwiderte langsam: »Er sagte mir, was Sie für ihn bedeuteten. Als er starb, hatte er nur einen Wunsch: Sie in Sicherheit zu wissen.«

»Ist das alles?«

Trewin sah wieder das verkohlte Hospital vor sich, das plötzliche Alleinsein nach dem Abrücken der anderen. »Es war nicht mehr viel Zeit. Aber ich blieb bei ihm bis zum Ende, wie ich Ihnen versprochen hatte.«

Nun wandte sie sich ihm zu und blickte zu ihm auf. Ihr Gesicht lag im Schatten der Lampe. »Ich danke Ihnen.« Ihre Hände tasteten ziellos über den Morgenrock. »Ich weiß nicht, was ich sagen soll. Schon einmal habe ich mich vor Ihnen geschämt. Jetzt weiß ich nicht, wie ich das Unrecht wieder gutmachen kann, das ich Ihnen zugefügt habe.«

Trewin erwiderte: »Ich verstand genau, was Sie fühlten.« Draußen ertönte die Hupe des Wagens. »Ich muß jetzt gehen.«

Die Dringlichkeit in seinem Ton schien sie zur Besinnung zu bringen. Sie sagte: »Als meine Mutter im Feuer umkam, rettete mir Greville Corbett das Leben. Danach hatte ich nur noch meinen Vater und seine Arbeit hier in Malaya.« Ihre Schultern hoben sich ein wenig. »Jetzt ist er tot, und Greville ist auf See.«

Trewin sagte leise: »Ihr Vater erzählte mir das mit Corbetts Augen. Er wird in Kürze gänzlich erblinden. Bisher hat er es als Geheimnis gehütet, aber jetzt steht zu viel auf dem Spiel, um es weiterhin geheimzuhalten.« Nach einer kurzen Pause fuhr er leise fort: »Ich nehme an, daß er an Land versetzt wird, dann können Sie in Kontakt bleiben.« Er fühlte sich recht hilflos. »Es ist nicht viel, Clare, aber doch etwas, an das Sie sich halten können.«

Sie blickte ihm fest ins Gesicht, ihre Augen schimmerten feucht. »Davon habe ich nichts gewußt.« Sie trat einen Schritt vor und ergriff Trewins Hand. »Armer Greville! Sie müssen versuchen, ihm zu helfen, müssen ihm zeigen, daß es zu seinem eigenen wie auch zu Ihrem Besten ist.«

»Ich denke nicht an mich, Clare.«

Sie nickte. »Ich weiß.« Sie hielt seine Hand fest, als er in den Korridor zurücktrat. »Aber ich tue es.«

Zusammen gingen sie zur Eingangstür und blieben dort noch einmal stehen, spürten die kühle Nachtluft im Gesicht. Da fragte sie: »Warum sind Sie gekommen? Was war der wirkliche Grund? Ich muß ihn wissen.«

Trewin merkte, daß ihm die Antwort ganz leicht fiel. »Weil ich Sie liebe, Clare. Ich liebte Sie vom ersten Augenblick an, als wir uns im Hospital sahen. Ihr Vater schien das zu wissen.«

»Und jetzt weiß ich es auch.« Sie blickte zur Gartenpforte. »Komm bald zurück. Ich gehe hier nicht eher weg, als bis du es mir noch einmal sagst. Richtig sagst!« Dann trat sie dicht an ihn heran und küßte ihn kurz.

Er schmeckte die Tränen auf ihren Wangen und spürte die Entschlossenheit ihres Körpers, nicht zusammenzubrechen. »Ich werde zurückkommen, irgendwie.« Dann wandte er sich ab, rannte über die Auffahrt und sprang in den Wagen.

Als er noch einmal zurückblickte, war das Haus bereits im Staub der Räder verschwunden.

Er preßte den Kopf in die Hände, fühlte sich plötzlich verloren und niedergeschlagen. Was nützte das alles? Es war hoffnungslos, bevor es angefangen hatte. Wenn Corbett von der *Porcupine* an Land versetzt wurde, war die Aussicht, Clare jemals wiederzusehen, noch geringer. Sie würde verschwinden, und die Erinnerung an ihn würde vermutlich verblassen, zusammen mit dem Schmerz.

Er wußte nachher kaum, wie er vom Wagen an Bord gekommen war. Aber er mußte sich zwingen, die Probleme anzupacken, die hier auf ihn warteten.

Nimmo, der Chief, wies ihn starrköpfig auf die Gefahren hin, die sich aus dem zu geringen Treibstoffvorrat ergaben. Dazu Mallory, der trübäugig hinter einem Becher schwarzen Kaffees in der Messe saß, und Tweedie, der deutlich durchblicken ließ, daß es etwas anderes war, unter Trewins Kommando im Hafen zu dienen als auf See.

Trewin lief zur Brücke hinauf, er hatte es plötzlich sehr eilig.

»Klar zum Loswerfen in fünf Minuten!« Er hörte, daß seine Stimme barsch klang, aber das war ihm jetzt gleichgültig. »Antreten auf Gefechtsstationen, sowie wir aus dem Hafen sind.«

Erst als sein Blick auf Corbetts leeren Sitz fiel, wurde ihm ernstlich klar, was vor ihm lag. Er war oft mit Corbetts Entscheidungen uneins gewesen, aber es waren immerhin klare Entscheidungen. Jetzt hing es von ihm ab, ob sie das Geschick der *Shrike, Grayling* und all der anderen teilen würden.

Hammond sagte ruhig: »Maschine meldet klar, Sir.«

Trewin legte die Hände auf das Brückenkleid; sie waren feucht, und er schwitzte erbärmlich.

»Gut. Beide langsame Fahrt voraus.« Er hörte das Rasseln des Maschinentelegraphen unter seinen Füßen. »Leine los!«

Die Stahltrosse schlängelte sich durch die Lippe, und er fühlte, wie das Schiff vorwärtsdrängte, die Boje gleichgültig beiseite stieß.

»Steuerbord fünfzehn. Beide halbe Fahrt voraus!«

Er sah zu, wie der aufsteigende Gischt vom Bug geteilt wurde. Auch die *Porcupine* schien froh zu sein, das Land endlich zurücklassen zu können.

11 Nur eine Frage der Zeit

Mallory richtete sich vom Kartentisch auf und rief nach draußen: »Kursänderung auf zwo-fünf-acht!«

Trewin nickte, blieb aber bewegungslos hinter dem Brückenkleid stehen, während Mallory den neuen Kurs ans Steuerhaus weitergab. Sein ganzer Körper war gestrafft, als gelte es, einen Schlag zu parieren, und er spürte bewußt das Stampfen der Maschinen. Die *Porcupine* dampfte indessen mit Höchstfahrt durch den nördlichen Teil der engen Sinki-Straße. Es war nervenaufreibend, und er hatte das Gefühl, das Schiff würde gleich auf einen vorspringenden Felsen oder eine lauernde Sandbank donnern. Sie fuhren in völliger Dunkelheit, das einzig Helle weit und breit war die weiße Pfeilspitze ihrer schäumenden Bugwelle. Was er zunächst für eine zusammenhängende Wolkenbank gehalten hatte, entpuppte sich in Wirklichkeit als riesige treibende Rauchschwaden, und nur gelegentlich sah er die Sterne.

Mallory rief aus dem Kartenhaus: »Wir sollten etwas mit der Fahrt runtergehen.« Er wartete auf Trewins Antwort, und als dieser schwieg, fügte er beschwörend hinzu: »Sie reißen ihr die Eingeweide heraus, wenn Sie jetzt auflaufen!«

Trewin beachtete ihn nicht, er konzentrierte sich ganz auf einen dunklen Fleck an Steuerbord voraus. Mallory hatte sich von vornherein gegen diese Route ausgesprochen, und jetzt, da der Kurs durch die enge, gefährliche und völlig unbeleuchtete Durchfahrt festgelegt war, mußte Trewin sich zwingen, die Warnungen Mallorys, die seine eigenen Befürchtungen nur bestätigten, in den Wind zu schlagen. In dieser schmalen Fahrrinne konnte er eine volle Stunde gewinnen. Oder das Schiff verlieren, wie ihm seine innere Stimme beharrlich vorhielt.

Er sah, wie sich Bug- und Hecksee am Fuß einer steil aufragenden Klippe weniger als fünfzig Yards querab brachen. Unwillkürlich hielt er den Atem an, bis dieser steile Felsvorsprung achteraus in der Dunkelheit verschwunden war.

Das vordere Geschütz quietschte, als es jetzt auf das nächste Stück der Durchfahrt gerichtet wurde. Er malte sich die Männer der Bedienungsmannschaft aus, die ihre Augen anstrengten, um die Dunkelheit und die ziehenden Rauchschwaden zu durchdringen.

Das Artillerieduell ging ununterbrochen weiter, wurde jetzt aber durch die Klippen und Vorberge ein wenig gedämpft.

Ein schwacher grüner Schein wanderte an Backbord vorbei, und als die *Porcupine* vorbeibrauste, sah Trewin, daß es ein Warnlicht war, das trübselig von einem Frachter herabhing. Er war nach einem Bombentreffer brennend auf Grund gesetzt worden und mit schwerer Schlagseite liegengeblieben, wie sie aus einer Funkmeldung erfahren hatten.

Mallory sagte fröhlich: »Das verdammte Wrack gibt mir einen genauen Schiffsort. Wir scheinen mehr oder weniger da zu sein, wo wir nach der Kopplung stehen sollen.« Seine Stimme klang aber doch ein wenig zweifelnd.

»Nun, Sie sind der Navigator!« Trewin spürte, daß er grinste, aber sein Gesicht fühlte sich an wie eine Maske. »Noch ein paar Meilen, dann sind wir frei.«

Ein Telefon schnarrte, und Dancy sagte: »Topp meldet Feuer recht voraus, Sir. Anscheinend ein Schiff.«

Trewin leckte sich die trockenen Lippen. Der Ausguck oben konnte möglicherweise über die nächste kleine Inselgruppe hinwegsehen bis dorthin, wo die enge Durchfahrt breiter wurde und in den Anfang der Johore-Straße einmündete.

Mallory rief: »Kursänderung auf drei-zwo-null.«

Trewin beobachtete, wie die dünnen Linien der Brecher an beiden Seiten des Fahrwassers achteraus wanderten, und sagte: »Alle Geschütze klar zum Feuern! An den Chief: Klar für dreimal äußerste Kraft!« Er wischte die Feuchtigkeit vom Glas und richtete es über das Brückenkleid auf das dunkle Ende der nächsten Insel, wo ein flackernder Schein knapp über dem Wasser aufleuchtete.

Als die *Porcupine* in die Johore-Straße vorstieß, detonierte eine Leuchtgranate eine knappe Meile vor ihnen und blendete sie mit ihrem grellen Licht zunächst derartig, daß sie nichts sehen konnten außer dem hellen Widerschein im Wasser.

Dann rief einer der Ausgucks: »Da ist die *Beaver*, Sir! Voraus an Backbord!«

Trewin schwang sein Glas herum und sah, wie das Kanonenboot plötzlich von zwei hohen Wassersäulen eingerahmt wurde. Doch blitzte es am Festland und auf der Insel derartig oft, daß es unmöglich war, Peilung und Abstand der verborgenen Batterie festzustellen. Er sah, daß *Beaver* scharfe Haken schlug, als ihre Bugwelle im Schein der treibenden Leuchtgranate silbern aufleuchtete, während ihre Geschütze mit großer Erhöhung zurückfeuerten. In ihrem Kielwasser folgten die beiden übriggebliebenen Trawler, auch sie trotz ihres Zickzackkurses aus allen Rohren feuernd. Ihre Rümpfe schimmerten wie Glas in dem Gischt, den die japanischen Granaten aufwarfen.

Dann, als sie auch von der letzten Insel an Steuerbordseite freikamen, sahen sie die *Prawn*. Sie lag vor einer glatten Sandbank, möglicherweise saß sie auch fest, und Rauch quoll in dichten Schwaden aus ihren achteren Aufbauten, wo winzige Gestalten vor den Flammen hin und her zu tanzen schienen.

Mallory knurrte mit zusammengebissenen Zähnen: »Hat anscheinend einen Volltreffer abbekommen. Großmast und achteres Geschütz sind weg.«

Sie duckten sich, als eine Granate über sie hinwegorgelte und mit grellem Blitz auf einer kleinen Insel querab in ziemlicher Entfernung detonierte.

Trewin rief: »Beide Maschinen volle Fahrt voraus!« Dann sagte er zu Mallory: »Peilen Sie dieses Geschütz ein, wenn es wieder feuert!« Eine weitere Granate heulte über die Brücke und

Mallory schrie: »Ungefähr grün vier-fünf! Die Japsen müssen direkt von der Singapur-Insel aus feuern!«

Trewin beobachtete, wie der Leuchtschirm langsam seewärts davontrieb. »Danach müßten sie auf der Insel schon etwa fünf Meilen landeinwärts stehen.«

Masters berührte ihn am Arm. »*Beaver* signalisiert, Sir!« Sein Gesicht wirkte grünlich in dem unheimlichen Licht. »Das Signal lautet: Gruppe kehrt zur Basis zurück.«

Die *Beaver* schwang noch immer in weitem Bogen herum, Masten und Aufbauten legten sich über durch den Impuls der Drehung. Trewin sah den Strahl des Handscheinwerfers in die Dunkelheit stechen und stellte sich Corbett vor, der die *Porcupine* beobachtete und ungeduldig auf Antwort wartete.

Die Formen der *Beaver* zeichneten sich kurz vor einem rötlichen Aufflammen ab. Hinter ihr scherte einer der Fischdampfer aus und begann, in einem Feuermeer und entweichendem Dampf zu kentern.

»Volltreffer, Sir!« Masters wandte sich an Trewin. »Soll ich das Signal bestätigen, Sir?«

Dancy starrte noch immer zur aufgelaufenen *Prawn.* Plötzlich rief er: »Sie werfen Kohle über Bord, soviel ich sehen kann. Himmel, sie haben das Feuer bald unter Kontrolle!« Er winkte mit seiner Mütze hinüber. »Recht so, Jungs! Wir werden es den Schuften zeigen!«

Trewin beobachtete die *Beaver*, die jetzt auf ihn zubrauste, den letzten Trawler dichtauf wie ein Schatten. Von der bewaffneten Yacht war nichts zu sehen, also war auch sie wohl gesunken. Zwei Trawler, eine Motorlaunch und eine kleine Yacht, alle innerhalb weniger Stunden versenkt!

Trewin entschloß sich zu handeln. »Rufen Sie die *Prawn* an und fragen Sie, welchen Beistand sie benötigt.« Er wartete, bis Phelps anfing zu morsen, und fügte hinzu: »Wir lassen sie nicht im Stich.«

»Von *Prawn*, Sir! Volltreffer durch schwere Granate. Maschinenraum geflutet, aber Schiff schwimmfähig. Wäre dankbar für eine Schulter, um mich daran auszuweinen!«

Trewin lächelte trotz allem. »Verstanden! Kommen längsseit, um Sie abzuschleppen.« Dann fühlte er, daß Mallory ihn am Ärmel zog. »Was ist, N.O.?«

»Sie wollen das doch nicht wirklich tun?« Sein Gesicht war dicht vor Trewin. »Der Feind hat Peilung und Entfernung! Wenn die nächste Leuchtgranate hochgeht, erwischen sie uns!« Als Trewin nicht antwortete, rief er: »Corbett hat diesen Trawler zurückgelassen, warum müssen wir dann zur *Prawn*? Oder wollen Sie etwas beweisen?«

Masters rief: »Signal von *Beaver*, Sir: ›Befolgen Sie sofort meinen letzten Befehl‹!«

Trewin fühlte, wie der Ärger in ihm hochkam. Corbett beobachtet ihn genauso, als wäre er neben ihm auf der Brücke. Er hatte Angst, seine kostbare *Porcupine* zu verlieren, und bestimmt traute er seinem I.W.O. nicht zu, die *Prawn* zu retten.

Wütend sagte er: »Gut, wenn er nicht will, ich werde es jedenfalls tun!« Er schubste Mallory zur Leiter. »Gehen Sie nach achtern, trommeln Sie alle verfügbaren Leute zusammen und takeln Sie mit ihnen das Schleppgeschirr auf, aber schnell!«

Die *Beaver* fuhr im Abstand einer halben Kabellänge vorbei. Er konnte die hellen Flecken der Gesichter auf der Brücke erkennen und die Reflektionen des fernen Geschützfeuers in den Gläsern über dem Brückenkleid, die alle auf sie gerichtet waren. Dann wandte er sich ab. »Steuerbord fünfzehn, beide langsame Fahrt voraus.« Das Heck der *Porcupine* würde Corbett eine bessere Antwort geben als jeder Morsespruch, dachte er grimmig.

Er fuhr zusammen, als eine weitere Leuchtgranate beinahe über ihren Köpfen detonierte. Er hörte beunruhigtes Flüstern und rief laut: »Jetzt können wir wenigstens sehen bei unserer Arbeit!« Angestrengt beobachtete er den schmaler werdenden Wasserstreifen zwischen den beiden Kanonenbooten, aber innerlich wartete er auf die erste vernichtende Salve des Feindes.

»Mittschiffs! Backbord zehn!« Im harten Licht sah er jede Einzelheit an Deck der schlimm zugerichteten *Prawn*, sogar die glitzernden Hügel der abgeworfenen Kohle auf der Sandbank. Diese Kohle mußte sie gerettet haben. Die mörderische Kraft der Detonation hatte sich im Kohlenbunker totgelaufen, statt dem alten Kanonenboot das Rückgrat zu brechen oder sich in die Munitionslast zu bohren.

»Beide Maschinen stopp!« Er sah, daß jemand von der Brücke der *Prawn* mit der Mütze winkte, aber er wandte sich um, als Dancy rief: »Alles klar achtern, Sir!«

Es dauerte ihm alles zu lange.

In diesem Augenblick ertönte ein entsetzlicher Knall auf der gegenüberliegenden Bordseite, und er sah eine riesige Wassersäule himmelwärts steigen, während sich das Deck unter seinen Füßen hob wie auf einer Gezeitenwoge. Nur wenige Yards entfernt war eine schwere Granate im flachen Wasser detoniert. Als die weiße Säule wie ein gewaltiger Sturzbach über die Brücke hereinbrach, taumelten die Leute keuchend und hustend zurück, Augen und Mund voll Salzwasser, in den Nasen den brenzligen Gestank des Pulverqualms.

Dancy rief: »Steuerhaus meldet, Ruder reagiert nicht, Sir!«

Trewin starrte ihn sekundenlang an und wartete, bis er seine Stimme und seine fünf Sinne wieder unter Kontrolle hatte. Dann spuckte er das schlammige Wasser aus. »Gehen Sie nach achtern und stellen Sie den Schaden fest.« Ruhiger fuhr er fort: »Alle Abteilungen sofort Schäden melden.«

Als er wieder aufblickte, waren sie bereits durch mehrere tropfende Wurfleinen mit der *Prawn* verbunden. An einer war die dicke Schlepptrosse angesteckt, die nun rasch über den schmalen Wasserstreifen zwischen den beiden Schiffen wanderte.

»Wir werden die *Prawn* wie einen Seeanker benutzen und mit den Maschinen steuern.«

Ein Brückenposten drückte ihm das Telefon in die Hand. »Maschinenraum, Sir.«

»Ja, Chief, was ist?«

»Habe das Rudergeschirr untersucht, Sir. Zwei Ruderblätter sind völlig verbogen. Wir können sie nicht mehr benutzen, die müssen im Dock gerichtet werden.«

Trewin wartete, wagte kaum zu hoffen. Dann fragte er: »Keine Beschädigungen am Bootskörper?«

Er hörte Nimmo lachen, es klang sehr weit entfernt. »Nicht die geringste, Sir. Ein zähes altes Luder, die *Porcupine*.« Als Trewin einhängte, lachte Nimmo noch immer.

»Schlepptrosse belegt, Sir!«

»Gut.« Er blickte zur Küste hinüber, sah aber kein verräterisches Mündungsfeuer von der nach ihnen suchenden Batterie. Vielleicht war sie auch in Kämpfe mit den Verteidigern der Insel verwickelt. »Backbord-Maschine langsame Fahrt voraus!« befahl er.

Wie ein Taschenkrebs drehte sich die *Porcupine* von dem anderen Schiff weg, dann übertrug sich der Zug voll auf die steifkommende Trosse. Zweimal schnellte sie, gestreckt wie eine Stange, aus dem Wasser hoch, und Trewin hielt den Atem an in der Erwartung, daß sie brechen würde. Dann wären die *Prawn* ohne Antriebskraft und die *Porcupine* ohne Ruder treibende Schießscheiben gewesen.

Mallory kam auf die Brücke geklettert, völlig durchnäßt und schmutzig. Er keuchte: »Die Trosse hält!« Dann schüttelte er den Kopf. »Sie verrückter Hund! Sie sind genauso verrückt wie der verdammte Corbett!« Aber er grinste übers ganze Gesicht.

»Um Ihnen eine Freude zu machen, gehen wir diesmal durchs Hauptfahrwasser.« Trewin spürte, daß seine Hände zitterten. »Wir müssen sehr langsam fahren.« Über seine Schulter rief er: »Steuerbord-Maschine langsame Fahrt voraus!«

Glücklicherweise senkte sich der Leuchtschirm auffallend rasch und erlosch bald vollständig. Trotz des ständigen Gemurmels der Artillerie und des Stampfens der Kolbenmaschinen hörte er Hurrarufe von der *Prawn.*

Er sagte: »Wir werden eine Stunde etwa Südkurs steuern, dann will ich über Funk einen Schlepper anfordern.« Jetzt, da der Augenblick der Entscheidung vorbei war, merkte er, daß er noch immer seine Gedanken laut aussprach.

Mallory erwiderte fröhlich: »Corbett wird nicht begeistert davon sein, gleichgültig, was Sie jetzt auch tun.«

Trewin dachte daran, was er Corbett endlich sagen mußte, wenn sie den Hafen erreichten, und fragte sich, was Mallory wohl für ein Gesicht machen würde, wenn er es hörte.

Laut rief er: »Beobachten Sie die Schlepptrosse und die *Prawn*, N.O., die Diplomatie überlassen Sie getrost mir!«

Mallory ging zur achteren Brückenreling und murmelte vor sich hin: »Lieber du als ich, mein Freund.«

Vorn am Brückenkleid stand Trewin, allein mit seinen Gedanken. Es würde ein sehr langsamer und mühseliger Rückmarsch werden. Corbett hatte bestimmt genügend Zeit, seine Wut anzuheizen und sich auf ein Verfahren wegen Befehlsverweigerung vorzubereiten. Aber mit oder ohne Corbett, die *Porcupine* schien ein ausgesprochenes Eigenleben zu führen und auch ihren Willen durchzusetzen, dachte er.

Kein Schlepper wurde ihm entgegengeschickt, sondern lediglich der lakonische Befehl, Funkstille zu halten und mit eigener Kraft zum Hafen zurückzukehren. Es war eine langsame und mühevolle Fahrt; viel Zeit ging dadurch verloren, daß sie sich tagsüber zwischen den vorgelagerten Inselgruppen verbergen mußten, während ganze Bombergeschwader oder auch einzelne Aufklärungsflugzeuge über sie hinwegdonnerten, offensichtlich auf der Suche nach solchen Zielen wie die beiden verkrüppelten Kanonenboote.

Am Morgen des folgenden Tages erreichten sie endlich die Hafeneinfahrt. Die Freude über ihre Ankunft wurde jedoch gleich überschattet durch die unbeweglich über der Stadt liegende riesige Rauchwolke und die frischen Wracks, die wie Schrott im Hafen herumlagen.

Es fiel schwer zu glauben, daß sich Reede und Hafenbecken in weniger als sechsunddreißig Stunden so verändert haben sollten. Die Transporter und Versorgungsschiffe waren von der Bildfläche verschwunden, und das größte Kriegsschiff, das sie entdecken konnten, war ein Zerstörer, der hastig von einem Leichter Treibstoff übernahm und es so eilig hatte wegzukommen, daß die Leute die ganze Zeit über an den Leinen standen, um ohne die geringste Verzögerung loswerfen zu können.

Eine Hafenbarkasse half der *Porcupine*, an einer Boje festzumachen, und schleppte dann die stark überliegende *Prawn* zum Slip, wo eine Schar widerwilliger Dockarbeiter sie unter den wachsamen Augen bewaffneter Soldaten erwartete. Von *Beaver* war nichts zu sehen; als Trewin hastig ein Bündel Depeschen durchblätterte, die das Wachboot an Bord gereicht hatte, las er, daß sie auf Befehl des Admirals mit etwa zweihundert Zivilflüchtlingen und verwundeten Soldaten an Bord mit einem Konvoi nach Java ausgelaufen war. Dem Aussehen des Hafens nach zu urteilen hatte es sich wohl um den letzten Konvoi gehandelt, der Singapur verließ. Die Insel machte sich offensichtlich für den Endkampf bereit. Selbst die Stimme des Nachrichtensprechers, die aus dem Radio in der Messe drang, zitterte vor Entschlossenheit bei seinen Schlußworten: »Wir werden nicht kapitulieren! Singapur lebt und wird sich niemals den Invasoren ergeben!«

Trewin schaltete den Apparat aus und sah die Offiziere der *Porcupine* an. »Ich gehe an Land zur Meldung beim Hauptquartier. Der Kommandant ist höchstwahrscheinlich dort mit weiteren Befehlen für uns.« Er blickte Mallory ins unrasierte Gesicht. »Lassen Sie das Signal zur Ölanforderung setzen. Vielleicht kann der Leichter längsseit kommen, wenn der Zerstörer abgelegt hat. Es ist wohl unsere letzte Chance, und der Chief hat mir gemeldet, daß unsere Tanks bis zu den Nieten hinunter geleert sind.«

Niemand antwortete, jeder schien zutiefst versunken in seine eigenen Gedanken. Trewin fuhr fort: »Alle Offiziere und Unteroffiziere tragen ab sofort Seitenwaffen, und jeder Trupp, der an Land geht, muß ebenfalls bewaffnet sein.« Er sah, wie Tweedie zum Pistolenregal hinüberschielte. »Wenn ich zurückkomme, wissen wir ein bißchen mehr.«

Als er zur Tür ging, erhoben sich die anderen wie auf ein geheimes Zeichen und folgten ihm hinaus ins grelle Sonnenlicht. Es schien ihnen wohl nicht recht, daß er sie alleinließ, als könnten sie nur zusammen weiteres Unheil vereiteln.

Hammond fragte: »Was wird mit der Ruderanlage? Können wir auf den Slip, wenn *Prawn* fertig ist?«

Trewin hob die Schultern. »Das werde ich herausfinden.« Er zwang sich zu einem Lächeln. »Ich bin genauso begierig wie Sie, wieder flottzukommen.«

Als er im Verkehrsboot saß, blickte er zurück zur *Porcupine* und war erschüttert. Die Bordwand war voll Schmutz und Rost. Unmöglich, sich vorzustellen, wie sie am Tag seiner Ankunft ausgesehen hatte. Damals machte sie den Eindruck einer gepflegten Luxusyacht. Jetzt zeigte sie nur allzu deutlich die unverkennbaren Spuren von Krieg und Kampf ums Überleben, genau wie die Menschen an Bord.

Am Landungssteg stieß er auf frisch errichtete Sandsackwälle, hinter denen Soldaten mit Stahlhelmen und Maschinenpistolen standen. Das ganze Gelände wimmelte von schwer bewaffneter Militärpolizei.

Ein Heeresoffizier hielt ihn an der Sperre an und überprüfte seine Papiere. Dann warf er einen Blick zur *Porcupine.* »Ich hoffe, Sie bleiben dort draußen vor Anker. Wir haben hier schon Krawalle mit Einwohnern, die sich ihren Weg an Bord mit allen Mitteln erkämpfen oder durch Bestechung erschleichen wollen.« Mit bitterem Lächeln fuhr er fort: »Noch vor wenigen Tagen wurde jeder Soldat hier wie ein Stück Dreck behandelt, jetzt könnte er Millionär werden, wenn er einen Bordpaß ausstellte, sei es auch für das schäbigste Schiff.« Er gab einem Wagen mit Tarnanstrich ein Zeichen. »Der wird Sie zum Flugplatz fahren oder zu dem, was noch davon übrig ist.«

Trewin antwortete nicht. Als der Wagen vom Steg zur Straße fuhr, wurde er sich sofort der Veränderung ringsum bewußt. Er sah die schweigende Menge der Malaien und Chinesen, die verlassenen Fahrzeuge, die zerbombten Gebäude. Verschiedene Male während der Fahrt erkannte er am Straßenrand aufgestapelte Leichen, nur spärlich mit Säcken bedeckt und von Fliegenschwärmen umschwirrt. Der Fahrer warf nicht einmal einen Blick darauf, und Trewin bemerkte, daß er eine Pistole im Schoß liegen hatte, während er mit halsbrecherischer Geschwindigkeit durch die Straßen jagte.

Trewin fragte: »Gibt es Unruhen?«

Der Soldat am Steuer schnitt eine Grimasse. »Es ist nicht ratsam, nachts allein auszugehen. Einige unserer Leute sind kürzlich von den Hiesigen schwer zusammengeschlagen worden.«

Trewin dachte an die freundlichen Gesichter, die er vorher hier gesehen hatte, an das vorherrschende Klima von Toleranz und Geduld.

Der Fahrer fuhr fort: »Sie sind der Ansicht, wir hätten sie im Stich gelassen, wir sollten sie vor den Japanern schützen.« Er lachte ärgerlich.

»Steht es wirklich so schlimm?« Trewin sah, wie der Blick des Mannes hart wurde.

»Es ist erheblich schlimmer als vor ein paar Tagen. Die Japsen haben vermutlich Tinnah Hill eingenommen, den höchsten Punkt der ganzen verrotteten Insel.« Er wies mit dem Kopf nach Norden. »Das ist nur fünf Meilen entfernt!«

Er schwang den Wagen herum, glitt durch das Stacheldrahttor und bremste vor dem Betonbunker. Dann beugte er sich herüber und sagte leise: »Dieses Pack schützen? Wir können nicht mal unsere eigenen Leute schützen!«

Trewin kletterte aus dem Sitz und sah den Mann an. Er hatte ein nettes, offenes Durchschnittsgesicht und schien ihm den Prototyp des Soldaten schlechthin zu verkörpern. Beruhigend sagte er: »Vielleicht schaffen sie es ja doch noch, die Japaner aufzuhalten.«

Der Fahrer holte eine Zigarette unter dem Stahlhelm hervor

und blinzelte in das grelle Sonnenlicht. »Vergessen Sie's, Sir. Ich bin schon zu lange Soldat, um an Märchen zu glauben. Bevor ich herkam, war ich in Griechenland.«

Trewin wandte den Blick ab. »Ich auch.«

Der Mann zündete seine Zigarette an und lehnte sich behaglich zurück. »Nun, dann kennen Sie das ja, nicht wahr?« Er lächelte. »Mitunter möchte man alles hinwerfen.«

Trewin trat in den Eingang des kühlen Bunkers und wurde beinahe umgestoßen von einigen Marines, die einen großen Stahlschrank nach draußen transportierten. In der Operationszentrale schwiegen jetzt die Telefone, sie waren auch nicht mehr besetzt; lediglich der Kartentisch stand unverändert da, es wirkte inmitten des Chaos wie Hohn.

Der Admiral saß auf einem Segeltuchstuhl und diktierte seinem Flaggleutnant einen Funkspruch. Am anderen Ende des Raumes waren Stabsoffiziere damit beschäftigt, Akten zu bündeln und in Kisten zu verpacken oder sie in einen großen Verbrennungsofen zu werfen, neben dem ein Petroleumkanister stand.

Fairfax-Loring blickte auf und nickte ruhig. »Sie scheinen immer auf einen Besuch vorbeizukommen, Trewin.« Dann wandte er sich an Hughes. »Geben Sie das an alle, dann führen Sie weiter meine Anordnungen aus.« Er zog ein goldenes Zigarettenetui aus der Brusttasche und zündete sich eine Zigarette an. »Tatsache ist, Trewin, daß es hier im Augenblick ein bißchen wild zugeht.«

Ein Telefon schnarrte ungeduldig, ein Stabsoffizier nahm den Hörer ab und legte ihn auf den Tisch. Dann fuhr er mit seiner Arbeit fort. Trewin starrte wie gebannt auf das Telefon. Am anderen Ende der Leitung war vielleicht ein unglückseliger, rangniedrigerer Offizier wie er selbst. Vermutlich waren ihm Munition oder Brennstoff ausgegangen, und er wartete verzweifelt auf Hilfe.

Kühl sagte er: »*Prawn* ist auf dem Slip, Sir. Ich hoffe, wir können auch das Ruder der *Porcupine* so schnell wie möglich reparieren lassen.«

Der Admiral musterte ihn durch den Zigarettenqualm. »Ganz recht. Ich habe es bereits veranlaßt. Die Schäden der *Prawn* sind nicht so schlimm. Wenn sie leergepumpt und untersucht worden ist, sollte sie imstande sein, wieder Dampf aufzumachen. Ein Jammer mit Ihrem Rudergeschirr! Gerade jetzt hätte ich die *Porcupine* gut gebrauchen können.«

»Wie ich gehört habe, ist *Beaver* bereits ausgelaufen, Sir. Ist Kapitän Corbett noch hier?«

»Natürlich ist er hier, Trewin!« Er runzelte die Stirn. »Corbett ist der älteste Offizier der Gruppe. Was hatten Sie denn gedacht?« Dann gähnte er ausgiebig. »Ich bin ziemlich geschafft, aber es ist noch eine Menge zu tun.« Nachdenklich blickte er Trewin an. »Sie werden es ja doch bald erfahren, deshalb können Sie es auch gleich von mir hören. Das Heer ist in einer mißlichen Lage. Sie bereiten im Augenblick einen Gegenangriff vor, aber wenn der fehlschlägt, habe ich nicht mehr viel Hoffnung. Die Japse sind fast bis an das große Wasserreservoir vorgedrungen, und einige der anderen Wasserbehälter sind schon vergiftet.« Er hob die Schultern. »Es ist also nur eine Frage der Zeit.«

Trewin hatte ein Gefühl, als kämen die Wände des Raumes auf ihn zu. »Aber die Truppen, Sir? Man kann sie doch nicht einfach hier zurücklassen! Sie kommen sonst alle in Gefangenschaft oder werden umgebracht!«

Der Admiral beugte sich über die Karte, nahm ein Papiermesser und zog eine tiefe Linie quer darüber. »Die Japse haben die Hälfte der Insel, Trewin! In weniger als achtundvierzig Stunden haben sie sie halbiert!« Er warf das Messer beiseite. »Es gibt nichts, was wir dagegen tun könnten. Niemand kann das im Augenblick.«

Trewin dachte an den Soldaten draußen im Wagen und erwiderte bitter: »Diese stupiden, unfähigen Idioten!«

Der Admiral lächelte trocken. »Zum Führen eines Krieges gehört mehr, als nur eine einzelne Schlacht zu schlagen, mein Junge. Sie werden das auch noch begreifen, wenn Sie lange genug am Leben bleiben.«

Hughes erschien wieder in der Tür. »Der Wagen kommt sofort, Sir.« Er warf einen Blick auf Trewin und zuckte die Achseln.

Fairfax-Loring richtete sich auf und nahm seine Aktenmappe vom Tisch. »Ich schicke die *Prawn* hinter der *Beaver* her, sobald ich kann, Trewin. Sie wird wahrscheinlich das letzte Schiff sein, das ausläuft, und ich möchte alle Personen, die noch evakuiert werden sollen, an Bord packen. Hughes hat eine Liste, und meine Leute sind unterwegs, um sie zusammenzutreiben.« Seine Stimme wurde etwas undeutlicher. »Ein paar Krankenschwestern, ein paar Ehefrauen und so weiter. All diejenigen, die den bequemeren Transporter letzte Woche nicht ausgenutzt haben.«

Trewin konnte seinen Ärger nicht zurückhalten. »Vielleicht waren sie töricht genug, den Tagesberichten Glauben zu schenken, Sir! Vielleicht vertrauten sie den Herren der oberen Dienststellen, die ihnen Sicherheit und Endsieg versprachen!«

Fairfax-Loring musterte ihn unbewegt. »Corbett schickt seine Frau und seinen Sohn auf die *Prawn.* Sie sollten dafür sorgen, daß auch Masseys Tochter mitgeht.« Dann blickte er sich noch einmal im Bunker um. »Macht nichts, ein Kommandostand ist wie der andere!«

Als Trewin zur Tür ging, rief der Admiral ihm nach: »Sie können Ihre Leute kurz an Land lassen, wenn Sie wollen. Natürlich nur die, denen Sie trauen. Die Verantwortung liegt bei Ihnen. Einige wollen sich vielleicht überzeugen, ob ihre Häuser in Ordnung sind und so weiter. Aber sorgen Sie dafür, daß alle sofort wieder an Bord kommen, damit das Schiff repariert werden kann, solange noch Zeit dafür ist.« Er grinste. »Sicherlich wollen Sie nicht ganz allein hier zurückbleiben!«

Trewin hätte ihm am liebsten ins Gesicht geschlagen. Du eitler, aufgeblasener, selbstgefälliger Narr! In Wirklichkeit ist es dir doch vollkommen gleichgültig, wer zurückbleibt oder nicht, dachte er.

Äußerlich ruhig sagte er: »Wieviel Zeit bleibt uns noch, Sir?«

»Zwei oder drei Tage.« Der Admiral blickte ihn an, als wundere er sich über diese Frage. »Nicht mehr.« Dann fügte er abrupt hinzu: »Wenn Sie irgendwelche Hilfe brauchen, werde ich sehen, was ich für Sie tun kann.«

Trewin setzte seine Mütze auf und erwiderte bitter: »Nein, Sir, ich brauche nichts, danke.«

Er ging zurück zum Wagen und lehnte sich ein paar Sekunden an das warme Metall. In der Ferne hörte er das Grollen der Geschütze und das Stimmengewirr auf der Straße vor dem Gittertor. Das kam ihm alles wie ein Alptraum vor.

Der Admiral hatte kein Wort gesagt über die Befehlsverweigerung gegenüber Corbett. Erstaunlich, wie wenig das jetzt noch ausmachte. Nur ein Gedanke beherrschte ihn: Clare mußte so schnell wie möglich weg. Er würde es mit dem Kommandanten der *Prawn* besprechen und sie dann selbst an Bord bringen.

Der Fahrer sah ihn an und grinste. »Alles erledigt, Sir?«

Trewin kletterte auf seinen Sitz und starrte vor sich hin. »Ja, erledigt.« Er sah eine auf Hochglanz polierte Stabslimousine mit Konteradmiralsstander durch den stark gesicherten Eingang Richtung Bunker fahren.

Der Soldat schaltete den ersten Gang ein. »Na, wenigstens ist der Hafen noch in Ordnung. Die Marine wird uns rausholen wie immer, nicht?« Er blickte nach vorn auf die Straße und sah deshalb nicht die Verzweiflung in Trewins Gesicht.

Als das Verkehrsboot an der Landungsbrücke längsseit ging, merkte Trewin sofort, daß Corbett noch vor ihm zur *Porcupine* zurückgekehrt war. Sowohl der Bootssteurer als auch der Bootsgast im Bug waren in makellosem Weiß, und obwohl die mit Stacheldraht eingezäunte Anlegebrücke menschenleer war bis auf die beiden Wachtposten, gingen sie das volle Zeremoniell eines vorbildlichen Anlegemanövers durch, als legten sie unter den kritischen Blicken des Oberbefehlshabers an.

Trewin sah Hammond am Fallreep auf ihn warten und fragte, als er an Bord stieg: »Nun, Sub, was soll der besorgte Blick?« Aber selbst dieser Versuch, humorvoll zu sein, klang hohl.

Hammond sagte: »Gott sei Dank, daß Sie wieder da sind, Number One. Ich dachte schon, Sie würden sich einen Urlaubstag machen.« Dann fuhr er im Flüsterton fort: »Der Kommandant kam an Bord, als Sie gerade weggefahren waren. Seitdem hat er jede Minute nach Ihnen gerufen und hat auch versucht, telefonisch zum Hauptquartier durchzukommen, aber irgendein Spaßvogel hat ihm gesagt, die Leitungen seien alle unterbrochen.«

Trewin runzelte die Stirn und blickte hinauf zur Brücke. »Das war kein Spaß, Sub. Der Mann hatte recht.« Er warf einen Blick über das Deck, wo die Leute eifrig mit Schlauch und Piassavabesen schrubbten, während Dancy ein paar chinesische Seeleute in der Kunst des Sonnensegelflickens unterwies. »Was, zum Teufel, ist hier eigentlich los?«

»Befehl des Kommandanten, Sir. Er ging sofort nach seiner Rückkehr durch das ganze Schiff. Jedes einzelne Deck, jede Last, ja sogar den Kesselraum hat er besichtigt. Dann hat er die Besatzung den ganzen Vormittag über gescheucht.«

Trewin dachte an die übermüdeten, unrasierten Gesichter im fahlen Morgenlicht, den leeren Ausdruck der Männer, die sogar zu erschöpft waren, um Erleichterung nach dem Einlaufen zu empfinden oder Stolz darüber, daß sie es geschafft hatten, die *Prawn* in Sicherheit zu bringen. Corbett hatte sie alle zur Arbeit getrieben, als erwarte das Schiff eine Besichtigung durch den Oberbefehlshaber.

Er sagte kurz: »Ich gehe zu ihm«, dann rannte er hinauf zur Brücke. Ungläubig starrte er in das leere Steuerhaus. Das Messing der Maschinentelegrafen glänzte wie poliertes Gold, die Gräting des Rudergängers war noch feucht vom Schrubben, und es roch sogar nach frischem Lack.

Er stieg die Verbindungstreppe hinunter und klopfte an die Tür. Corbett saß am Schreibtisch, vor sich das Befehlsbuch, in dem er langsam und sorgfältig schrieb. Trewin sagte: »Bin soeben an Bord gekommen, Sir.«

Corbett blickte nicht auf. »Ja. Ich hörte Sie mit Hammond reden und fragte mich, wann Sie wohl geruhen würden, zu mir zu kommen.«

Trewin versuchte, den Rest seiner Fassung zu bewahren. »Als zeitweiliger Kommandant des Schiffes ging ich sofort nach dem Einlaufen zum Admiral, Sir, um mir neue Befehle zu holen.«

Corbett steckte seinen Füllfederhalter in einen silbernen Ständer und hob endlich den Blick. Seine Augen waren kalt und gefährlich. »Lassen Sie das, Trewin! Als ich an Bord kam, erwartete ich, Sie hier zu finden. Mit einer schriftlichen Erklärung. Ihnen als ehemaligem Journalisten hätte sie eigentlich nicht schwerfallen dürfen.« Er wartete keine Entgegnung ab. »Während meiner gesamten Dienstzeit habe ich noch kein Schiff, kein einziges Schiff, in derartig verdrecktem Zustand gesehen! An Ihrer Stelle hätte ich wenigstens versucht, ein einigermaßen sauberes Schiff abzuliefern, wenn auch nur aus Anstandsgefühl!«

Trewin musterte ihn wachsam. »Sind Sie fertig, Sir?«

Corbett stand auf. »Nein, ich bin noch nicht fertig, und seien Sie gefälligst so freundlich, mir zuzuhören!« Er atmete erregt, und sein nervöses Augenzucken hatte sich wieder eingestellt. »In der vorletzten Nacht haben Sie meinen Befehlen nicht gehorcht. Das Resultat ist nicht zu übersehen, nicht einmal für Sie! Das Schiff ist nicht mehr einsatzbereit, und das ist ganz allein Ihre Schuld! Seit Sie an Bord sind, habe ich versucht, Ihren Mangel an Erfahrung zu tolerieren und Sie soweit zu bringen, daß Sie sich in Zukunft nützlich machen können. Und das ist der Lohn!«

Trewin erwiderte ruhig: »Die *Prawn* mußte abgeschleppt werden, Sir. Der Feind war schon dicht vor der Küste. Sofort bei Hellwerden hätten sie sie gekapert.«

Corbett starrte ihn an, als hätte er eine Obszönität von sich gegeben. »Bilden Sie sich ein, ich wüßte das nicht? Meine Verantwortung umfaßt die gesamte Gruppe, Trewin. Ich möchte keine Leute verlieren, weiß Gott nicht. Einige von ihnen sind gute Freunde von mir. Aber daran darf ich nicht denken, und genauso wenig dürfen Sie es. Die Boote müssen einsatzfähig bleiben. *Porcupine* und *Beaver* sind die größten und modernsten Schiffe der Gruppe. Aber dank Ihrer Idiotie ist nur noch die *Beaver* übrig. Wenn sie zurückkommt, liegen wir womöglich noch immer hier und warten darauf, daß diese faulen Werftgrandis unsere Reparaturen ausführen. Die *Prawn* ist nie ein erstklassiges Schiff gewesen, sie war immer die lahme Ente, und jetzt sieht es so aus, als wäre sie als einzige einsatzklar, bis die *Beaver* zurückkommt!«

Trewin erwiderte: »Sie kommt nicht zurück, Sir.«

»Wechseln Sie nicht das Thema!« schrie Corbett. »Ich will wissen, warum Sie meinen Befehl nicht ausgeführt haben!« Dann fuhr er herum. »Was haben Sie gesagt?«

Trewin wiederholte: »*Beaver* kommt nicht zurück, Sir. Weder jetzt noch später.«

»Ich glaube Ihnen nicht!« Corbett setzte sich wieder an seinen Schreibtisch und starrte auf den Stapel Funksprüche. »Selbst der Admiral würde die Einsatzfähigkeit der Gruppe nicht in dieser Weise riskieren!«

»Der Admiral hat mir das gesagt, Sir.« Trewin wartete ein paar Sekunden. »Die *Prawn* soll aus Singapur auslaufen, sobald sie kann, und die letzten Evakuierten an Bord nehmen. Es muß schon ein Funkspruch vorliegen, in dem er das anordnet. Sie sollen Ihre Frau und Ihren Sohn so schnell wie möglich herbringen, damit sie gleich auf die *Prawn* gehen können, Sir.«

Corbett starrte noch immer auf seinen Schreibtisch. »Ich glaube es nicht«, sagte er noch einmal.

Trewin beugte sich vor und griff nach den Funksprüchen. »Hier müßte er sein, wenn . . .«

Corbett schlug Trewins Hand zur Seite. »Ich kann selbst nachsehen! Ich bin kein Krüppel!« In seinem Zorn stieß er mit dem

Ärmel gegen das offene Buch und schob es weg. Bevor er es wieder zurücklegen konnte, sah Trewin, daß ein Vergrößerungsglas darunter verborgen war, so stark, daß die getippten Worte ungefähr einen Zoll hoch schienen.

Trewin wandte den Blick ab, unterdrückte Verwirrung und Mitleid und zwang sich zu sagen: »Der Admiral hat mir mitgeteilt, daß es hier bald vorüber ist. Wir sind am Ende. Es soll bereits über Kapitulation verhandelt werden, und alle Heereseinheiten auf der Insel kommen in Gefangenschaft.« Er konnte seinen Ärger nicht länger unterdrücken. »Es ist also wirklich gleichgültig, was wir jetzt machen.«

Corbett schwieg ein paar Sekunden, und Trewin hörte wieder die vertrauten Schiffsgeräusche von draußen. Sie kamen wie aus einer anderen Welt. Das vorbeiströmende Wasser, das Trappeln von Füßen auf dem Batteriedeck, und über allem das ständige Dröhnen des Geschützfeuers.

Schließlich sagte Corbett: »Ich habe das ganze Schiff inspiziert. Es ist eine Menge zu tun, um es wieder in Schuß zu bringen.« Er schien mit sich selbst zu sprechen. »Aber es ist ein kräftiges und stabiles Schiff und kann eine solche Beanspruchung verdauen, sogar noch mehr.«

»Ich weiß, Sir.«

Corbett hob den Blick, seine Augen schienen völlig ausdruckslos. »Sie glauben nur, es zu wissen. Sie sehen in einem Schiff lediglich ein Stück Ausrüstung, das einem bestimmten Zweck dient. Aber Sie haben unrecht!« Er wandte sich im Stuhl um und ließ den Blick durch die Kabine schweifen. »Die Größe und Stärke sind ohne Bedeutung, es ist das *Herz* des Schiffes, das zählt. Wenn Sie es schlecht behandeln, wird es Sie im Stich lassen.« Er schüttelte den Kopf. »Daß Sie schon den Krieg in Europa erlebt haben, macht Sie nicht zu einem Supermann, Trewin!« Er musterte ihn kurz. »Sie gehen jetzt besser an Land und holen meine Frau und meinen Sohn. Dr. Masseys Tochter wird sie auf die *Prawn* begleiten.« Kalt sah er Trewin an. »Ich würde selbst gehen, aber ich habe hier zu tun. Die *Porcupine* wird so schnell wie möglich zur Normalität zurückkehren. Das erreicht man aber nicht dadurch, daß man sie im Schmutz verkommen oder die Besatzung wie eine Horde Landstreicher herumlungern läßt.«

Trewin erwiderte: »Gut, Sir, ich gehe.«

»Und sobald Sie zurückkommen, will ich einen schriftlichen Bericht über die Gründe Ihrer Befehlsverweigerung. Wenn ich meine Meldung schreibe, werde ich nicht versäumen zu erwähnen, was Sie erreicht haben. Das wird man bei der Kriegsgerichtsverhandlung in Betracht ziehen. Ihnen scheinen die Wege der Marine vielleicht seltsam, Trewin. Aber sie sind sauber, anständig und gerecht, ganz gleichgültig, was Sie davon halten.« Er nahm seinen Federhalter wieder auf. »Jetzt gehen Sie zu Adair und arrangieren Sie, daß meine Frau an Bord kommen kann, sowie die *Prawn* fertig ist.« Er senkte den Blick. »Mildred scheint Sie ja ohnehin besonders zu mögen, also sollten Sie es schaffen, sie an Bord zu bringen.«

Trewin verließ die Kabine. Im Augenblick wäre es nutzlos gewesen, sich mit dem Kommandanten in ein Wortgefecht einzulassen. Es hätte Corbett ähnlich gesehen, ihn kurzerhand seines Dienstes zu entheben. Und schließlich stand auch Clares Sicherheit auf dem Spiel.

Er ging zum Fallreep und rief das Verkehrsboot. Zu Hammond sagte er: »Geben Sie all den Leuten Landurlaub, die noch Dringendes in der Stadt zu erledigen haben, Sub. Tweedie soll die Wache übernehmen, und Sie gehen auch an Land.« Er warf ihm einen bedeutungsvollen Blick zu und fuhr leise fort: »Nur unter uns, Sub: Die *Prawn* läuft mit den letzten Evakuierten aus. Ich schlage vor, daß Sie Ihre Jacqui an Bord bringen. Notfalls mit Gewalt.« Dann rief er dem Bootssteurer zu: »Zum Slip, so schnell Sie können!«

Oberleutnant Adair, der Kommandant der *Prawn*, war sehr groß – er bestand fast nur aus Armen und Beinen – und hatte unordentlich vorstehende Zähne, weshalb er ständig zu grinsen schien. Trewin fand ihn auf dem Slip, wo er zum algenbewachsenen Boden seines Schiffes hinauf schielte. Die Mütze hatte er ins Genick geschoben, und sein Hemd war so schmutzig wie die der anderen Besatzungsmitglieder.

Als er Trewin sah, rief er begeistert: »Großartig! Ein paar lächerliche Beulen sind alles, sonst ist der ganze Bootskörper völlig heil!« Liebevoll tätschelte er die narbenbedeckten Platten. »Hat mich eine Menge Kohlen gekostet, aber Ihr Schiff wäre von der Bombe buchstäblich in Fetzen gerissen worden.« Dann wischte er sich die Hände an der Hose ab. »Sie wissen also, daß wir Arche

Noah spielen sollen?«

Trewin nickte. Adair hatte etwas Liebenswertes und Zuverlässiges an sich. »Ja. Ich soll Mrs. Corbett holen und an Bord bringen, sowie Sie hier fertig sind.«

Adair hob die Schultern. »Bin schon fertig. Wir gehen vom Slip, sobald ich die Werftgrandis in den Hintern trete, und dann kann mein Chief versuchen, Dampf aufzumachen.« Mit plötzlichem Ernst sah er Trewin an. »Ich hoffe, auch Sie kommen hier weg. Der Gedanke, ohne Sie auszulaufen, ist mir unangenehm.«

Trewin blickte hinauf zum zerschmetterten und durchhängenden Batteriedeck, zu den angetrockneten Blutflecken rings um das herausgerissene Geschütz. »Sie haben Ihren Beitrag längst geleistet.«

Adair grinste und war wieder er selbst. »Brave alte Kuh!« Er rief eine andere schmutzstarrende Gestalt herbei. »Number One, sagen Sie dem Vormann, er soll alles klarmachen zum Abslippen. Sie übernehmen einstweilen, bis ich zurück bin.« Er wies mit dem Kopf auf Trewin. »Ich fahre diesen Gentleman zu einem Auftrag der Barmherzigkeit.«

Trewin folgte ihm die schlüpfrige Bahn hinauf. Adair sagte beiläufig: »Ich habe mir einen Kombiwagen besorgt und fahre Sie selbst hin. Das beruhigt die Nerven.«

Trewin winkte Dancy heran, und sie fuhren schweigend durch sonnige oder schattige Straßen; der verbeulte Kombiwagen war das einzige Zivilfahrzeug weit und breit. Nur marschierende Soldaten trafen sie, die mit ihren Füßen den Staub aufwirbelten. Alle rückten in nördlicher Richtung vor. Andere wiederum standen angetreten, lehnten sich auf ihre Gewehre und starrten lustlos in die Gegend. Sie machten keinen besiegten Eindruck, wirkten eher ratlos, als erwarteten sie irgendein unausweichliches Ereignis.

In einer schmalen Seitenstraße sahen sie ein paar Gestalten, die das Schaufenster eines Ladens einschlugen, während der eingeborene Besitzer und seine Familie schreiend um Einhalt baten. Ein paar indische Polizisten standen an der nächsten Ecke und wandten der Szene ostentativ den Rücken. Adair sagte: »Das ist am schlimmsten, wenn die Ordnung dem Vandalismus Platz macht.«

Er wich aus, als ihnen eine Reihe Ambulanzwagen entgegenkam und in die Straße zum Hospital einbog. Trewin sah im Vorbeifahren steife Gestalten in Khaki mit verbundenen Gliedmaßen und blassen, verstörten Gesichtern.

Dancy rief: »Achtung, da kommt ein Flugzeug!«

Adair drosselte die Fahrt, als ein schwarzer Schatten lautlos über sie hinweghuschte. Sie reckten die Hälse und blickten der Maschine nach, die über den Häusern schwebte, als folge sie dem Straßenverlauf.

Trewin spürte den plötzlichen Luftzug und hörte den Wind über die Tragflächen streichen. Er stellte fest, daß der Propeller bewegungslos feststand und eine schwarze Rauchfahne aus dem Flugzeugrumpf quoll. In der Kanzel sah er den Helm des Piloten und das rote Sonnenzeichen Japans.

Adair knirschte: »Der stürzt gleich ab. Offenbar hat er versucht, zu seinen eigenen Linien zurückzukehren.«

Der Wagen fuhr um die Ecke, und Trewin packte plötzlich entsetzt Adairs Arm: »Um Gottes willen, er kracht direkt in Corbetts Haus!«

»Allmächtiger Gott!« stieß Adair hervor, gab Vollgas und schaltete die schrille Sirene des Wagens ein. Einen Augenblick schien es, als käme der Pilot doch noch an dem Haus vorbei, aber plötzlich senkte die Maschine die Nase, donnerte mit ohrenbetäubendem Krachen in das Dach und explodierte. Ihr Wagen wurde mit Steinen und zerfetztem Metall überschüttet.

Als sie hielten, hörte Trewin das Prasseln von Flammen und sah eine Rauchwolke aufsteigen, die bald das ganze Gebäude verschlang. Ohne sich um die anderen hinter sich und den penetranten Benzingestank zu kümmern, rannte er auf das Haus zu.

Er erreichte die Veranda und sah voller Verzweiflung Sonnenlicht, wo das Dach hätte sein sollen. Am Ende des langen Raumes lag die zerschmetterte Nase und der Motor des Bombers, das Cockpit war noch intakt. Das Plexiglas war blutbespritzt, und er sah den Piloten von einer Seite zur anderen taumeln wie ein gefangenes Tier, während die Flammen um sein Gefängnis züngelten. Trewin schenkte ihm keine Beachtung.

Er rief Clares Namen, aber seine Stimme ging unter im Prasseln des Feuers und der herabstürzenden Trümmer. Mit bloßen Händen riß er zersplittertes Holz beiseite und kämpfte sich durch das Hindernis, nur von dem Gedanken besessen, Clare Massey zu finden.

Der Korridor brannte bereits lichterloh, und das alte Entsetzen quoll in ihm hoch. Einen Augenblick war er wie gelähmt. Flammen schienen nach seiner Schulter zu greifen, sie zu verbrennen wie damals, und in seinem wirbelnden Hirn glaubte er, die Schreie seiner Leute zu vernehmen, die einer nach dem anderen in dem brennenden Ölteppich auf dem Wasser umkamen.

Plötzlich war er durch und hörte seinen Namen rufen.

12 Sogar die Unschuldigen

Im ersten Moment sah er gar nichts. Der Korridor war voll Rauch, und seine Augen tränten derartig, daß er fast blind war. Dann entdeckte er Clare, neben einen herabgestürzten Balken geduckt, das blasse Gesicht hob sich vom schwarzen Rechteck einer Tür ab.

Mit zwei Sätzen war er bei ihr und riß sie an seine Brust. Er wußte nicht, was er stammelte, war sich nur der Tatsache bewußt, daß er sie in den Armen hielt, ihr Gesicht, ihren Körper fühlte, daß er versuchte, sie zu beruhigen, sie vor der entsetzlichen Hitze zu schützen.

Sie schrie: »Ich kriege die Tür nicht auf! Oh, Ralph, der Junge ist drin!«

Dancy erschien im Gang; das Hemd geschwärzt und zerrissen, bahnte er sich einen Weg durch die Trümmer. Mit den Armen tastete er sich durch den dichten Rauch und rief Trewin zu: »Oberleutnant Adair holt Hilfe, Sir!« Er würgte und fügte noch hinzu: »Das ganze Haus fliegt jede Sekunde in die Luft!«

Trewin löste Clares Hände von seinen Schultern und schrie: »Bringen Sie sie raus!« Er trat zurück und warf sich dann gegen die Tür.

Mit einem Knall flog sie auf. Trewin spürte die Hitze auf dem Gesicht wie glühende Messer. Der Raum hatte kein Dach mehr, die dicken Rauchschwaden entwichen nach oben, während die Flammen eifrig von einem Möbelstück zum anderen sprangen, wie von unsichtbarer Hand geleitet.

Die chinesische *Amah* lag mit dem Gesicht nach unten auf dem Fußboden, erschlagen von einem schwelenden Balken. Ihre Kleider, ja ihr ganzer Körper brannten bereits lichterloh wie eine menschliche Fackel. Das Kind saß gegen die Wand gelehnt, die Augen starr auf die tote Frau gerichtet, und einen Augenblick glaubte Trewin, es sei gelähmt.

Hinter der Wand war ein dumpfer Knall zu hören, und eine riesige Stichflamme schoß gen Himmel. Der Brennstofftank der Maschine war explodiert.

Trewin hörte Clare schluchzen und seinen Namen rufen, hörte Dancys Stimme über dem Prasseln der Flammen, aber er war unfähig, sich zu bewegen. Wenn er versuchte, Luft zu holen, hatte er das Gefühl, als werde seine Lunge versengt.

Undeutlich hörte er das Schrillen einer Glocke und ein Durcheinander von Stimmen in der Ferne. Als ein Teil des Fußbodens einbrach und in einem Meer von Funken verschwand, hielt er den Atem an und warf sich quer durch den Raum. Er hatte nichts anderes im Kopf als das Kind. Als er es an sich riß, merkte er, daß sich die Feuerwand hinter ihm geschlossen hatte. Der ganze Raum brannte jetzt. Er schrie, hörte aber nur ein gewaltiges Brausen.

Dann war Dancy neben ihm. Er spürte, wie er aus dem Raum gezerrt wurde. Seine Beine waren schwer wie Blei. Er stolperte durch eine Tür ins Freie, an die Luft und in das dunstige Sonnenlicht. Verschwommen sah er Adair einer Gruppe behelmter Feuerwehrleute Anweisungen geben und rennende Soldaten mit einer Tragbahre. Schließlich sank er auf die Knie und legte den Knaben ins Gras.

Er blickte sich nach den anderen um, versuchte, der aufsteigenden Übelkeit Herr zu werden, und sagte tonlos: »Er ist tot.«

Clare Massey ließ sich neben ihn fallen. Sie flüsterte: »Seine Augen sind offen.« Es klang, als bettelte sie darum, daß Trewin sich irre.

Das Gesicht des Jungen war noch genauso wie vorher, als er auf seine tote *Amah* gestarrt hatte. Vorsichtig schloß er ihm die Augen. Die Haut war warm vom Feuer, als wäre er wirklich noch lebendig.

»Er muß sofort tot gewesen sein. Wahrscheinlich starb er durch die Schockwelle.« Er sah Clare an. »Ist Mrs. Corbett da?«

Clare wandte den Blick nicht von dem toten Kind ab. »Nein, sie ist noch einmal in die Stadt gegangen, um jemanden zu besuchen.« Ihre Lippen zitterten, aber ihre Stimme war erstaunlich fest. »Ich habe ihr gesagt, wir müßten hier weg. Aber sie bestand darauf, diesen letzten Besuch zu machen.«

Dann blickte sie auf, die Augen groß und leuchtend, als sie Trewin ansah. »Das war wundervoll, was du eben gemacht hast.«

Trewin stand schwankend auf. Er hörte Adair sagen: »Hier gibt's für uns nichts mehr zu tun.«

Dancy blickte hinunter auf den entspannten Körper des Jungen. Dann wischte er sich mit der rauchgeschwärzten Hand über die Augen und stieß hervor: »Gott verdamme sie! Verdamme sie alle zur Hölle!«

Trewin spürte Clares Arm um seine Taille, hörte sie fragen: »Bist du wieder in Ordnung, Ralph? Bitte sag mir, daß alles in Ordnung ist!«

Er blickte zu ihr hinunter und versuchte zu lächeln. »Ich bin jetzt darüber hinweg.« Dann strich er ihr zart mit der Hand übers Haar, gewann neue Kraft aus dieser leichten Berührung.

»Gott sei Dank, daß du in Sicherheit bist, Clare.«

Sie erwiderte ruhig: »Der Admiral hat angerufen und gesagt, wir sollten an Bord gehen. Er hat uns sogar einen Wagen für das Gepäck geschickt. Aber dann hat uns Mildred Corbett hier alleingelassen.« Sie sah zu ihm auf, die Augen voll Angst. »Wir müssen es ihr sagen, Ralph!«

Adair sagte mit belegter Stimme: »Ich werde selbst zu Kapitän Corbett gehen und es ihm mitteilen. Ich kenne ihn lange genug. Es ist wohl besser, wenn er es von mir erfährt.« Er warf einen Blick auf das Kind. »Was machen wir mit ihm?«

Dancy kniete sich ins Gras und bedeckte den Körper des kleinen Martin mit seinem Hemd. Heiser erwiderte er: »Überlassen Sie ihn mir, Sir.«

Adair sah Dancy nach, der das winzige Bündel zum Wagen trug. Langsam sagte er: »Ich vergaß. Dancy war ja Martins Freund.«

Trewin wandte sich ab. »Du gehst besser gleich mit ihnen, Clare.« Er spürte, wie sie in seinen Armen steif wurde. »Ich bleibe nicht lange. Sag mir bitte, wo Mrs. Corbett hingegangen ist. Ich will sie lieber selbst holen.«

Sie sagte es ihm, und er ging mit ihr zum Wagen, vorbei an den geschäftigen Feuerwehrleuten und an den Zuschauern. »Ich sehe dich noch, bevor ihr auslauft«, versprach er.

Sie langte durch das offene Wagenfenster und ergriff seinen Arm. »Ich werde nie vergessen, was du heute getan hast. Ich weiß, was es dich gekostet hat.« Sie lächelte ihn an, aber die Tränen liefen ihr dabei übers Gesicht.

Der Wagen fuhr an, und Trewin blickte ihm nach, bis er hinter der Straßenbiegung verschwand.

Er war nicht begeistert von dem Gedanken, Mrs. Corbett gegenübertreten zu müssen, und tief in seinem Innern wußte er, daß er diese unangenehme Aufgabe nur übernommen hatte, um Corbett nicht sehen zu müssen, wenn er vom Tod seines Sohnes erfuhr.

Er warf einen Blick zurück auf das ausgebrannte Haus und versuchte, sich vorzustellen, wie es einmal ausgesehen hatte. Alles, was Corbett lieb und teuer war im Leben, das waren sein Sohn und das Schiff. Jetzt blieb ihm nur noch das Schiff, und Trewin war entschlossen, dafür zu sorgen, daß ihm wenigstens dieses erhalten blieb.

Als Trewin endlich wieder zur Anlegestelle kam, fing es bereits an zu dunkeln. Es hatte länger gedauert als erwartet, die Adresse zu finden, die Clare ihm genannt hatte, und auf seinem Rückweg zum Hafen hatte er auch noch vor einem plötzlichen Luftangriff Deckung suchen müssen.

Der Ort, wo Mrs. Corbett ihren Besuch machte, erwies sich als ein luxuriöses Apartment in einem kleinen Etagenhaus. Mehrere Leute waren stehengeblieben, um ihn zu mustern, als er vorbeikam, aber es war ihm gleichgültig, was sie von seiner verschmutzten und zerrissenen Kleidung hielten.

Das Apartment lag in der ersten Etage, und es schien ihm eine Ewigkeit zu dauern, bis endlich geöffnet wurde. Von drinnen erklang Tanzmusik aus einem Radio, und es roch nach Gin. All diese Eindrücke verblaßten jedoch sofort, als er plötzlich Mallory gegenüberstand.

Der Australier trug einen Morgenrock und hielt ein Glas in der Hand. Einen Augenblick starrte er Trewin ungläubig und sprachlos an, dann hob er resigniert die Schultern.

»Ich bin eben auch an Land gegangen, Number One! Aber Besuch habe ich nun wirklich nicht erwartet, weder von Ihnen, noch von sonst jemandem.« Er versuchte, die Tür zu schließen, und erst jetzt sah Trewin Corbetts Frau oder vielmehr ihr Spiegelbild über der Frisierkommode. Sie saß nackt und völlig entspannt auf dem

Bett und schenkte sich gerade etwas zu trinken ein. Ihr Kopf bewegte sich dabei im Rhythmus der Tanzmusik.

Trewin hörte sich sagen: »Ich lege Ihnen nahe, Mrs. Corbett sofort zum Hafen zu bringen!« Die aufsteigende Feindseligkeit in Mallorys dunklem Gesicht ignorierend, fuhr er fort: »Ihr Sohn ist soeben getötet worden. Erzählen Sie es ihr, wenn Sie wollen. Vielleicht interessiert es sie.« Dann machte er auf dem Absatz kehrt, andernfalls hätte er Mallory ins Gesicht geschlagen.

Erst im Luftschutzbunker, während Decke und Wände von den Bombenexplosionen über ihren Köpfen erzitterten, hatte er Zeit, sich Klarheit über die Vorgänge zu verschaffen und seine Selbstbeherrschung wiederzufinden.

Als er den Landungssteg erreichte, war er äußerlich ruhig, mußte sich aber dazu zwingen, jede seiner Bewegungen zu überwachen.

Erst als der Bootssteurer ihn darauf aufmerksam machte, merkte er, daß die *Prawn* bereits schwamm und die *Porcupine* an eine andere Boje verholt worden war.

Der Seemann sagte: »Die Japsen haben ein paar Bomben auf den Hafen geworfen, Sir. Der Slip wurde getroffen, aber die alte *Prawn* war mal wieder zu schnell für sie. Sie lag schon seit gut drei Stunden im Wasser.«

Trewin antwortete nicht. Sein Verstand wollte die volle Bedeutung dieser Nachricht nicht akzeptieren. Wenn der Slip zerstört war, gab es für die *Porcupine* keine Reparaturmöglichkeit mehr. Es war das Ende.

Er stieg das Fallreep hinauf, wo Hammond und Tweedie ihn an der Relingspforte erwarteten. Hammond sagte leise: »Wir möchten Sie beglückwünschen zu der großartigen Leistung, die Sie vollbracht haben.«

Trewin blickte ihn ausdruckslos an. »Der Junge war tot.«

»Ja. Aber Sie haben ein anderes Menschenleben gerettet. Es hätte schlimmer kommen können ohne Ihr rasches Eingreifen.«

Trewin blickte hinauf zur Brücke. »Ist er an Bord?«

»Ja, in seiner Kajüte. Er war kurz mit Adair an Land.« Hammond befeuchtete seine Lippen. »Dancy hat ihn begleitet.«

Trewin spürte, daß seine Schulter im Rhythmus des Herzschlags pochte. »Wie geht's ihm?«

Hammond sagte achselzuckend: »Schwer zu sagen. Er wirkt

wie in Trance.«

Trewin nickte. »Ich gehe hinauf.«

Schroff warf Tweedie ein: »Erzählen Sie ihm das vom Admiral!«

»Was ist mit dem Admiral?« Trewin war überrascht, wie hart seine Stimme klang.

»Er hat sich auf der *Prawn* eingeschifft.« Hammond spreizte hilflos die Finger. »Er verläßt uns.«

Trewin blickte hinüber zu dem roten Feuerschein über der Stadt. »Das rundet das Bild nur ab, scheint mir.«

Langsam stieg er die Leiter zur Brücke hinauf und war sich dabei der Blicke der an der achteren Brückenreling stehenden Seeleute bewußt. Niemand sprach ein Wort.

Er klopfte an die Kajütentür, dann öffnete er. Corbett saß am Schreibtisch, als hätte er sich seit dem letzten Mal nicht bewegt. Trewin sagte: »Ich melde mich zurück, Sir. Ich habe versucht, Ihre Befehle auszuführen. Ihr Verlust betrübt mich sehr, Sir. Bitte glauben Sie mir das.«

Corbett starrte vor sich hin. »Danke.«

Trewin versuchte, das Bild von Martin, der seine tote Kinderfrau anstarrte, und von Corbetts nackter Frau zu verdrängen. Er fuhr fort: »Ich habe gerade gehört, daß der Admiral sich eingeschifft hat, Sir. Es scheint, er läuft mit den letzten Evakuierten zusammen aus.«

Corbetts Stimme klang, als käme sie aus weiter Ferne. »Ich habe jetzt das Kommando über die Gruppe, Trewin.« Er stand auf und ging langsam zum Bücherbord. »Ich habe mich entschlossen, die Sache mit dem Kriegsgerichtsverfahren fallen zu lassen. Ich kann mir nicht vorstellen, daß Sie noch einmal so töricht handeln würden.«

Trewin sah zu, wie Corbetts Hände ziellos über die ledergebundenen Bücher strichen. Er ließ sich durch dessen Worte nicht täuschen. Er bemerkte den steifen Rücken, das intensive Starren der hellen, nutzlosen Augen.

Schließlich sagte Corbett: »Die *Prawn* läuft kurz nach Mitternacht aus. Sie werden das Motorboot nehmen und sie aus dem Hafen lotsen. Ich möchte nicht, daß sie mit einem der Wracks kollidiert. Sie hat ohnehin genügend Schwierigkeiten vor sich, so wie es jetzt aussieht.«

»Ja, Sir.«

Corbett hob den Kopf und blickte Trewin zum ersten Mal an. »Sie sehen ja schlimm aus. Gehen Sie erst einmal hinunter und machen Sie sich frisch. Gott weiß, wann Sie das nächste Mal Gelegenheit dazu haben.« Als Trewin zur Tür ging, fügte Corbett hinzu: »Ich danke Ihnen für das, was Sie versucht haben.«

Trewin blieb stehen. »Gibt es irgendetwas, das ich noch für Sie tun kann, Sir?«

Corbetts Hände ballten sich zu Fäusten. »Gehen Sie.« Er wandte sich ab. »Lassen Sie mich allein, das ist alles, worum ich Sie bitte!«

In seiner Kammer lehnte sich Trewin gegen das Schott und schloß die Augen. Ching öffnete die Tür und sah ihn fragend an. »Sie möchten duschen, Number One, Sir?«

Trewin antwortete: »Ja, gern.«

Der alte Chinese blieb noch an der Tür stehen. »Einen Drink vielleicht?«

Trewin stieß sich von dem kalten Stahl des Schotts ab. »Nicht jetzt. Später habe ich ihn vielleicht nötig.«

Er sträubte sich nicht, als Ching ihm aus den Kleidern half, aber als er dann ging, um das Duschbad vorzubereiten, sank Trewin auf den Rand seiner Koje und stützte den Kopf in die Hände. Um ihn herum war das Schiff so still, als lausche es.

Trewin tastete sich über das unbekannte Deck der *Prawn* und stieg dann die Leiter zur Brücke hinauf. Er fühlte das Vibrieren des Metalls unter seine Händen, als die Maschine ungeduldig rumpelte. Aus dem dünnen Schornstein quoll Rauch. Um diese Zeit hätte es eigentlich stockdunkel sein müssen, aber inzwischen hatte ein weiterer Luftangriff stattgefunden, und der Widerschein der brennenden Häuser ließ die Aufbauten des Schiffes wie poliertes Kupfer leuchten.

Als er hinunterblickte, sah er, daß das Deck gedrängt voll war mit Menschen. Hier und da zwischen der dunklen Masse erkannte er die helle Gestalt eines Seemanns. Die meisten Passagiere waren Frauen und Kinder, aber auch einige verwundete Soldaten befanden sich darunter und ein paar männliche Zivilisten, wahrscheinlich Angestellte verschiedener Militärbehörden.

Adair lehnte am Brückenkleid, eine brennende Zigarette im

Mundwinkel.

»Ich habe unser Motorboot längsseits, um Sie hinauszulotsen.« Trewin hörte ein Kind weinen und eine tiefe, beruhigende Männerstimme. »Sollen noch viele kommen?«

Adair seufzte. »Ein paar.« Er deutete hinunter zu der durchhängenden Pier, wo sich die fernen Feuersbrünste in den aufgepflanzten Bajonetten der Posten spiegelten. »Etwa zweihundert, alles in allem.«

Trewin schauderte. Zweihundert auf einem Schiff dieser Größe! Sie würden sich unter Deck drängen wie Sardinen in der Dose.

Adair bemerkte: »Ich habe meine Chinesen an Land geschickt. Ich finde es fair ihnen gegenüber. Sie können ihre Uniformen vergraben und versuchen, zu ihren Angehörigen zu kommen.« Er warf die Zigarette ins Wasser. »Die Besatzung mußte ich mit ein paar Leuten vom Marinestützpunkt auffüllen. Es war aber nicht schwierig, genügend Ersatz zu bekommen, wie Sie sich vorstellen können.«

Eine Glocke schrillte, und eine Stimme ertönte aus dem Sprachrohr. Adair sah auf die Uhr. »Noch etwa fünfzehn Minuten, dann bin ich weg.«

Trewin fragte: »Ist der Admiral an Bord?«

»Klar ist er das.« Adairs Worte klangen gleichgültig. »Behaglich in meiner Kajüte. Ich werde auf dieser Fahrt ohnehin nicht oft Gelegenheit haben, sie zu benutzen.«

»Sie sind ja bald zu zweit. *Beaver* wird auf Sie warten.«

Adair räusperte sich. »Sie kennen also den Funkspruch noch nicht? *Beaver* wurde in der Durian-Straße von japanischen Bombern versenkt. Sie kamen nur fünfzig Meilen weit.«

»O mein Gott!« stöhnte Trewin.

»Behalten Sie das für sich. Wir wollen keine Panik verursachen.«

Trewin sah Hammond am Rand der Pier stehen. Er hatte ein Mädchen im Arm, und sie sprachen miteinander, ohne sich um die verzweifelt kämpfenden Gestalten rundum zu kümmern. So hat Hammond seine Jacqui doch noch überredet, dachte er.

Adair bemerkte beiläufig: »Fairfax-Loring ist nicht der einzige, der geht. Auch Konteradmiral Westmalaya und sein Stab kommen an Bord. Das letzte noch fahrtüchtige Motorboot bringt sie her. Das wird kein Picknick für die Herren!« Er grinste. »Die *Prawn* ist alt, aber wenigstens aus Eisen und Stahl, nicht aus schäbigem Holz!«

Trewin streckte ihm die Hand hin. »Ich wünsche Ihnen viel Glück!«

Adairs Handschlag war fest. »Danke. Die, von der Sie sich verabschieden wollen, sitzt in der Messe. Ich dachte mir, dort ist es ruhiger für Sie.« Er lachte in sich hinein. »Ich werde gut auf sie aufpassen.«

Als Trewin zur Leiter ging, fügte Adair seelenruhig hinzu: »Bleiben Sie an Bord, wenn Sie wollen. Hier gibt es nicht mehr viel für Sie zu tun. Ich würde mich freuen, wenn Sie mitkämen.«

Trewin erwiderte: »Das kann ich nicht. Obwohl es äußerst verlockend klingt.« Müde hob er die Schultern. »Aber es geht nicht.«

Adair grinste. »Es war mir klar, daß Sie das Angebot nicht annehmen würden.« Grüßend tippte er an seine Mütze. »Dann sehen wir uns also irgendwo wieder.« Ein Telefon klingelte neben ihm, und er antwortete kurz und im Befehlston.

Trewin fand Clare in der Messe. Sie saß dort mit den Händen im Schoß und starrte unentwegt auf die Tür. Als er sie in die Arme schloß, legte sie den Kopf an seine Brust und murmelte: »Oh, Ralph! Ich fürchtete schon, wir würden auslaufen, und ich könnte dich nicht mehr sehen.«

Er hob ihr Kinn und studierte ihr Gesicht, als wolle er sich jeden Zug für immer einprägen. »Ich muß jetzt gehen. Bei Adair bist du gut aufgehoben. Er ist ein vorzüglicher Seemann.« Plötzlich fiel ihm Fairfax-Loring ein. »Außerdem bist du in guter Gesellschaft, denn auch der Admiral ist an Bord.« Er sah die Besorgnis in ihren Augen und fügte hinzu: »Ihr werdet sicherlich bald von größeren Schiffen übernommen, man wird euch wahrscheinlich nach Australien bringen.« Dann lächelte er: »Du siehst, es wird alles in Ordnung kommen.«

Eine Pfeife schrillte, und er hörte den Ruf: »Alle Mann auf Manöverstation, klar zum Auslaufen!«

Er sagte: »Nimm diesen Brief, Clare. Ich habe die Adresse meiner Eltern draufgeschrieben. Du mußt zu ihnen gehen und dort bleiben, wenn du nach England kommst. Es wird dir in Dorset gefallen.« Die Stimme wollte ihm fast versagen.

»Ich bin nicht meinetwegen in Sorge, Ralph.« Sie reichte hinauf, um sein Gesicht zu berühren. »Aber wann wirst du nachkommen? Wie lange mußt du noch bleiben?«

Er schluckte. »Das weiß ich noch nicht genau. Aber ich komme, sobald ich kann.«

Sie schob ihn auf Armlänge von sich ab und sagte: »Ich werde auf dich warten, gleichgültig, wie lange es dauert.« Dann küßte sie ihn verzweifelt.

Er trat zurück. »Ich lotse euch mit dem Motorboot aus dem Hafen. Du wirst mich nicht sehen, aber ich bin noch ein wenig in deiner Nähe.«

Sie griff noch einmal nach ihm, aber er sagte: »Ich muß jetzt gehen.« Er fühlte, wie die Anspannung von ihm wich. »Paß gut auf dich auf, Clare.«

Dann war er draußen in der raucherfüllten Luft und eilte hinunter zur Pier.

Als er an Hammond vorbeikam, blieb er stehen und sagte: »Bringen Sie sie schnell an Bord. Die *Prawn* legt ab.« Er sah, wie sie Hammonds Hände von ihren Schultern löste. Sie war die Stärkere, dachte er. Dann fügte er laut hinzu: »Gehen Sie in die Messe, Jacqui. Adair wird sich später um Sie kümmern.« Er blickte vom einen zur anderen. »Ich freue mich, daß Sie sich dafür entschieden haben.«

Jetzt erst gewahrte er die sich drängenden Gestalten hinter dem Stacheldrahtzaun. Es waren alles Männer. Schweigend starrten sie hinüber zu dem Schiff, das sie gleich von ihren Frauen und Kindern trennen würde. Plötzlich sprang jemand über die Absperrung und rannte zur Laufplanke, wo Hammond Jacqui gerade an zwei Seeleute übergab. »Ich will auch mit!« Er trug einen weißen Smoking, und im Schein der Brände sah Trewin sein rotes, schweißbedecktes Gesicht.

Ein Unteroffizier rief: »Es geht nicht mehr, Sir.« Er gab den Soldaten an der Sperre ein Zeichen. »Wir sind voll bis zu den Speigatten!«

Der Mann schrie wütend: »Und was ist mit *ihr*?« Zornig zeigte er auf Jacqui. »Die nehmt ihr doch auch mit!«

Trewin rief barsch: »Treten Sie endlich zurück!«

Der Mann starrte Trewins Schulterstücke an und schrie: »Eine verdammte, dreckige Inderin! Die wollen Sie mitnehmen, aber mich lassen Sie hier, Sie Schuft!«

Trewin schlug ihm die Faust ins Gesicht und sagte: »Ich bleibe ja auch hier, du feiger Hund!« Dann zog er Hammond am Arm. »Kommen Sie mit zum Boot.«

Sie fanden es unten an den Pfählen. Dancy saß an der Pinne. Ein blaues Richtlicht warf seinen seltsamen Schein auf das schäumende Wasser unter dem Heck, und Trewin sah im Geiste Adair auf seiner winzigen Brücke danach Ausschau halten.

»Stoßen Sie ab und warten Sie im Fahrwasser, Dancy.« Er hörte die Maschinentelegrafen der *Prawn* rasseln und das Quietschen der Fender, als sie von der Pier ablegte. Die bisher so schweigsamen Gestalten hinter der Absperrung ließen jetzt ein vielstimmiges Geschrei hören.

»Fahren Sie langsam, Dancy, langsam und vorsichtig!« sagte Trewin.

Lautlos glitt das Kanonenboot durchs Wasser, weg vom Land, seine niedrige Bug- und Hecksee brach sich an den schweigenden Wracks, den verlassenen Bojen. Es folgte dem tänzelnden blauen Licht wie ein Hai dem Pilotfisch, als dieses jetzt der offenen See entgegenschwebte.

Allmählich verbreiterte sich das Fahrwasser, die *Prawn* nahm höhere Fahrt auf, und ihre Aufbauten hüllten sich in Rauch; die Heizer schaufelten offenbar immer mehr Kohle in ihre nimmersatten Kessel. Das Motorboot drehte ab und ließ sie passieren, Trewin stand aufrecht im schwankenden Cockpit, die Augen starr auf die Konturen des Kanonenboots gerichtet, um auch nicht die geringste Einzelheit zu übersehen.

Hammond winkte mit der Mütze, sein Gesicht leuchtete blaß in dem schwachen Licht. Vielleicht beobachtete sie ebenfalls das Boot mit dem blauen Leitlicht, stand irgendwo an Bord dieses kleinen, rauchgeschwärzten Schiffes, das ihre letzte Chance verkörperte. Auch Trewin nahm die Mütze ab und hielt sie hoch, ohne sich um das Stampfen des Bootes zu kümmern, das jetzt von der Bugwelle der *Prawn* getroffen wurde.

Dann war das Kanonenboot in der Dunkelheit verschwunden. Sie waren allein.

»Zurück zum Schiff«, sagte Trewin.

Dancy legte die Pinne hart über. »Aye, aye, Sir.« Seine Stimme klang müde.

Hammond kam nach achtern ins Cockpit geklettert, die Mütze

noch in Händen. »Sie hat versprochen, mich zu heiraten, wenn ich zurückkomme«, sagte er atemlos.

Trewin sah ihn nicht an. *Wenn* er zurückkam. Er erwiderte: »Freut mich für Sie, Sub. Wirklich.«

Da fiel ihm Mallory ein, und er fragte: »Ist der Kommandant noch zu seiner Frau gegangen, bevor sie sich einschiffte?«

Hammond schüttelte den Kopf. »Sie wollte niemanden sehen. Ich nehme an, sie war zu erschüttert.«

Mallorys Gesicht in der Türöffnung, die Tanzmusik, der Gindunst, das alles ging Trewin noch einmal durch den Kopf. Kalt sagte er: »Ja, das nehme ich auch an.«

Aus der Dunkelheit hörten sie den Anruf: »Boot ahoi?«

Dancy formte die Hände zum Trichter: »Aye, aye!«

Als sie am Fallreep anlegten, sah Trewin, daß die Seeleute noch immer an der Reling lehnten und zu der brennenden Stadt hinüberstarrten. Er lief die Fallreepstreppe hinauf; Tweedie stand oben wie ein Standbild, das Teleskop unter dem Arm.

»Der Kommandant möchte Sie gleich sprechen, Number One. Er erwartet Sie oben auf der Brücke«, sagte er rasch.

Corbett stand hinter dem Brückenkleid, an seinen Sitz gelehnt, und blickte ebenfalls zur Stadt hinüber. Ohne den Kopf zu wenden, fragte er leise: »Sie ist also sicher weggekommen?«

»Ja, Sir.« Trewin trat näher und sah, daß Corbett ein Glas in der Hand hielt. Auf dem Kartentisch stand eine Flasche.

»Ich habe neue Befehle bekommen, Trewin. Der Admiral war so gnädig, sie herüberzuschicken, bevor er auslief.« Sein Ton war teilnahmslos, ohne Bitterkeit oder Zorn. »Der Oberbefehlshaber verhandelt mit dem Feind über die Übergabe, die Unterhändler sind schon in Aktion.«

Trewin erinnerte sich an das Gesicht Clares dicht vor seinem, an die weiche Wärme ihres Mundes. Heiser fragte er: »Wann soll sie stattfinden, Sir?«

»In höchstens achtundvierzig Stunden.« Corbett zeigte mit seinem Glas auf die Flasche. »Schenken Sie sich ein. Ich habe ein Glas für Sie mitgebracht.«

Trewin schenkte sein Glas voll bis zum Rand und leerte es in einem Zug. Der Alkohol half ihm, seine wilden Gedanken ein wenig zu ordnen, aber er merkte gar nicht, was er trank.

Corbett fuhr fort: »Jeglicher Widerstand wird dann eingestellt, die Streitkräfte treten an und erwarten die Kapitulation.« Er fuhr sich mit der Hand übers Gesicht. »Alle nicht fahrtüchtigen Schiffe sind zu versenken, die Besatzungen werden ausgeschifft und gehen ebenfalls in Gefangenschaft.« Es klang, als drohten die Worte ihn zu ersticken.

Trewin fragte: »Auch *Porcupine*, Sir?« Er kannte die Antwort schon.

Corbett antwortete mit derselben halberstickten Stimme: »Mr. Tweedie bringt bei Tagesanbruch die Sprengladungen an. Sie können jetzt nach unten gehen. Nach diesem Tag werden Sie Schlaf nötig haben.«

»Das können Sie nicht tun, Sir!« Trewin beobachtete Corbetts aufrechte Gestalt, wartete auf ein Zeichen der Erregung. »Nicht *dieses* Schiff!«

»Ich habe meine Befehle, Trewin, und ich erwarte, daß Sie das verstehen.«

»Haben Sie es der Besatzung gesagt, Sir?«

»Ja. Die chinesischen Seeleute habe ich schon an Land geschickt. Sie wollten erst nicht, aber dann haben sie hoffentlich verstanden, worum es ging.«

Trewin fragte: »Ist das alles, Sir?«

»Ja.« Es klang endgültig. »Ich glaubte nicht, daß Sie zurückkommen würden, Trewin. Dieses Mal hätte ich Sie nicht getadelt.«

Trewin ging zur Leiter. »Ich hätte mich selbst getadelt, Sir.«

Als er hinunterstieg zum Deck, sah er noch, daß Corbett das Brückenkleid mit beiden Händen packte, als wolle er es nie wieder loslassen.

Irgendwo auf der anderen Seite der Stadt erhellte sich der Himmel durch eine besonders heftige Detonation. Anscheinend war ein Munitionslager getroffen worden.

Trewin ging in seine Kammer und warf sich auf die Koje. Aber wenn er an den nächsten Tag zu denken versuchte, sah er nichts vor sich. Überhaupt nichts.

Als die Sonne über der ruhigen See aufging, wurde sie von derartig viel Rauch aus der brennenden Stadt begrüßt, daß es mehr nach Abenddämmerung als nach Morgen aussah.

Trewin stieg an Deck und stützte sich schwer auf die Reling. Ein paar Sekunden beobachtete er den vorbeidriftenden Aschevorhang, während er darauf wartete, daß sein Kopf klar würde. Schlaf hatte er nicht finden können, weshalb es beinahe eine Erleichterung war, wieder auf den Beinen zu sein. Er stellte fest, daß das ständige Gemurmel der Artillerie sich gelegt hatte und die Morgenstille nur hin und wieder durch einzelne Explosionen gestört wurde. Im Grunde war dies schlimmer als das vorherige Kampfgetöse. Es schien die letzten Schüsse anzukündigen, die das Ende Singapurs und seiner erschöpften Verteidiger bedeuteten. In diesem Augenblick saßen möglicherweise hohe britische Offiziere Yamashita gegenüber, dem japanischen General, hörten seine Bedingungen und erlitten den ersten Schock der Erniedrigung.

Trewin blickte hinauf zur Brücke, aber sie schien verlassen zu sein. Zweifellos saß Corbett an seinem Schreibtisch und wartete auf den Augenblick der Zerstörung seines Schiffes und damit seines letzten Lebensinhalts.

Aus dem Augenwinkel sah er einige Gestalten auf dem Achterdeck, und als er nach achtern ging, stellte er fest, daß dort etwa ein halbes Dutzend Männer am Flaggenstock versammelt war. Sie steckten die Köpfe zusammen und schienen zu diskutieren. Dann erkannte er den Chief und alle Unteroffiziere, so sauber gekleidet und frisch rasiert, als wäre dieses Treffen auf eine Verabredung hin erfolgt.

Sie wandten sich um, als er näherkam, der Ausdruck ihrer Gesichter war sowohl zurückhaltend als auch entschlossen.

Trewin fragte: »Was ist das? Eine Konferenz?«

Unwin, der Quartermeister, leckte sich die Lippen und sah die anderen an. »Ich bin der älteste Unteroffizier, also muß ich wohl für die übrigen sprechen, Sir.« Er wirkte unsicher, ja sogar unglücklich über sein Amt. »Wir wissen, daß es nicht unsere Aufgabe ist, Befehle in Frage zu stellen, Sir, aber wir sind der Ansicht, daß wir einen Versuch machen sollten, hier herauszukommen.«

Trewin bemühte sich, weiterhin unbeteiligt zu erscheinen. Diese Männer waren das Rückgrat des Schiffes, jedes Schiffes. Sie waren die Berufsunteroffiziere, die allzu oft als selbstverständlich hingenommen wurden. Einem Mann wie Unwin, der sein ganzes Leben gedient hatte, fiel es bestimmt nicht leicht, der Tradition und der harten Disziplin Trotz zu bieten.

»Ich höre, Quartermeister.«

Unwin fuhr rasch fort: »Wir haben fast die ganze Nacht darüber diskutiert, Sir. Ich denke, wir sollten den Versuch machen, die Ruder selbst zu reparieren.«

Nimmo unterbrach ihn. »Er spricht für uns alle, Sir.« Der Maschinist zeigte über die Reling. »Ich war heute morgen selbst im Bach, sowie es heller wurde. Wenn wir auf den Slip gekonnt hätten, wären wir meiner Ansicht nach imstande gewesen, die Reparatur unter meiner Anleitung auszuführen, ohne die verdammten Werftgrandis.«

Trewin spürte die Spannung der anderen, die ihn beobachteten. Zuerst hatte er angenommen, sie wollten um Erlaubnis bitten, das Schiff zu verlassen und in einem der letzten Hafenboote zu flüchten. Jedes dieser Fahrzeuge war natürlich für eine Flucht über See ungeeignet, aber er kannte die Einstellung der Seeleute, denen selbst ein Floß zuverlässiger erscheint als das Land.

Nimmo fuhr in seiner rauhen, sachlichen Art fort: »Es wäre natürlich nur eine Behelfsarbeit, aber wir hätten dann wenigstens nichts unversucht gelassen.« Er schwieg und blickte Trewin erwartungsvoll an.

Unwin nickte. »Genauso ist es, Sir.«

Die anderen Unteroffiziere murmelten zustimmend. Dann fügte Dancy erklärend hinzu: »Den Slipp können wir nicht benutzen.« Er deutete über Bord. »Aber wir könnten den Anker ins Motorboot fieren und das Schiff hinüber warpen. Dort ist eine schöne glatte Sandbank, keine fünfzig Yards entfernt. Wenn sie trockenfällt, kann der Chief mit uns hinuntergehen und die Reparatur versuchen.«

Trewin erwiderte: »Ich nehme an, Sie waren heute morgen mit im Bach?« Sie lachten, aber es klang gespannt und spröde. Es war natürlich töricht, eine so klägliche Hoffnung noch zu fördern, aber . . .

»Glauben Sie wirklich, wir könnten es selbst hinkriegen?«

Nimmo befeuchtete sich die trockenen Lippen. »Nun, Sir, das ist schwer zu sagen.« Er sah die anderen an, dann nickte er energisch. »Ja, das glaube ich.«

Langsam atmete Trewin aus. »Ich werde mit dem Kommandanten sprechen. Jetzt gleich.«

Als er sich umwandte, wäre er beinahe mit Tweedie zusammengestoßen, der einen Segeltuchsack und eine Rolle Zündschnur trug. Trewin sagte rasch: »Warten Sie noch mit der Sprengung, Tweedie. Nimmo meint, wir könnten das Ruder selbst reparieren.« Er beobachtete den verblüfften Ausdruck in Tweedies rotgeränderten Augen. »Was meinen Sie dazu?«

Tweedie antwortete nicht gleich. Er ließ den Blick über das ganze Schiff wandern, als würde ihm jetzt zum ersten Mal klar, was die Sprengung bedeutete. Dann sagte er heiser: »Ich würde alles versuchen.« Er stellte den Sack auf Deck. »Ich habe keine Lust, in Singapur zu sterben!«

»Gut. Ich melde es dem Kommandanten.«

Als er an Corbetts Tür klopfte, dauerte es einige Zeit, bis er in der Kajüte eine Bewegung hörte. Dann stutzte er, weil ihm aufging, daß die Tür verriegelt war. Corbett mußte erst den Riegel zurückschieben, bevor er öffnete. Einen weiteren Schock bekam er, als er den Kommandanten sah. Er war unrasiert, sein Hemd zerknittert und verschwitzt.

»Was wollen Sie?« Corbett blieb hinter der Tür stehen. Er hatte tiefe Schatten unter den Augen, und seine Finger packten das gelackte Holz wie Klauen.

»Die Leute werden gleich antreten, Sir.« Durch den schmalen Spalt sah Trewin die geleerte Flasche auf dem Schreibtisch, die ringsum auf den Stühlen verstreuten Papiere. »Kann ich Sie einen Augenblick sprechen?«

Corbett trat zurück und ließ ihn eintreten. Dann ging er zu einer geschlossenen Bullaugenblende und öffnete sie. Alle anderen Blenden waren ebenfalls dicht, als sei der Raum für die Nacht abgedunkelt; alle Lampen brannten.

Trewin begann vorsichtig: »Ich habe mit dem Chief und den anderen Unteroffizieren gesprochen. Wir könnten versuchen, die Ruderreparatur selbst auszuführen, Sir.« Er wartete auf eine Änderung in Corbetts Gesicht, aber der Kommandant starrte weiter unentwegt zum Bullauge hinaus. Ruhig und eindringlich fuhr Trewin fort: »Wir können sie auf eine Sandbank warpen. Dort wird sich dann herausstellen, was zu tun ist.«

Corbett sagte barsch: »Sie sind ein Narr, Trewin.«

Entschlossen fuhr Trewin fort: »Nimmo ist der Ansicht, daß er es mit Bordmitteln schaffen kann.«

»Dann ist auch er ein Narr!« Corbett fuhr herum. »Sie kennen meine Befehle. Es ist sinnlos, die Qual zu verlängern, nur weil irgendein Wirrkopf glaubt, er könnte Wunder wirken.«

Trewin entdeckte, daß die beiden Fotografien vom Schreibtisch verschwunden waren; dann fiel sein Blick auf einen versiegelten Briefumschlag, der an dem silbernen Tintenfaß lehnte. Trewin fror plötzlich wie in einer kalten Bö.

Vorsichtig fuhr er fort: »Sie haben mich einst über meine Verantwortung belehrt, Sir. Die Verantwortung gegenüber dem Schiff und allem, was es verkörpert.«

Corbett schlug mit der Hand auf die Stuhllehne. »Herrgott, Trewin! Meinen Sie, ich hätte das alles nicht längst bedacht?«

Trewin sprach unbeirrt weiter: »Und wie steht es mit der Verantwortung gegenüber Ihren Männern, Sir?« Er sah, daß Corbetts Lippen zitterten, und fuhr beharrlich fort: »Der junge Hammond, zum Beispiel. Sein Vater hätte ihn längst herausholen können, aber er blieb auf dem Schiff, weil er das für seine Pflicht hielt.« Er trat einen Schritt näher an den Schreibtisch. »Und Tweedie. Was hat er denn getan, daß er in einem japanischen Gefangenenlager zugrundegehen soll? Er hat sein ganzes Leben in der Marine gedient.« Er sprach immer schneller, um einer Zurückweisung zuvorzukommen. »Das sind alles prächtige Leute. Sie verdienen eine Chance!«

Corbett erwiderte langsam: »Ich will sie nicht hindern, von Bord zu gehen. Ich wünschte bei Gott, ich hätte ihnen gesagt, sie sollten auf die *Prawn* umsteigen.«

Trewin beugte sich über den Schreibtisch, den Blick in Corbetts zerfurchtes Gesicht gerichtet. »Das wollen sie gar nicht, begreifen Sie nicht, Sir? Sie wollen nicht weglaufen wie andere. Sie wollen geschlossen durchbrechen, als *eine* Besatzung, als die Besatzung Ihres Schiffes. Herrgott noch mal, nehmen Sie ihnen doch nicht allen Stolz!«

Er senkte kurz den Blick und sah, daß der Umschlag an Corbetts Frau adressiert war.

Corbett starrte vor sich auf den Teppich. Leise sagte er: »Sie meinen es gut, aber Sie wissen nicht, was Sie da vorschlagen.«

»Doch, das weiß ich. Ich habe darüber nachgedacht. Zuerst empfand ich genau wie Sie. Aber wenn auch nur die geringste Aussicht besteht, dann haben wir uns wenigstens darum bemüht. Und das ist das einzige, was zählt.« Er blickte Corbett kurz an. »Wir könnten versuchen, nach Batavia auf Java durchzukommen, Sir. Dort finden wir bestimmt weitere Flotteneinheiten.«

Corbett schüttelte den Kopf. »Es ist unmöglich. Selbst wenn der erste Teil Ihres Planes gelingen sollte – fünfhundertfünfzig Meilen durch ein Seegebiet, das vom Feind beherrscht wird, in dem seine Luftaufklärung und seine Seepatrouillen ständig unterwegs sind ... Unsere Versorgungsschiffe sind längst abgezogen worden. Wir wären ganz allein auf uns gestellt. Ein verkrüppeltes Schiff.« Seine Stimme bebte. »Diese Kanonenboote sind konstruiert für den Einsatz auf großen Flüssen und allenfalls in küstennahen Gewässern. Selbst die *Prawn* wird große Schwierigkeiten haben, an ihr Ziel zu kommen, obwohl sie ja lange vor uns ausgelaufen ist.« Mit äußerster Anstrengung gewann er seine Selbstbeherrschung wieder. »Nein, Trewin, es wäre unverantwortlich, bei den Leuten falsche Hoffnungen zu erwecken und ihr Leben zwecklos aufs Spiel zu setzen.«

Trewin ging um den Schreibtisch herum und fegte ein paar Papiere hinunter. Kalt leuchtend lag eine geladene und gesicherte Pistole auf der Löschpapierunterlage. Barsch fragte er: »Ist *dies* nicht auch unverantwortlich?« Er sah Corbett erstarren, als er fortfuhr: »Meinen Sie, Sie tun dem Schif und uns allen hier einen Gefallen, wenn Sie sich umbringen?«

Er erwartete einen Zornausbruch oder einen weiteren überlegten Angriff, aber Corbett sank in seinen Sessel zusammen, als gäben seine Muskeln und Sehnen endlich nach.

Trewin sagte leise: »Tut mir leid, Sir, aber ich konnte schließlich nicht hier herumstehen und zulassen, daß Sie ...«

Corbetts Kopf sank auf seine gefalteten Hände herab. »Es hat keinen Sinn, Trewin, ich kann nicht mehr weitermachen. Sie werden das nicht verstehen. Ich habe versucht, meine Pflicht zu erfüllen, und hoffte, eine zweite Chance zu bekommen.« Seine Schultern bebten. »Mein Frau hat schließlich doch recht behalten. Sie hielt mich immer für einen Versager, aber ich habe es nie wahrhaben wollen. Ich hatte das Schiff, und ich hatte Martin, meinen Sohn.« Die Stimme versagte ihm, erst nach einer Pause sagte er leise: »Und noch etwas habe ich Ihnen nicht gesagt.«

Trewin erwiderte ruhig: »Das mit Ihren Augen?« Er konnte kaum das Erstaunen in Corbetts Blick ertragen. »Ja, ich weiß darüber Bescheid, Sir. Dr. Massey hat es mir vor seinem Tod mitgeteilt.«

Corbett sagte mit großer Anstrengung: »Und Sie haben geschwiegen?«

»Ja. Ich hatte genügend Zeit, darüber nachzudenken. Und mich zu erinnern. Zum Beispiel an unser Auflaufen vor der Talangmündung. Es war Ihnen klar, daß diese Gefahr bestand, aber Sie waren zu starrköpfig und zu ...« Trewin suchte nach dem passenden Wort. »Zu anständig, mir das Kommando zu übergeben. Sie wußten, daß ich die Schuld bekäme, wenn etwas schiefging, und Ihr Gerechtigkeitsgefühl ließ das nicht zu, nicht einmal auf Kosten des Schiffes.«

Corbett stand auf und ging durch den Raum, bis Kopf und Schultern vor dem Bullauge wie eine eingerahmte Silhouette wirkten.

»Ich werde blind, Trewin!« Die Worte brachen aus ihm hervor. »Es kommt schon seit Monaten auf mich zu, ich kann nichts dagegen machen.« Hilflos hob er die Arme. »Ich bin am Ende. Erledigt. Aber ich werde Ihnen neue Befehle ausstellen. Sie übernehmen das Schiff. Diesmal werde ich Sie nicht aufhalten.«

Jemand klopfte, und Trewin schob die Pistole rasch in eine Schublade, bevor er rief: »Herein!«

Es war Tweedie, das Gesicht starr und erwartungsvoll. »Irgendwelche Befehle, Sir?«

Trewin trat vor Corbett, sodaß dieser verdeckt blieb, und erwiderte: »Lassen Sie einen Anker fieren, klar zum Warpen, Tweedie. Die Tide wird gleich kentern, wir haben also nicht viel Zeit.«

Tweedie schluckte und versuchte, den Kommandanten anzusehen. »Tatsächlich?«

Trewin wiederholte: »Warpanker fieren!« Er stand ganz still, bis Tweedie gegangen war. Dann wandte er sich Corbett zu und sagte: »Es mag schiefgehen, was wir vorhaben; aber dann haben wir wenigstens nichts unversucht gelassen.«

Corbett sah ihn an, das Gesicht in tiefem Schatten. »Die Amateure sind jetzt die wirklichen Professionals.« Seine Stimme bebte. »Wenn Sie Ihrer Sache sicher sind, dann will ich . . .« Er brach ab, als eine Woge von Hurrarufen über das Deck der *Porcupine* schallte.

Trewin versuchte zu lächeln. »Die Leute sind davon überzeugt, daß Sie es schaffen werden, Sir. Ich denke, das dürfte als Antwort genügen.«

Corbett setzte sich wieder hin und lauschte den fortgesetzten Hurrarufen. »Die wissen nicht, auf was sie sich einlassen.«

Trewin schritt zur Tür. »Ich glaube, sie wissen es doch.« Er wandte sich ab, fühlte sich schuldig, Zeuge von Corbetts privatem Schmerz zu sein. »Wenn *Sie* uns sagen, was wir tun müssen, dann bringen wir die alte *Porcupine* nach Java oder notfalls auch nach Australien!«

Er trat hinaus in das rauchige Sonnenlicht und blickte hinab auf das geschäftige Treiben am Ankerspill. Er atmete einmal tief durch und stieg dann hinunter zum Deck, wo Unwin und die anderen ihn erwarteten.

Der Quartermeister sagte in seiner rauhen Art: »Gut gemacht, Sir. Sie müssen dem Captain ja mit starken Argumenten gekommen sein, wenn es Ihnen gelungen ist, ihn umzustimmen.«

Trewin spürte die ansteckende Erregung ringsum. »Wir wollen hoffen, daß es klappt.« Er dachte an Corbetts Pistole und an die ungeheure Verantwortung, die vor ihm lag. »Wir laufen heute nacht aus – oder überhaupt nicht. Also an die Arbeit!«

Es dauerte nahezu eine Stunde, bis sie das Schiff in die bestmögliche Position bugsiert hatten. Sie benutzten dafür den einen Anker und das Spill, während Trewin vom Motorboot aus das Manöver überwachte, ein Auge auf die Arbeit an Bord, das andere auf die Strömung gerichtet. Langsam hob sich auf beiden Seiten der *Porcupine* die lange Sandbank aus dem Wasser.

Endlich lag sie quer über der Bank, und noch bevor der letzte Rest des Gezeitenstroms abgelaufen war, wateten bereits Nimmo und seine Gehilfen im dicken, lehmigen Schlick; bald waren ihre nackten Körper von Kopf bis Fuß mit Schlamm bedeckt.

Trewin kletterte an Bord zurück und ging nach achtern, um die Vorbereitungen zu beobachten. Alle bis auf die Flakschützen waren mit eingespannt, selbst der Koch und sein Maat glitschten im

Schlamm unter dem Heck herum und halfen schwitzend, den Sand aus dem Graben zu schaffen, der um die drei Ruderblätter herum ausgehoben wurde, bis diese freilagen.

So vertieft waren sie in ihre Arbeit, daß keiner von ihnen auf das ferne Granatfeuer jenseits der Stadt und auf den neuerlichen Rauchvorhang am Himmel achtete.

Nimmo stand knietief im Mutt und beschattete seine Augen, um zu Trewin hinaufzublicken. »Das an Backbord außen ist okay, Sir. Das an Steuerbord außen ist weg, direkt am Schaft abgerissen.« Er wischte sich mit dem Handrücken den grünen Algenschleim von der Stirn. »Das mittlere ist stark verbogen.«

Alle hatten mit ihrer Arbeit aufgehört und lauschten gespannt wie Patienten bei der Verkündung einer Massendiagnose durch den Arzt.

Trewin rieb sich das Kinn. »Was meinen Sie, Chief?«

Nimmo hob die Schultern. »Ich kann das Mittelruder abnehmen. Wenn ich es als Ersatz für das an Steuerbord einsetzen könnte, hätten wir wieder eine brauchbare Ruderanlage. Natürlich wäre es nicht dasselbe wie drei Ruderblätter, aber es würde genügen, um steuerfähig zu sein.« Er kniete sich wieder in den Schlamm. »Das Dumme ist, die Schäfte sind stark verzogen. Selbst wenn ich das Blatt ausbeulen kann, brauche ich ein Schweißgerät, um es wieder aufzusetzen. Und wir haben keins, Sir.«

Man hörte etwas wie einen vielstimmigen Seufzer von den zuhörenden Männern. Dann fuhr Nimmo fort: »Auf alle Fälle machen wir weiter. Anschauen allein bringt nichts.«

Trewin erwiderte: »Hochwasser um 1400 Uhr, Chief. Wenn wir es bis dahin nicht geschafft haben, ist es aus.« Er blickte hinüber zum Anlegesteg. »Morgen um diese Zeit stehen dort wahrscheinlich schon die Japaner.«

Er wandte sich ab und sah Mallory, der ihn anstarrte. Mallory fragte ruhig: »Kann ich etwas tun?«

»Wenn wir hier herauskommen, brauchen wir alle Karten südlich der Halbinsel, für die Durchfahrt durch die Berhala-Straße und weiter bis Bangka Island.« Er sprach förmlich. »Überprüfen Sie Ihren Bestand und stellen Sie fest, ob Sie die haben.«

Mallory trat näher und senkte die Stimme. »Hören Sie, Number One. Es tut mir leid um das Kind, aber woher sollte ich das wissen?«

Trewin musterte ihn kalt. »Wenn die Frau des Kommandanten getan hätte, was ihr geraten worden war, dann wäre der Junge noch am Leben.«

»Zum Teufel, Sie tragen aber ein bißchen dick auf! Sie wissen ja selbst, wie sie ist. Wenn nicht ich, dann ein anderer.« Er hob die Schultern. »Sie ist eine Hure, gut im Bett, aber alles andere als eine treue Ehefrau.«

Trewin vergewisserte sich, daß niemand in der Nähe war, dann sagte er leise, aber eindringlich: »Hören Sie zu, Mallory, und hören Sie gut zu! Sie sind mit dem Kommandanten nicht ausgekommen, weil Sie es nie wirklich versucht haben. Seit ich an Bord bin, habe ich von Ihnen nichs anderes gehört als Beschwerden über ihn und über die Marine im allgemeinen.«

Mallory sagte wütend: »Ich habe auch nie erlebt, daß Sie es einmal Auge in Auge mit ihm ausgetragen hätten.«

Trewin ignorierte den Einwand. »Beantworten Sie mir eine Frage: Hätten Sie sich auch an sie herangemacht, wenn sie nicht Corbetts Frau wäre?« Er sah die Unsicherheit in Mallorys gebräuntem Gesicht und fügte unbarmherzig hinzu: »Sie brauchen nicht zu antworten. Es steht Ihnen im Gesicht geschrieben.«

»Was soll ich denn Ihrer Meinung nach tun? Hingehen und mich entschuldigen?«

Trewin blickte weg. »Wenn er jemals davon erfährt, Mallory, dann brauche ich Sie nicht umzubringen. Er wird es tun!«

Mallory biß sich auf die Lippen. »Um Himmels willen, Number One!«

»Es geht jetzt nicht mehr nach den üblichen Gesetzen, N.O., und ein Menschenleben mehr oder weniger zählt hier nicht viel.«

In diesem Augenblick rief der Quartermeister: »Da kommt ein Boot, Sir!«

Trewin trat an die Reling und starrte auf das kleine Boot mit seinen fünf bronzefarbenen Insassen. An ihren Mützen und Khakishorts sah er, daß es Soldaten waren. Sie trieben ziellos mit der trägen Strömung und sahen den Seeleuten bei ihrer Arbeit an der Ruderanlage zu, genauso wie lässige Ausflügler auf der Themse.

Trewin formte die Hände zum Trichter und rief: »Boot ahoi! Was wollen Sie?«

Das Dingi stieß sanft auf die Sandbank, ein Mann stieg aus und blickte zum Deck des Kanonenboots auf. Er war groß, zäh und durchtrainiert, und seine muskulösen Arme waren mit Tätowierungen bedeckt. Zu Trewins Überraschung schlug er die Hacken zusammen und salutierte stramm.

»Feldwebel Pitt, Sir!« Dann wies er mit dem Kopf in die Richtung der anderen. »Das sind vier meiner Pioniere.« Er hob das Kinn mit trotzigem Stolz. »Von den Royal Engineers*, Sir!«

Trewin hatte plötzlich das Bild des langen hageren Feldwebels vor Augen, der mit seiner kleinen Nachhut in den Rauch marschiert war, um die Minen inmitten der vorrückenden Japaner zu zünden, und das des Offiziers, der auf dem Strand neben seinem lächerlichen Sitzstock gefallen war.

Er fragte: »Was tun Sie hier draußen, Feldwebel?«

Der Mann kam ein wenig näher. »Im Augenblick gar nichts mehr, Sir. Mein letzter übriggebliebener Offizier bereitet sich zur Übergabe vor, deshalb dachte ich, ich bringe die Jungs hier heraus.« Er konnte die Bitterkeit in seinem Ton nicht verbergen. »Es sind alle, die ich noch habe.«

Nimmo erschien unter dem Heck, seine Augen blickten aus einer Schlamm-Maske. »Pioniere, sagten Sie?« Er spuckte auf den Sand. »Haben Sie ein Schweißgerät, Sie wissen schon, ein transportables?«

Der Feldwebel lächelte seelenruhig. »Das habe ich. Tatsache ist, ich sah durch mein Glas, was Sie hier machen, und fragte mich, ob Sie professionelle Hilfe brauchen können.«

Vom Heck kam ein metallisches Klicken, und dann rief Donovan, der Maschinenmaat: »Wir haben das verdammten Ding runter!«

Nimmo sah Trewin an, sichtlich aufgeregt. »Das ist die Lösung, Sir. Wenn der Feldwebel das Schweißgerät herbringen könnte, schaffen wir es wahrscheinlich rechtzeitig.«

Trewin spürte seine Nerven wie lebende Wesen. »Können Sie das, Feldwebel?«

Der Soldat hockte sich bequem hin, dicht neben die ihn anstarrenden Seeleute. »Wir haben die meiste Zeit über Pontonbrücken gebaut, das ist unser täglich Brot.« Er nickte. »Sicher. Es wäre eine Kleinigkeit.«

* technische Truppe

Nimmo schlug ihn mit der schmierigen Hand auf die Schulter. »Tausend Dank, Kumpel!«

Der Feldwebel stand auf und fuhr fort: »Ich sagte, ich *könnte* es.«

Nimmo explodierte. »Das ist die Höhe!«

Aber Trewin hob beschwichtigend die Hand. »Spucken Sie's aus, Mann. Was wollen Sie dafür?«

Der Soldat blickte ihm offen in die Augen. »Ich möchte eine Passage für mich und meine Pioniere, Sir.« Er schaute hinüber zu der qualmenden Stadt. »Ich habe keine Lust, hier zu sterben. Noch nicht.« Er hob wieder den Kopf. »Das sind meine Bedingungen, Sir.«

Einer der anderen Soldaten rief: »Wir bringen auch ein paar Brens* mit. Wir arbeiten für die Passage, nur keine Angst.«

Nimmo lachte in sich hinein. »Du bist ganz schön kaltblütig, mein Freund.« An Trewin gewandt, fuhr er fort: »Ich bin all meine chinesischen Heizer losgeworden, Sir. Jede Hilfe wäre mir mehr als willkommen.«

Trewin lächelte. »Nehmt das Motorboot und holt das Gerät.« Er erwiderte den Gruß des Feldwebels und fügte hinzu: »Ich hätte Sie auf jeden Fall mitgenommen.«

Der Feldwebel beobachtete das zum Leben erwachende Motorboot. »Gegen diese Art der Zwangsrekrutierung habe ich nichts einzuwenden, Sir.«

Hammond trat neben Trewin an die Reling. »Was macht der Kommandant?«

Trewin dachte an die zusammengesunkene, geschlagene Gestalt in der Kajüte, an den Brief auf dem Schreibtisch, an die geladene Pistole. Dann antwortete er: »Ich glaube, er ist wieder der alte.«

»Nun, worauf warten wir noch?« Alle wandten sich um, völlig überrascht von Corbetts scharfer Stimme.

Der Kommandant stand auf dem Batteriedeck neben dem achteren Geschütz und blickte hinunter zu den herumlungernden, schmutzverschmierten Gestalten am Heck. Er trug ein makellos weißes Hemd und schien frisch rasiert.

Trewin starrte ihn erstaunt an. »Ich habe ein paar Leute an

* leichte Maschinengewehre

Land geschickt, um ein Schweißgerät zu holen.«

Corbett nickte. »Das hörte ich, Number One. Aber was, zum Teufel, machen Sie jetzt, in diesem Augenblick?«

»Nun, Sir«, Trewin konnte seine Augen nicht von Corbetts adretter Erscheinung losreißen, »im Augenblick . . .«

Corbett nickte. »Wie ich mir dachte: nichts.« Er rieb sich die Hände. »Ich schlage vor, daß Sie auch das andere Motorboot an Land schicken und feststellen lassen, ob noch ein paar Heizer im Hafen sind. Ich meine die Leute, die auf den Hafenbarkassen gearbeitet haben.« Nachdenklich runzelte er die Stirn. »Und lassen Sie zusätzliche Rettungsflöße holen, die schützen uns vor herumfliegenden Splittern, wenn wir angegriffen werden. Und sobald Sie das alles in die Wege geleitet haben, dann sollten Sie dieses schmierige Subjekt, das ich jetzt als unseren Koch erkenne, dazu überreden, für uns alle eine kräftige Mahlzeit zu bereiten.« Er blickte Trewin an. »Klar?«

Trewin salutierte. »Klar, Sir.« Für den Bruchteil einer Sekunde glaubte er eine Milderung in Corbetts scharfem Blick zu sehen, als wolle er noch etwas Persönliches sagen, ihm danken. Trewin fügte hinzu: »Ich denke, wir schaffen es, Sir.«

Corbett musterte die schmutzigen, atemlosen Männer ringsum. »Das will ich doch wohl hoffen!«

Er ging weg, und Trewin starrte auf die leere Reling, wo der Kommandant eben noch gestanden hatte. Halb erwartete er, aus einem Traum zu erwachen. Dann sah er Nimmo an. »Also, Sie haben ihn gehört, Chief!«

Nimmo entblößte grinsend die Zähne. »Laut und klar, Sir!«

Trewin knipste seine Stablampe aus und trat in das abgeblendete Steuerhaus. Nach der Dunkelheit und dem treibenden Qualm schien ihm das Licht im Raum zu hell, und er mußte ein paar Sekunden warten, um sich zu orientieren. Er konnte es noch immer nicht fassen, daß es ihnen gelungen war, das Schiff rechtzeitig seeklar zu bekommen. Bis auf die letzte Minute, als die steigende Flut schon gierig nach dem schrägliegenden Schiffsrumpf leckte und in Nimmos Sandgraben schwappte, hatten die Männer mit fanatischer Verzweiflung gearbeitet. Jeder war sich der kostbaren Sekunden bewußt, die für sie die allerletzte Chance zum Überleben bedeuteten.

Nachdem Nimmo als letzter an Bord geklettert war, hatte sich die *Porcupine* ruhig und würdevoll aufgerichtet und großmütig gestattet, daß man sie zurück an ihre Boje verholte. Den Rest des Tages gingen die Vorbereitungen für die lange Fahrt weiter, obwohl nach außen hin alles aussah wie vorher; die Geschütze waren besetzt, die Sonnensegel ausgebracht und die Boote längsseits festgemacht.

Trewin fand zu seiner Überraschung, daß er nicht total erschöpft war. Tief im Innern hatte er wohl genauso empfunden wie die anderen. Er hatte nicht wirklich an den Erfolg ihrer Bemühungen geglaubt; doch jetzt, da das Schiff wieder flott war, pochte sein ganzer Körper vor nervöser Erregung, im Takt mit dem Stampfen der Maschinen.

Nach Einbruch der Dunkelheit hatten sie von der Boje losgeworfen und sich mit dem Strom aus dem Innenhafen treiben lassen, bis sie weit genug von der nächsten Pier entfernt waren. Dort lagen sie jetzt vor Anker, um den Augenblick zum endgültigen Auslaufen abzuwarten.

Trewin sah sich im Steuerhaus um und überlegte, ob er nichts vergessen hatte. Unwin stand locker hinter dem Rad und musterte träge die beiden Männer an den Maschinentelegrafen. Von der oberen Brücke hörte man ständiges Trappeln, wo die Ausguckleute und Signalgasten ungeduldig dem Auslaufen entgegensahen, und von vorn kam das scharfe Klicken von Metall.

Trewin seufzte und ging weiter zu dem winzigen Kartenraum. Mallory stand über den Kartentisch gebeugt, das Gesicht konzentriert, während er das Parallellineal über die Karte schob. Am gegenüberliegenden Schott stand Corbett und spielte mit den Riemen seines Glases.

Trewin meldete: »Schiff seeklar, Sir. Alle Boote eingesetzt, Sonnensegel verstaut.« In der Stille des Kartenraums glaubte er, sein Herz klopfen zu hören.

»Gut, danke.« Corbetts Stimme klang völlig ruhig. »Ich möchte, daß Sie nach vorn gehen und sicherstellen, daß die Kette so leise wie möglich hereinkommt. Lassen Sie alles Staufferfett auf die Glieder schmieren, das wir vorn haben. Ich will nicht, daß irgendein Spion unser Auslaufen verrät. Es wird später noch genug Trouble geben.«

Trewin blickte auf die Uhr. »Noch fünf Minuten, Sir.«

»Ja.« Corbett senkte den Blick auf die Karte. »In einer Minute komme ich nach oben.«

Trewin dachte an die Fahrt der *Prawn* durch den mit Wracks übersäten Hafen und fragte sich, ob Corbett ihre Aussichten wohl richtig einschätzte. Das Verholen auf diesen Ankerplatz hier draußen hatte die Gefahr einer Kollision mit einem der versenkten Schiffe zwar erheblich verringert, aber noch war die Ausfahrt alles andere als einfach.

Als hätte er seine Gedanken gelesen, sagte Corbett: »Stellen Sie zwei zuverlässige Ausguckposten am Steven auf. Sie werden die Hindernisse früher sehen als wir auf der Brücke.«

Trewin nickte. Versuchte Corbett, ihn zu beruhigen? Bei dieser Dunkelheit machte es kaum etwas aus, wie gut jemand sehen konnte. Ein wenig unbeholfen sagte er: »Dann gehe ich jetzt.«

Er trat wieder hinaus in die Nacht. Seine Füße glitten mit einer Sicherheit über verborgene Hindernisse, die er sich in langer Praxis erworben hatte. Er fand Hammond vorn bei der Ankerklüse. Er stützte die Arme auf die Reling und starrte hinüber zu der umkämpften Stadt. Hier auf der Außenreede hatte man einen besseren Überblick. Die Gebäude im Hafengebiet hoben sich schwarz und gespenstisch von dem blutroten Schein ab, der über ganz Singapur hing. Sie hörten das Prasseln der Brände und das Grollen der noch andauernden Beschießung, häufig vernahmen sie auch schwache Schreie, die wie Stimmen in der Hölle wirkten.

Das Ganze schien weit entfernt und unpersönlich, aber Trewin wußte nur zu gut, daß dort drüben, jenseits der glitzernden Wasserfläche, Menschen kämpften und starben, verzweifelt Schutz suchten und diejenigen verfluchten, die sie verraten hatten.

Ein Seemann rief gedämpft: »Alles klar, Sir!«

Dampf zischte am Ankerspill, gleichzeitig begann sich die Kette mit einem entschlossenen Ächzen binnenbords zu bewegen. Klack, klack, klack, so kam jedes einzelne Glied durch die Klüse, schwebte zitternd vor Spannung ein Stück über die Back und verschwand dann polternd und klirrend im Kettenkasten. Beim Geräusch der fallenden Kettenglieder tauchten in Trewins Gedanken frische Erinnerungen auf.

Ihm war klar, daß er den Untergang einer Festung miterlebte, vielleicht das Ende einer Epoche, aber er brachte es nicht fertig, dieses Geschehen von seinen persönlichen Erlebnissen in den letzten Stunden zu trennen.

Am späten Nachmittag war er zum letzten Mal an Land gewesen. Zusammen mit Dancy und einigen bewaffneten Seeleuten hatte er versucht, Ersatz für die chinesischen Seeleute und Heizer zu finden. Das war leichter als erwartet. Einen großen Teil der Besatzungen der Hafenbarkassen hatte er, umgeben von geleerten Bierflaschen, in einer verlassenen Hafenkantine entdeckt. Sie waren dabei, sich auf ihre Weise auf den endgültigen Zusammenbruch vorzubereiten. Jetzt starrten sie Trewin und seine Begleiter an wie ein Weltwunder.

Dann hörte er plötzlich die unverkennbaren, quäkenden Dudelsackweisen und sah eine Abteilung schottischer Hochländer durch den ziehenden Rauch marschieren, mit schwingenden Armen und festem Schritt wie bei einer Parade. Im Nachhinein schien es ihm, als hätten alle Soldaten der Abteilung das gleiche Gesicht gehabt.

Dann hatte er vier Mann eines Musikzugs der Royal Marines gefunden, die ziellos durch die Straßen wanderten und selbst angesichts der Katastrophe ihre Instrumente nicht im Stich ließen. Als er sie zum Motorboot schickte, war einer von ihnen, anscheinend der jüngste, in Tränen ausgebrochen.

Auf dem Weg zum Anlegesteg konnte Trewin einen Blick in ein Restaurant mit offener Vorderfront werfen. Es war leer bis auf ein Paar mittleren Alters. Die beiden saßen an einem kleinen Tisch, hielten sich an den Händen und blickten sich über eine letzte Mahlzeit hinweg an. Sie sahen auch nicht auf, als Trewin mit seinen Leuten vorbeiging. Kerzen brannten auf dem gedeckten Tisch, und eine Flasche ragte aus dem Sektkühler.

Hammond beugte sich über die Reling. »Auf und nieder, Number One!«

Trewin blinkte zweimal mit der Stablampe zur Brücke hinauf und hörte zur Antwort das Rasseln der Maschinentelegrafen.

Sie hatten auch andere Dinge gesehen: Menschen, die offenbar den Verstand verloren hatten, wie die Vandalen hausten und sinnlos die verschiedensten Läden plünderten. Frauen waren darunter, mit wilden, gierigen Augen und hysterisch schreiend.

Als sie zur Anlegebrücke kamen, sahen sie eingeborene Polizisten, die sich kleine japanische Flaggen an die Uniformjacken gesteckt hatten. Wütend zog Dancy die Pistole und murmelte:

»Diese Schurken! Sie sollen nicht lange genug leben, um die Japsen willkommen zu heißen!«

Aber Trewin drückte ihm den Arm herunter. »Nicht, Dancy! Es wird ohnehin schwer genug für alle, die bei den Briten gedient haben.«

»Anker ist aus dem Grund!«

Trewin sah, daß die Kette stocksteif wurde und dann wie ein Pendel langsam vor und zurück schwang. Er blinkte einmal kurz zur Brücke hinauf. Das Deck begann zu vibrieren, und der Vorsteven warf eine kleine Bugwelle auf, die sich rasch vergrößerte. Sie fuhren.

Trewin sagte: »Lassen Sie alles seefest zurren, Sub.« Dann wandte er sich um und ging zurück zur Brücke. Von oben sah er, daß Dancy am Vierzollgeschütz zu dem brennenden Singapur zurückblickte, während sein Körper mühelos die leichten Bewegungen des Schiffes ausglich. Wie damals an dem Tag, als *Prince of Wales* und *Repulse* versenkt v orden waren, dachte Trewin grimmig.

Auf der Brücke war es still. Die einzelnen Gestalten hoben sich in verschiedenen Schattierungen vom Feuerschein ab. Corbett stand am Brückenkleid. Den Kopf vorgereckt, starrte er hinunter zum Bug.

»Backbord langsame Fahrt voraus, Steuerbord halbe Fahrt zurück!« Seine Stimme war gedämpft, aber ruhig.

Trewin beobachtete, wie bei der Drehung des Schiffes das gesamte, beeindruckende Panorama langsam an ihnen vorüberzog.

»Steuerbord stopp!« Corbett drehte sich halb um, sein Gesicht schimmerte blaß in dem roten Licht. »Beide Maschinen halbe Fahrt voraus. Hundertzehn Umdrehungen!«

Die *Porcupine* vibrierte stärker und fuhr dann zügig durch die Fahrrinne, ihre Bugwelle brach sich an den verlassenen Bojen.

Corbett sagte scharf: »Sagen Sie dem Quartermeister, er soll gut aufpassen! Wir wissen noch nicht, ob wir uns auf das Ruder verlassen können.«

Trewin hörte eine Stimme flüstern: »Hör dir das an! Sein Sohn ist tot, ganz Singapur brennt, und er sitzt da und gibt seine Kommandos, als wäre nichts geschehen!«

Trewin drehte sich rasch um, konnte aber die Zurechtweisung gerade noch zurückhalten, als er Masters grollen hörte: »Und du wirst gefälligst beten, daß er uns an seinem Platz erhalten bleibt, du blöder Hund!«

Trewin ging zu Corbett und meldete: »Alles seefest gezurrt, Sir!«

»Gut. Backbord zehn! Mittschiffs!« Er beugte sich über das Brückenkleid und beobachtete einen dunklen Gegenstand, der an Steuerbord vorbeiglitt. Es konnte sich um ein gekentertes Boot oder um Teile eines zerbombten Hauses handeln. »Wir müssen noch vor Hellwerden gut frei von der Insel sein. Es wird dort bald von feindlichen Flugzeugen wimmeln.«

»Ja, Sir.« Trewin beobachtete den sprühenden Funkenregen, der von einem großen, brennenden Lagerhaus aufstieg. Ihm war, als könne er die Gluthitze im Gesicht spüren, trotz des breiten Wasserstreifens, der dazwischenlag.

»Soll ich übernehmen, Sir?« fragte er.

Corbett schüttelte den Kopf. »Nein, noch nicht, Trewin.« Er fuhr mit den Händen über das Brückenkleid. »Sie steuert korrekt, es scheint alles in Ordnung zu sein.«

Trewin trat zur Seite und stellte sich neben das Sprachrohr. Für Corbett mußte dieses endgültige Auslaufen viel mehr bedeuten als für die anderen. Dort drüben, inmitten der Flammen, ließ er ein Stück seiner selbst zurück.

Trewin schüttelte den Kopf. Dies war bestimmt kein Augenblick, den Corbett mit jemandem teilen mochte.

14 Die Jagd geht los

Sobald sie die Hafengewässer hinter sich hatten, machten sie einen großen Bogen und steuerten Westkurs zur Durian-Straße. Die langsame Fahrt war qualvoll und erforderte äußerste Konzentration, da die *Porcupine* sich mühsam ihren Weg mitten durch die Unzahl verstreuter kleiner Inseln und Riffe suchen mußte, die der südlichen Ansteuerung Singapurs vorgelagert sind. Die oft unangenehm schmalen Fahrrinnen bedeuteten jedoch die einzige sichere Annäherung an die Durian-Straße.

Selten vergingen auch nur fünf Minuten zwischen den Kursänderungen, und gleich im ersten Teil der Strecke liefen sie zweimal auf Grund. Weiße Brecher überfluteten die nahen niedrigen Felsen; ganz vorsichtig gingen die Maschinen zurück, bis das Boot, das sich bei der langsamen Fahrt zum Glück nur geringfügig aufgesetzt hatte, wieder nach achtern abrutschte und seinen Kurs in die Nacht fortsetzen konnte.

Noch im Schutz der Dunkelheit drehten sie nach Süden in die Durian-Straße hinein und gingen mit der Fahrt hoch. Die Vorsicht mußte jetzt hinter der Dringlichkeit zurückstehen, da bereits der erste schwache Schein der Morgendämmerung im Osten heraufzog.

Jedermann an Bord hielt den Atem an, als die *Porcupine* landeinwärts drehte, auf die südlichste Insel der Gruppe zu, und dort in einer kleinen Bucht, nur wenige Yards vor einem glatten, unbewohnten Strand, ankerte. Die ersten Sonnenstrahlen vergoldeten bereits die Mastspitzen, als die Seeleute an Land ausschwärmten, um Palmwedel zu holen, während andere Tarnnetze und zerschlissene Sonnensegel über der Brücke und den Aufbauten ausbrachten. Als schließlich ein Ausguck das Herannahen eines Flugzeugs meldete, war das Schiff schon mit frisch geschnittenen Palmzweigen und Büschen getarnt, sodaß es aus der Luft wie eine der vielen kleinen Inseln erscheinen mußte.

Das Essen wurde an Deck eingenommen, da kein Mann der Besatzung Lust hatte, nach unten zu gehen, außer für dienstliche Verrichtungen. Den ganzen Tag über saßen oder lagen sie an Deck herum, starrten nach oben durch ihr fadenscheiniges Schutzdach und beobachteten die feindlichen Flugzeuge. Meist flogen sie sehr niedrig, vollkommen gleichgültig und sicher, wußten doch alle Piloten, daß sie einen Angriff oder ein plötzliches Sperrfeuer nicht mehr zu fürchten brauchten. Kein einziges Flugzeug änderte Kurs, um die kleine Bucht näher in Augenschein zu nehmen, noch schien jemand die hauchdünne Rauchfahne zu bemerken, die aus dem Schornstein stieg und von der sofortigen Fahrbereitschaft des Schiffes zeugte.

Nimmo und der pfiffige Feldwebel Pitt tauchten abwechselnd in dem klaren Wasser, um die beiden Ruder zu untersuchen; aber soweit sie feststellen konnten, hatte sich die Reparatur bei der etwas holperigen Fahrt bewährt, und die Ruderblätter hatten alles gut überstanden.

Trewin zwang sich, in seine Kammer zu gehen, um sich zu rasieren und ein frisches Hemd anzuziehen. Es hatte die ganze Nacht gedauert, die kümmerliche Distanz von vierzig Meilen zurückzulegen, und sie mußten noch mehr als fünfhundert Meilen fahren, bevor sie Hilfe erwarten konnten. An Bord war es totenstill, lediglich das leise Surren der Ventilatoren und das sanfte Murmeln eines Generators waren zu hören. Seltsam, daß er sich diesen Teil des Planes nicht überlegt hatte. Wahrscheinlich hatte er nicht weiter gedacht als bis zum Augenblick des Fluchtbeginns.

Während der nervenaufreibenden Nachtstunden, als jeder auf der Brücke angestrengt in den schwarzen Vorhang der Dunkelheit vor ihnen starrte, hatte Corbett plötzlich gesagt: »Wir haben nicht die geringste Chance durchzukommen, wenn wir wild drauflos fahren. Das war der Grund, weswegen die *Beaver* versenkt wurde.«

Niemand hatte sich ihm zugewandt, doch wußte Trewin genau, daß jeder in Hörweite an Corbetts Worten hing. Selbst jetzt, in der Abgeschlossenheit seiner Kammer, glaubte Trewin, noch immer das gleichmäßige Rauschen des Wassers am Bug, das monotone »Piep« des Echolots und das Geräusch seines eigenen Atems zu hören, als er zusammen mit den anderen den Ausführungen des Kommandanten lauschte.

Corbett fuhr fort: »Wir fahren nur während der Nachtstunden und nehmen am Tag Deckung. Wir halten uns frei von Sumatra und bleiben statt dessen dicht an den Inseln, soweit südlich wie möglich.« Dann sah er Mallory an. »Morgen nacht sollten wir die Berhala-Straße passieren, danach steuern wir die Seven-Islands-Gruppe an.« Er machte eine Pause. »Das bedeutet, offenes Wasser zu überqueren, sechzig Meilen etwa. Danach müssen wir auf die nächste Chance warten, um den breiten Streifen offener See um Bangka Island zu passieren. Wenn wir erst einmal durch die Bangka-Straße sind, kommt unsere letzte Runde.«

Corbett war auch jetzt auf der Brücke. Er saß in seinem Sitz, völlig in Gedanken versunken, an denen er niemanden teilhaben ließ. Das bißchen Einvernehmen, das vielleicht zwischen ihnen bestanden hatte, schien in Singapur zurückgeblieben zu sein. Es war, als müsse Corbett jede Unze Kraft in seinem Hirn konzentrieren, als wären Körper und private Gedanken dabei nur störend.

Es klopfte an die Tür; als Trewin sich umwandte, starrte er verblüfft in Chings hageres Gesicht. »Ich dachte, du hättest das

Schiff mit den anderen verlassen, Ching?« Aber noch während er sprach, konstatierte er in seinem müden Kopf die Tatsache, daß seine Koje gemacht, sein Hemd frisch gewaschen und gebügelt worden war.

Chings Augen glitzerten unter den buschigen Brauen. »Dies Schiff mein Heim, Sir. Ich nicht gehen weg, nicht so lange noch gebraucht werde.«

Trewin war gerührt. »Wolltest du etwas, Ching?«

»Captain schickt nach Ihnen, Sir. Auf Brücke.«

Trewin griff zur Mütze. »Ich dachte, ich hätte alle Räume überprüft, bevor wir ausliefen?«

Ching lächelte mit seinen gelben Zähnen. »Ich mich verstecken in Farbenlast, Sir. Mr. Tweedie fand mich, sagt, er mich in Hintern treten!« Das Grinsen wurde stärker. »Aber ich denken, das ist es wert.«

Trewin stieg zur Brücke hinauf und sah Hammond mit grimmigem Gesicht neben Corbetts Sitz stehen. Der Kommandant hatte einen Stahlspiegel ans Brückenkleid gelehnt und rasierte sich mit einem altmodischen Rasiermesser. Er zeigte mit der Klinge auf Trewin. »Erzählen Sie es dem I.W.O.« Dann fuhr er fort, sich zu rasieren.

Hammond sah hohläugig aus, und Trewin bemerkte, daß seine Beine vor Schmutz starrten. Er sagte: »Ich war an Land auf einem Erkundungstrip, Number One. Diese Insel gilt als unbewohnt, aber ich sollte das überprüfen.«

Trewin nickte. Auch das war typisch für Corbett, er dachte an die kleinsten, aber doch wichtigen Einzelheiten.

»Ich nahm Unteroffizier Kane mit.« Hammond blickte verlegen auf seine Schuhe. »Auf der anderen Seite der Insel liegt noch eine kleine Bucht, genau wie diese hier.« Er sprach jetzt schneller. »Kane entdeckte Treibholz im Wasser, und ich dachte, es seien vielleicht Wrackteile von der *Beaver.*« Er sah Trewin an. »Aber es waren Tote! Eine ganze Reihe, sie rollten in der Brandung hin und her.«

Trewin fragte ruhig: »Waren welche von unseren Leuten dabei?«

Hammond stützte sich auf den Kartentisch. »Es waren alles Frauen, Sir. Krankenschwestern!«

Corbett wischte das Rasiermesser mit dem Handtuch sauber.

»Es sieht so aus, als hätte man sie ins Wasser gejagt und dann vom Strand aus mit Maschinengewehren erschossen.«

Hammond rief mit halberstickter Stimme: »Das durften sie doch nicht tun! Um Himmels willen, es waren Krankenschwestern!«

Corbett wandte sich ihm zu und musterte ihn teilnahmslos. »Der wesentliche Punkt ist, daß der Feind erst kürzlich hier war. Wir müssen also noch vorsichtiger sein.«

Hammond blickte Trewin bittend an. »Könnten wir nicht zurückgehen und sie begraben? Es würde bestimmt nicht lange dauern.«

Corbett antwortete: »Ich fürchte, das ist unmöglich. Wenn die Gräber von einer Patrouille entdeckt werden, gibt es Ärger.«

Trewin ergriff Hammond am Arm und führte ihn zur achteren Brückenreling. »Er hat recht, Sub. Ich hätte Ihnen dasselbe gesagt.«

Hammond biß sich auf die Lippen. »Ich habe an Jacqui gedacht. Ich ging in die Brandung und sah mir ihre Gesichter an. Einige waren noch ganz jung.«

»Danken Sie Gott, daß Adair die *Prawn* führt. Er kennt diese Gewässer gut. Seine Passagiere haben bessere Aussichten.« Er dachte an Clares dunkle, bittende Augen. »Sie haben eine gute Chance, durchzukommen.«

Ein Marineflugzeug dröhnte langsam über die *Porcupine* hinweg, und sie starrten durch das Gewirr von Netzwerk und Palmzweigen zu ihm hinauf. Seltsam, wie sicher sie sich unter ihrer Tarnung fühlten. Die Maschine überquerte die Insel, und ihr Motorengeräusch wurde bald vom Murmeln der Brandung übertönt.

»Gehen Sie durchs Schiff, versuchen Sie, die Leute aufzumuntern«, sagte Trewin. »Ich glaube, ihnen ist noch nicht klar, was sie zu erwarten haben.«

Als er sich wieder umwandte, sah er, daß Corbett eingeschlafen war. Sein Kopf ruhte auf dem ausgestreckten Arm, die Hand hielt sich an den geschlossenen Sprachrohren fest. Im Schlaf sahen seine strengen Züge entspannt, beinahe jugendlich aus. Trewin fühlte sich wie ein Eindringling.

Außer den Ausguckposten waren die meisten dem Beispiel des Kommandanten gefolgt, und Trewin wünschte, auch er könnte zeitweilig in den Schlaf flüchten.

Gegen Abend wurde die Tarnung entfernt. Fast lautlos ging das kleine Schiff ankerauf und schlich sich aus der ruhigen Bucht. Als sich die ersten Schatten über die Inseln legten, steuerte die *Porcupine* bereits mit voller Fahrt nach Süden, der Berhala-Straße und ihrer ersten gefährlichen Strecke über offene See entgegen.

Der Anfang der Fahrt verlief besser als erwartet. Sobald sie frei von den Untiefen waren, nahm die *Porcupine* ihre Höchstfahrt von vierzehn Knoten auf. Trotzdem hielten sie sich im Abstand weniger Meilen von den größeren Inseln. Jede Platte, jede Niete vibrierte, und die steile Bugsee rollte auf beiden Seiten als mächtige fluoreszierende Falte in die Dunkelheit.

Geschwindigkeit war jetzt doppelt wichtig, denn kurz nach Mitternacht hatte der Funkraum eine kurze, aber inhaltsschwere Meldung aufgefangen: Jeglicher Widerstand in Singapur war zusammengebrochen. Die britische Garnison hatte sich auf Gnade oder Ungnade den Siegern ergeben.

Corbett hatte sich den Funkspruch angehört und dann langsam gesagt: »Jetzt wissen sie, daß wir ausgelaufen sind. Die Jagd beginnt.«

Trewin stand in der Brückennock und suchte im Glas die Grenze zwischen See und Himmel, da die Kimm bei dieser Dunkelheit kaum zu erkennen war. Die Jagd lief jetzt in der Tat erst richtig an. Die Japaner würden jede Insel, jede noch so kleine Bucht in ihrem neu eroberten Territorium gründlich durchsuchen und keine Anstrengung scheuen.

Die Stimme des Ausgucks unterbrach seine Gedanken, scharf und dringend: »Ein Licht, Sir! Peilung grün eins-eins-null!«

Corbett reagierte blitzschnell. »Beide stopp!«

Als die Kraftzufuhr für die wirbelnden Schrauben ruckartig abgeschnitten wurde, sackte die *Porcupine* plötzlich schwer in ihr eigenes Kielwasser, als wäre ihr plumper Bug gegen ein Hindernis geprallt. Die Männer auf der Brücke stolperten und fluchten, während sie sich bemühten, ihre Gläser auf das ferne Licht zu richten. Auch Trewin spürte einen schmerzhaften Stoß gegen seine empfindliche Schulter.

Dann sah er den Lichtschein: ein Blinken weitab an Steuerbord, dem sofort die antwortenden, nadelartigen Blitze aus noch größerer Entfernung folgten.

Corbetts Kommando klang abrupt: »Beide langsame Fahrt voraus, Backbord fünfzehn!«

Trewin rief er zu: »Zwei Schiffe, möglicherweise Patrouillenfahrzeuge. Wir gehen dichter unter Land.«

Mehrere Minuten verstrichen, dann sah der wartende Ausguck ein weiteres Blinken zweier Morselampen. Diesmal waren sie dichter beieinander; Trewin hörte Mallorys Atem, während er rasch ein paar Berechnungen anstellte. Dann rief er: »Sie steuern konvergierende Kurse, Sir. Um diese Distanz in sechs Minuten zurückzulegen, müssen sie mindestens zwanzig Knoten laufen.« Es klang besorgt.

Corbett setzte sich wieder. »Zerstörer, wenn ich nicht irre.«

Trewin brauchte nicht auf die Karte zu sehen, um sich die beiden mächtigen Kriegsschiffe vorzustellen, die den weiten Bogen der Berhala-Straße bewachten. Sie war etwa so breit wie der Ärmelkanal, aber ein Seemann hatte vorhin schon den entscheidenden Unterschied erkannt: »Hier liegt kein freundliches grünes Kent gegenüber wie damals bei Dünkirchen.«

Corbett rief: »Geben Sie mir den Kurs zur Südspitze von Singkep Island, N.O.«

Trewin starrte noch immer durchs Glas, aber die See war wieder leer und schwarz. Er lauschte dem kratzenden Geräusch von Mallorys Lineal und Stechzirkel auf der Karte und überlegte, ob der Australier noch manchmal an Corbetts Frau dachte.

»Eins-zwo-null, Sir.«

»Gut. Gehen Sie auf diesen Kurs, N.O.« Corbett wandte sich auf seinem Sitz halb um und winkte Trewin heran. »Singkep Island ist die letzte Insel in der Gruppe. Ich hatte gehofft, wir könnten über die offene See direkt die Seven Islands ansteuern und vor Helligkeit dort eintreffen, aber die Anwesenheit der Zerstörer macht das zu riskant. Jeder Narr könnte unser Kielwasser meilenweit sehen. Wir müssen bis morgen abend im Schutz von Singkep liegenbleiben.«

»Das bedeutet den Verlust eines Tages, Sir.«

»Ich weiß.« Er nahm die Mütze ab und strich sich mit der Hand übers Haar. »Auf der Südspitze steht ein Leuchtturm. Jetzt ist er natürlich außer Betrieb, aber der Wärter ist ein zuverlässiger Mann, ich kenne ihn. Vielleicht können wir von ihm etwas über die Absichten der Japaner erfahren.«

»Ist das nicht riskant, Sir?«

»Natürlich!« Corbetts Stimme klang gereizt. »Aber wir haben keine andere Wahl.«

Singkep Island maß nur zwanzig Meilen im Durchmesser, hatte aber eine hohe und felsige Küste. Vielerorts fielen die Klippen steil ab und gingen in ein Gewirr von Riffen über, die eine unüberwindliche Barriere bildeten. Auf der Karte war das ganze Gebiet übersät mit Wracks, wohl zum größten Teil glücklose Handelsschiffe, die von einem der schweren Stürme überrascht worden waren, die ohne jede Warnung vom Südchinesischen Meer heranfegten.

Trewin stand neben Corbett, lauschte dem Piepsen des Echolots und beobachtete die gewaltige Brandung, die Kap Buku einrahmte. Einen Augenblick war das Schiff vollkommen von weißumbrandeten Riffen umgeben, und er hielt den Atem an in Erwartung des endgültigen, tödlichen Aufpralls.

Aber der geringe Tiefgang der *Porcupine* rettete sie wieder. Jedes andere Schiff wäre längst gescheitert. Corbett konnte nicht mehr sehen als die Ausguckposten, wahrscheinlich sogar weniger, aber er schien die schmale Durchfahrt zu riechen, die zu der keilförmigen Bucht unterhalb des Kaps führte. Er mußte sich ein Bild zurechtgelegt haben aus Mallorys Informationen und dem unbeirrbaren Echolot.

Um drei Uhr morgens ankerten sie. Vom nächstgelegenen Riff fegte Gischt über die Brücke wie tropischer Regen.

Corbett vergeudete keine Zeit. »Schicken Sie Hammond hinüber zum Leuchtturm dort oben auf dem Felsvorsprung. Er ist das einzige Gebäude weit und breit, er kann ihn also nicht verfehlen.«

Die Leute rannten zu den Davits, und einen Augenblick später tanzte das kleine Boot längsseits in dem wirbelnden Gezeitenstrom.

Corbett sagte zu Hammond: »Beeilen Sie sich. Der Mann ist Javaner, spricht aber gut englisch. Versuchen Sie, so viel wie möglich zu erfahren. Fragen Sie ihn vor allem nach feindlichen Kriegsschiffen.«

Sie beobachteten, wie das flache Boot über den Rückprall der Brandung am Fuß der Klippen tanzte; Corbett sagte: »Das Ganze gefällt mir nicht.«

Trewin wartete, aber Corbett verfiel wieder in Schweigen.

Schließlich sagte er: »Ich wußte nicht, daß Sie schon früher in diesen Gewässern fuhren, Sir. Das war ein glänzendes Stück Navigation.« Er konnte seine Bewunderung nicht verbergen.

Corbett hob die Schultern. »Das letzte Mal war ich vor zehn Jahren hier. Mit einem Vermessungsschiff, als Navigationsoffizier.«

Trewin starrte ihn fassungslos an. »Und Sie erinnern sich an das alles, nach so vielen Jahren?«

Corbett erwiderte gleichmütig: »Wissen Sie, ich habe hier draußen meine Zeit nicht nur vergeudet.« Dann fügte er hinzu: »Sie müssen lernen, alle Fähigkeiten zu nutzen, besonders wenn einige Sie im Stich lassen.«

Eine Stunde verging, dann sahen sie Hammond zum Schiff zurückkehren. Die Riemen schnitten oft unter, wenn das kleine Boot über die Kämme der rücklaufenden Brandung sprang.

Hammond keuchte nach oben zur Brücke, sobald die Taljenblöcke eingehakt waren. Atemlos berichtete er: »Ich habe ihn gefunden, Sir. Er sagt, gestern nachmittag waren ein japanischer Zerstörer und zwei kleinere Patrouillenboote hier.« Er schluckte heftig. »Und er glaubt, daß auf der anderen Seite der Insel Truppen liegen.«

»Er glaubt das nur?« Corbetts Stimme war tonlos.

»Ja, Sir. Sie waren heute morgen da und suchten nach Flüchtlingen aus Singapur.« Dann fuhr er etwas ruhiger fort: »Sie haben ein paar Soldaten gefangengenommen, die in einer Yacht geflüchtet waren.«

Corbett glitt aus seinem Sitz und ging geistesabwesend über die Brückengrätings. »Sonst noch etwas?«

Hammond sagte heiser: »Sie haben sie erschossen, Sir!« Er machte eine Pause. »Auf der Insel gibt es ein kleines Fischerdorf, Sir. Die Soldaten hatten sich bei den Fischern versteckt, nachdem ihre Yacht in der Brandung gekentert war.«

Corbett blieb stehen. »Und die Fischer haben sie verraten?«

»Ja, Sir.«

Corbett nickte langsam. »Die Eingeborenen haben natürlich mehr Angst vor den Japanern als vor uns.« Er reckte seine Schultern. »Wir laufen sofort aus. Klar zum Ankerlichten!«

Hammond ging zur Leiter. Er bewegte sich wie jemand, der unter Drogeneinfluß stand.

Trewin fragte: »Zu den Seven Islands, Sir?«

»Wohin sonst?« Corbett beobachtete die Leute auf der Back, deren Gestalten sich dunkel von der weißen Brandung abhoben. »Wenn wir hier entdeckt werden, können wir weder entkommen noch kämpfen. Es ist eine Falle.« Plötzlich wurde er wieder lebhaft. »Maschinen, Achtung!« Dann schnauzte er Mallory an: »Sobald wir durch das Riff sind, brauche ich den Kurs zu den Seven Islands, N.O.« Er wartete die Antwort nicht ab, sondern griff zum Maschinenraumtelefon.

»Chief? In etwa fünfzehn Minuten gehen wir auf äußerste Fahrt. Aber ich will noch mehr als das!«

Trewin hörte Nimmos Stimme nicht, aber Corbetts Antwort war knapp und endgültig: »Wir haben sechzig Meilen vor uns. Und in zwei Stunden wird es hell. Muß ich noch mehr sagen?«

Er knallte den Hörer auf. »Jetzt wollen wir mal sehen!«

Das Tageslicht fand die *Porcupine* auf Südostkurs, ihr leuchtendes Kielwasser wirkte wie mit dem Lineal gezogen. Als die Sonne über den dunstigen Horizont stieg, sahen die Männer der Wache, daß sie die See für sich allein hatten. Sie dehnte sich glatt und dunkelblau, glitzerte und reflektierte das Licht millionenfach. Vielen Besatzungsmitgliedern kam wohl erst jetzt die Kleinheit und Gebrechlichkeit ihres Schiffes und die ungeheure Weite der See zu Bewußtsein.

Trewin spürte die von den Stahlplatten zurückgeworfene Hitze und bedauerte die Geschützbedienungen, die neben ihren Kanonen ohne Schutz vor der gnadenlosen Sonne waren. Er sah auch, daß die Pioniere Wort gehalten und ihre Brens unter den wachsamen Augen von Feldwebel Pitt unmittelbar vor der Brücke montiert hatten. Die Marines waren ebenfalls eingesetzt. Pitt hatte je einen als Ladenummer für die Brens eingeteilt.

Trewin blickte hinauf zum vibrierenden Schornstein und sah die gleichmäßig achteraus ziehende Rauchfahne. Die Brücke schüttelte sich und ächzte, und sein eigener Körper reagierte, als wäre er in einem mechanischen Vibrator. Die *Porcupine* gab wirklich ihr Äußerstes her. Wahrscheinlich hatte es der peinlich genaue und gewissenhafte Nimmo längst aufgegeben, den roten Warnstrich an den Meßgeräten zu beobachten.

Er ging zum Tisch und warf einen Blick auf die Karte. Kaum

glaublich, aber die Seven Islands waren nur noch zwanzig Meilen entfernt. Jeden Augenblick mußte der Ausguck im Topp sie sehen, und alle an Bord würden Hoffnung schöpfen. Nicht daß diese Inseln viel Schutz boten. Die ganze Gruppe maß nur zehn Meilen in jeder Richtung, und einige der Inselchen waren nicht viel mehr als Buckel im Meer. Eine Laune der Natur mußte sie dort hingeschaufelt haben, das letzte Häufchen sichtbaren Landes im südlichsten Zipfel des Südchinesischen Meers. Dahinter erstreckte sich wieder offene, feindliche See bis zur Bangka-Straße.

Wenn sie die geschafft hatten, waren sie in der Javasee. Trewin leckte sich die ausgetrockneten Lippen. Mit etwas Glück würden sie dort die Reste der Ostasienflotte finden.

Eine Stimme schrie: »Flugzeug, Sir! Rot vier-fünf! Winkel zwo-null!«

Corbett griff zum Glas. Eine Minute vielleicht hatte er wie im Halbschlaf gesessen. Jetzt beugte er sich vor, hellwach, den ganzen Körper gespannt.

Trewin verdrängte die plötzliche Verzweiflung und richtete sein Glas über das Brückenkleid. Neben und unter sich hörte er Kommandorufe und das metallische Knallen der Verschlußstücke. Gleichzeitig dröhnte es aus dem Lautsprecher: »Fliegeralarm! Fliegeralarm!«

Tweedies Stimme kam aus dem Brückenlautsprecher: »Flugboot, Sir. Dreht jetzt auf uns zu.«

Corbett nickte. »Gut.«

Das einsame Flugboot bewegte sich sehr langsam. Wegen der oben montierten Motoren wirkte es ungeschickt und kopflastig und erinnerte Trewin an ein Spielzeug.

Wieder Tweedies Stimme: »Frage: Feuererlaubnis?«

»Nein! Abwarten!« Zu Trewin sagte Corbett: »Der Pilot benimmt sich äußerst seltsam. Er muß uns doch längst gesehen haben.«

Trewin betrachtete die anfliegende Maschine aus einem anderen Blickwinkel. Es stimmte, sie hätte jetzt abdrehen müssen, um Position und Kurs der *Porcupine* an die wartenden Kriegsschiffe und Bombengeschwader zu melden. Statt dessen blieb die Peilung unverändert; wenn die Maschine nicht bald Kurs und Höhe änderte, würde sie direkt über das Schiff hinwegfliegen.

Corbett befahl: »Geschütz A und X fest! Ich möchte, daß alle Waffen mit geringer Reichweite zugleich feuern, wenn ich Befehl gebe.« Seine Stimme war ruhig, genausogut hätte er über Fragen der Disziplin sprechen können.

Mehrmals setzte er das Glas ab, um sich über die Augen zu wischen, und Trewin sah etwas wie Ärger auf seinem Gesicht, wenn er sich heftig die Schläfen rieb. Corbetts Glas war auf die größte Sehschärfe eingestellt.

Langsam sagte der Kommandant: »Vielleicht hat der Pilot noch nie ein Kanonenboot gesehen.« Verächtlich schürzte er die Lippen. »Nun, er wird bald eins kennenlernen!«

Trewin packte das vibrierende Brückenkleid und beobachtete das Flugboot mit zusammengekniffenen Augen. Noch immer behielt es stur seinen Kurs bei.

Corbett streckte den Arm aus und legte die Hand auf den roten Feuererlaubnisknopf. Er starrte wie gebannt auf die Maschine, seine Augen tränten immer stärker, da er den Blick nicht abwandte, obwohl das Sonnenlicht vom glänzenden Flugzeugrumpf reflektiert wurde.

Im letzten Augenblick schien der Pilot zu merken, was ihm drohte. Vielleicht war er müde von einem langen Flug, vielleicht sollte er sich auch mit einem japanischen Schiff ähnlicher Bauart treffen. Erst als die Glocke durchs Schiff schrillte, den Motorenlärm übertönend, und die Luft erzitterte vom Rattern der Maschinengewehre und dem scharfen Bellen der Oerlikons, zog das Flugboot endlich steil nach oben. Sein Schatten löschte für kurze Zeit das Sonnenlicht aus, als es wie trunken über das Kanonenboot hinwegflog.

Trewin sah die grellen, orangefarbenen Blitze in den fetten Bauch der Maschine schlagen und bemerkte starken Rauchausstoß an einem Motor. Die Maschine führte zwei Bomben mit, je eine unter jeder Tragfläche, wahrscheinlich zum Einsatz gegen U-Boote; aber als der Rauch stärker wurde, Schwanz und Schwimmer einhüllte, wurde klar, daß sie niemals mehr Gelegenheit haben würde, die Bomben zu werfen.

Die Männer schrien hurra und freuten sich wie die Kinder. Selbst die in ihren Kanonen festgeschnallten Richtschützen schrien Worte, die aber niemand verstand.

Sie schlugen zurück. Endlich einmal waren sie die Sieger!

Dann, zur Überraschung aller, ging das Flugboot wieder auf ebenen Kurs, obwohl ein Motor lichterloh brannte und die Plexiglaskuppel feuerrot leuchtete.

Masters rief triumphierend: »Gleich schmiert sie ab! Seht euch das an!«

Sie hörten das Husten der Motoren, es klang wie heiseres Brüllen eines tödlich verwundeten Großwildes. Aber noch immer blieb das Flugboot in der Luft, und als die Geschütze endlich schwiegen, fühlte Trewin plötzlich Corbetts Hand an seinem Arm wie einen Schraubstock.

»Hart Backbord! Hart über das Rad!«

Trewin riß den Blick von der brennenden Maschine los und sprang zum Sprachrohr.

Er hörte Unwins prompte Bestätigung: »Ruder liegt hart Backbord, Sir! Ruderlage Backbord fünfunddreißig!«

Das Schiff krängte, als wolle es kentern, während die Ruder mit den rasenden Schrauben stritten und die *Porcupine* in eine wilde Kursänderung drückten. Die bestürzten Rufe und Flüche gingen über in Schreckensschreie, als die Männer erkannten, was den Kommandanten zu diesem verzweifelten Manöver veranlaßt hatte.

Das Flugboot drehte. Der Pilot benutzte all sein Können, um es über Wasser zu halten, obwohl es, Feuer und Rauch spuckend, näher und näher auf sein eigenes Spiegelbild heruntersackte.

Einige schrien: »Es kommt genau auf uns zu!«

Corbetts Stimme klang messerscharf. »Mittschiffs! Recht so!«

Die harte Drehung hatte das Schiff etwas aus der Anflugrichtung des verzweifelt angreifenden Flugzeugs manövriert. Als die Glocke nun abermals schrillte, eröffnete jedes Geschütz oder Maschinengewehr, das freies Schußfeld hatte, erneut das Feuer.

Eine Tragfläche zerknitterte wie Papier, die Maschine hob noch einmal die Nase, schwankte und stürzte dann aufheulend ins Meer, keine fünfzig Fuß vom Achterdeck entfernt.

Aber das Drama war noch nicht zu Ende. Während brennendes Treiböl sich rings um den sinkenden Flugzeugrumpf ausbreitete und zwei Gestalten vergeblich versuchten, sich aus dem Cockpit zu befreien, ging die eine der Bomben hoch.

Die Detonation erfolgte unter der Wasseroberfläche, und Trewin fühlte das Schiff taumeln wie nach einem schweren Granattreffer. Splitter pfiffen über das Seitendeck und flogen jaulend über See davon. Ein Marinesoldat, der von seinem Platz am Maschinengewehr an die Reling gerannt war, um den Absturz zu beobachten, wurde von den Füßen gerissen und mit voller Wucht gegen den Stahl geschleudert, wo er liegenblieb. Trewin wandte den Blick ab, als das Blut des Mannes unbeachtet über das schrägliegende Deck lief.

Corbett rief: »Beide langsame Fahrt voraus! Abteilungen Schäden melden!«

Trewin wußte, was alle befürchteten, und wartete schweigend, den Blick auf das Telefon zum Maschinenraum gerichtet.

Corbett riß es vom Haken, bevor es zu Ende geschnarrt hatte. »Ja?« Seine hellen Augen waren Trewins Gesicht zugewandt. »Verstanden!« Er kehrte zu seinem Sitz zurück. »Ruder sind intakt und funktionieren einwandfrei.« Sein Brustkorb unter dem rauchgeschwärzten Hemd hob und senkte sich heftig. »Bringen Sie sie wieder auf Kurs. Wir müssen einen Zahn drauflegen!«

Jetzt rief Masters fast unbeachtet: »Topp meldet die Inseln an Steuerbord voraus, Sir!«

Corbett antwortete ihm nicht. »Treibstofftank drei ist durchlöchert«, sagte er zu Trewin. »Für den Schiffskörper besteht soweit keine Gefahr; aber ich muß mich bei Ihnen bedanken, daß Sie vor dem Auslaufen vollgetankt haben bis zum Rand.«

Dann ging er zur Brückennock und blickte wie gebannt achteraus. Trewin sah auch einige Seeleute an der Reling stehen und ebenfalls ins Kielwasser starren. Dann sah er es selbst: eine lange, ununterbrochene Silberlinie, die sich ausbreitete und mit dem Kielwasser vermischte, aber noch lange nach dessen Verschwinden den Weg der *Porcupine* klar in die See zeichnen würde.

Corbett sagte zurückhaltend: »Im Bunker sind zwanzig Tonnen Treibstoff, Trewin. Eine ganz schöne Menge.« Dann drehte er sich um und ging wieder zu seinem Sitz.

Trewin blieb an der Reling stehen und beobachtete die Ölspur, die ihnen folgte wie die Schweißfährte einem waidwunden Hirsch. Weit achteraus schwebte eine Rauchwolke über dem Wasser, sie bezeichnete das Grab des Flugbootes. Trewin starrte hin, bis seine Augen schmerzten. Warum hast du uns nicht anständig umgebracht? dachte er. Mußtest du unser Leiden unnötig verlängern?

Trewin legte die Hände auf die vibrierenden Sprachrohre und schaute hinüber zu Corbetts Silhouette, der sich über das Brükkenkleid beugte. »Beide Maschinen machen langsame Fahrt voraus, Sir. Siebzig Umdrehungen.«

Corbett murmelte: »Danke.« Über die Schulter fügte er hinzu: »Wir gehen zur mittleren Insel. Dort können wir uns besser verstecken.«

Es war still auf der Brücke; aller Augen richteten sich auf den weiten Bogen leuchtend grüner Eilande und brauner Riffe, die das Schiff vollkommen einzuschließen schienen. Es hatte länger gedauert als erwartet, den Schutz dieser kleinen, abgelegenen Inselgruppe zu erreichen, aber die Täuschung in Zeit und Distanz war visuell bedingt. Denn jede einzelne der Inseln war höher, als man von ihrem geringen Umfang her erwarten konnte. Zum Teil stiegen die Berge zwei- bis dreihundert Fuß über die glatte blaue See empor.

Corbett sagte ruhig: »Wir ankern auf zwei Faden Wassertiefe. Lassen Sie achtern einen Stromanker ausbringen, um das Schwojen zu unterbinden. Hier steht eine ziemlich starke Strömung.«

Trewin sah Mallory und den Signalmeister einen raschen Blick tauschen. Corbetts beiläufige Bemerkungen über die Inseln und den gefährlich anzusteuernden Ankerplatz hatte sie offensichtlich beeindruckt. Aber Trewin war es klar, daß Corbett jetzt nicht mehr auf sein Gedächtnis zurückgriff. Vor gut zehn Minuten hatte er die Brücke verlassen, als das Schiff die Zehn-Faden-Linie überquerte und sich zur Ansteuerung der Zentralinsel anschickte. Dann schlug die Kartenraumtür zu, und als Corbett kurz darauf wieder auf der Brücke erschien, prägte sich die runde Form der großen Lupe in Corbetts Brusttasche ab. Jetzt stand wohl hinter den ausdruckslosen Augen ein vollständiges Bild der Inselgruppe, geschaffen allein durch wenige Minuten verzweifelter Konzentration.

Ein Schwarm weißer Seevögel erhob sich von einem Riff und kreiste ärgerlich über dem Kanonenboot. Ihre schrillen Schreie trugen nur noch zur Erhöhung der allgemeinen Spannung bei. Die Oerlikons hinter der Brücke schwangen außenbords, um die nächstgelegenen Inseln im Visier zu behalten, und die Leute am

Ankerspill auf der Back drängten sich eng zusammen, als wären sie sich plötzlich ihrer Verwundbarkeit bewußt.

Der höchste Berg der Zentralinsel wirkte sehr grün und kühl trotz der gnadenlosen Sonne, und Trewin blickte sehnsüchtig hinüber. Der üppige Baumbestand reichte die Hänge hinunter bis zum Wasser, sogar der schmale Sandstrand war in tiefe Schatten gehüllt.

Zwei algenbedeckte Riffe teilten sich vor ihrem Bug, und Trewin sah den Ankerplatz sich vor ihnen öffnen wie eine kleine Lagune. Es gab dort zwar wenig Platz zum Manövrieren, aber sonst war die Wahl gut. Das ausströmende Öl würde sich kaum über die schützenden Riffe und Sandbänke hinweg ausbreiten, und ein Aufklärungsflugzeug mußte schon sehr nahe herankommen, wollte es den verräterischen Fleck um den getarnten Schiffskörper ausmachen. Wenn sie Glück hatten, dann wurde auch der breite Ölstreifen draußen auf See bald von der Strömung davongetragen; danach mochte es lange dauern, bis ein besonders eifriger Pilot Argwohn schöpfte.

Corbett sagte: »Geben Sie an Hammond: klar zum Ankern!«

Trewin kletterte halb auf die Reling und hob die Hand. Die Leute am Spill waren schon eifrig bei der Arbeit, nur Hammond beschirmte die Augen und blickte unverwandt herauf zur Brücke. Die Geschützbedienungen und Ausguckposten beobachteten scharf das Land.

Zuerst glaubte Trewin, es sei ein Schatten im Wasser oder irgendein Streich, den ihm das Licht spielte. Hinter ihm rief eine Stimme: »Vier Faden, Sir!«

Trewin warf einen kurzen Blick zu Corbett, aber der starrte noch immer nach vorn, das Gesicht gelassen und teilnahmslos. Als auch Trewin wieder nach vorn sah, merkte er jählings, daß er sich nicht getäuscht hatte. Wie der Blitz fuhr er herum. »Beide äußerste Kraft zurück! Dreimal äußerste zurück!«

Es schien eine Ewigkeit zu dauern, bis sich jemand bewegte oder seinen Befehl an das Steuerhaus weitergab, und während der ganzen Zeit näherte sich das dunkle Gebilde mehr und mehr dem sondierenden Vorsteven der *Porcupine*.

Corbett beugte sich vor. »Was ist? Was ist los?« Ein paar Sekunden lang wirkte er bestürzt, entnervt.

Trewin spürte, wie die wühlenden Schrauben am Rumpf der

Porcupine zerrten, und hielt seinen Blick starr auf das gezackte, rostbedeckte Wrack gerichtet, das quer vor ihrem Kurs lag, nur wenige Fuß unter der Oberfläche. Endlich blieb die Entfernung konstant. Dann, als die Schrauben die Oberhand gewannen, begann das Schiff zögernd Fahrt über den Achtersteven aufzunehmen.

Er sagte kurz: »Da liegt ein Wrack, Sir, recht voraus.« Ohne den Blick abzuwenden, rief er: »Beide stopp!«

Der Schraubenstrom wühlte Schaum, Sand und Seetang auf und dazu einen scharfen Gestank nach Dieselöl, um sie an die verborgene Wunde des Schiffs zu erinnern.

Corbett erwiderte heiser: »Ich danke Ihnen.« Er starrte über das Brückenkleid, aber offensichtlich sah er noch immer nichts von dem Wrack, das in Sekunden den Boden der *Porcupine* aufgerissen hätte, als wäre er aus Pappe.

Trewin wartete nicht. »Beide langsame Fahrt voraus! Backbord fünfzehn!«

Das Kanonenboot fuhr so dicht an dem unter Wasser liegenden Schiff vorbei, daß seine Flanken es beinahe streiften, dieses zertrümmerte Wrack, das so eifrig versucht hatte, einen Gefährten für seine Einsamkeit zu finden.

Corbett schien sich beruhigt zu haben. »Ich übernehme wieder. Beide stopp!«

Trewin ging ins Kartenhaus und warf einen Blick auf die Karte. Mallory flüsterte giftig: »Es ist nicht eingezeichnet, sehen Sie selbst! Denken Sie, ich hätte sonst nicht rechtzeitig gewarnt?«

Trewin spürte, daß ihm Schweiß über den Rücken lief. »Es wurde vielleicht übersehen, als sie hier das letzte Mal vermessen haben.« Seine Stimme klang gereizt.

Mallory starrte ihn an. »Das erklärt aber nicht, warum *er* es übersehen hat.« Als er keine Antwort bekam, fügte er eigensinnig hinzu: »Was, zum Teufel, ist los mit ihm?«

Trewin erwiderte: »Es war voll Algen.«

»Aber Sie haben es gesehen!« Trotz leuchtete aus Mallorys Augen. »Ich gebe mich nicht zufrieden mit . . .«

Trewin musterte ihn böse. Er merkte, daß seine Hände zitterten, sowohl vor Schreck als auch vor Ärger, aber er konnte sich nicht mehr zurückhalten. »Es schert mich einen Dreck, ob Sie sich zufriedengeben oder nicht! Ich habe Sie schon einmal gewarnt, Mallory. Und dies ist das letzte Mal! Verstanden?«

Draußen rief Corbett: »Beide langsame Fahrt zurück! Fallen Anker!« Von vorn erklang das Klatschen des Ankers und das Poltern der ausrauschenden Kette. Dann fügte Corbett hinzu: »Sagen Sie Mr. Tweedie, er soll achtern mit dem Vermuren* fortfahren, und lassen Sie die Boote aussetzen. Ich möchte das Schiff in spätestens einer Stunde getarnt sehen.« Erst jetzt schien er die Spannung hinter seinem Rücken zu bemerken und fuhr schneidend fort: »Wenn Sie soweit sind, meine Herren!«

Die Maschinentelegrafen rasselten, und unten im Maschinenraum starrten Nimmo und seine schwitzenden Männer erleichtert auf den Empfänger, der endlich »Stopp« anzeigte.

Trewin ging über das Deck, um sicherzustellen, daß der Landetrupp genau wußte, was er holen sollte, und kehrte dann zur Brücke zurück. Als er sich unter den hastig aufgetakelten Netzen und mit Tarnanstrich versehenen Sonnensegeln hindurcharbeitete, sah er Corbett auf ihn warten.

Der Kommandant fragte:

»Sie hatten Streit mit Mallory?«

»Ich habe mich über ihn geärgert, Sir.«

Corbett nahm die Mütze ab und setzte sich müde auf das Flaggenspind.

»Ich weiß. Ich habe das meiste gehört.«

Trewin sah wieder das nervöse Zucken in Corbetts Gesicht. Er fragte: »Ihre Augen, Sir, sind sie schlechter geworden?«

Corbett sah ihn nicht an. Er nickte nur und rieb sich das Gesicht. »Es ist, als fiele ein Vorhang herunter. Früher gab es längere Perioden, in denen alles in Ordnung war. Dann wurden diese Zwischenräume kürzer und kürzer.« Rasch sprach er weiter: »Jetzt eben war es ganz schlimm. Ich sah nur verschwommene Formen.«

Trewin erwiderte: »Sie waren zu lange auf der Brücke, Sir, bei dieser Sonne.«

Corbett fuhr herum, seine blassen Augen waren weit aufgerissen. »Reden Sie nicht so, Trewin! Ich habe mich schon selbst genug getäuscht, nun fangen Sie bitte nicht auch noch damit an.«

* Schiff vor zwei Anker legen

»Was soll ich denn Ihrer Meinung nach tun, Sir?«

Corbett atmete tief ein, als wolle er sich dadurch beruhigen. »Ich möchte nur, daß Sie begreifen, was das für Sie persönlich bedeutet.«

»Das tue ich.« Trewin beobachtete das Motorboot, das mit Palmwedeln beladen zurückkehrte. »Ich dachte, ich könnte dieses Schiff in Sicherheit bringen, mit oder ohne Ihre Hilfe. Jetzt weiß ich, daß ich unrecht hatte. Sie haben schon bewiesen, daß nur Sie es schaffen können. Wenn ich Ihr Angebot akzeptiert und in Singapur das Kommando übernommen hätte, dann wäre dieses Schiff nicht weiter als bis zur Durian-Straße gekommen. Wir würden längst das Schicksal der *Beaver* teilen.«

Corbett beobachtete ihn, ohne mit der Wimper zu zucken. »Unterschätzen Sie sich nicht, Trewin.«

»Das tue ich nicht, Sir. Ich habe Kriegserfahrung, zugegeben. Aber das hier ist etwas anderes. Hier wird mehr als Mut und Entschlossenheit verlangt, mehr als vielleicht Sie selbst wissen, Sir.« Er blickte an Corbett vorbei, als sähe er sich selbst von außen. »Als der Krieg kam, ging ich zur Marine, und weil ich Freizeitsegler war, glaubte ich, alle Probleme zu kennen, und auch die meisten Lösungen dafür. Aber ich hatte unrecht, das merke ich jetzt. Jeder Mann mit Willenskraft, Entschlossenheit und Mut kann lernen, mit einem Gewehr zu schießen und seine Wachen zu gehen. Er kann auch zur Selbständigkeit erzogen werden. Aber es gehört mehr dazu, ein Schiff und seine Besatzung zu einer Einheit zu formen, ihnen die Reserven zu geben, die sie auch dann noch zusammenhalten, wenn sie nach menschlichem Ermessen längst wie Hasen davonlaufen müßten.« Er senkte den Blick. »Wenn also meine Augen alles sind, was Sie benötigen, dann stehen sie Ihnen zur Verfügung, Sir.«

Corbett fummelte in seinen Taschen. »Ich werde nicht mehr davon anfangen, Trewin.« Er hielt ihm die Hand hin. »Aber ich danke Ihnen.« Dann sah er sich noch einmal auf der Brücke um und stieß ein kurzes Lachen aus, das jedoch nicht mehr verbittert klang. »Die *Porcupine* ist wirklich ein glückhaftes Schiff.« Er nahm seine Mütze vom Flaggenspind und ging zur Treppe. Dort blieb er noch einmal stehen und blickte zurück.

»Denn welches andere Kanonenboot hat gleich zwei Kommandanten?«

Bootsmannsmaat Bill Dancy schob die Mütze ins Genick und blickte hinüber zu dem vor Anker liegenden Kanonenboot. Unter seinen Schuhsohlen fühlte er den feuchten, kühlen Sandstrand, und er spürte ein starkes Verlangen, sich mit dem Rücken an einen der hohen, salzverkrusteten Bäume zu setzen und auszuruhen.

»Das dürfte genügen.« Kritisch musterte er die grobe Tarnung des Schiffes. Einige Männer legten noch letzte Hand an, aber gegen Luftsicht war die *Porcupine* bereits so gut gesichert wie unter den Umständen überhaupt möglich war. Traurig stimmte ihn nur das schmutzige, ungepflegte Äußere seines Schiffs. Narben und Beulen bedeckten die einst schmucke Bordwand, und von den Ankerklüsen rannen lange Rosttränen herab.

Signalgast Phelps neben Dancy fragte: »Glauben Sie, daß wir hier jemals wieder wegkommen, Bootsmaat?«

Dancy nickte langsam. »Natürlich glaube ich das.« Er wandte sich um, als Trewin und drei Seeleute zwischen den Bäumen schweigend zum Strand gingen. Die Männer trugen Schaufeln, und Trewins Gesicht war finster.

Dancy sagte: »Sie haben ihn also begraben.« Es kam ihm seltsam vor, daß er sich nicht einmal an das Gesicht des Mannes erinnern konnte. Sie hatten den Marineinfanteristen vom Musikkorps, den die Flugzeugbombe getötet hatte, ohne besonderes Zeremoniell an Land begraben.

Trewin blieb stehen, und Dancy fragte: »Alles erledigt, Sir?«

»Ja. Ich habe eine Skizze davon angefertigt, so gut es ging. Und auf das Grab haben wir Steine gelegt.« Er wog die Bibel in seiner Hand. »Ich habe ein paar Zeilen daraus vorgelesen. Viel war es nicht.«

Dancy betrachtete die Schatten unter Trewins Augen. »Vielleicht ist er besser dran als wir, Sir.«

Phelps meldete sich. »Ich steige jetzt auf den Gipfel dort, Sir. Wenn ich ein Schiff sehe, komme ich herunter gerannt.«

Dancy nickte. »In Ordnung, Junge. Die ganze Insel ist nur anderthalb Meilen lang, Sie müßten von dort oben also einen guten Rundblick haben.«

Trewin sah Dancy an. »Ich glaube, wir gehen besser wieder an Bord.« Er sah zu, wie ihr Dory* langsam zum Strand gepullt

* stabiles Fischerboot mit Flachboden

wurde. Es zog einen schmalen, klar erkennbaren Kanal durch den dicken Ölteppich, und um den kleinen Rumpf lief ein schmieriger schwarzer Streifen.

Dancy sagte bedauernd: »Ein Jammer, daß wir nichts tun können, um das Leck zu dichten.«

»Nein, das geht leider nicht.« Trewin legte die Hand über die Augen, als ein glänzender bunter Vogel wie ein feuriger Pfeil zwischen den Bäumen hindurchschoß. »Die einzige Möglichkeit wäre, sie wieder auf Strand zu setzen, aber hier sind keine brauchbaren Sandbänke in der Nähe. Abgesehen davon würde es der Kommandant niemals gestatten. Das Schiff ist vollkommen hilflos, wenn es aufsitzt.«

Dancy griff vorsichtig nach Trewins Arm. Sein Gesicht wirkte immer noch gleichmütig, er lächelte sogar, aber seine Stimme war scharf und angespannt. »Sprechen Sie weiter, Sir, als ob nichts wäre, und bleiben Sie so stehen!«

Trewin starrte ihn verwundert an. »Was?«

Dancy sagte leise: »Ich sah eine Bewegung zwischen den Bäumen hinter Ihnen, Sir.«

»Sind Sie sicher?« Trewin fühlte, wie es ihm kalt den Rücken herunterrieselte. »Vielleicht Phelps?« Mit einem Mal wurde er sich der Bedrohung bewußt. Überdeutlich hörte er das Klatschen der Riemen. Dancys Hand bewegte sich langsam und wie zufällig zu seiner Pistolentasche. »Nein, nicht Phelps. Der ist in die andere Richtung gegangen.«

Trewin blickte über Dancys Schulter. Die drei Seeleute hockten vorn am Wasser und unterhielten sich leise. Sie waren unbewaffnet, und er merkte zu seinem Entsetzen, daß auch er seine Pistole an Bord gelassen hatte.

Dancy knöpfte sein Halfter auf, sagte aber beruhigend: »Alles in Ordnung, scheint mir. Sie machen zuviel Lärm, als daß sie uns gesehen haben könnten.«

Es stimmte. Jetzt hörte auch Trewin das gelegentliche Knacken trockener Zweige und das Prasseln losgetretener Steine, als die Schritte näherkamen.

Er zischte: »Ihr drei, werft euch hin!« Die Seeleute starrten ihn verwundert an und warfen sich dann rasch in den Sand. Dancy zog blitzschnell die Pistole, rannte zu den nächsten Bäumen und ließ sich dort auf ein Knie nieder. Das Dory trieb unsicher vor dem Strand, als die Männer an den Riemen merkten, daß irgendetwas nicht stimmte; vom Deck des Kanonenboots hörte man scharfe Kommandos und das Getrappel vieler Füße.

Trewin blieb stehen, wo er war, und starrte den steilen Hang zwischen den Bäumen hinauf. Wer sie auch sein mochten, sie würden zuerst ihn sehen, und während sie reagierten, konnte Dancy bereits schießen.

Der Bootsmaat bewegte sich als erster. Trewin sah ihn seine Pistole wieder ins Halfter schieben und dann zum Hang rennen. Er rief: »In Ordnung, Sir! Sieht aus wie zwei von unseren Leuten!«

Trewin rief den Seeleuten zu: »Sagen Sie an Bord Bescheid! Ich gehe mit dem Bootsmaat.« Noch ein paar arme Teufel von Flüchtlingen, dachte er. Vielleicht Soldaten, die so weit gekommen waren und dann hier ihr Boot verloren hatten.

Er brach durch die Büsche und erstarrte. Dancy kniete neben einem am Boden Liegenden, den Arm unter dessen Schulter, während der zweite sich an einen Baum lehnte. Seine Brust hob und senkte sich keuchend, das Hemd war fast schwarz von getrocknetem Blut.

Dancy machte ein verdutztes Gesicht. »Das ist Oberleutnant Hughes, Sir!«

Aber Trewin starrte noch immer den anderen Mann an. Trotz Blut und Schmutz auf den Kleidern, trotz der Kratzer im unrasierten Gesicht erkannte er Fairfax-Loring. Er wollte zu ihm gehen, ihm zum Strand helfen, aber seine Beine versagten ihm den Dienst.

Der Admiral sah ihn und sagte heiser: »Ich wußte, daß Sie es waren! Gott sei Dank! Ich fürchtete nur, Sie würden ankerauf gehen, bevor wir hier wären.« Er stieß sich vom Baum ab und keuchte: »Als ich Sie die Inseln ansteuern sah, glaubte ich, den Verstand zu verlieren!«

Der Flaggleutnant schaute mit weit aufgerissenen, ausdruckslosen Augen zu den Bäumen auf; sein Mund bewegte sich krampfhaft, aber er gab keinen Ton von sich.

Der Admiral warf einen Blick auf ihn und krächzte: »Hughes ist total erledigt. Hat eine schlimme Zeit hinter sich.«

Trewin hörte sich fragen: »Die *Prawn*, Sir! Was ist passiert?«

Der Admiral setzte sich hangabwärts in Bewegung, die Augen auf den Strand und die kleine Gruppe wartender Seeleute gerichtet. »Am zweiten Tag nach dem Auslaufen wurden wir von einem japanischen Flugzeug gesichtet. Wir haben alles versucht, uns zwischen den Inseln verkrochen und wären in der Berhala-Straße beinahe auf einen verdammten Zerstörer gestoßen.« Er wischte sich das Haar aus den Augen. »Dann, als wir das offene Seegebiet überquerten, bekam uns ein Schnellboot zu fassen.« Er hob die Schultern und zog eine Grimasse. »Es war bei Gott schnell!«

Inzwischen standen sie am Wasser, und die Matrosen neben dem Dory starrten den Admiral an, als erführen sie ihr eigenes Schicksal aus seinen Worten.

Fairfax-Loring fuhr fort: »Es beharkte die *Prawn* von vorn bis achtern. Und dann, als wir schon annahmen, alles sei zu Ende, gelang es dem Vierzöller, einen Treffer zu landen. Es war zu dunkel, um genau zu sehen, aber ein Volltreffer war es auf alle Fälle. Das Schnellboot hinkte von dannen wie ein lahmer Hund.«

Trewin fragte nochmals: »Wo ist die *Prawn* jetzt, Sir?«

Der Admiral hob die Schultern. »Dort drüben irgendwo, auf der Nordseite der Insel.«

Dancy ließ den Flaggleutnant ins Dory heben und fragte dann den Admiral: »Sind Sie schwer verwundet, Sir?«

Fairfax-Loring starrte ihn verständnislos an. Endlich antwortete er: »Machen Sie sich um mich keine Sorgen. Ich habe noch eine Aufgabe vor mir.«

Trewin sagte: »Ich gehe hinüber zur Nordseite der Insel und sehe zu, wie ich helfen kann.«

»Sie kehren mit mir auf Ihr Schiff zurück, Trewin!« Die Augen des Admirals waren rotgerändert und blickten böse. »Die *Prawn* können Sie abschreiben. Alle Entscheidungen müssen hier getroffen werden, und zwar sofort.« Er rutschte über das Dollbord ins Boot und fügte hinzu: »Die Passagiere sind in Sicherheit. Sie waren während des Gefechts alle unter Deck.«

Trewin folgte ihm in das überfüllte Dory, in seinem Kopf drehte sich noch alles. Fairfax-Loring wiedersehen zu müssen, war schon schlimm genug; aber zu wissen, daß Clare und die anderen irgendwo dort drüben waren, jenseits des grünen Hügels, hilflos und ohne Hoffnung, das war wie der Höhepunkt eines Alptraums.

Das Boot stieß gegen die *Porcupine*, aber er bemerkte kaum die Männer, die heruntersprangen und dem Flaggleutnant an Bord halfen, die besorgten Fragen und die vielen Gesichter an der Reling.

Fairfax-Loring sah zu, wie Hughes ins Krankenrevier geschafft wurde. »Armer Kerl. Keine Ausdauer. Seit dem Angriff spricht er nur noch im Fieberwahn.« Als Corbett von der Brücke herbeieilte, fügte er hinzu: »Freut mich, Sie zu sehen. Hatte die Hoffnung schon ganz aufgegeben.«

Corbett warf Trewin einen fragenden Blick zu, aber der Admiral fuhr ihn an: »Um Himmels willen, bringen Sie mich endlich in Ihre Kajüte. Ich brauche einen Drink!«

Hammond kam zu Trewin an die Reling, das Gesicht starr vor Angst. »Ich habe es gerade gehört. Was machen wir mit den Passagieren?«

Trewin sah ihn an. »Das werde ich herausfinden!« Er warf einen Blick zur Brücke hinauf. »Jetzt gleich!«

Fairfax-Loring saß an Corbetts Schreibtisch, einen Morgenrock um die breiten Schultern gelegt, eine Hand ins Hemd gesteckt. Corbett stand mit ernstem Gesicht am offenen Bullauge.

Trewin sprach ihn an: »Ich wüßte gern, was wir unternehmen, um der *Prawn* zu helfen, Sir.« Absichtlich mied er des Admirals wütenden Blick.

Corbett erwiderte ruhig: »Es scheint, daß sie in sehr schlechtem Zustand ist.«

Mit schmerzverzerrtem Gesicht bewegte Fairfax-Loring den Arm. »Es ist folgendermaßen, mein Junge. Wie ich soeben dem Kommandanten gesagt habe, können wir nicht viel tun. Die *Prawn* ist ein altes Schiff, und diese neuen Schäden machen sie noch langsamer.«

Trewin musterte ihn kalt. »Dann müssen wir sie also nicht vollständig abschreiben, Sir?«

Der Admiral runzelte die Stirn. »Sie kann offensichtlich noch Dampf aufmachen, sonst wäre ich nicht hier.«

Trewin wandte sich an Corbett. »Ich bitte um Ihre Erlaubnis, sofort mit dem Motorboot zur Nordseite der Insel zu fahren, Sir. Ich halte es für wichtig, daß wir alle zusammenbleiben.«

»Gut.« Corbett sah den Admiral nicht an. »Ihnen ist natürlich klar, daß wir ohne Sie auslaufen, wenn wir in der Zwischenzeit gesichtet werden?«

Der Admiral rief dazwischen: »Wovon reden Sie eigentlich,

zum Teufel? Selbst wenn die *Prawn* tatsächlich fahrbereit wäre, könnte sie nie mit uns Schritt halten. Zwei Schiffe zusammen fordern das Schicksal ja geradezu heraus!«

Corbett musterte ihn kalt. »Befehlen Sie mir, Trewin hier zu behalten, Sir?«

»Ich befehle Ihnen überhaupt nichts. Aber das japanische Schnellboot wurde nur beschädigt, es wird Hilfe rufen und uns die ganze Bande auf den Hals hetzen, wenn wir hier liegenbleiben!«

Corbett nickte. »Das ist klar. Und mir ist genauso klar, daß die *Prawn* das Schnellboot außer Gefecht gesetzt haben muß, bevor es einen Funkspruch absetzen konnte.« Sein Ton war milde. »Sonst wären wir angegriffen worden, *bevor* wir hier eintrafen.« Zu Trewin sagte er kurz: »Fahren Sie los. Aber denken Sie daran, ich muß auslaufen, sowie es dunkel wird.« Er begleitete Trewin hinaus und fügte leise hinzu: »Seien Sie vorsichtig.«

Trewin blieb auf der Leiter stehen. »Das bin ich, Sir.«

»Wenn ich ankerauf gehe, bringe ich die *Porcupine* um die Insel herum, bevor ich weiter nach Süden laufe, Trewin.« Corbett sah ihn bedeutungsvoll an. »Wenn die *Prawn* fahrbereit ist, soll sie herauskommen und sich mit uns treffen. Aber schicken Sie mir auf jeden Fall eine Nachricht mit dem Motorboot, sobald Sie klarsehen.« Er warf einen vielsagenden Blick auf die Kajütentür. »Der Admiral plant offensichtlich, die *Prawn* zurückzulassen.«

Als das Motorboot vom Fallreep ablegte, wandte Trewin sich noch einmal um. Er sah Corbett an der Reling stehen und dem Boot nachblicken. Dann, als sie durch die Riffe tuckerten, verschwand die *Porcupine* aus ihrem Blickfeld, und das Motorboot war allein.

Die *Prawn* war mit Palmwedeln und Büschen so gut getarnt, daß Trewin fast an ihrem Versteck vorbeigefahren wäre. Sie lag ganz dicht am Ufer, zwei Anker waren an Land ausgebracht worden. Das quadratische Heck hatte man an einem gezackten Felsblock vertäut, der aus dem Strand ragte.

Alles schien so unwirklich, daß niemand im Boot ein Wort sprach, während sie langsam auf den Strand zuliefen.

Zuerst wirkte das verborgene Kanonenboot wie ein verlassenes Wrack. Sein Rumpf trug neue Kampfspuren, die Aufbauten waren mit Einschußlöchern übersät und rauchgeschwärzt. Dann aber, als das Boot näher heranfuhr, entdeckten sie zahlreiche Gestalten, die den Hang heruntergelaufen kamen und sogar ins Wasser wateten, um sie zu begrüßen.

Der Kiel knirschte leise auf dem Sand, und Trewin stolperte an Land. Ringsum hörte er Schreie und Rufe des Erstaunens, als Frauen und Kinder, hinkende Soldaten und Seeleute in zerfetzten, angesengten Kleidern herandrängten, ihnen auf die Schultern klopften, ihre Namen riefen oder sie einfach aus tränenüberströmten Gesichtern anstarrten.

Adair, einen Arm in der Binde und einen blutgetränkten Verband um den Kopf, eilte ihm entgegen. Sein müdes Gesicht erstrahlte in einem frohen Lachen des Willkommens.

Trewin reichte ihm die Hand. »Gott sei Dank, daß Sie halbwegs in Ordnung sind.«

Adair nickte. »Hätte nicht gedacht, daß wir uns schon so bald wiedersehen, alter Junge.«

Trewin erblickte oben am Hang eine lange Reihe sandiger Gräber und fragte leise: »Alles Ihre?«

Adair wischte sich mit der gesunden Hand übers Gesicht. »Ja, einschließlich meines Number One. Er war sofort tot.« Er sah Trewin an, als könne er es noch immer nicht fassen. »Der Admiral hat Sie also geschickt, um uns zu helfen?«

Trewin dachte an Fairfax-Lorings Worte. »Ja, er hat mich geschickt.« Die Lüge kam ihm leichter über die Lippen als erwartet. »Corbett läuft aus, sobald es dunkel wird. Können Sie bis dahin fertig sein?«

Adair hob die Schultern. »Ich glaube schon. Wir haben den ganzen Tag gearbeitet. Leider sind wir an so vielen Stellen durchlöchert worden, daß ich noch mehr Kohle über Bord werfen mußte. Also ließ ich von meinen Leuten Bäume fällen für die verdammten Kessel.« Er grinste, aber die Anspannung wich nicht aus seinen Augen. »Das ist der Vorteil meines alten Dampfers. Ich kann alles verheizen, was brennt.«

Trewin betrachtete die verheerenden Narben oben an der Brücke. »Es scheint schlimm gewesen zu sein.«

»Das war es. Ich mußte ihn erst ganz dicht herankommen lassen, bis ich ihn mit dem alten Vierzöller erledigen konnte, und mittlerweile waren fünfzehn meiner Leute gefallen. Aber ich hätte mich sonst ergeben müssen, mit all den armen Teufeln unter Deck.« Er wandte den Blick ab. »Da wir schon so weit gekommen waren, wollte ich es doch riskieren. Und es ist ja auch einigermaßen gutgegangen. Die Passagiere sind alle unverletzt geblieben.«

Trewin versuchte, nicht an Hammonds Bericht über die ermordeten Krankenschwestern zu denken. Eine Übergabe hätte ihnen nichts genützt. Er sagte: »Ich schicke das Boot mit einer Nachricht für Corbett zurück. Ich selbst bleibe hier und helfe, wenn es Ihnen recht ist.«

Adair musterte ihn vorsichtig. »Das wäre mir sehr recht – und anderen wahrscheinlich auch.« Er wies mit dem Kopf über Trewins Schulter zu den Bäumen. »Sie steht dort drüben, wartet schon auf Sie.« Lächelnd ging er zu seinem Schiff zurück.

Trewin blickte suchend in die von Adair gewiesene Richtung. Clare Massey stand ganz still, an einen Baumstumpf gelehnt. Sie trug noch immer das grüne Kleid, das sie beim Einsteigen auf der *Prawn* angehabt hatte, und er sah große Blutflecken auf ihrem Rock.

Als sie merkte, daß er sie ansah, fing sie an zu rennen und hielt nicht eher an, bis sie in seinen Armen lag. Eine volle Minute oder noch länger sagte keiner von ihnen ein Wort, und als sie dann endlich sprach, schien ihre Stimme von weither zu kommen. »Oh, Ralph, ich dachte, ich würde dich nie wiedersehen. Nachdem wir ausgelaufen waren, sagte mir ein Matrose, daß dein Schiff zu stark beschädigt sei, um nachzukommen.« Sie drückte ihn fest an sich. »Das hast du mir nicht gesagt! Du hast mich in dem Glauben gelassen, alles sei in bester Ordnung.«

Trewin antwortete: »Jetzt bin ich ja hier, Clare. Nur das zählt.«

Sie hob den Kopf und blickte ihm in die Augen. »Selbst als es schlimm wurde, habe ich gebetet, daß du in Sicherheit wärst.«

Er strich ihr übers Haar. »Gott sei Dank, daß du nicht verletzt bist.«

Sie bebte in seinen Armen. »Wir konnten nichts sehen, das war schrecklich. Alles Licht ging aus, und wir spürten, daß das Schiff immer wieder getroffen wurde. Wasser strömte herein, wir mußten die Kinder hochhalten, damit sie nicht ertranken. Dann kamen endlich die Pumpen in Gang.«

Trewin sah nur zu deutlich, was sie durchgemacht haben mußte. »Ich wünschte, ich hätte dir das ersparen können.«

Sie schüttelte den Kopf. »Ich bin froh, daß ich dabei war, Ralph. Jetzt weiß ich, wie das ist.« Sie lächelte, aber ihr Mund zitterte dabei. »Als wir dann an Deck kamen und diese grünen Inseln hier sahen, glaubte ich zuerst, es sei ein Traum.«

Trewin dachte an die Fahrt, die noch vor ihnen lag: mehr als dreihundert Meilen. Leise sagte er: »Jetzt seid ihr nicht mehr allein.«

Über ihren Kopf hinweg sah er Jacqui, die einen verwundeten Soldaten in den Schatten brachte, und fragte: »Wie geht es Corbetts Frau? Ist sie gesund?«

Clare nickte. »Aber sie ist vollkommen verändert. Ich kann es nicht erklären, sie ist ganz anders als früher. Sie spricht mit niemandem, hält sich von allen fern.«

Trewin legte Clare den Arm um die Schulter, und sie gingen zusammen am Strand entlang. »Ich nehme an, wir haben uns alle verändert«, sagte er langsam. »Einige zum besseren, hoffe ich.«

»Fahren wir bald weiter?« fragte sie.

»Heute nacht, sobald es dunkel wird.« Er fühlte sie erstarren. »Aber diesmal leisten wir euch Gesellschaft. Also mach dir keine Sorgen.«

Sie schüttelte den Kopf. »Deshalb nicht, Ralph. Aber uns bleibt nur so wenig Zeit, jetzt, wo wir wieder zusammen sind.«

»Ich weiß.« Trewin blickte zum Himmel. Zu jedem anderen Zeitpunkt hätte er das Gefühl gehabt, der Tag schleppe sich bis zur Dunkelheit nur langsam dahin. Jetzt aber schienen ihm selbst seine Herzschläge das rasche Verstreichen der Zeit zu signalisieren. Aber trotz seiner Sorgen fühlte er sich seltsam zufrieden, vielleicht zum ersten Mal in seinem Leben.

16 Der gemeinsame Feind

Trewin blieb auf dem Kamm des felsigen Hügelrückens stehen und blickte hinunter zur vertäuten *Prawn*. Er fühlte die Nachmittagssonne auf Nacken und Schultern, und die Hitze des Gesteins brannte durch seine Schuhsohlen, als stehe er auf einem Ofen. Er stellte fest, daß die längsseits des arg mitgenommenen Rumpfes liegenden Boote jetzt erheblich kräftiger stiegen und fielen als vorher und daß die beiden Ankerketten und die Achterleinen nicht mehr lose durchhingen. Das Schiff gierte unruhig in der stärker werdenden Dünung. Er legte die Hand über die Augen und warf einen Blick zum klaren Horizont. Nicht der geringste Dunst, im Gegenteil, das Wasser war bis zur Kimm dunkelblau, nur irgendein ferner Sturm oder eine sonstige Störung verriet sich in einer endlosen Reihe von Schattenstreifen, verursacht von der auf die Inseln zulaufenden Dünung.

Trewin wandte sich von der Seeseite ab und kletterte weiter auf den wie ein Sporn herausragenden Vorsprung zu. Die *Prawn* war für die nächste Teilstrecke klar, soweit sich dies mit Bordmitteln herstellen ließ. Im Augenblick gab es weder für ihn noch für sonst jemanden etwas zu tun.

Er brach durch ein dichtes Gestrüpp und schaute hinunter zu Clare. Sie saß neben einem tiefen Tümpel klaren Salzwassers, das wohl während eines Taifuns von den Felsen hochgebrandet war. Ihr grünes Kleid lag zum Trocknen ausgebreitet neben dem Wasser, und sie hatte sich bis zu den Armen in ein großes Handtuch gewickelt – wie in einen Sarong. Sie lächelte ihm zu. »Es ist frischer hier oben, und wir können das Schiff sehen.« Sie warf ihr nasses Haar aus dem Gesicht und über die nackten Schultern. »Du siehst erschöpft aus. Willst du nicht auch baden?«

Trewin spürte plötzlich seine Müdigkeit. Angesichts der glatten Haut des Mädchens und des verlockenden, stillen Tümpels wurde er sich seiner verdreckten Erscheinung noch stärker bewußt.

Einladend sah Clare ihn an. »Ich habe etwas zu essen mitgebracht. Wir können ein Picknick veranstalten.«

Trewin streifte seine Kleider ab und ließ sich langsam ins Wasser gleiten. Nach der Hitze des Tages, der Anstrengung des Aufstiegs und der Arbeit auf der schlecht gelüfteten *Prawn*, wo er das Stauen des Brennholzes überwacht hatte, empfand er es beinahe als kalt.

Er hörte Clare sagen: »Wir könnten immer hier leben. Laß uns die Außenwelt vergessen, das Schiff kann ohne uns abfahren. Wäre das nicht schön?«

Trewin stieg aus dem Tümpel und sah, daß sie ein Handtuch für ihn bereitgelegt hatte. Das wickelte er sich um die Hüften und setzte sich neben sie in den Sand. Ihre Augen waren geschlossen, an ihrem Hals pulsierte eine kleine Ader. Vorsichtig nahm er ihre Hand und drückte sie sanft. »Auch ich hätte nichts dagegen, Clare.«

»Ich kann über alles nachdenken, was sich bisher ereignet hat, aber wenn ich versuche, mir die Zukunft auszumalen, packt mich die Angst. Wir haben in der Vergangenheit alles verloren, und was vor uns liegt, ist ungewiß.« Sie richtete sich auf einen Ellbogen auf und blickte ihn an. »Empfindest du es auch so, Ralph?«

Er nickte. »Wie ein Buch, das noch darauf wartet, geschrieben zu werden. Oder wie einen Garten aus nackter, roher Erde.« Er lächelte. »Ich glaube, das ist besser.«

Sie berührte seine Schulter, ihre Finger fühlten sich kühl an. »Denkst du noch manchmal an unsere erste Begegnung? Was hat sich seitdem alles verändert!«

Trewin erinnerte sich an seine damalige Scheu und an seinen Ärger. Als sie aber zart über seine Narben gestrichen hatte, war er sich nur noch ihrer Nähe, nur noch seines verzweifelten Verlangens bewußt gewesen.

Sie ließ die Hand sinken und spielte mit dem Sand. »Bald werden wir wieder getrennt sein, Ralph. Das ist das einzige, was wir bestimmt wissen. Dann muß ich etwas haben, an das ich mich klammern kann.«

Trewin streichelte ihre Schulter und fühlte, daß sie zitterte. Die ganze Welt schien nur aus diesem Stückchen schattigen Sandbodens, dem Gebüsch und dem Ausschnitt blauen Himmels zu bestehen. Eine warme Brise kräuselte die Oberfläche des Teiches, und er beobachtete, wie der treibende Sand sich auf Clares dunklem Haar niederließ. Ihre Haut fühlte sich warm an, und winzige Schweißperlen standen auf ihrer Stirn.

Leise sagte sie: »Bitte, Ralph. Wir müssen diesen Augenblick für uns bewahren.«

Dann schloß sie die Augen und legte seine Hand auf ihre Brust. Als das Handtuch sich löste, sagte sie: »Ich will nur dich. Noch nie hab ich einen anderen gewollt.«

Einen Augenblick blieb er still liegen und betrachtete ihren vollkommenen Körper. Dann strich er zärtlich über ihre Brüste und hinunter zu der glatten Haut ihrer Hüften. Sie warf den Kopf hin und her, ihre Lippen öffneten sich wie im Schmerz. Als er sich aber über sie schob und sein Schatten sie einhüllte wie ein Mantel, öffnete sie die Augen und blickte ihm voll ins Gesicht.

Er glaubte, sie aufschreien zu hören, aber als er spürte, wie sie ihm entgegenkam und ihn umfing, vergaß er alles außer ihrer Liebe, die durch ihre Gewalt und Verzweiflung die gesamte übrige Welt ausschloß.

Später lagen sie still, ohne zu sprechen oder sich zu bewegen, ließen sich unter den wogenden Palmen, die sich fast schwarz vom Himmel abhoben, vom treibenden Sand peitschen.

Trewin spürte ihre Lippen an seiner Schulter. »Jetzt haben wir etwas gemeinsames, an das wir uns beide erinnern können, wenn es schlimmer kommt.«

Er hob ihr Kinn und studierte sorgfältig ihr Gesicht, als wolle er es sich für immer einprägen. »Wir können noch eine Weile hier oben bleiben.« Das Wetter verschlechterte sich rasch. Es konnte sich als Verbündeter erweisen oder auch als Feind.

Er sagte: »Es ist seltsam, aber ich fürchte die Zukunft nicht mehr.«

Ein paar warme Regentropfen fielen auf sie, aber sie blieben eng umschlungen liegen, keiner wollte den anderen loslassen; beide hofften insgeheim, die Sonne möge in ihrem Lauf innehalten.

Tief unter ihnen, auf der Brücke der *Prawn*, schielte Adair zum Himmel empor und dann auf seine Uhr. Zuletzt warf er einen Blick hinauf zu den Felsen. Zum Brückenunteroffizier sagte er: »Alle Mann klar zum Manöver! In dreißig Minuten fahren wir.«

Der Unteroffizier folgte seinem Blick. »Soll ich die beiden rufen, Sir?«

Adair schüttelte den Kopf. »Nein, sie werden rechtzeitig kommen.«

Als die Sonne hinter dem nächsten Hügel verschwand, schob sich die *Prawn* vorsichtig aus ihrem Versteck, verließ die schützenden Felsen und tauchte ihren Bug in die ersten ungebrochen heranrollenden Seen. Der Wind hatte weiter aufgefrischt, aber der Regen war seinem Beispiel nicht gefolgt, sondern nach dem ersten kurzen Guß wieder versiegt. Draußen, zum Horizont hin, sah man die Schaumkämme hoher Brecher, und die Wellentäler, in die der plumpe Bug tauchte, machten sich schon hier unangenehm bemerkbar.

Trewin hielt sich am Brückenkleid fest und beobachtete Adair, der in seinem Stuhl saß und den geschienten Arm auf die Reling gelegt hatte.

Jetzt sagte er: »Es wird hart für die armen Passagiere. Diese kleinen Kanonenboote sind für die Flußfahrt und nicht für die hohe See gebaut.« Er duckte sich, als ein Gischtschwall über das Brückenkleid fegte. »Doch mit etwas Glück sollten wir bis Mitternacht in der Bangka-Straße sein. Dort haben wir etwas Schutz unter Land.«

Trewin beobachtete, wie sich das alte Schiff über die langen Brecher hob und das Wasser über die auftauchende Back zurückströmte, bevor sie ins nächste Wellental tauchte. Ohne ihre Tarnung wirkte die kleine *Prawn* mit ihren zahlreichen Einschußlöchern an Rumpf und Brücke noch zerbrechlicher, besonders als sie allmählich aus dem Schutz der Inseln auf die offene See kam.

Noch einmal warf er einen Blick zurück zu der Felsengruppe, die jedoch bereits hinter dem Vorhang von Gischt verschwand, den die jetzt mit voller Wucht anstürmende Brandung aufwarf. Der Strand, den sie entlanggegangen waren, wurde schon überflutet. Die hohen Palmen bog der Wind bis zum Zerbrechen.

Adair drehte sich um, als ein Ausguck rief: »*Porcupine* biegt um das Vorland, Sir!«

Trewin sah die wohlbekannte Form seines Schiffes in die wilden Kreuzseen tauchen. Ein halbabgeblendeter Handscheinwerfer flimmerte herüber.

»Morsespruch, Sir!« Dann nach einer kurzen Pause: »Er lautet: Nett, Sie wieder bei uns zu haben!«

Adair grinste. »Geben Sie an *Porcupine*: Schicke Ihren I.W.O. mit dem Floß zurück.« Er lachte fröhlich: »Und weiter: Vielen Dank für Ihren Besuch!«

Zu Trewin sagte er: »Tut mir leid, aber ein Boot auszusetzen wäre zu gefährlich. Wenn Sie Glück haben, bekommen Sie auf dem Floß nicht einmal nasse Füße.«

Trewin kletterte die Leiter hinunter und stellte sich an die Relingspforte. Die Seeleute manövrierten inzwischen das Rettungsfloß an einer langen Leine längsseit, um es dann zu der in Lee stehenden *Porcupine* hinüber zu fieren. Er warf noch einen Blick über das gischtübersprühte Deck der *Prawn*, wo sich aber niemand mehr befand außer den Geschützbedienungen. Kaum vorstellbar, daß unter seinen Füßen all die Menschen zusammengepfercht waren, die er am Strand und zwischen den Bäumen gesehen hatte; Menschen, deren Leben von Adair und seinem schwer mitgenommenen Schiff abhing. Er rief sich die Worte ins Gedächtnis, die er Clare zum Abschied gesagt hatte: »Versuch nicht, mich noch einmal zu sehen, wenn ich von Bord gehe. Du weißt, daß ich immer an dich denke.«

Ein Matrose rief: »Jetzt oder nie, Sir!« Dabei grinste er über das ganze Gesicht.

Trewin kletterte hinunter ins Floß und fühlte, wie es unter ihm wegsackte, als die Seeleute Leine steckten. Dann hob es sich wieder, fiel, tanzte in gewaltigen Stößen, Sprüngen und Stürzen. Adair beobachtete ihn, das Glas in der gesunden Hand.

Als er sich umwandte, überragte ihn die *Porcupine* wie ein graues Riff, er entdeckte Hammond und Dancy mit anderen an der Reling. Auch die Männer an den Geschützen starrten zu ihm herunter.

Er wartete den richtigen Zeitpunkt ab und sprang. Seine Beine baumelten in der Luft, da das Floß sofort zur *Prawn* zurückgeholt wurde. Noch bevor er richtig an Bord war, hörte er die Maschinentelegrafen rasseln und sah die Bugwelle aufschäumen. Die *Porcupine* nahm Fahrt auf.

Im Vorübereilen ergriff er Hammonds Arm. »Jacqui ist wohlauf und in Sicherheit, Sub. Sie brauchen sich keine Sorgen mehr zu machen.« Dann stieg er rasch die Leiter zur Brücke hinauf.

Hammond schien unfähig, etwas zu erwidern. Er lächelte nur glücklich und ging über das schrägliegende Deck nach vorn.

Corbett saß auf seinem Stuhl, in einen schwarzen Ölmantel gehüllt. Er sah Trewin kurz an und nickte. »Gut gemacht.« Dann setzte er sich zurecht und starrte nach vorn über das Brückenkleid, unempfindlich gegen den Gischt, der ihm wie ein tropischer Regenguß über das Gesicht lief.

Phelps trat neben ihn. »Hier ist Ölzeug, Sir. Schön, daß Sie wieder zurück sind.«

Trewin hangelte sich in die Brückennock, wo er sich gegen das Flaggenspind stemmte. Als er achteraus blickte, sah er die plumpe Form der *Prawn* wie trunken hin und her rollen. Eine mächtige schwarze Rauchfahne quoll aus ihrem dünnen Schornstein, während sie ins Kielwasser der *Porcupine* einschwenkte. Hinter sich hörte er Phelps fröhlich pfeifen und fragte sich, wie der Junge es fertigbrachte, so vergnügt zu sein.

Phelps indessen belegte die Flaggleinen und betrachtete Trewins Rücken mit einem geheimnisvollen Lächeln auf dem sommersprossigen Gesicht. Er fragte sich, was Trewin wohl dazu sagen würde, wenn er wüßte, daß er, Phelps, im Geiste noch immer mit seinem starken Fernglas auf dem Gipfel des Hügels stand, an dessen Fuß ein gewisser Tümpel lag.

Masters knurrte: »Hör auf mit dem Pfeifen, Ginger. Du klingst wie eine Katze mit wundem Hintern!«

Phelps schwieg gutgelaunt. Er teilte ein Geheimnis mit dem I.W.O., und auf einem Schiff dieser Größe bedeutete das schon allerhand.

Trotz des starken Seegangs und des auffrischenden Windes gelang es den beiden kleinen Schiffen, weiter auf südlichem Kurs Richtung Bangka Island zu laufen. Die *Porcupine* arbeitete schwer in der hohen See, und Corbett setzte all seine Kenntnisse und Erfahrungen ein, um sie gut durch die teilweise gefährlichen Brecher zu bringen, ohne noch weiter mit der Fahrt heruntergehen zu müssen. Ein Gutes hatte das schwere Wetter: die Gefahr, durch feindliche Luftaufklärung erfaßt zu werden, war erheblich gemindert.

Trewin hatte sich fest in der Brückennock verkeilt und beobachtete, wie die Wassermassen bei jedem Auftauchen des Bugs nach achtern schossen, gegen die Aufbauten brandeten und sich am Pivot des vorderen Geschützes brachen. Als sie um Bangka Island herum in die Bangka-Straße bogen, bekamen sie die See etwas seitlicher, so daß die Gefahr des Kenterns wuchs. Sie konnten nur hoffen, daß sich das Wetter nicht noch weiter verschlechtern würde.

Die Funkstille trug erheblich zu dem trostlosen Gefühl der Isolierung bei. Kein Warnspruch, kein Wetterbericht, nichts – es war, als befinde sich die ganze Welt im Würgegriff des Feindes.

Einmal, kurz bevor die Dunkelheit den verschwommenen Horizont vollständig auslöschte, sahen sie weit im Süden die Berge Sumatras – so hoheitsvoll und unerreichbar, als schwebten sie über der See. Trewin fragte sich grimmig, ob die Japaner auch dort schon saßen.

Er umklammerte den nassen Stahl des Brückenkleides und starrte gebannt einer riesigen, langen Wasserwand entgegen, die aus dem Dunkel heranrollte wie ein wandernder Berg. Kurz bevor sie den Bug erreichte, kräuselte sich ihr glatter Kamm und brach weißschäumend zusammen. Die ganze gewaltige Wassermasse donnerte geradezu triumphierend auf das Vordeck. Er spürte das Schiff in allen Verbänden erbeben und beobachtete fasziniert, wie das gesamte Vorschiff unter der ungeheuren Last verschwand. Spritzwasser schoß über die Brücke und stach in ihre Gesichter wie Hagel.

Nach einer scheinbaren Ewigkeit kämpfte sich das Schiff mühselig wieder an die Oberfläche, das Wasser strömte in Sturzbächen von Decks und Geschützen, wurde mit gurgelnden Geräuschen von den Speigatten geschluckt, als der Bug sich wieder himmelwärts hob, bevor er in das nächste gierige Wellental krachte.

Jedes Stück der Brücke schien protestierend zu quietschen oder zu stöhnen; über dem Dröhnen und Zischen der See hörte man das gleichmäßige Knarren und Stoßen der Pumpen. Ein Teil des Treibstoffs war in die Bilgen geschwappt, und zweifellos trugen die Pumpen jetzt unabsichtlich zur Vergrößerung der Ölspur in ihrem Kielwasser bei.

Wenn sie nur mit der Fahrt hätten höhergehen können! Aber Trewin wußte, das war unmöglich. Die *Prawn* konnte nur unter äußerster Anstrengung mithalten. Für ihre sechs Knoten bei diesem Wetter ließen die Heizer jetzt vor den Kesseln bestimmt alle Sicherheitsvorschriften außer acht.

Corbett rief zum Kartenraum: »Zeit zur Kursänderung, N.O.?«

Mallory hielt sich am Kartentisch fest, Kopf und Schultern unter der Abblendhaube, seine Hosen bis zu den Hüften von Gischt durchnäßt, während er sorgfältig die Position des Schiffes ermittelte.

»In fünf Minuten, Sir!« Seine Stimme klang gedämpft. »Neuer Kurs zwo-drei-null!«

»Gut.« Corbett setzte sich wieder in seinem schwankenden Stuhl zurecht und wischte sich mit dem durchnäßten Handtuch das Gesicht. »Bis Bangka Island müssen es noch drei Meilen sein. Wir laufen so dicht wie irgend möglich an der Nordwestküste entlang.«

Trewin hob das Glas und blickte angestrengt über die endlose Reihe der anstürmenden Brecher. Corbett plante das einzig Richtige. Kein feindlicher Zerstörer würde das Risiko eingehen, sich der großen Insel mit ihren heimtückischen Untiefen und gefährlichen Riffen so dicht zu nähern. Der geringe Tiefgang und das schwere Wetter waren ihre einzigen Bundesgenossen.

Eine heisere Stimme rief: »Land, Sir! Recht voraus!«

Bevor die Linsen wieder durch Gischt undurchsichtig wurden, sah Trewin im Glas den dunklen Schatten, der sich nach beiden Seiten erstreckte: ein unbewegtes Bindeglied zwischen der tobenden See und den rasenden Wolken.

»Klar zur Kursänderung!« rief Corbett. Dann fuhr er, an Masters gewandt, fort: »Geben Sie den neuen Kurs an *Prawn*, Signalmeister!«

Masters legte einen Arm um Phelps' schlanken Körper und stützte ihn, während der Junge die abgedunkelte Morselampe achteraus auf die *Prawn* richtete und seinen kurzen Spruch absetzte. Es war natürlich gefährlich, ein Licht zu zeigen, so schwach es auch sein mochte. Aber die Gefahr, daß die *Prawn* vierkant auf die Küste zulief, wog schwerer. Adairs kleine Brücke besaß nicht einmal den dürftigen Schutz, über den die *Porcupine* verfügte, und Trewin stellte sich vor, daß Wachegehen bei diesem Seegang etwa so sein mußte, als klammere man sich an einen überspülten Felsen.

Corbett befahl: »Übernehmen Sie, Number One!«

Trewin griff zum Sprachrohr. »Steuerbord fünfzehn!« Er versuchte, nicht an die überbeanspruchten Ruder und Nimmos hastig ausgeführte Reparatur zu denken. »Mittschiffs!« Er blickte auf die verschwommenen Ziffern des Tochterkompasses. »Recht so. Kurs Zwo-drei-null!« Er hörte Unwins Stimme aus dem Steuerhaus, gefolgt von einem saftigen Fluch, als ein Mann am Maschinentelegraf stolperte und der Länge nach auf das schrägliegende Deck stürzte.

Die *Porcupine* ging in der schweren Kreuzsee gefährlich zur Kehr. Einen Augenblick hing sie mit starker Schlagseite über einem tiefen Wellental und schien nicht willens, sich wieder aufzurichten. Als das Wasser auf dem überspülten Seitendeck höher und höher stieg, hörte Trewin, wie Dancy seiner Lecksicherungsgruppe befahl, das Motorboot besser festzuzurren.

»Brandung Backbord querab, Sir!« Die Stimme des Ausgucks war weder überrascht noch ängstlich. Wie die anderen Männer auch, war er viel zu erschöpft für irgendwelche Gefühlsregungen.

Corbett knurrte: »Gut. Das muß die Bulú-Bucht sein. Die Einfahrt zur Straße liegt etwa zwanzig Meilen voraus. Dort ist es dann geschützter.«

Trewin rieb sich die Augen und fluchte laut, als er gegen die Sprachrohre geschleudert wurde. Sein Körper fühlte sich an, als sei er schon seit Monaten bei schwerem Wetter auf See. Der beiläufige Ton, mit dem Corbett sprach, konnte nicht darüber hinwegtäuschen, daß der schlimmste Teil der Reise noch vor ihnen lag. Die Straße war hundert Meilen lang und stellenweise nur zehn Meilen breit.

Trewin blickte auf, als eine Gestalt auf die Brücke taumelte und sich zum Kartentisch tastete. Erst jetzt fiel ihm ein, daß er Fairfax-Loring vollständig vergessen hatte. Oder interessierte er ihn einfach nicht mehr?

Der Admiral trug einen Ölmantel, aber keinen Südwester, sein unbedeckter Kopf war klatschnaß. Seine Augen, die das abgedeckte Licht über der Karte widerspiegelten, blickten grimmig drein. Wütend rief er: »Wo sind wir?« Er stieß Mallory beiseite und beugte den tropfenden Kopf über die Karte. Dann trat er neben Corbett und fragte böse: »Können wir denn nicht schneller fahren, verdammt?«

Corbetts Gesicht war völlig verborgen im hochgeschlagenen Kragen seines Ölmantels. »In drei Stunden runden wir Kap Ular und drehen in die Bangka-Straße, Sir. Bis zum Hellwerden sollten wir die schmalste Stelle erreicht haben. Mit etwas Glück werden wir dort hinter einer Insel Deckung finden.« Er duckte sich, als Gischt über das Brückenkleid klatschte und die Ausguckleute hinter ihm traf. Dann fuhr er ruhig fort: »Noch eine Nacht wie diese, dann haben wir es geschafft.«

Der Admiral wischte sich das triefende Gesicht. »Die verfluchte *Prawn* hält uns auf, genau wie ich vorausgesagt habe!«

Corbett antwortete achselzuckend: »Falls Sie nicht bei Helligkeit fahren wollen, macht das keinen Unterschied, Sir.« Aus Corbetts Stimme war deutlich die Verachtung herauszuhören.

Der Admiral sagte plötzlich: »Möglicherweise sind die Japaner schon auf Bangka.«

»Möglich.« Corbetts Gedanken schienen ganz woanders zu sein. »Aber ich halte es für wahrscheinlicher, daß sie es zunächst auf Sumatra abgesehen haben.«

Fairfax-Loring zog sich nach vorn ans Brückenkleid, den einen Arm noch immer im Ölzeug verborgen. Trewin fragte sich, ob er dem Sanitätsgefreiten Baker schon gestattet hatte, seine Wunde zu behandeln.

Masters rief: »*Prawn* signalisiert, Sir!«

Der Admiral fuhr herum. »Der verdammte Idiot! Was, zum Teufel, denkt er sich, hier eine solche Festbeleuchtung zu veranstalten?«

Trewin schenkte ihm keine Beachtung. Besorgt starrte er auf das schwache Licht der Morselampe, das in der Dunkelheit stieg und fiel. Seine Furcht wuchs mit jedem Buchstaben.

Masters verkündete mit Grabesstimme: »Sie meldet: Schiff leckt stark. Raparaturen nicht ausreichend für diesen Seegang. Muß sofort mit der Fahrt runter.«

Mehrere Minuten sprach niemand ein Wort, und Trewin glaubte, eine Note wilden Triumphes im gemeinsamen Chor von Wind und See zu hören.

Endlich sagte Corbett langsam: »Zeigen Sie verstanden, Signalmeister!«

Der Admiral beugte sich zu ihm. »Damit ist die Frage entschieden. Wir müssen sie zurücklassen!«

Corbett ignorierte ihn. »Geben Sie an *Prawn*: Können Sie Geschwindigkeit beibehalten bis zur Einfahrt in die Straße?«

Barsch fragte der Admiral: »Was versprechen Sie sich davon, Corbett? Dann sind es noch immer hundert Meilen.«

Corbett berührte seinen Arm und glitt vom Sitz. »Wenn Sie mich bitte entschuldigen wollen, Sir.« Er ging an Fairfax-Loring vorbei. Seine zierliche Gestalt schien die wilden Bewegungen des Schiffes mühelos auszubalancieren und hielt auch das Gleichgewicht, wenn die *Porcupine* von einem unmöglichen Krängungswinkel zum anderen überholte.

Endlich rief Masters: »Die *Prawn* will es versuchen, Sir.«

Corbett schien zufrieden. »Gut. Jetzt geben Sie an *Prawn*, daß wir die Fahrt beibehalten, aber nach der Kursänderung auf vier Knoten heruntergehen.« Dann sah er Trewin an. »Vielleicht können wir bei den Reparaturen helfen, sobald wir Landschutz haben.«

Der Admiral trat zwischen sie und dämpfte die Stimme, so daß die Umstehenden ihn nicht hören konnten. »Ich stimme mit Ihnen überein, Corbett, aber nur bis zu einem gewissen Punkt. Ich mache mir dieselben Sorgen wie Sie um die armen Menschen auf der *Prawn*, aber schließlich sind es zum größten Teil Zivilisten. Sie haben Glück, daß sie unter diesen Umständen überhaupt so weit gekommen sind.«

Trewin ballte die Fäuste, bis der Schmerz ihm half, die Worte des Admirals zu ertragen. Jegliches Mitleid, das er vielleicht für ihn empfunden hatte, war verschwunden. Schließlich war in erster Linie Fairfax-Loring dafür verantwortlich, daß viele dieser »Zivilisten« erst jetzt hier waren; ohne die *Porcupine* wäre er noch immer bei den Seven Islands und teilte das Elend und die Angst mit ihnen.

Corbett erwiderte lediglich: »Wir sollten uns nicht zu sehr auf unser Glück verlassen, Sir.« Damit ging er zurück zu seinem Sitz. »*Keiner* von uns.«

Der Admiral machte Miene, ihm zu folgen, sagte dann aber: »Ich gehe nach unten. Bin doch noch ein bißchen schwach.« Er sah sich auf der Brücke um, als erwarte er einen Kommentar. »Aber lassen Sie mich rufen, wenn das Wetter schlechter wird.«

Mallory starrte noch immer wütend auf die Verwüstungen, die das vom Kopf des Admirals tropfende Salzwasser auf seiner Karte angerichtet hatte, und knurrte: »Da braucht ihn niemand zu rufen. Wenn das Wetter noch sehr viel schlechter wird, kommt die verdammte See in seine Kammer!«

Trewin konnte sich gut die verängstigten Frauen, die wimmernden Kinder unten im Bauch der *Prawn* vorstellen.

Corbetts Stimme ertönte glasklar: »Sagen Sie dem Koch, er soll etwas Heißes zu trinken machen. Das wird die Leute von ihren trüben Gedanken ablenken.«

Trewin sah ihn bewundernd an. Wie brachte Corbett es fertig, an all diese Einzelheiten zu denken? War es harte Selbstdisziplin? War es Entschlossenheit? Oder wollte er nur etwas sagen, um eine unvermeidliche Entscheidung noch ein wenig hinauszuschieben? Es kam ihm sinnlos vor, Pläne zu machen, Berechnungen anzustellen. Zeit und Entfernung waren bedeutungslos. Es gab nur noch das Schiff und die vernichtende Grausamkeit des gemeinsamen Feindes.

Das Tageslicht kam nur zögernd. Es gab keine Dämmerung, nur den Übergang der Nacht in eine bleifarbene Helligkeit, in der die Männer auf der Brücke einander musterten, als seien sie erstaunt, daß sich seit dem vorhergehenden Tag nichts geändert hatte.

Im Schutz von Bangka Island war es zweifellos etwas ruhiger, aber Trewin, die Ausgucksposten und die Geschützbedienungen waren jetzt zu erschöpft von ihrer Nachtwache, um den Wechsel zu bemerken oder bewußt zu genießen. Querab an Steuerbord glaubten sie, in der Ferne Sumatra liegen zu sehen, es konnte aber auch der Seenebel sein, der sich mit dem fliegenden Gischt zu einem ununterbrochenen Vorhang verband.

Trewins Augen brannten und waren rot, die Zunge schien geschwollen zu sein. Er hörte Mallorys freudlose Bemerkung: »Sieht aus, als wolle es auch noch anfangen zu regnen. Das hätte uns gerade noch gefehlt.«

Corbett streckte die Beine und rückte den Kragen seines Mantels zurecht. »Könnte schlimmer sein. Jetzt geben Sie mir den Kurs zu diesen Inseln. Sie müssen etwa fünf Meilen entfernt sein.«

Als Trewin achteraus blickte, blieb ihm fast das Herz stehen. Die *Prawn* war weit zurückgeblieben, die schwarze Rauchfahne lag dicht über ihrem Kielwasser, es sah so aus, als habe alle Kraft sie verlassen.

Corbett sagte jedoch: »Sie hält sich ganz gut.«

»Neuer Kurs eins-vier-null, Sir.«

Corbett wandte den Kopf, und Trewin hörte seine Bartstoppeln gegen den hochgeschlagenen Kragen des Ölmantels kratzen. »Gut. Bringen Sie sie auf diesen Kurs, Trewin. In dreißig Minuten müßten wir in sehr flachem Wasser sein, zwischen den Inseln ist es nur zwei Faden tief. Kein anderes Schiff kann dort nach uns schnüffeln.«

Trewin gab seine Ruderkommandos und lehnte sich dann schwer über den Kartentisch, während Mallory die Öltuchhaube zusammenlegte. Die Inseln waren nur ein paar nutzlose Landklümpchen, die von der Hauptmasse Bangkas abgebröckelt waren zu einer Zeit, als die Erde noch in Bewegung war.

Corbett beobachtete das Kielwasser, das jetzt in einer flachen Kurve verlief. »Gehen Sie noch weiter mit der Fahrt herunter, Trewin. Wir wollen die *Prawn* zuerst hineinlassen.« Als er bemerkte, daß Trewin ihn fragend anblickte, fügte er erklärend hinzu: »Sie fühlen sich schon erbärmlich genug, auch ohne uns zwischen den Inseln verschwinden zu sehen.«

Als sich das Gewimmel kleiner Inseln vom dunklen Hauptland abspaltete, holte die *Prawn* auf, und nach einiger Zeit, die ihnen allen wie eine Ewigkeit vorkam, setzte sie sich an die Spitze. Im dunstigen Licht zeigte sie all ihre Wunden, die sie im Kampf mit der See davongetragen hatte. Sie hatte beide Boote verloren, und die Reling war an mehreren Stellen eingedrückt.

Trewin ließ das Glas über das ganze Schiff streifen, von tiefem Mitgefühl erfüllt. Auf der Brücke sah er Adair. Er starrte nach vorn, die Schultern hingen müde herab wie bei einem Menschen, der zu erschöpft und teilnahmslos war, um auch nur den Kopf zu bewegen.

Aber die Flagge wehte noch als fröhlicher Farbfleck von der Gaffel. Als die *Prawn* langsam vorbeizog und die Führung übernahm, sah Trewin einen Mann der Geschützbedienung zu ihnen herüberwinken.

Die Inselchen öffneten sich nach beiden Seiten vor dem anderen Kanonenboot, und als es drehte, um den ersten grünen Buckel zu umrunden, sah es von der Brücke der *Porcupine* so aus, als wäre es vom Land selbst verschluckt worden.

Hammond erschien auf der Leiter, sein Blick suchte den Kommandanten. »Bitte um Erlaubnis, die Leute zum Frühstück unter Deck zu schicken, Sir!«

Corbett musterte ihn traurig. »Frühstück oder Mittagessen, Sub, nennen Sie es, wie Sie wollen. Hauptsache, daß die Männer etwas zu essen bekommen.«

Das Blut erstarrte ihnen in den Adern, als ein Ausguck schrie: »Flugzeug, Sir! Peilung grün neun-null!«

Trewin sprang zum Sprachrohr, aber Corbett rief: »Bleiben Sie, wo Sie sind! Eine Fahrterhöhung könnte Aufmerksamkeit erregen.«

Jedes Glas, jede Geschütz- und Maschinengewehrmündung richtete sich auf das langsame, laut brummende graue Flugzeug.

»Wieder ein Flugboot, Sir!« Tweedies Stimme ertönte aus dem Lautsprecher. Dann, nach einer Pause: »Es fliegt genau Süd, Richtung Sumatra.« Sie hörten ihn fluchen. »Jetzt dreht es.«

Trewin sah das ferne Flugboot seinen Kurs ändern, als würde

es ferngesteuert. Jetzt flog es parallel zum Kurs des Schiffes, in einem Abstand von etwa fünf Meilen. Seine Augen pochten vor Anstrengung, als er unentwegt auf den kleinen grauen Umriß starrte. »Er muß uns doch sehen! Was hat er vor, zum Teufel?«

Tweedies Stimme ertönte wieder: »Er dreht ab, Sir!« Selbst über den Lautsprecher spürte man seine Erleichterung. »Fliegt wieder Südkurs!«

Corbett rief: »Beide volle Fahrt voraus!«

Trewin hörte Masters stöhnen: »Großer Gott! Seht euch doch bloß unseren verdammten Ölglitsch an! Jeder Idiot muß den ja entdecken!«

Corbett bemerkte: »Vielleicht hat er uns diesmal noch übersehen. Oder er versucht, uns in Sicherheit zu wiegen, während er Unterstützung herbeiruft.« Nachdenklich rieb er sich das Kinn. »Nun, wir werden es bald herausfinden, auf die eine oder auf die andere Weise.« Dann sagte er: »Übernehmen Sie, Trewin. Ich will mich rasieren und waschen, bevor wir ankern.«

Er ging über die Brücke, aber als er am Kartentisch vorbeikam, stieß er mit voller Wucht gegen die Sprachrohre und wäre beinahe gefallen. Ohne ein Wort zu sagen oder sich umzudrehen, stieg er rasch die Leiter hinunter.

Trewin trat nach vorn ans Brückenkleid und hörte Mallory murmeln: »Zum Teufel, man könnte meinen, er wäre blind!«

Trewin betrachtete die schmale Lücke zwischen den Inseln und versuchte seine Gedanken vollständig abzuschalten, wie Corbett es getan hatte.

»Beide langsame Fahrt voraus! Klar zum Tarnen!«

Er zog die Mütze ins Gesicht, um die Augen vor dem blendenden Sonnenlicht zu schützen, während das Schiff langsam über einen schneeweißen Sandgrund dahinglitt. Schließlich, dachte er, hat der Verfolger immer den Vorteil, er kann jede Bewegung des Verfolgten beobachten. Der Flüchtende hat keine Wahl, er muß weiterflüchten und kann sich nur an seine Hoffnung klammern.

Den ganzen Tag über, bis zum späten Nachmittag, lagen die beiden Schiffe eng aneinandergedrängt in ihrem Versteck mitten im Gewirr der kleinen Inseln, die *Porcupine* vor Anker, die *Prawn* gemütlich bei ihr längsseits. Der drohende Regen hatte sich anscheinend verzogen, und gegen Mittag war der Himmel klar. Die Sonne brannte jetzt erbarmungslos auf die beiden Kanonenboote nieder, sodaß es bald unerträglich heiß wurde.

Sofort nach dem Festmachen war das gesamte Maschinenpersonal der *Porcupine* auf die *Prawn* übergestiegen und hatte trotz der drückenden Hitze und der primitiven Bedingungen ohne Unterbrechung gearbeitet, um die Sturmschäden der kleinen Schwester auszubessern. Die Passagiere wurden unterdessen auf der *Porcupine* untergebracht, wo sie jedoch, anstatt die Gelegenheit zum Ausruhen zu benutzen, wacker Seite an Seite mit der Besatzung arbeiteten, sooft sich Gelegenheit bot.

Es war schwierig, in ihnen die Menschen zu sehen, die damals in Singapur an Bord geströmt waren, während hinter ihnen japanische Flugzeuge immer neue Bombenladungen über der brennenden Stadt abwarfen. Jegliche Individualität, jeden falschen Schein hatten sie bei ihrem gemeinsamen Kampf ums nackte Leben abgestreift. Die hübschen, eleganten Kleider waren ersetzt durch Sachen aus den Beständen der Seeleute oder durch Improvisiertes, das sie sich aus Resten zusammengebastelt hatten. Die Nähe der Katastrophe, die sie gestreift hatte, verlieh ihnen eine seltsame Stärke, und nirgends sah man Tränen oder hörte man Wehklagen.

Trewin fand Adair auf der Brücke, wo er seinen Unteroffizieren Befehle und Anweisungen diktierte, während ein großes, hübsches Mädchen, nur mit einem Seemanspullover und sonst so gut wie nichts bekleidet, ihn einseifte und rasierte. Ihr gebräuntes Gesicht zeigte äußerste Konzentration auf ihre Arbeit. Als Adair Trewins Blick bemerkte, hob er den geschienten Arm zum Gruß. »Es zahlt sich aus, verwundet zu sein«, sagte er grinsend.

Obwohl Ausgucks auf den nahegelegenen Hügeln postiert waren, wurden keine weiteren Feindflugzeuge gemeldet. Nur einmal, während des Nachmittags, hatte es ein Zeichen von Gefahr gegeben. Ein schnellfahrendes Kriegsschiff, wahrscheinlich ein

Zerstörer, wurde weit draußen in der Bangka-Straße gesichtet. Es steuerte Südkurs, also auf die Enge zu. Seine niedrige Form verschwand fast in der gewaltigen Bugsee, die der Vordersteven aufwarf. Die Reparaturarbeiten waren trotzdem keinen Augenblick unterbrochen worden.

Vielleicht hatte Corbett die Zwecklosigkeit eingesehen, die Männer auf Gefechtsstationen zu schicken. Die meisten waren vollkommen erschöpft. Selbst die Flakbedienungen lagen bei ihren Geschützen, zu müde, um sich aus dem grellen Sonnenschein zu schleppen. Die Muster der Tarnnetze warfen seltsame, harte Schattenbilder auf das Deck. Es wirkte, als wären beide Schiffe in einem großen Fischnetz gefangen.

Trewin blieb auf dem Batteriedeck stehen und lehnte sich schwer gegen die Reling. Unten auf dem anderen Schiff herrschte noch immer emsiges Treiben. Heizer trugen lange Metallteile, Pioniere schleppten frisch geschlagene Baumstämme zum Abstützen durchsackender Schotten herbei. Aber der Schritt der Männer war jetzt langsamer, die heiße Mittagssonne verlangte ihren Tribut.

Auf dem Achterdeck der *Prawn* sah er Corbett mit Adair sprechen. Seine zierliche Gestalt wirkte neben dem langaufgeschossenen Adair noch kleiner. Corbett sah zwar ernst aus, schien aber vollkommen ruhig, und nichs verriet nach außen hin seine wirklichen Gedanken.

Trewin ließ noch einmal die Ereignisse des Vormittags an sich vorüberziehen. Er war an Bord der *Prawn* gegangen, um beim Hinübergeleiten der völlig verwirrten Passagiere auf das vergleichsweise geräumige Oberdeck der *Porcupine* zu helfen. Er hatte Clare gesehen, die eine ältere Frau über den schwankenden Steg zwischen den beiden Schiffen führte, und hatte ihr kurz zugewinkt. Nur sekundenlang begegneten sich ihre Blicke, aber Trewin hatte sofort das vertraute Gefühl des Friedens und der Zugehörigkeit empfunden. Dann war er zur Messe der *Prawn* hinuntergestiegen, um sicherzustellen, daß keiner der Flüchtlinge an Bord zurückgeblieben war. Bevor er anhalten konnte, hatte er Corbett gesehen. Sein Rücken war der Tür zugekehrt, und ihm gegenüber saß auf einer leeren Munitionskiste, das Gesicht ihm zugewandt, seine Frau.

Mildred Corbett hatte sich derart verändert, daß sie kaum wiederzuerkennen war. Ihr blondes Haar war ungekämmt, und ihr Kleid, an mehreren Stellen zerrissen, bedeckte kaum die Schultern.

Trewin erinnerte sich an die Leere ihrer Stimme, die Teilnahmslosigkeit ihrer Augen.

»Ich wollte dich nicht wiedersehen, Greville.« Sie versuchte ein Achselzucken, aber selbst das schien ihr zu anstrengend zu sein. »Aber ich hatte genug Zeit zum Nachdenken, zum Erinnern. Zuerst wünschte ich, das Schiff würde sinken, aber als alles weiterging, hatte ich das Gefühl, ich müßte dich doch wiedersehen, und wäre es nur, um dir all das zu sagen.« Sie ließ den Kopf sinken, und Trewin sah Tränen auf ihre ölverschmierten Arme tropfen. Er sah auch die Veränderung, die mit Corbett vor sich ging. Obgleich er mit dem Rücken zur Tür stand, bemerkte Trewin das Schließen und Öffnen seiner Hände, als hielte er sich nur mit äußerster physischer Anstrengung zurück.

Sie fuhr mit tonloser Stimme fort: »Mein ganzes Leben lang habe ich versucht, dich zu verletzen, Greville. Je mehr Mühe du dir gabst, um alles für uns beide zu arrangieren, desto schlimmer benahm ich mich.« Sie blickte zu ihm auf, die Augen plötzlich wieder lebhaft und verzweifelt. »Aber ich wollte bestimmt nicht Martins Tod!«

Corbett sprach ganz ruhig. »Ich weiß.«

»Du liebtest ihn sehr, nicht wahr?«

Corbett steckte die Hände in die Taschen. »Ich habe ihn genauso geliebt, als wäre er mein eigener Sohn.«

Trewin wollte weggehen, aber Corbetts Worte hielten ihn bewegungslos an der Tür fest.

»Das wußtest du?« Aus ihren Augen strömten noch mehr Tränen. »Die ganze Zeit wußtest du es und hast niemals etwas gesagt?«

»Da gab es nichts zu sagen.«

Sie spreizte die Hände. »Und ich habe nichts anderes getan, als dich zu verletzen! Als du meines Bruders wegen die Marine verließest, hätte ich dir beistehen sollen.« Wieder kam die Geste der Hilflosigkeit, der Hoffnungslosigkeit. »Jetzt haben wir alles verloren, und alles meinetwegen!«

Corbett hatte seine Mütze auf die Munitionskiste gelegt und sich neben sie gesetzt. »Und gerade da irrst du, meine Liebe.« Er streckte die Hand aus und berührte zart ihr Gesicht. »Ich brauche dich jetzt.« Und als sie sich an seine Brust warf, fügte er leise hinzu: »Vielleicht mehr, als du jemals erfahren wirst.«

Als Trewin ihn nun vom Batteriedeck aus beobachtete, konnte er nichts von den Gefühlen entdecken, deren Zeuge er geworden war.

Als spüre er, daß Trewin ihn beobachtete, nickte Corbett dem Kommandanten der *Prawn* freundlich und lebhaft zu und schritt dann zum Verbindungssteg. Als er auf dem Batteriedeck ankam, wirkte sein Gesicht seltsam entschlossen.

»Offiziersbesprechung, Trewin!« sagte er. »Rufen Sie alle zusammen.« Dann zog er schnuppernd die Luft ein. »Ich glaube noch immer, wir werden Regen kriegen. Kann uns nur nützlich sein.«

Es dauerte keine fünf Minuten, bis alle Offiziere in Corbetts Kajüte versammelt waren. Sie hatten in der Messe gesessen oder gelegen, zu müde zum Sprechen oder auch zum Essen.

Corbett setzte sich an seinen Schreibtisch und preßte die Fingerspitzen gegeneinander. »Ich war drüben auf der *Prawn*, meine Herren. Sie ist klar zum Auslaufen, wenn wir soweit sind. Ich denke, wir können wieder sechs Knoten durchhalten, also wollen wir keine Zeit verlieren.« Er betrachtete ihre zerfurchten Gesichter. »In zehn Minuten fangen Sie bitte an, die Passagiere auf die *Prawn* zurückzugeleiten.«

Hammond fragte rasch: »Wäre es nicht besser, wenn wir sie hier an Bord behielten, Sir?« Er schluckte unter Corbetts scharfem Blick. »Wir laufen mehr als doppelt so schnell wie die *Prawn*, und ich bin sicher, sie wären leicht hier unterzubringen.« Tweedie neben ihm nickte gewichtig.

»Ich fürchte nein, Sub. Wenn wir angegriffen werden, könnten wir nicht kämpfen mit all diesen Flüchtlingen an Bord. Das gäbe ein grausiges Gemetzel. Nein, so haben wir *ein* gutes Schiff statt *zweier* Krüppel.« Er lachte kurz auf. »Adair sagte mir, er sei bereit für den letzten Teil der Reise. Und ich glaube, Sie haben genug von der hiesigen Landschaft gesehen!«

Trewin beobachtete ihn erstaunt. Corbett schien tatsächlich fröhlich und guter Dinge zu sein. Und seine Augen wirkten – abgesehen von einer leichten Rötung – seltsam klar.

Corbett sah sich um. »Ich beabsichtige, in zwei Stunden auszulaufen. Wir müssen spätestens kurz vor Hellwerden aus der Straße heraus sein, können also hier nicht die völlige Dunkelheit abwarten. Dieser Zerstörer hat zweifellos nach uns gesucht. Der Feind ist wahrscheinlich nicht auf die Idee gekommen, daß wir noch immer hier herumhängen. Das würden wir auch nicht ohne die *Prawn.*« Er lächelte. »Des einen Unglück ist des anderen Glück.«

Sie standen auf, aber Corbett hob die Hand. »Denken Sie daran, meine Herren. Für den Fall, daß wir kämpfen müssen.« Seine hellen Augen wanderten langsam von einem zum anderen. »Ich bin sicher, daß ich Sie nicht zu bitten brauche, Ihr Bestes zu geben, denn als Kommandant muß ich das als ein Recht und nicht als ein Privileg des Dienstgrades in Anspruch nehmen.«

Er wurde wieder lebhaft. »Jetzt rufen Sie alle Mann zum Manöver und führen Sie meine Anweisungen aus.« Er sah zu, wie sie hintereinander hinausgingen, und sagte dann zu Trewin: »Ich muß den Admiral über meine Absichten informieren.«

»Ist das klug, Sir?« Er sah, wie Corbett seine Lupe in die Tasche steckte. »Er wird vielleicht ablehnen.«

Corbett strich die Tasche glatt und blickte noch einmal auf seinen leeren Schreibtisch. »Ich teile ihm meine Absichten mit, Trewin.« Dann lächelte er verschmitzt. »Aber nicht die Art der Ausführung.«

Gemäß Corbetts Anweisungen verließen beide Schiffe ihr Versteck und fuhren dicht unter der Küste von Bangka Island der endgültigen Herausforderung der offenen Bangka-Straße entgegen. Als die Sonne sich den fernen Bergen Sumatras zuneigte und die nähergelegenen Hügel ihre Farbe von Dunkelgrün in ein noch dunkleres Purpurrot änderten, wich die ursprüngliche Furcht vor dieser Fahrt allmählich der Erleichterung.

Jede Stunde brachte sie sechs Meilen weiter, jede Schraubenumdrehung trug sie der endgültigen Sicherheit entgegen.

Trewin stützte die Ellbogen auf das Backbordbrückenkleid und richtete sein Glas auf die Wellenlinie der Hügel. Der Himmel war sternenklar; in der seltsamen, privaten Welt der starken Linsen sahen die Hügelketten aus wie eine ungestörte Wildnis.

Er dachte an den Augenblick des Auslaufens zurück. Gerade als alle Mann dabei waren, die Tarnnetze abzutakeln und die Leinen loszuwerfen, hatte sich ihnen ein schmales Fischerboot genähert. Der Ausguck hatte es erst im letzten Augenblick bemerkt.

Corbett befahl: »Zielen Sie auf das Boot! Schießen Sie, wenn es versuchen sollte, zu entkommen!« Als die Maschinenwaffen sich drohend auf die aufwärtsgerichteten Gesichter der Fischer richteten, fügte er hinzu: »Hammond soll hinuntergehen und mit ihnen sprechen. Vielleicht erweisen sie sich als nützlich.«

Dann hatten sie alle zugesehen, wie Hammond auf das Boot stieg, das kaum mehr war als ein hohler Baumstamm mit zwei rohen Auslegern. Die Überraschung und Angst auf den Gesichtern der Eingeborenen hatte sich bald in Grinsen und lautes Gelächter verwandelt, als Hammond ihnen mit seinem begrenzten Wortschatz Fragen stellte. Die Malaien boten ihm einen Sack frischer Kokosnüsse an und in Blätter gewickelten geräucherten Fisch, und Corbett rief zu ihm hinunter: »Geben Sie ihnen Geld, Sub! Alles, was Sie bei sich haben!« Zur Brücke im allgemeinen sagte er: »Wir können uns nicht auf ihre Treue verlassen. Singapurdollars werden sie nachdenklich machen, und sie überlegen es sich vielleicht zweimal, bevor sie über unser Kommen und Gehen berichten.«

Hammond kam an Bord zurückgeklettert, rot im Gesicht, aber zufrieden mit seiner Leistung. »Sie sagen, die Japaner sind schon auf Bangka. Aber soviel ich heraushören konnte, stehen sie auf der anderen Seite der Insel. Wir sind sicher, wenn wir dicht unter Land auf dieser Seite hier bleiben, Sir.«

Corbett hatte genickt. »Gut. Selbst wenn uns diese braunen Freunde an den Meistbietenden verkaufen, ist es noch ein weiter Weg für die Japaner.«

Trewin spürte plötzlich die harte Stahlkante des Brückenkleides schmerzhaft gegen sein Kinn schlagen und merkte, daß sein Kopf vornübergefallen war, als er eindöste. Er schüttelte sich und musterte das Brückenpersonal mit plötzlicher Sorge.

Er schrie: »Los, bewegt euch! Wacht auf, ihr faules Pack!« Er hörte, wie ihn jemand verfluchte, und mußte trotz seiner strapazierten Nerven lachen. Aber der Gedanke, daß die *Porcupine* auf den Feind stieß, weil alle ihre Wachgänger in tiefem Schlaf lagen, konnte einen schon das Fürchten lehren.

Er hörte Corbet knurren: »Müssen Sie solchen Lärm machen, Number One?«

»Ich dachte, Sie schliefen, Sir.«

»Das tat ich. Aber durch Ihr Geschrei bin ich wieder wach geworden.« Er bewegte sich in seinem Sitz. »Noch ein paar Stunden, Trewin. Wann müssen wir Kurs ändern?«

Mallorys Stimme klang verschlafen, als wäre er halb betrunken. »In fünfzehn Minuten, Sir. Neuer Kurs ist – äh – eins-eins-null.«

»Sehen Sie?« Corbett gähnte. »Wir sind durch die Enge. Ich wußte, es war richtig, sich Zeit zu lassen.« Dann wurde er munter. »Bei Hellwerden sind wir um die Südseite von Bangka herum.« Seine Augen blitzten im Dunkeln. »Dann sind wir in der Javasee!«

Trewin nickte. Am Anfang ihrer Flucht war der Gedanke, tatsächlich die Javasee zu erreichen, zu fern gewesen, um ernstgenommen zu werden. Jetzt waren es nur noch Stunden, die sie davon trennten, und der Gedanke an einen Fehlschlag war zu furchtbar, um in Betracht gezogen zu werden.

Corbett sagte plötzlich: »Ich möchte, daß Sie in den Kartenraum gehen und ein wenig schlafen, Trewin. Aber vorher geben Sie an alle durch, daß die Leute auf ihren Stationen umschichtig schlafen sollen. Sie können nach jeder Stunde wechseln, das hilft ein bißchen. Gott weiß, sie haben es verdient.«

»Es wird aber mehrere Minuten dauern, sie bei Alarm wieder wach zu bekommen.«

Corbett lachte. »Ich denke, im Augenblick haben wir Ruhe.« Dann dämpfte er die Stimme. »Morgen kommt es darauf an. Niemand hat diesen Zerstörer durch die Bangka-Straße zurückkehren sehen. Er wartet wahrscheinlich auf uns, sucht uns. Vielleicht sind es sogar mehrere. Wenn es soweit ist, möchte ich, daß unsere Leute so ausgeruht sind wie möglich.«

»Und Sie, Sir?«

»Ich schlafe später.«

Trewin ging hinunter in den Kartenraum, warf sich auf die lederbezogene Bank und lauschte den vertrauten Schiffsgeräuschen, dem Knarren, dem Quietschen, dem stetigen Vorbeiströmen des Wassers am Rumpf.

Bei Hellwerden würden sie ankern und zum letzten Mal die Tarnnetze auftakeln, um dann im Schutz der Dunkelheit noch einmal auszulaufen. Wenn der Anker dann das nächste Mal an seiner rostigen Kette herunterrasselte, waren sie schon unter Freunden. Mit einem Lächeln fiel er in tiefen Schlaf.

Das Schrillen der Alarmglocken riß Trewin von der Bank hoch. Er rannte zur Brücke, bevor sein Hirn imstande war, die hetzenden Gestalten und den metallischen Ruf des Lautsprechers: »Auf Gefechtsstationen! Auf Gefechtsstationen!« richtig einzuordnen.

Er glaubte, nur ein paar Minuten geschlafen zu haben, aber als er auf die offene Brücke kam, stellte er fest, daß sich der Himmel in ein blasses Grau verändert hatte, und statt der Sterne sah er jetzt zusammengeballte Wolkenmassen. Auf seinem Gesicht spürte er außerdem die ersten schweren Regentropfen.

Corbett war schon auf den Beinen. Das Glas nach Steuerbord voraus gerichtet, kommandierte er: »Beide äußerste Kraft voraus! Höchste Umdrehungen!«

Aus allen Sprachrohren schnatterte es, und vom vorderen Geschütz ertönte das scharfe Klacken des Verschlußstückes.

Ohne das Glas abzusetzen, sagte Corbett: »Zerstörer, Number One! Grün vier-fünf!«

Trewin nahm ebenfalls sein Glas und spähte angespannt über das offene Wasser. Im äußersten Winkel seines Blickfelds sah er die Einbuchtung mit den Inseln, hinter denen sie für die letzte Pause ihrer Fahrt Schutz suchen wollten. Bewußt registrierte er jedoch nur den fernen weißen Schaumfleck und die niedrige Silhouette des gegnerischen Schiffes.

Tweedies Stimme verkündete: »Entfernung eins-null-null. Ziel steuert drei-null-null!«

Trewin wischte sich den Schweiß von der Stirn. Er war also nur fünf Meilen entfernt. Fragend sah er Corbett an. »Hat er uns gesehen?«

»Unwahrscheinlich. Von Bangka hinter uns zeichnen wir uns nur schwer ab.«

Das Deck vibrierte heftig, als die *Porcupine* sich zu ihrer Höchstfahrt hinaufarbeitete. Sie schien wie ein Gleitboot dahinzuschießen.

»Steuerbord zehn!« befahl Corbett.

Trewin starrte ihn an. »Wir fahren ja an den Inseln vorbei, Sir! In ein paar Minuten ist es völlig hell.«

»Mittschiffs! Kurs eins-zwo-null!« Corbett schürzte die Lippen, während er zu dem fernen weißen Streifen hinüberblickte. »Wenn er uns nicht bald sieht, muß ich annehmen, daß sein Kommandant schläft!«

Trewin blickte an Corbetts straffer Gestalt vorbei und sah die schattenhaften Umrisse der *Prawn* ganz dicht unter Land. Sie fuhr noch immer sehr langsam und fiel rasch zurück.

Corbett bemerkte seinen Blick und sagte: »Das gibt *Prawn* die nötige Zeit, zwischen den Inseln zu verschwinden, Trewin. Der Feind wird wie gebannt auf uns starren und sie gar nicht sehen.«

»Ziel ändert Kurs, Sir! Steuert jetzt drei-fünf-null, Fahrt über zwo-null!« Tweedie wirkte so vertieft in seine Aufgabe wie bei einer Übung.

Corbett sagte leise: »Es gibt hier noch einen Einschnitt, Trewin, etwa fünf Meilen weiter südlich. Dort wollen wir hin. Er ist geschützt und sehr flach. Der Zerstörer würde sich den Kiel herausreißen, wenn er versuchen wollte, uns zu folgen.«

Trewin fragte vorsichtig: »Was ist mit der *Prawn*, Sir?«

»Ich habe Adair gesagt, was er tun soll. Dachte mir schon, daß die Zerstörer hier herumhängen würden für den Fall, daß wir diesen Weg einschlagen.« Ruhig blickte er Trewin an. »Die Japaner suchen nur nach *einem* Kanonenboot. Sooft sie uns gesichtet haben, waren wir getrennt. Erinnern Sie sich?« Er musterte Trewins grimmiges Gesicht und fuhr geduldig fort: »Adair bleibt getarnt zwischen den Inseln liegen, wie geplant. Sobald es dunkel wird, läuft er weiter nach Süden, bis Java. Er ist dann selbständig.« Wieder hob er sein Glas. »Aber vorher braucht er Unterstützung. Und Zeit. Ich will versuchen, ihm so viel Zeit wie möglich zu verschaffen.«

Die Inseln zeichneten sich im Halbdunkel ab und schienen die Flanken des Schiffes zu streifen, als es vorüberjagte. Seine lange weiße Bugwelle brandete geräuschvoll gegen den Sand und die dahinterliegenden Bäume.

»Backbord zehn!« befahl Corbett. »Null-neun-null steuern!«

Das Schiff krängte stark durch diese Ruderlage bei der hohen Fahrt, und Trewin hörte das Wasser gegen die Bilgen donnern, als die *Porcupine* abdrehte und den Abstand zu dem feindlichen Zerstörer vergrößerte.

Dort sah man jetzt ein zweimaliges kurzes Aufblitzen, gleich darauf gefolgt vom Heulen der Granaten über ihren Köpfen. Eine stürzte in die See, die andere detonierte zwischen den Bäumen der nächsten Insel.

»Nun, jetzt wissen wir es.« Corbetts Stimme klang eher erleichtert als besorgt. »Backbord fünfzehn!«

Weitere Blitze folgten; zwei Wassersäulen stiegen querab an Steuerbord gen Himmel, keine fünfzig Yards entfernt.

Mallory rief heiser: »Gehen Sie auf null-vier-fünf, Sir! Noch ungefähr vier Meilen bis zur Einfahrt.«

»Gut. Sagen Sie's dem Rudergänger!« Völlig konzentriert beobachtete Corbett den Zerstörer.

Die Luke flog auf, und Trewin sah den Admiral, der sich auf die Brücke hinaufzog. Weiß leuchteten die Augen unter den buschigen Brauen.

Corbett meldete: »Feindlicher Zerstörer, Sir! Schießt bisher noch recht schlecht.«

Fairfax-Loring klammerte sich an die Reling und starrte nach achtern. »Wo ist die *Prawn*?«

Mallory antwortete: »Sie ist zurückgefallen und jetzt zwischen den Inseln, Sir.«

Der Admiral trat schwankend neben Corbett auf die Gräting. »Sehen Sie, Corbett, wir mußten sie doch zurücklassen. Genau wie ich von Anfang an sagte!«

Er duckte sich, als wieder eine Salve über die Brücke heulte und irgendwo querab im flachen Wasser detonierte. Allmählich schien er sich zu fangen. »Oder wollten Sie sie als Köder für ein Ablenkungsmanöver benutzen?«

Corbett schnippte ungeduldig mit den Fingern. »Beide halbe Fahrt voraus!« Er starrte auf die Landmasse, die wie eine gewaltige Klippe vor dem Bug emporwuchs.

Weitere Granaten folgten der *Porcupine*, als sie zwischen die Sandbänke einbog, aber als das Land sie von beiden Seiten umfing und das Echolot weniger als zwei Faden Wassertiefe anzeigte, hörte der Beschuß auf. Eine halbe Stunde nach dem Sichten des Zerstörers ankerten sie gut versteckt inmitten der Inseln.

Der Regen fiel jetzt stärker. Corbett trat dem Admiral gegenüber und sagte ruhig: »Ich wollte es Ihnen ohnehin schon mitteilen, Sir. Ich beabsichtige, die *Prawn* bei Anbruch der Dunkelheit auslaufen zu lassen. Sie fährt dann nach Süden und wird morgen bei Hellwerden außerhalb der Reichweite der Überwasserangriffe sein.« Nachdenklich sah er den Admiral an. »In der Zwischenzeit wartet der Zerstörer hier, daß wir herauskommen.« Er deutete ein winziges Lächeln an. »Sie sehen also, in gewisser Weise sind *wir* der Köder, wie Sie es so treffend ausgedrückt haben.«

Der Admiral schüttelte sich, als habe er soeben einen gräßlichen Alptraum gehabt. »Sie sind verrückt, Corbett! Sie wissen nicht, was Sie sagen!«

»Ich habe unsere Boote zur *Prawn* geschickt, mit so viel Proviant und Wasser, wie wir entbehren können.« Corbett quittierte die Erregung des Admirals mit kalter Gleichgültigkeit. »Wenn ich Adair ein paar Stunden Vorsprung gebe, sind er und seine Passagiere hoffentlich in Sicherheit.«

Trewin unterbrach sie. »Soll ich die Tarnnetze auftakeln lassen, Sir?«

»Nein, diesmal nicht, Number One.« Corbett sah sich auf der Brücke um, sein Gesicht blieb ruhig und unbeteiligt. »Wenn der Gegner Flugzeuge ausschickt, die uns suchen sollen, möchte ich, daß sie das Schiff sehen.« Sein Ton wurde härter. »Nur dieses Schiff, verstehen Sie?«

Trewin salutierte. »Aye, aye, Sir.«

Der Admiral schwankte und hielt sich am Kartentisch fest. Dann schrie er: »Ich möchte alle Offiziere hier auf der Brücke sehen. *Sofort!*«

Trewin sah Corbett fragend an, der ihn kühl anwies: »Holen Sie sie.«

Fairfax-Loring stampfte zur Brückennock und starrte hinauf zu der überhängenden Klippe, die das Schiff noch im Schatten hielt.

Die Offiziere versammelten sich unsicher neben Trewin, während Corbett sich auf seinen Stuhl setzte.

Der Admiral wandte sich ihnen zu und sagte betont langsam: »Sie haben alle gehört, was sich soeben hier abgespielt hat, meine Herren.« Sein Ton war ernst und erinnerte Trewin an den Fairfax-Loring, den er in dem verlassenen Bunker in Singapur erlebt und verachtet hatte.

Dann fuhr er fort: »Es ist daher meine traurige Pflicht, sofort Schritte zu unternehmen, um die Dinge wieder zurechtzurücken. In gewissem Sinne bin ich selbst mitverantwortlich. Mein Vertrauen war vielleicht zu blind, meine Wahl durch frühere Verbindungen beeinflußt.« Er seufzte tief. »Aber meine Pflicht ist jetzt klar.« Er blickte Corbett an. »Ab sofort enthebe ich Sie Ihres Kommandos. Sobald es dunkel ist, kehren wir zu den Inseln zurück und fahren mit der *Prawn* zusammen weiter. Der Feind wird das langsamere Schiff verfolgen, aber, wie ich schon früher sagte, wir können nicht jeden einzelnen der Flüchtlinge retten!« Er wandte sich an Trewin. »Sie übernehmen das Kommando!«

Trewin erwiderte gleichmütig: »Ich stimme mit dem Kommandanten überein, Sir. Sie müssen also auch mich absetzen.« Er war überrascht, wie ruhig er bei diesen Worten blieb. Wie in einem Traum hörte er Mallory murmeln: »Bevor Sie fragen, dasselbe gilt auch für mich, Sir!«

Trewin wandte sich um und starrte den Australier an. Aber Mallory hob nur die Schultern, als verstünde er keinen von ihnen.

Der Admiral schluckte seinen Ärger herunter und sagte steif: »Ich will Sie nicht demütigen, Hammond, durch eine Frage nach Ihrer Loyalität. Ich kenne Ihren Vater. Seine Schande wäre mehr als ich ertragen könnte.«

Tweedie trat vor, und alle sahen ihn an. »Sie haben mich nicht gefragt, Sir!« Er scharrte mit den Füßen und sagte dann mit fester Stimme: »Ich will Sie nicht mehr erniedrigen als nötig und möchte es Ihnen daher ersparen, einen so niedrigen Dienstgrad wie mich anzusprechen. Aber das will ich Ihnen sagen: Ich bleibe genauso gern am Leben wie alle anderen.« Er machte ein finsteres Gesicht und streckte trotzig sein bläuliches Kinn vor. »Aber ich möchte mich von niemandem einen verdammten Feigling schimpfen lassen!« Dann verfiel er in Schweigen und blickte hinunter auf seine Füße.

Der Admiral sah einen nach dem anderen an, seine Augen flammten vor Wut und Geringschätzung. »Dann, meine Herren, werde ich selbst das Kommando übernehmen, trotz meiner Verwundung, und das Schiff nach Java bringen.« Er machte eine bedeutungsvolle Pause. »Ich brauche Ihnen wohl nicht zu erzählen, was Sie dort erwartet.«

Corbett sagte ruhig: »Sie haben noch nicht alle Offiziere gefragt, Sir!«

Der Admiral fuhr herum, als sein Flaggleutnant, unterstützt von Baker, dem Sanitätsgefreiten, und Bootsmannsmaat Dancy am oberen Rand der Treppe erschien.

Hughes' mageres Gesicht war sehr bleich, aber als er seinen Admiral anstarrte, glühten seine Augen in einer letzten, verzweifelten Kraftanstrengung. »Sagen Sie ihnen, was geschah, als die *Prawn* angegriffen wurde, Sir!« Seine Stimme war schrill und unnatürlich, und Dancy mußte ihn mit beiden Händen stützen, um ihn vorm Hinfallen zu bewahren. Hughes schrie: »Der I.W.O. der *Prawn* wurde gleich beim ersten Angriff getötet.«

Der Admiral krächzte: »Sie hatten viel zu große Angst, um überhaupt etwas zu sehen! Also halten Sie gefälligst Ihren dämlichen Mund!«

Hughes Kopf baumelte hin und her. »Angst, ja. Aber nicht so große, daß ich nicht gesehen hätte, wie Sie dem toten Offizier das blutige Hemd auszogen und es sich selbst überstreiften.« Speichel lief ihm aus dem Mundwinkel, als er in höchster Erregung schrie: »Sie trugen das Hemd des Toten, damit Sie vortäuschen konnten, Sie seien verwundet! Damit Sie sich zwischen den armen Frauen verstecken konnten!« Er schluchzte jetzt. »Sie Lump! Sie verdammter, ehrloser, feiger Lump!«

Corbett hob die Hand. »Bringen Sie den Offizier hinunter, Baker.« Dann blickte er Fairfax-Loring an, sein Gesicht war traurig. »Möchten Sie noch mehr zu meinen Offizieren sagen, Sir?«

Die Ausguckposten und das Signalpersonal drängten sich nach vorn, und die kleine Gruppe der Offiziere trat zurück, als der Admiral den Arm aus dem blutverschmierten Hemd hervorzog und ihn mit Entsetzen anstarrte.

Dancy murmelte angewidert: »Ich hätte ihn erschießen sollen, als er zum Strand herunterkam.«

Der Admiral sah sich im Kreise um, seine Augen bettelten um Verständnis. »Ich mußte mich doch retten, verstehen Sie denn nicht? Ich bin wichtiger als dieses Schiff oder als die Menschen auf der *Prawn*! Begreifen Sie das denn nicht?«

Niemand antwortete auf diesen Ausbruch, und Corbetts Augen blickten mitleidlos. »Wir werden sehen, Sir. Wenn wir vor dem Kriegsgericht stehen, dann wissen Sie, daß meine Entscheidung richtig war. Wenn sie falsch war, dann macht es ohnehin nichts mehr aus.« Damit sah er Trewin an. »Bitte geleiten Sie den Admiral in meine Kajüte.«

Der Admiral schien die Feindseligkeit rundum zu spüren. Er warf noch einen Blick auf Corbetts Rücken und sagte mit gebrochener Stimme: »Ich könnte alles vergessen, was Sie getan haben, wenn Sie so verfahren, wie ich befehle.«

Trewin berührte seinen Arm. »Ich denke, Sie gehen jetzt besser nach unten, Sir. Zu viele Menschen haben in der Vergangenheit auf Sie gehört. Jetzt braucht Sie niemand mehr.«

Zum ersten Mal glaubte er Furcht in den Augen des Admirals zu sehen; plötzlich stand ihm das Bild des Mannes vor Augen, der so verängstigt war, daß er sich hinter dem Blut eines Toten verbarg. Er drehte sich brüsk um und sagte barsch: »Gehen Sie mit dem Admiral, N.O. Ich fühle mich sonst selbst unsauber.«

Noch lange, nachdem Fairfax-Loring die Brücke verlassen hatte, bewegte sich niemand, und keiner sprach ein Wort. Schließlich sah Corbett Trewin an und sagte leise: »Es ist seltsam. Jahrelang warten Sie darauf, den Menschen zu vernichten, der Ihr Leben zerstört hat. Aber wenn es dann endlich dazu kommt, schämen Sie sich nur für ihn.«

Als allmählich alle die Brücke verließen, blickte Trewin noch einmal über die gesamte Länge des Schiffes nach vorn. Er sah die schmale Einfahrt zu ihrer Bucht und die harte Linie des Horizonts, der sich von der einen bis zur anderen Felswand erstreckte.

Corbett hat recht, dachte er. Die Vergangenheit war nicht mehr wichtig. Und die Zukunft? Er starrte auf den leeren Streifen Wassers und fühlte sich seltsam bewegt. Wie der Horizont, so schien auch sie für immer außer Reichweite zu sein.

18 Einen eigenen Willen

Trewin stieß Corbetts Kammertür auf und stieg über den niedrigen Süll. »Schiff ist klar zum Auslaufen, Sir!« Die Worte dieser alltäglichen Meldung hingen in der feuchten Luft. Jetzt erst wurde er sich des ständig auf das Deck trommelnden Regens bewußt, und er hörte auch das gurgelnd an den Aufbauten herunterrinnende Wasser. Es hatte den ganzen Tag über geregnet, während das Schiff, auf beiden Seiten von den steilen Felswänden eingekeilt, in der trägen Strömung an seiner Ankerkette zerrte. Als die Auslaufzeit heranrückte, war der Regen noch stärker geworden; Trewin sah durch das Bullauge die endlosen Ströme schlammigen Wassers, die sich mit losgewaschenen Steinen und entwurzelten Büschen von den Felswänden ergossen.

Corbett stand auf und blickte aus dem Bullauge. »Es hat keinen Sinn, noch länger zu warten.« Er sah frisch und adrett aus, war in makellosem Weiß, und sein Gesicht zeigte nicht die geringste

Spur der Gewissensqual, die er zweifellos ertragen mußte. »Das Warten ist immer das schlimmste.« Er griff nach seiner besten Mütze und setzte sie sorgfältig auf.

Zusammen stiegen sie zur Brücke hinauf und zogen das feuchte schwere Ölzeug an. In der schwülen Luft brach Trewin darin sofort der Schweiß aus.

Corbett sah sich auf der Brücke um, nickte Masters und seinen Signalgasten zu und sagte: »Geben Sie an alle Stellen: Klar Schiff zum Gefecht!«

Trewin fühlte ein Würgen in der Kehle und sehnte sich plötzlich nach einem Drink. Er hörte das Antwortrasseln der Maschinentelegrafen, hart und unbarmherzig, und spürte das stärker werdende Vibrieren des Schiffes.

Corbett fuhr fort: »Jeder entbehrliche Mann soll sich sofort bei den Munitionsmannern oder bei der Lecksicherungsgruppe melden.« Er sah Masters an. »Sie können einen der Signalgasten dazu abstellen.«

Phelps rief aufgeregt: »Ich bleibe hier, Signalmeister!«

Masters gab dem anderen Signalgast ein Zeichen und erwiderte grinsend: »Wie du willst, Feuerkopf. Ich hoffe, du hast dein japanisches Schwert bei dir.«

Trewin packte die Sprachrohre und lauschte dem Klirren der Ankerkette, das sogar das Prasseln des Regens übertönte. Dann meldete er: »Anker ist aus dem Grund, Sir!«

Corbett befahl: »Backbord langsame Fahrt voraus, Steuerbord halbe zurück!«

Trewin sah die regennasse Felswand zurückweichen, während das Schiff langsam drehte. Als er zur Einfahrt blickte, konnte er die offene See und den wartenden Horizont nicht mehr erkennen, denn der Regen lag darüber wie ein Vorhang.

»Beide stopp!« Corbett blickte zum Himmel. Dann: »Beide langsame Fahrt voraus!«

Ein Beben ging durch die Decksplanken, und irgendwo weit unten im Schiffsinnern war ein dumpfer Knall zu hören: das Schließen eines der letzten wasserdichten Schotten.

Corbett glitt auf seinen Sitz und griff zum Mikrophon. »Hier spricht der Kommandant.« Seine Stimme hallte über das Oberdeck, wo die Männer sich schon auf ihren Gefechtstationen vor dem strömenden Regen duckten. Jetzt wandten sich alle Gesichter der Brücke zu. »Wir laufen aus, um den Feind von der *Prawn* abzuziehen.«

Trewin hörte, wie eine Luke knarrend geöffnet wurde, und als er über das Brückenkleid blickte, sah er Nimmo aus seiner privaten Welt von Dieseldunst und Motorenlärm nach oben schauen, die Augen gegen den Regen zusammengekniffen.

»Uns bleiben noch drei Stunden bis Einbruch der Dunkelheit. In dieser Zeit müssen wir uns bemühen, den Feind so weit wie möglich nach Osten abzulenken, damit die *Prawn* die Chance bekommt, die sie in vollem Umfang verdient hat.« Er machte eine Pause, und Trewin bemerkte seine innere Bewegung.

»Ich weiß, daß Sie alle gehofft haben, wir könnten ohne weitere Gefährdung entkommen. Sie haben das verdient, jeder einzelne von Ihnen, denn Sie haben mehr geleistet, als irgendein Kommandant sich nur wünschen kann. Ich weiß aber, daß Sie auch jetzt Ihr Bestes geben werden.« Er war bereits im Begriff, das Mikrophon einzuhängen, dann hob er es noch einmal und fügte hinzu: »Gott segne euch!«

Trewin beobachtete ihn, glaubte die Empfindungen der Männer ringsum, ja die des Schiffes selbst, zu verspüren. Corbett rief plötzlich mit völlig veränderter Stimme: »Heißt die Gefechtsflaggen!«

Er zeigte hinüber zum Land, und Trewin sah eine kleine Gruppe Eingeborener, die gespannt und bewegungslos ihr Auslaufen verfolgten.

»Keine allzu große Zuschauermenge, nicht?« Corbett zog die Mütze in die Stirn und beobachtete, wie erst die eine, dann die andere große Gefechtsflagge feierlich am jeweiligen Mast hochstieg.

Über der Brücke drehte sich das Entfernungsmeßgerät langsam hinter seiner Stahlpanzerung, daneben sah Trewin Tweedie die auswehenden Gefechtsflaggen beobachten. Armer Tweedie, dachte er vage, mit seinem Bungalow und der Hoffnung auf den Ruhestand. Wenn er das Ende des heutigen Tages noch erlebte, dann war für ihn nichts mehr wie früher.

»Backbord zehn! Mittschiffs!« Corbett drehte sich in seinem Sitz um, der Regen spritzte ihm von den Schultern und ließ das Ölzeug glänzen wie Glas. »Sobald wir die Deckung verlassen, werde ich hart Backbord drehen und so dicht wie möglich unter Land bleiben, zwischen den Untiefen.« Dann blickte er Mallory streng an. »Sie werden sich Ihren Sold heute redlich verdienen, N.O. Für die nächsten drei Stunden liegt es an Ihnen, uns von einem Schlupfwinkel zum anderen zu führen, klar?«

Ruhig hielt Mallory seinem Blick stand. »Die nächste vorgelagerte Inselgruppe ist zwanzig Meilen weiter südlich, Sir.«

»Gut.« Corbett nickte. »Für den Anfang wird das genügen.«

Als Trewin den Blick hob, stellte er fest, daß sich die schmale Fahrrinne nach beiden Seiten erheblich verbreitert hatte und daß bereits die träge Dünung der offenen See hereinstand, um sie zu begrüßen.

Jedes Glas war über das Brückenkleid nach draußen gerichtet, als sich die *Porcupine* verächtlich über die unruhige Kabbelsee hinweghob; aber bei dem strömenden Regen war es unmöglich, weiter als eine Kabellänge zu sehen.

»Backbord fünfzehn! Recht so!« Corbett beugte sich vor und legte sein Glas auf dem Brückenkleid auf.

Unwins Stimme antwortete aus dem Messingrohr: »Kurs null-neun-null.«

Ein paar Männer blickten achteraus, als das geringe Kielwasser des Schiffes in einer großen Kurve davontrieb und die Einfahrt im dichten Regen verschwand. Vielleicht dachten sie an die *Prawn* und daran, daß jede Umdrehung der Schrauben die *Porcupine* weiter nach Osten brachte, weg von der Sicherheit, weg von der Hoffnung.

Dann, als habe der Himmel nur darauf gewartet, hörte der Regen auf, und während der letzte Guß geräuschvoll gurgelnd durch die Speigatten abfloß, brach die Sonne durch die Wolkendecke. Ihr seltsames Licht färbte die See wie Bronze und folgte der abziehenden Regenfront, bis es die fernen Klippen erreichte.

Tweedies Stimme unterbrach das plötzliche Schweigen. »Kriegsschiff, Sir! Peilung grün eins-drei-null! Entfernung eins-null-null!«

Trewin rannte über die Grätings, das Glas an die Augen gepreßt. Dann sah er es: derselbe niedrige Rumpf, die beiden Schornsteine beinahe in Deckpeilung, als der Zerstörer scharf zur Küste hin drehte.

Corbett schnippte mit den Fingern. »Erkennungshandbuch! Lebhaft dort oben!«

Masters rief mit belegter Stimme: »Akikaze-Klasse, Sir. Vier-

Vier-Komma-Sieben, vierunddreißig Knoten.« Mit einem vernehmlichen Knall klappte er das Buch zu. Dem war nichts hinzuzufügen.

»Beide volle Fahrt voraus! Informieren Sie den Chief, daß wir Feindberührung haben.« Corbett wirbelte in seinem Sitz herum und blickte prüfend nach achtern zu dem Zerstörer. »In ein paar Minuten ist er in Reichweite.«

Tweedies Stimme füllte die Brücke wie eine Drohung: »Zielkurs jetzt null-vier-fünf! Fahrt über zwanzig!«

Corbett sagte ruhig: »Vier Geschütze gegen unsere zwei. Wir müssen ihn näher herankommen lassen.«

Phelps sprang auf. »Er hat Feuer eröffnet, Sir!«

Der gedämpfte Knall der Detonation erreichte die *Porcupine* nahezu gleichzeitig mit dem schrillen Heulen der Granate über ihren Köpfen. Die Wassersäule stieg vor ihr auf, halbwegs zwischen Schiff und Küste.

»Backbord zehn!« Corbett schwankte ein wenig, als das Schiff sich entsprechend überlegte. »Wir müssen ihn nach Möglichkeit genau achteraus halten. Dann kann er nur ein Geschütz einsetzen.«

Ein weiterer dumpfer Knall und eine weitere Wassersäule, gute achtzig Fuß vom Bug entfernt an Backbord.

Tweedies Stimme klang gespannt. »Zielentfernung null-neunzwo!«

Corbett griff zum Mikrophon. »Geschütz X Feuer eröffnen!«

Trewin blickte um den Schornstein herum, sah wie das achtere Geschütz auf seinem Pivot zurückfuhr, während zugleich ein langer, orangefarbener Blitz aus der Mündung zuckte. Er sah die Geschützbedienung die nächste Granate packen und hörte den Ruf: »Fertig, Sir!« Wieder donnerte die Kanone, und er spürte den stechenden Schmerz in seinen Ohren, als die Granate herausschoß, gegen den verfolgenden Zerstörer, der jetzt fast in ihrer Kiellinie achteraus lag.

Eine ungeheure Wassersäule brach über ihrem Vorschiff zusammen und ergoß sich bis über das Brückenkleid, blendete und erstickte sie fast; als Trewin gegen den Kartentisch taumelte, hörte er das Klirren von Splittern, die scharfen Schreie unten an Deck.

Tweedies Stimme, sehr ruhig: »Zwei vor! Feuer!«

»Steuerbord zehn!« Corbett sah sich nicht einmal um.

Trewin spürte zerbrochenes Glas unter den Schuhsohlen und stellte fest, daß das Steuerbordbrückenkleid zertrümmert war. Auch im Schornstein sah er mehrere gezackte Löcher, aber als er sich über die Brückennock lehnte, begegnete sein Blick dem Hammonds, der neben Geschütz A stand und ihm mit aufwärtsgerichtetem Daumen ein beruhigendes Zeichen gab.

»Neuer Kurs zu den Inseln null-sieben-fünf, Sir!« Mallory starrte einen Blutstropfen auf seinem Handrücken an und klopfte sich dann mit den Fingern gegen die Stirn. »Hölle und Teufel!«

Corbetts Stimme klang völlig unbeteiligt. »Ich werde nach Steuerbord drehen. Wir müssen Geschütz A zum Tragen bringen.« Er griff zum Mikrophon. »Hören Sie zu, Tweedie. Ich möchte . . .« Er wartete ab, weil das achtere Geschütz wieder eine Ladung herausjagte, deren Druckwelle sengend über die Brücke fegte. »Ich möchte, daß Sie ihn eingabeln, wenn es geht. Wir müssen ihn zurückhalten, bis wir Deckung finden.« Die Antwort wartete er nicht ab. »Steuerbord fünfzehn!«

Bei der hohen Fahrt legte sich das Kanonenboot stark über, und einen Augenblick sah Trewin seinen eigenen Schatten in der See längsseits, bevor ihn die schäumende Bugwelle wegwischte.

Jetzt feuerten beide Geschütze gleichzeitig, ihr Rückstoß erschütterte die Brückenfundamente; die doppelte Detonation ließ die Männer aufschreien und sich die Ohren zuhalten, während der Pulverrauch ihnen beißend und blendend in die Augen fuhr.

Tweedies Stimme klang verzerrt und überlaut vor Erregung: »Treffer! Jesus, ein *Treffer*!«

Trewin hatte plötzlich den Zerstörer im Blickfeld. Seine hohe Bugwelle bildete einen gewaltigen weißen Schnurrbart unter dem Vorsteven, während er in voller Fahrt hinter der *Porcupine* herjagte. Aber auf einer Seite der Brücke, dicht unter dem Steuerhaus, war ein helles orangefarbenes Licht zu sehen; als das Deck unter seinen Füßen durchsackte, konnte er den Qualm erkennen, der dort hervorquoll und achteraus trieb, wo er sich mit dem Schornsteinrauch vereinigte: der eindeutige Beweis für einen Volltreffer.

Corbett rief: »Hart Backbord!« Seine Stimme klang schneidend vor Konzentration, während er sein Schiff durch eine harte Drehung wieder auf den ursprünglichen Kurs zurückbrachte.

Aber während dieser kurzen Zeitspanne, die der *Porcupine* das Einsetzen der Breitseite ermöglicht hatte, war sie auch dem wirkungsvolleren Beschuß der gegnerischen Geschützführer ausgesetzt gewesen. Sie bot ihm nicht wie bisher nur ihre schmalste, noch dazu rauchverhüllte Silhouette, sondern ihre volle Länge.

Trewin spürte die Detonation der einschlagenden Granate, hörte aber nichts. Eben noch hatte er die Sprachrohre umklammert, im nächsten Augenblick war sein Gesicht gegen die Grätings am Boden gepreßt, während jemand auf seinem Rücken zappelte. Salzwasser stürzte von allen Seiten auf ihn ein, erstickte ihn fast mit seinem fauligen Geschmack nach verbranntem Pulver. Er merkte, daß sie noch immer drehten.

Schließlich drückte er die Hände auf die warme Beplankung und richtete sich mühsam auf. Als sein Gehör allmählich zurückkehrte, vernahm er das ununterbrochene Dröhnen des Geschützfeuers und fernes Rufen, das von sehr weit zu kommen schien.

Mallory drängte das Gesicht dicht gegen seins und schrie: »Volltreffer unter der Brücke!«

Corbett war offenbar von seinem Sitz gefallen, aber als Trewin Miene machte, ihm zu helfen, taumelte er schon wieder auf die Füße und knurrte: »Sagen Sie dem Chief, er soll mehr Dampf aufmachen!« Dann schüttelte er energisch den Kopf. »Gehen Sie hinunter, Number One. Sehen Sie zu, was Sie tun können.«

Trewin nickte benommen und kämpfte sich hinüber zur Leiter. Einen Augenblick glaubte er, die Beine würden ihm den Dienst versagen, und klammerte sich an die Reling. Mit schmerzenden Augen starrte er hilflos hinunter auf die Männer, die geschäftig über das exponierte Seitendeck liefen. Er sah Dancy, der eine langstielige Axt trug, und andere mit rotleuchtenden Feuerlöschern. Beinahe wäre er an Deck gestürzt, weil die Sprossen durchtrennt waren wie von einer riesigen Schere. Die Granate hatte den Kartenraum durchpflügt und war dann auf der anderen Seite im Funkraum detoniert.

Als er sich durch die Menge drängte, sah er Sonnenlicht durch die zahlreichen Einschuß- und Splitterlöcher dringen. Durch die Ritzen des verbeulten Funkraumschotts leuchtete Feuerschein.

»Hierher mit den Feuerlöschern, Dancy!« Er trat zur Seite, weil noch mehr Männer zur Tür taumelten, um sie zu öffnen. Sie alle sprangen jedoch fluchend zurück, als sie die glühendheißen Metallvorreiber angefaßt hatten.

Trewin versuchte zu denken, aber sein Kopf war noch völlig konfus. Männer riefen und schimpften, und von oben hörte er wieder Tweedies Stimme, tief und unpersönlich: »Entfernung null-sieben-null!«

Der Schiffsrumpf bebte erneut heftig, und die Räume füllten sich mit Pulverqualm und dem Gestank verbrannter Farbe. Über alles Getöse hinweg hörte man jemanden schreien, unaufhörlich und entsetzlich schrill. Einige Männer schienen vor Schreck wie gelähmt.

Dancy rief: »Zurück!« Er schwang die Axt gegen die Vorreiber, und als die Metalltür aufsprang, arbeitete er sich durch Trümmer und Flammen vorwärts. Seine stämmige Gestalt wurde sofort von den Feuerlöschern bis auf die Haut durchnäßt.

Oberfunkmaat Laird, der Stationsleiter, wälzte sich zwischen den zerschmetterten Resten seiner Funkgeräte am Boden. Er hatte keine Hände mehr. Verzweifelt versuchte er, den sich rasch ausbreitenden Flammen zu entkommen. Er sah Dancy und schrie: »Mein Funkgast! Er ist dort hinten!« Wieder schrie er, und Trewin sah sein Blut ruckweise über Dancys Beine spritzen.

Dancy zog Laird in den Gang hinaus. Dabei keuchte er: »Löscht das Feuer, Jungs!« An Trewin gewandt, fügte er heiser hinzu: »Funker Mears ist erledigt. Er ist dort wie Mus ans Schott geschmiert!« Er würgte heftig und rief: »Wo bleibt denn der S.B.A.*, Herrgott noch mal!«

Trewins Stimme wurde langsam wieder normal. »Lassen Sie die Leute hier weitermachen, sie schaffen es jetzt wohl.« Dann zog er Dancy zur Leiter. »Wir gehen nach achtern.«

Wie zwei Betrunkene schwankten und stolperten sie die kaputte Leiter hinunter zum zweiten Seitendeck. Nimmos Heizer kamen offensichtlich Corbetts Befehl in vollem Umfange nach, denn der Himmel war vollständig hinter dem undurchdringlichen Rauchvorhang verborgen, der aus dem Schornstein quoll. Wie schützender Nebel breitete er sich hinter ihnen aus. Geschütz X schwieg jetzt, und Trewin hörte die Bedienung im Qualm husten. Jemand rief: »Tragbahre hierher!«

Am Ende der Aufbauten starrten sie beide entsetzt in den Kra-

* Sick Berth Attendant = Sanitätsgast

ter, der sich quer über das kleine Achterdeck erstreckte. Zwar brannte es nicht, aber als Trewin prüfend in das Leck mit den gezackten Rändern spähte, sah er unten Wasser glänzen.

Dancy murmelte: »Mein Gott! Davon können wir nicht mehr viel vertragen!«

Etwas kroch aus dem dichten Rauch auf sie zu. Trewin biß die Zähne zusammen, um die aufsteigende Übelkeit zu unterdrücken, die ihn bei diesem grauenvollen Anblick befiel.

»Bringen Sie den Mann nach unten, Dancy!«

Der Bootsmannsmaat rannte über Deck und hielt die zur Seite rollende Gestalt fest. Dann blickte er mit feucht schimmernden Augen zu Trewin auf: »Gott sei Dank, er ist tot!« Langsam legte er den Leichnam wieder an Deck. »Wie hat er es nur fertiggebracht, so lange am Leben zu bleiben?« Er wandte den Blick ab. »Sein ganzes Gesicht ist weggerissen!«

Baker und seine Bahrenträger kamen nach achtern gelaufen. Trewin rief: »Dort ist noch einer, an der Reling! Ich glaube, er lebt noch!«

Baker bremste seinen Lauf ab, und Trewin sah die Blutspritzer auf seiner weißen Jacke. Wie ein Schlachter, dachte er dumpf. Mit einiger Anstrengung fragte er: »Kommen Sie zurecht, Baker?«

Der Sanitäter wirkte erstaunlich ruhig. Er nickte. »Wir tun unser möglichstes, Sir. Aber ich kann ihnen nur schmerzstillende Mittel geben und sie verbinden.« Dann starrte er auf den verstümmelten Körper zu seinen Füßen und wischte sich mit dem Handrücken übers Gesicht. »Hier hätte auch ein Arzt nichts mehr tun können.«

Sie duckten sich, als wieder eine Granate querab einschlug und eine Welle Gischt über das Batteriedeck schleuderte.

»Sie schießen jetzt blind, Gott sei Dank«, knirschte Dancy. Ein rauchender Granatsplitter flog scheppernd neben seine Füße, und mit einem angewiderten Knurren trat er ihn über Bord.

Trewin blickte nach vorn und versuchte, nicht daran zu denken, wie weit sie noch von der nächsten Inselgruppe entfernt waren. Aber noch immer mahlten die Schrauben unermüdlich mit höchster Umdrehungszahl, das Wasser schäumte an der Bordwand entlang, und über dem fettigen Qualm wehte schattenhaft die Gefechtsflagge. Die *Porcupine* würde sterben, das war klar, aber so leicht ergab sie sich nicht.

Ein Maschinenmaat kam durch den Rauch gerannt. »Kein wirklicher Schaden unten, Sir! Nur ein paar Platten sind achtern herausgerissen, aber die Pumpen schaffen es vorläufig noch.« Er wischte sich das schweißtriefende Gesicht. »Ich habe bis jetzt sieben Tote und Verwundete gezählt.«

Sie hörten einen scharfen Knall, unmittelbar danach eine donnernde Detonation. Das Gesicht des Maschinenmaats verzerrte sich im Todeskampf, aber bevor er einen Laut von sich geben konnte, wurde er mit voller Wucht gegen Trewin geschleudert.

Dancy rief: »Die Brücke! Es hat die Brücke erwischt!«

Trewin ließ den toten Unteroffizier an Deck gleiten. Ein riesiger Splitter hatte ihn voll in den Rücken getroffen und fast in zwei Teile zerrissen.

Trewin starrte auf die neue Rauchwolke über dem Batteriedeck und weigerte sich, an sein eigenes Schicksal zu denken. Ohne den Maat hätte er den Splitter direkt in den Magen bekommen.

Er zog sich mühsam die Leiter hinauf, verschloß seine Ohren vor den Schreien ringsum und ignorierte den kopflosen Leichnam, der noch in den Gurten der Oerlikon hing.

Die Steuerbordbrückennock war verschwunden, hatte sich in ein herunterhängendes Gewirr aus zersplitterten Planken und langen Metallstreifen verwandelt. Der Stahl war gefaltet und zerbeult wie Stanniol. Als Trewin über den Rest der Brücke stolperte, fiel er beinahe über Masters. Phelps kam unter seinem umgekippten Flaggenspind hervor, schüttelte sich wie ein Hund nach dem Bad und schien unverletzt. Als er Trewin bemerkte, versuchte er zu grinsen. Dann sah er sich auf der raucherfüllten Brücke um und entdeckte Masters. Mit einem Aufschrei stürzte er hin und versuchte, den schweren Mann von dem gähnenden Loch wegzuziehen.

Trewin fand Corbett an die Lehne seines Sitzes geklammert, eine Hand nach den Sprachrohren ausgestreckt. Er sah Trewin und keuchte: »Das Steuerhaus! Ist es intakt?« Er hustete und fuhr dann fort: »Ich bin all right, Number One! Nur die Pfeife vom Sprachrohr ist zerbrochen!«

Trewin rief: »Steuerhaus!«

Unwins Stimme erklang ganz nahe und sehr erleichtert. »Alles in Ordnung hier unten, Sir! Beide Maschinen gehen noch äußerste Kraft voraus, Kurs null-acht-null!« Dann setzte er hinzu: »Ich dachte, Sie wären alle erledigt dort oben! Der verdammte Qualm kam schon aus dem Sprachrohr!«

Trewin blickte nach unten, als etwas seinen Schuh berührte. Es war Mallory. Er lag auf dem Rücken, die Augen weit offen, und im ersten Augenblick dachte Trewin, er sei tot. Aber die Hand bewegte sich und ergriff sein Bein, als wäre sie unabhängig vom Körper. Trewin ließ sich neben Mallory nieder, um ihm den Arm unter die Schulter zu schieben und um ihn aufzurichten. Mallory versuchte zu sprechen.

Schließlich stieß er mühsam hervor: »Bewegen Sie mich nicht, um Himmels willen! Mein Rücken ist zerschmettert!« Er öffnete nochmals den Mund und flüsterte: »Tut mir leid, daß wir keine Zeit hatten, uns besser kennenzulernen.« Er kniff die Lippen zusammen, und Trewin sah Blut über sein Kinn laufen. Mallory hob noch einmal die Hand und klopfte ihm leicht den Arm, dann fiel sie kraftlos herunter, sein Blick wurde plötzlich leer.

Trewin stand auf und sah Corbett an. »Tot.«

Zwei Granaten schlugen seitlich von ihnen ins Wasser, detonierten beim Aufschlag, warfen zwei mächtige Wassersäulen hoch und behämmerten den Rumpf mit weiteren Splittern.

Achtern erscholl ein Schrei: »Vorsicht, der Großmast kommt von oben!«

Der Schornsteinqualm war zu dicht. Trewin hörte nur das Krachen und Splittern des Holzes, hörte das Kratzen und Schrillen der brechenden und hinterhergezogenen Stagen, als der abgetrennte Mast über Bord stürzte. Dann drang das Geräusch von Äxten an sein Ohr und Dancys mächtige Stimme, laut wie eine Trompete, der mit seinem Trupp die Trümmer weghackte.

Corbett blickte hinauf zur Flagge am Fockmast und sagte: »Wir schaffen es nicht bis zu den Inseln. Der Zerstörer muß gedreht haben, um noch ein Geschütz gegen uns einzusetzen.« Er starrte Trewin mit lodernden Augen an. »Wir können ihm nicht mehr entkommen!«

Trewin hörte plötzlich jemanden schluchzen. Als er über den zersplitterten Kartentisch hinwegblickte, sah er Phelps neben dem toten Signalmeister knien und ihn voller Verzweiflung anstarren.

Ein Ausguck berührte ihn am Arm und sagte: »Komm, Ginger, laß ihn. Du kannst nichts mehr für ihn tun.«

Trewin zog Phelps hoch, während der Ausguck eine Öljacke

über den Körper des Signalmeisters breitete.

Phelps schluchzte: »Er hat mich immer angesehen. Ich weiß, daß er mir noch etwas sagen wollte.« Er ließ den Kopf sinken. »Aber ich konnte ihn nicht mehr verstehen.«

Corbett schaltete sich ein. »Masters war ein guter Signalmeister, Phelps. Ich nehme an, er wollte Ihnen sagen, daß Sie jetzt die Leitung übernehmen müssen.« Er ließ den Blick auf dem gequälten Gesicht des Jungen ruhen. »Also denken Sie daran, was er Ihnen alles beigebracht hat.«

Eine Granate pfiff durch die Flaggleinen und riß die letzte große Gefechtsflagge mit. Sie schwebte zur Brücke herunter wie ein Leichentuch. Als sie die blutbespritzten Grätings erreichte, schien Phelps zu neuem Leben zu erwachen. Entschlossen riß er die Flagge an sich, und ohne einen weiteren Blick auf Masters zu werfen, fing er an, die gebrochene Flaggleine zu spleißen.

Trewin bemerkte heiser: »Die Japaner folgen einfach unserer Ölspur und feuern in den Rauch hinein.« Wütend blickte er achteraus. »Und unsere Geschützführer können nichts sehen.«

Corbett erwiderte resigniert: »Ich weiß. Es bedeutet auch, daß wir für die *Prawn* nutzlos sind. Wir können keine weitere Stunde mehr durchhalten, geschweige denn bis zur Dunkelheit.« Mit beiden Händen packte er den zerfetzten Stahl des Brückenkleides. »Wir können nicht mehr entkommen, Trewin. Sie sehen es jetzt selbst.« Fragend sah er ihn an. »Nicht wahr?«

Trewin zuckte nicht einmal, als wieder eine Granate querab von ihnen detonierte. Geist und Körper schienen bereits jenseits von Gefühl oder Sorge zu sein. Was reden wir hier? dachte er. Warum müssen wir immer den Schein aufrechterhalten?

Er sah sich auf der schwer beschädigte Brücke um. Unter einem Ölmantel ragte Mallorys Hand hervor, steif, den Zeigefinger wie anklagend ausgestreckt. Und auf dem Achterdeck, hinter dem durchsiebten Schornstein und dem toten Oerlikonschützen – was war geblieben von dem Schiff, das Corbett so liebte? Das Batteriedeck war mit Löchern übersät, und weiter achtern, wo die Bedienung von Geschütz X hilflos in den Rauch starrte, ragte der zersplitterte Stumpf des Großmastes höhnisch auf wie eine zerbrochene Lanze.

Müde hörte er sich sagen: »Wir müssen kehrt machen und ihm die Stirn bieten.«

Corbett ergriff spontan Trewins Handgelenk. In dem seltsamen Zwielicht wirkte sein zerfurchtes Gesicht fast friedlich. »Das muß aber auch Ihr Entschluß sein, Trewin. Wenn wir das tun, müssen wir es hundertprozentig tun.« Einen Augenblick zeigte sich etwas wie Trauer in seinen hellen Augen. »Armes altes Schiff, das hast du nicht verdient!«

Er wandte den Blick ab und sagte dann lebhaft: »Geben Sie an alle Geschütze: ›Klar zum sofortigen Feuern. Ungefähre Zielrichtung rot vier-fünf‹. Sagen Sie es Tweedie, erklären Sie ihm, was wir vorhaben!«

Er zeigte auf das Gewirr von zerrissenen Drähten neben den beiden Toten. »Die Verbindungen sind alle unterbrochen.« Dann kletterte er auf seinen Sitz und starrte nach vorn zum leeren, einladenden Horizont. Auf Backbordseite wirkte die lange, noch immer dunstverhangene Küstenlinie von Bangka sehr weit entfernt.

Trewin kletterte rasch die kurze Leiter zum Artillerieleitstand hinter der Brücke hinauf. Er fand Tweedie und seine beiden Flekker* hinter dem stählernen Schutzschild und sagte: »Wir machen kehrt und greifen an. Richten Sie beide Geschütze auf dieses Pack. Ungefähre Richtung rot vier-fünf. Eine zweite Chance werden wir kaum bekommen.« Dann sah er, daß Tweedies Arm provisorisch verbunden war, und fragte: »Sind Sie all right, Tweedie? Soll ich Baker heraufschicken?«

Tweedie knurrte: »Ich komme schon allein zurecht.« Dann griff er zum E-Meßgerät. »Mein Gott, ich werde denen eins in die Schnauze ballern, sobald ich sie sehe!« Er nahm sein Mikrophon hoch, doch als Trewin die Leiter hinunterstieg, fügte er mit seiner groben Stimme hinzu: »Trotzdem besten Dank! Für einen Amateur haben Sie sich bisher ganz gut gehalten!« Zu Trewins Überraschung grinste er sogar. »Wenn Sie je nach Hampshire kommen, dann bleiben Sie ein paar Tage bei mir und der Alten.« Damit wandte er sich rasch um und kommandierte in sein Mikrophon: »Alle Geschütze Achtung!« Er war wieder vollkommen in seiner eigenen Welt, die er mit niemandem teilte.

Trewin fand Corbett über die Karte gebeugt, sein Vergrößerungsglas hielt er ganz dicht darüber. Er sagte: »Untiefen an Backbord voraus, Trewin. Knapp zwei Faden.« Er rieb sich das

* Aufschlagbeobachter

Kinn. »Aber nach der nächsten halben Meile wird 's wieder tiefer.« Er ging zum Sprachrohr. »Quartermeister, hie spricht der Kommandant. In fünfzehn Sekunden drehen wir har Backbord, klar?« Unwins Stimme ging unter in einer weiteren, scarfen Detonation. Splitter prallten gegen die Brücke, und unten chrie ein Mann wie ein verwundetes Tier. Corbett fuhr im selben ichmütigen Ton fort: »Was Sie auch sehen oder hören, behalte ie auf jeden Fall Kurs und Geschwindigkeit bei!« Mit harter mme fügte er hinzu: »Was auch geschieht!«

Dann wandte er sich um und blickte achteraus in den en-den Qualm. »Dort drin steckt er und wartet einfach ab. Er ß, daß wir die Inseln nicht erreichen können, also braucht er n serer Ölspur zu folgen und immer in den Qualm hineinzufe Früher oder später muß er zwangsläufig einen vernichten Treffer landen.« Seine Lippen kräuselten sich bitter. »Wenn ihm die Chance dazu geben.«

Wieder sah er Trewin an. »Das werde ich nie vergessen!« Er e klärte nicht näher, was er mit ›das‹ meinte, sondern zog sich a den Resten des Brückenkleides nach vorn.

Dann befahl er mit fester Stimme: »Hart Backbord! Klar zum Angriff!«

Zerbrochenes Holz und Glassplitter rutschten über das Brükkendeck, als das Schiff auf die Ruderlage reagierte und wie wild über seine eigene Bugwelle hinwegschwang. Gleichzeitig legte es sich so stark über, daß die Männer fluchend, würgend und hustend im dichten, öligen Qualm über die schrägliegenden Decks rutschten.

Erneut ertönte Corbetts Stimme, glasklar über all dem Lärm und Tumult: »Stopp Backbord! *Herum*!«

Die Aufbauten erbebten von oben bis unten, als die Backbordschraube ihr Antriebsmoment jäh abbrach, nur noch lose mitdrehte und dann stillstand. Die *Porcupine* wirbelte mit unerhörtem Schwung auf engstem Drehkreis herum, ihr einziger verbliebener Mast reichte fast hinunter zur kochenden Bugwelle; die Geschützbedienungen klammerten sich an alles, was fest war, um nicht über Bord zu rutschen.

Corbett hangelte sich zum Kompaß und rief: »Mittschiffs! Backbord äußerste Kraft voraus!« Es starrte hinunter auf das nasse Glas der Kompaßrose, ohne sich im geringsten um den

Lärm ringsum oder das dämonische Heulen der Granaten über ihnen zu kümmern. »Recht so! Fang sie auf, Mann!«

Unwins Antwort klang atemlos. »Kurs zwo-vier-fünf, Sir!«

Corbett krallte sich zurück zum Brückenkleid. »Steuern Sie zwo-sechs-null!« Er wartete die Bestätigung nicht ab, sondern beobachtete gespannt, wie das Schiff noch einmal überholte und sich dann endgültig aufrichtete.

Trewin stand neben ihm und starrte mit schmerzenden Augen in den wogenden Qualm, der sich jetzt vor dem Bug teilte und zur Wolke hinaufquoll. Es war, als rasten sie durch einen langen Tunnel, denn abgesehen von der messerscharfen Bugwelle, die beinahe bis zur Höhe des vorderen Geschützes reichte, blieben See und Himmel im Rauch verborgen.

Er rief: »Gleich sehen wir ihn!«

Corbett befeuchtete sich die Lippen. »Er feuert noch immer! Hören Sie die Granaten dort oben?« Er wandte sich Trewin mit einer seltsamen Mischung aus Trotz und Erregung zu. »Er hat unsere Drehung nicht bemerkt!«

Trewin blickte nach vorn und sah Hammond gebückt neben seiner Geschützbedienung stehen, ein Taschentuch um Mund und Nase gebunden. Der Rauch kroch rings um den Schutzschild, so daß es aussah, als schwebe das Geschütz und seine Bedienungsmannschaft frei im Raum.

Ein Ausguck schrie wild: »Sir! Da ist er, an Backbord!« Er deutete mit der Hand, denn er war zu aufgeregt, um Richtung und Entfernung in Worten auszudrücken.

Zuerst sah Trewin gar nichts, lediglich ein leichtes Aufhellen des Qualms. Dann feuerte der Zerstörer wieder, und Trewin erblickte den kurzen orangefarbenen Blitz über einem dunkleren Fleck in dem quirlenden Rauch. Als das schwache Sonnenlicht durchbrach, als die Back des Kanonenboots sich über den auftauchenden Streifen blauen Wassers schob, sah er plötzlich das andere Schiff, weniger als zwei Kabellängen entfernt.

Er wurde vom Brückenkleid weggeschleudert, als Hammonds Geschütz zurückfuhr und feuerte. Als er wieder hinüberblickte, sah er die Granate dicht über der Wasserlinie des Zerstörers einschlagen. Die beiden Schiffe rasten aufeinander zu, und Trewin schätzte, daß sie sich in ganz geringem Abstand passieren würden.

Corbett schrie: »Auf ihn! Schießt, Leute!«

Geschütz X schoß in einem äußerst spitzen Winkel, so daß die Granate dicht an der eigenen Brückennock vorbeipfiff und die Druckwelle den Maschinengewehrschützen zurückwarf, bevor sie mit einem grellen Blitz unter der Back des Gegners detonierte.

Vom niedrigen Achterdeck des Zerstörers antwortete ein einzelnes Geschütz. Wahrscheinlich war es der erste Schuß, den diese Bedienung abgab, da sie bis dahin kein freies Schußfeld gehabt hatte. Die Granate schlug in die Backbordseite der Aufbauten unter der Brücke, so daß Trewin die Detonation in den Beinen spürte. Es war, als habe ihm jemand mit der Handkante in die Kniekehlen geschlagen.

Corbett packte Trewins Arm, sein Gesicht schimmerte verzerrt durch den Rauch. »Wir können sie jetzt nicht mehr aufhalten, Trewin!« Er fuhr herum, als jemand rief: »Ruder klemmt, Sir! Keine Reaktion!«

»Sind Sie getroffen, Quartermeister?« Corbett legte beim Sprechen die Hände über die Rohröffnung.

Unwins Antwort kam klar und deutlich. »Nein, Sir! Aber das Ruder reagiert nicht!«

Corbett sagte tonlos: »Wir müssen von achtern steuern, Trewin!« Als er ihn über die Sprachrohre hinweg ansah, bemerkte Trewin den Jammer und die Niedergeschlagenheit in seinem Gesicht.

Über das Brückenkleid hinweg sah er die Mastspitze des Zerstörers, den roten Farbfleck seiner Gefechtsflagge. Bald würde es vorüber sein. Ihre letzte Geste des Trotzes und Widerstandes war fehlgeschlagen. In den nächsten Minuten würde der Gegner abdrehen und sie aus sicherer Entfernung zu Schrott schießen, ohne Gnade, ohne Mitleid.

Phelps fiel beinahe über die Grätings, als er nach Trewins Arm griff. »Sir! Wir *drehen*!« Seine Stimme überschlug sich, er schrie. »Sehen Sie, Sir! Wir gehen auf ihn los!«

Trewin hielt sich an der Reling fest, sein Kopf war benommen vom Irrsinn des Kampfes. Einen Augenblick glaubte er, der Gegner drehe bereits auf sie zu, um den durchsiebten Rumpf des Kanonenbootes zu rammen und durch die Wucht des Aufpralls unter Wasser zu drücken. Aber Phelps hatte recht. Es war die *Porcupine*, die drehte, die mit Höchstfahrt direkt auf den überhängenden Vorsteven des Zerstörers losraste. Ihre Schrauben wirbelten noch immer mit größter Umdrehungszahl, und durch die in Hartlage verklemmten Ruder war es nicht möglich, das Drehmoment aufzufangen.

Ein Mann schrie: »Er wird uns mitten durchschneiden!« Aber niemand achtete auf ihn.

Aus dem Steuerhaus hörte Trewin Unwins verzweifelten Ruf: »Rad läßt sich nicht drehen, Sir! Ruder liegt hart über!«

Corbett stand aufrecht hinter dem Rest des Brückenkleides, beide Hände fest auf die Reling gelegt. Er schien sich plötzlich zu entspannen. »Wir haben ihr gegenüber versagt, Trewin«, sagte er. Nun nimmt sie selbst Rache dafür!«

Trewin blickte wieder zum Gegner hinüber. Er war jetzt so dicht, daß er die Tiefgangmarkierung am Steven erkennen konnte und die verzweifelt vom vorderen Geschütz wegrennenden Gestalten, die wild gestikulierenden Offiziere auf der unendlich hohen Brücke.

Die *Porcupine* schoß jetzt genau auf den Bug des Zerstörers los, eine diagonale Barriere aus solidem Stahl, die den Steven des Zerstörers zerschmettern würde, bevor er sie selbst zu ihrer letzten Fahrt unter Wasser drücken konnte.

Corbett sagte beinahe unbeteiligt: »Sie legen hart Ruder.« Es klang, als wisse er selbst nicht mehr, was sie noch zu erwarten hatten. »Sie versuchen, abzudrehen.«

Über den schmaler werdenden Wasserstreifen hinweg hörten sie das schrille Aufheulen seiner Motoren, als seine dreißigtausend Pferdestärken gegen das Ruder rasten und ihn in eine letzte, verzweifelte Drehung warfen.

Trewin riß seinen Blick los von diesem schaurigen Anblick und fuhr auf die gelähmten, hypnotisierten Männer hinter sich los. »Feuer eröffnen! Schießt, ihr Idioten!« Er zerrte den gaffenden Seemann vom Maschinengewehr weg und drückte selbst den Abzug herunter.

Der Zerstörer schien über und neben ihnen zugleich zu sein, ein schwankender Wall aus grauem Stahl. Das Deck krängte zu ihnen herunter, als er wie ein Verrückter herumschwang und abzudrehen versuchte, weg von diesem wildgewordenen Kanonenboot.

Trewin hielt den Daumen auf dem Abzugshahn, er sah nichts als das Stahldeck, belebt von den funkensprühenden Einschlägen seiner Geschosse, die es beharkten, in eine Gruppe rennender

Matrosen fuhren und sie beiseite schleuderten wie blutige, zerfetzte Lumpen.

Er sah, wie sich, einer Perlenschnur gleich, Leuchtspurgeschosse vom Hauptdeck des Gegners erhoben, scheinbar ganz langsam, bis sie sich auf den Rumpf der *Porcupine* senkten, ihn geißelten wie mit einer Stahlpeitsche. Es war ein Duell, das sie mit diesem letzten Schützen des Gegners austrugen, der als einziger klaren Kopf behalten hatte, während sein eigenes Schiff sich zur Seite wälzte wie ein verwundetes Tier. Trewin folgte dem Zerstörer durch die verschwommene Optik seines Glases, ignorierte das Krachen und Pfeifen der Kugeln ringsum, die plötzlichen Schreie der eigenen Geschützbedienungen. Er wußte, Phelps stand an seiner Seite, führte ihm die langen Munitionsgurte zu, aber er hatte nichts anderes im Sinn als die Kette seiner eigenen Leuchtspurmunition und die kleinen, stechenden Flammen der Aufschläge.

Wie in einem Alptraum hörte er Unwins Aufschrei: »Schiff steuert wieder, Sir! Kommt jetzt zurück auf Kurs!«

Dann vergaß er selbst dieses Wunder, als der Bug des Zerstörers sich anzuheben schien, vorwärts glitt wie ein Schlitten und dann hineinpflügte in ein ungeheures Durcheinander aus aufspritzendem Gischt und Sand.

Dunkel erinnerte er sich daran, daß Corbett etwas von Untiefen gesagt hatte. Bei dem verzweifelten Versuch, dem Rammstoß der *Porcupine* zu entgehen, mußte der japanische Kommandant die andere drohende Gefahr, die unter seinem Kiel lauerte, völlig vergessen haben. Trewin sah den mächtigen Schraubenstrom vom Heck des Zerstörers wirkungslos achteraus schäumen, hörte das Kreischen zerreißenden Metalls, das von der gewaltigen Hebelwirkung hochgebogen wurde, die bei der Wucht des Auflaufens mit Höchstfahrt entstanden war.

Der Leuchtspurbeschuß hatte aufgehört, die Decks drüben wimmelten von hin und her hastenden Gestalten, die taumelnd übereinander stürzten, als ein weiterer Feuerstoß aus einer Maschinenwaffe zwischen sie fuhr. Trewin blickte nach achtern und sah Feldwebel Pitt seelenruhig über das Batteriedeck schreiten, die Bren an der Hüfte. Über den sich rasch verbreiternden Streifen kochenden, verfärbten Wassers hinweg jagte er eine Garbe nach der anderen mitten in das dichteste Gewimmel des Gegners.

Schwitzend und mit einer Schnittwunde im Gesicht stürmte

Hammond die Leiter zur Brücke herauf und warf die Arme um Trewins Hals. »Wir haben es geschafft, Number One!« Er weinte vor Freude und Aufregung. »Geschafft!«

Sie wandten sich beide um, als Phelps sagte: »Der Kommandant, Sir! Er ist getroffen worden!«

Als das Kanonenboot bereits wieder in seinen eigenen Rauchschleier eintauchte, kam der gestrandete Zerstörer innerhalb weniger Minuten außer Sicht. Die drohende Gefahr war vorbei.

Trewin kniete neben Corbett, hob ihn auf und lehnte ihn mit dem Rücken gegen die Seitenwand. Corbett öffnete die Augen, als Trewin sein Ölzeug aufknöpfte, blickte aber an Trewin vorbei, sah Hammond und die Brückengasten, die sich hinter ihm drängten.

Trewin starrte auf das Blut an Corbetts Brust und auf eine andere, bereits verkrustete Wunde unterhalb der Rippen. »Holt Baker, aber schnell!« Er legte den Arm um Corbetts Schulter, hielt ihn ab von dem vibrierenden Stahl. »Warum haben Sie denn nichts gesagt?«

Corbett lächelte. »Wir waren alle so beschäftigt, Trewin.«

Bootsmaat Dancy schob sich durch die schweigende Menge, Wattebausch und Binde in der Hand. Als er den Bausch auf Corbetts Brust legte, sagte er ruhig: »Der Admiral ist verwundet, Sir.« Er versuchte zu lächeln. »Diesmal aber wirklich.«

Corbett blickte zur Flagge auf, dann murmelte er: »Ihn hatte ich ganz vergessen.«

Trewin sagte: »Die *Prawn* ist in Sicherheit, Sir. Wir haben den Feind von ihr abgezogen.« Er spürte, daß seine Augen vor Verzweiflung brannten, aber auch vor Stolz. »Sie hatten recht damit, was Sie über die *Porcupine* sagten, Sir. Sie hat wirklich ihren eigenen Willen.«

Corbett lächelte. »Helfen Sie mir in meinen Sitz, Trewin.«

Trewin bemerkte jetzt Baker, der nur hilflos die Schultern hob.

Zusammen mit Hammond und Phelps hob Trewin Corbett in den narbenbedeckten und zersplitterten Stuhl. Die Bewegung mußte eine Marter für ihn gewesen sein, aber Corbett sagte nur: »Danke, hier kann ich sie besser sehen.« Dann fuhr er in beinahe normalem Ton fort: »Gehen Sie mit der Fahrt herunter. Für einen Tag hat sie genug geleistet.« Er zog eine Grimasse und sagte: »Ändern Sie Kurs. Steuern Sie Süd.« Seine Finger zerdrückten den Verband auf seiner Brust zu einem leuchtend roten Klumpen. »Dann liegt nichts mehr vor uns als Java. Das Ende der Reise.«

Tweedie war von seinem Leitstand heruntergestiegen; Trewin sah auch Nimmo in seinen schmutzigen Overall und Kane mit einer Bren unter dem Arm.

Alle beobachteten ihr Schiff, das zerschlagene, zerbeulte und durchlöcherte, aber trotzige Kanonenboot, das sie zusammengeschweißt und auch angesichts der endgültigen Katastrophe zusammengehalten hatte.

Corbett flüsterte plötzlich: »Es wäre ohnehin meine letzte Fahrt gewesen.« Seine Stimme klang sehr schwach. »Aber jetzt wird es endlich dunkel, Gott sei Dank!«

Trewin bemerkte, wie die Männer den Blick abwandten. Die Brücke lag immer noch in dem seltsamen, bronzefarbenen Sonnenlicht, und der Horizont prägte sich klar und deutlich unter den letzten Wolken ab.

Trewin entgegnete leise: »Ja, Sir, es wird dunkel. Sie können jetzt ausruhen.«

Unwins Stimme unterbrach das Schweigen der unbeweglichen, rauchgeschwärzten Gestalten: »Kurs eins-acht-null liegt an, Sir!«

Corbetts Hand fiel gegen den Stuhl, und sein Kopf wankte haltlos im Rhythmus der sanften Schiffsbewegungen.

Trewin trat zurück und nahm die Mütze ab. Es war vorüber.

Dancy sprach als erster. »Das ist ein Augenblick, den keiner von uns je vergessen wird. Nach all den Fehlern, den Mißerfolgen und Rückzügen.« Er schlug die Augen nieder. »Und den schmachvollen Niederlagen.«

Trewin nickte. »Ja, es gab Niederlagen, Dancy.« Er ließ den Blick über die zersplitterten Decks schweifen, über die grotesken Löcher in der Außenhaut, und weiter achteraus über die kerzengerade Kiellinie der *Porcupine.* »Aber es gab auch tapfere Leistungen, auf die wir stolz sein können!«

Christine Brückner

Ehe die Spuren verwehen
Ullstein Buch 436

Ein Frühling im Tessin
Ullstein Buch 557

Die Zeit danach
Ullstein Buch 2631

Letztes Jahr auf Ischia
Ullstein Buch 2734

Die Zeit der Leoniden (Der Kokon)
Ullstein Buch 2887

ein Ullstein Buch

Wie Sommer und Winter
Ullstein Buch 3010

Das glückliche Buch der a. p.
Ullstein Buch 3070

Die Mädchen aus meiner Klasse
Ullstein Buch 3156

Überlebensgeschichten
Ullstein Buch 3461

Jauche und Levkojen
Ullstein Buch 20077

Nirgendwo ist Poenichen
Ullstein Buch 20181

Kassette mit fünf Romanen
Ullstein Buch 20078

Cecil Scott Forester

Die Hornblower-Romane

ein Ullstein Buch

Fähnrich zur See Hornblower
Ullstein Buch 422

Leutnant Hornblower
Ullstein Buch 441

Hornblower wird Kommandant
Ullstein Buch 462

Der Kapitän
Ullstein Buch 481

An Spaniens Küsten
Ullstein Buch 502

Unter wehender Flagge
Ullstein Buch 529

Der Kommodore
Ullstein Buch 555

Lord Hornblower
Ullstein Buch 570

Hornblower in Westindien
Ullstein Buch 598

Hornblower auf der Hotspur
Ullstein Buch 2651

Zapfenstreich
Ullstein Buch 2834

Alexander Kent

Richard-Bolitho-Romane

ein Ullstein Buch

Die Feuertaufe
Ullstein Buch 3363

Klar Schiff zum Gefecht
Ullstein Buch 3376

Die Entscheidung
Ullstein Buch 3402

Zerfetzte Flaggen
Ullstein Buch 3441

Bruderkampf
Ullstein Buch 3452

Der Piratenfürst
Ullstein Buch 3463

Strandwölfe
Ullstein Buch 3495

Fieber an Bord
Ullstein Buch 3522

Nahkampf der Giganten
Ullstein Buch 3558

Feind in Sicht
Ullstein Buch 20006

Der Stolz der Flotte
Ullstein Buch 20014

Eine letzte Breitseite
Ullstein Buch 20022

Galeeren in der Ostsee
Ullstein Buch 20072

Kanonenfutter
Ullstein Buch 20144